感谢国家哲学社会科学研究基金的支持!

高校青年教师德性养成的伦理文化环境研究

张磊 著

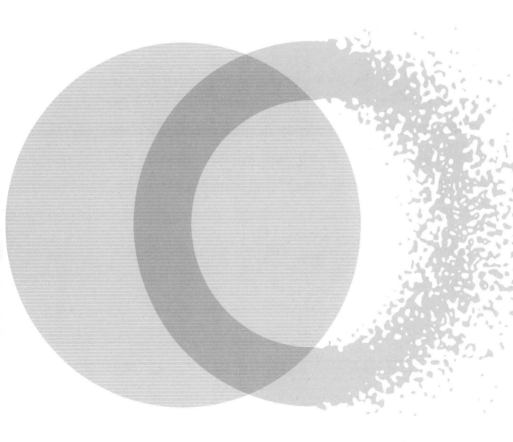

中国社会科学出版社

图书在版编目（CIP）数据

高校青年教师德性养成的伦理文化环境研究／张磊著．—北京：中国社会科学出版社，2022.12

ISBN 978-7-5227-0838-6

Ⅰ.①高… Ⅱ.①张… Ⅲ.①高等学校—青年教师—师德—研究 Ⅳ.①G645.16

中国版本图书馆 CIP 数据核字（2022）第 166150 号

出 版 人	赵剑英	
责任编辑	周晓慧	
责任校对	刘　念	
责任印制	戴　宽	

出　　版	中国社会科学出版社	
社　　址	北京鼓楼西大街甲 158 号	
邮　　编	100720	
网　　址	http://www.csspw.cn	
发 行 部	010-84083685	
门 市 部	010-84029450	
经　　销	新华书店及其他书店	

印　　刷	北京明恒达印务有限公司	
装　　订	廊坊市广阳区广增装订厂	
版　　次	2022 年 12 月第 1 版	
印　　次	2022 年 12 月第 1 次印刷	

开　　本	710×1000　1/16	
印　　张	23	
插　　页	2	
字　　数	393 千字	
定　　价	118.00 元	

摘　要

　　立德树人是高校的根本任务。高校青年教师不仅要传播知识，而且要坚守教育初心、潜心立德树人。在自然条件艰苦的地区，更需要一批甘于奉献、敬业乐群的青年教师扎根，践行立德树人、传道授业的使命。这份执着坚守和教育情怀需要良好的德性为其筑基。德性作为一种稳定的内在精神品质，其养成既源于个体的内生性努力，又是个体与环境交互作用的结果。基于此，为了解高校青年教师德性养成的伦理文化环境，本书在对德性养成的伦理文化环境学术史进行详尽的梳理后，以马克思主义道德观为指导思想，运用中西方关于德性养成的经典研究成果，构建了"高校青年教师德性养成的伦理文化环境"研究框架。选取青海省和西藏自治区四所本科院校和三所高职高专院校的教师作为研究对象，深入样本高校和地域具有文化表征的典型村落和牧区搜集地域伦理文化资料，通过深度访谈、集体焦点访谈、参与观察和调查研究等方法，探讨高校青年教师在教书育人、科学研究、社会服务、对外交流、文化传承等方面的德性表现。基于高校教师的成长旅路和工作环境，沿着由早期到现状、由微观到宏观的研究逻辑，从"家庭场域""受教育场域""院校场域""社会场域"四个维度分析了高校青年教师的德性伦理文化环境。

　　家庭是个体德性萌生、发芽、受滋养进而发展健全的最基本场域。家庭伦理文化中的尚德本质决定了中国家庭注重对道德价值的追寻，重视对个体美德的塑造，看重对人性美德的实践。根据家庭伦理文化环境对个体德性影响在成员以及影响方式上所发生的转换，可将之分为原生家庭和新生家庭这两个在时间上有继起性、在内容上有交叉性，且密不可分的伦理文化环境场域。研究发现，原生家庭赋予个体在幼年时期社会基本的道德观念和价值指向，新生家庭则滋养和充实人在青壮年时期的道德认知和价值定向。原生家庭伦理文化环境影响青年教师德性养成的因素和途径有很多，比较凸显的因素有家庭道德教育、优良家风传承、家庭道德榜样三个方面。从总体上讲，原生家庭对个体德性的影响大体上会经历一个由强到弱且被动接受的过程，然而，这一过程对于个体的影响是基础性、持久性的，会伴随个体的一生。新生家庭伦理文化环境对高校青年教师的影响体现在夫妻品德双向建构、家庭是平息负面情绪的港湾、家庭是扎根艰苦地区的凭借等方面。从总体上看，新生家庭在个人道德修养和品质完善方面起到了修正和强化作用。

受教育的学校是个体脱离家庭后进入的第一个专门的社会化机构，也是个体道德教育养成的有效场所。在儿童、青少年时期，学校是除家庭之外个体停留时间最长、接触范围最广、受影响程度最深的环境。从古至今，中西方学校对德育的强调都远大于智育。学校教育不仅通过显性课程教给学生道德知识，还通过隐性课程赋予学生价值观和道德观。从纵向上看，学校教育沿着幼儿园、小学、初中、高中或职高、大学等学段呈现出阶段性道德教育的影响；从横向来看，学校的整体道德氛围、教师学长、同辈群体交往、新媒体教学等对个体的道德发展产生着潜移默化的隐性作用，且具有持久而稳定的特征。研究数据表明，本书调研地区高校青年教师的学校教育环境整体上比较宽松，以及积极努力的学习氛围等为其德性的养成提供了独特且深远的影响。但填鸭式教育、个别教师道德素养有待提升以及同辈群体的校园欺凌行为等则阻碍了德性的培育，这类境况仍是需要亟待关注并解决的。

高等院校是青年教师德性伦理文化养成的最为密切的"微缩"环境，在工作单位遇到的人或者经历的事，都会对教师的道德抉择产生无形的影响，从而叠加构成了青年教师面对的伦理文化环境。院校伦理文化环境表现为高校与教师的道德关系、学院与教师的道德关系、教师和学生的道德关系。首先，高校中普遍盛行的奉献、勤劳、吃苦等良好的道德品质、对师德师风的重视、提升新教师的道德准入门槛、崇尚求真的精神文化共同形成的"组织传奇"，使得青年教师受到良好的道德熏染，为教师德性的培养创设了良好的大环境。其次，学院教师在教育教学、科学研究、社会服务以及学科内部等工作中的交流和磨合，对教师德性的养成和教师个人的发展具有至关重要的作用，具体表现为学院中道德公正的体验、协作互助的氛围、道德自监督机制、榜样人物引领的道德风尚、学科规训和制度等所营造的积极向上的学院文化氛围。最后，教师以教室为阵地传授知识和道德，在教学相长的过程中使教师不断提高自身的知识储备和道德品行。教师角色的道德内驱力促使教师不断提升自己的道德修养境界。在学风与教风相辅的过程中，教师与学生共同提升道德修养。然而，需要规避的问题是，在繁琐的行政制度和微薄的薪酬待遇下，教师难以专注于教学和研究工作，不易于师德的养成。

社会伦理文化环境是指在既定的社会形态下已经形成并能影响个体发展的大环境，诸如价值观念、主流思想、风俗习惯、道德规范等。蕴含于中华优秀传统文化中的道德结晶、新时代对道德建设和立德树人的重视，独具特色的地域中所潜藏的道德因子，三者共同组成了社会伦理文化环境。首先，教师德性根植于中华优秀传统文化。中国自古就重视德性的修养，认为德性是人类幸福的基础。传统文化中仁爱、民本、诚信、正义、和合、大同思想，赋予高校青年教师职业道德的价值指南。其次，教师德性彰显于新时代社会环境的价值引领之中。师德师风建设始终是党和国家高度重视的工作，进入新时代以来对于师德建设工作尤为重视，不论是社会主义核心价值观、新时代公民道德建设实施纲要、高校教师职业道德规范，还是新媒体对教师职业的要求，都彰显了对教师德性的重视。最后，教师德性潜藏于高校所在地区的伦理道德因子中。各族群文化中的道德习俗和道德文化，历经经济社会制度的变迁与发展，大多数作为族群传统和族群伦理规范留存至今。族群道德文化的现代发展价值与社会主义核心价值观的价值指向是一致的。

综上所述，伦理文化环境与高校青年教师德性养成之间存在着互动。伦理文化环境是一个涉及家庭背景、受教育场域、院校工作氛围、生源构成、地域文化、族群伦理、社会环境等要素的复杂系统，为高校青年教师提供道德判断标准、提供新时代道德指引、赋予道德行为以意义。反过来，高校青年教师也通过他们的道德品质、价值观、职业素养进一步巩固良好的伦理文化环境。在新时代，高校青年教师作为知识分子，通过培育自我德性，积极营造良好的道德环境，致力于提高全社会人民群众的道德水平，进而促进样本地区的社会主义道德建设。

关键词：高校青年教师；德性养成；伦理文化环境

目　　录

第一章　导论

第一节　研究背景及意义

一　研究背景

（一）时代呼吁：立德树人的根本任务要求教师立育人之德

师德师风的建设情况关系到高校教师队伍建设的质量。在我们党百年奋斗历程中，高校师德师风建设一直是我们党开展教育工作的重点内容。伴随着高等教育的发展，师德师风的建设亦经历了一个长期的过程。在新民主主义革命时期，由于革命的需要，我们党形成了以"服务革命战争"为宗旨的师德建设。人民教育事业虽然在战火中面临重重障碍，屡遭破坏，但始终未有中断，并逐步从创办走向发展、壮大①，这一时期对于师德师风的建设重在加强和提高教师的政治思想和政治觉悟。在社会主义革命与建设时期，根据社会主义建设的需要，我们党确立了"教育为无产阶级政治服务，教育与生产劳动相结合"②的教育方针。这一方针指明了"教育为谁服务和如何服务的问题，是要解决教育与党的政治路线，教育与政治、经济、文化和社会等方面的关系问题"③。在此基础上，我们党师德师风建设的指导思想发生了变化，形成了"为无产阶级政治服务"的指导思想。这一时期师德师风建设继续以加强教师思想政治教育为重点。但不同于上一时期，此时的师德师风建设更加具有鲜明的时代特征，相较于旧的观念更加进步，也更加规范，更具有鲜明的社会主义教育特色。在改革开放时期，为适应现代化建设的需要，高等教育进行了改革。党和国家出台了一系列关于师德师风建设的规范

---

① 陈元晖：《老解放区教育简史》，教育科学出版社1982年版。

② 何东昌：《中华人民共和国重要教育文献（1949—1975）》，海南出版社1998年版，第859页。

③ 何东昌：《中华人民共和国教育史》（上），海南出版社2007年版，第234页。

和意见。例如，1999 年颁布《教育部关于新时期加强高校教师队伍建设的意见》，对高校师德进行规范。2002 年出台《教育部关于加强学术道德建设的若干意见》、2006 年颁布《教育部关于树立社会主义荣辱观 进一步加强学术道德建设的意见》、2009 年教育部颁布《关于严肃处理高等学校学术不端行为的通知》，这些文件都针对学术不端行为表明其"零容忍"的态度。2011 年，我国颁布第一部高校师德规范——《高等学校教师职业道德规范》，聚焦高校教师的独特教育伦理关系和职责，为践行师德、查处师德失范行为提供了依据，增强了高校师德建设的实际指导意义，也推动了高校严格执行师德"一票否决"①。这些意见和规范的出台，标志着高校师德师风建设逐步走上了规范化的道路。

进入新时代，我们党在以往规范的基础上与时俱进，对师德师风建设的重视也走上了一个新高度。2012 年党的十八大强调，将"把立德树人作为教育的根本任务"。自此之后，"立德树人"成为高校建设师德师风的关键指引。习近平总书记于 2013 年教师节致广大教师的慰问信中，提出"三个牢固树立"，即牢固树立中国特色社会主义理想信念，带头践行社会主义核心价值观，自觉增强立德树人、教书育人的荣誉感和责任感；牢固树立终身学习理念，加强学习，拓宽视野，更新知识，不断提高业务能力和教育教学质量；牢固树立改革创新意识，踊跃投身教育创新实践，为发展具有中国特色、世界水平的现代教育作出贡献。习总书记于 2014 年在北京市海淀区民族小学主持召开座谈会时，提出"学校要把德育放在更加重要的位置，全面加强校风、师德建设"②。同年，习总书记于北京师范大学慰问教师时提出"四有"好老师的标准，即"要有理想信念、有道德情操、有扎实学识、有仁爱之心"的从师标准。同时，他还指出"教师的职业特性决定了教师必须是道德高尚的人群。合格的老师首先应该是道德上的合格者，好老师首先应该是以德施教、以德立身的楷模"。2015 年在给"国培计划"北京师范大学贵州研修班全体参训教师的回信中，习总书记指出："发展教育事业，广大教师责任重大、使命光荣。"2016 年 12 月，

---

① 李菲、杨惠茹：《中国共产党高校师德建设的百年历程与演进趋向》，《当代教师教育》2021年第 2 期。

② 习近平：《从小积极培育和践行社会主义核心价值观——在北京市海淀区民族小学主持召开座谈会时的讲话》，《人民日报》2014 年 5 月 31 日。

习近平总书记在全国高校思想政治工作会议上指出，高校立身之本在于"立德树人"。坚持把立德树人作为教育的根本任务和中心环节，把立德树人的成效作为检验学校一切工作的根本标准，是新时代加快推进教育现代化、奋力建设教育强国的必然要求和基本方略。"立德"乃立教师育人之德，"树人"乃树学生为有德之人。只有教师有了良好的德性，才能切实落实"树人"的根本任务。2017年党的十九大再次明确提出"要全面贯彻党的教育方针，落实立德树人根本任务"，立德树人成为新时代教育发展的指南针。

2018年在北京大学师生座谈会上，习总书记强调："评价教师队伍素质的第一标准应该是师德师风。师德师风建设应该是每一所学校常抓不懈的工作，既要有严格制度规定，也要有日常教育督导。"同年，教育部印发了《新时代高校教师职业行为十项准则》，对教师职业行为做进一步规范。2019年，在学校思想政治理论课教师座谈会上，习总书记强调："亲其师，才能信其道。要有堂堂正正的人格，用高尚的人格感染学生、赢得学生，用真理的力量感召学生，以深厚的理论功底赢得学生，自觉做为学为人的表率，做让学生喜爱的人。"2020年，总书记在教师节对广大教师和教育工作者致以慰问时指出："希望广大教师不忘立德树人初心，牢记为党育人、为国育才使命。"在2019年和2020年的全国教育大会上，时任教育部长陈宝生同志更是提到要落实总书记把师德师风作为评价教师队伍素质第一标准，健全师德师风建设长效机制的要求。"第一标准"就是学术水平再高、教学能力再强，如果师德师风不好，就不能算合格的教师。在教师资格准入、招聘考核、职称评聘、推优评先、表彰奖励等环节，都要突出师德把关，严格执行师德"一票否决"，建立师德失范曝光平台和定期通报制度，营造风清气正的教育行风。"抓好师德师风建设是打造高素质人民教师队伍的首要任务，是厘清'为谁培养人'的前提和基础，更是保证教师落实立德树人使命的关键。加强师德师风建设，铸牢中华民族共同体意识，就要明确'培养什么人，怎样培养人'这个关键问题。"① 2021年，习近平总书记在看望参加全国政协十三届四次会议的医药卫生界教育界委员时发表重要讲话，指出"要

① 潘伟：《习近平关于师德师风重要论述的基本内涵和实践向度》，《西藏发展论坛》2021年第5期。

把师德师风建设摆在首要位置，引导广大教师继承发扬老一辈教育工作者'捧着一颗心来，不带半根草去'的精神，以赤诚之心、奉献之心、仁爱之心投身教育事业"。习总书记关于师德的论述，是新时代培养教师德性和提升教师专业素质的引航灯。这些论述不仅是党从理论和实践上对师德建设的推进，也是党在新时代对优秀教师队伍培养需求的正确把握，是奋力实现科教兴国、文化强国战略的重要理论支撑。

教师是人类灵魂的工程师。学高为师，德高为范；学是师之骨，德为师之魂。教师的育人之德，既要求教师有良好的品格素养，还要求他们在各项工作，特别是在教学、科研、社会服务等方面以仁爱之心、公正之心、负责之心等品质为实践依据，这样才能切实培养出品德高尚、知耻有格、全面发展、艰苦奋斗、勇担大任的时代新人。然而，当今社会充斥的拜金主义、功利主义、利己主义等，冲击着立德树人的"筑梦人"——高校一线教师的价值观。俗话说，亲其师，则信其道；信其道，则循其步。教师不仅是学生知识的领路人，而且是学生为人处世的路标。孔子云："其身正，不令则行。其身不正，虽令不从。"教师高尚的道德品行对于学生品德品质的养成是一种无形的内化力。教师想"立德树人"首先就要立自身之德。进入新时代，习近平总书记对于加强师德师风建设提出了谆谆嘱托，这对于教师师德建设不仅是机遇也是挑战。一方面，师德师风建设机制体制的不完善会影响师德养成的实效；另一方面，角色定位与现实诱惑之间的矛盾也是教师德性养成的一大挑战。随着经济社会的快速发展，一些功利主义的思想和行为被大家竞相追逐，逐步侵蚀了教师的初心和本心，安贫乐道、无私奉献、甘为蜡烛等教师美好的品质逐渐被个别教师所淡忘。高校教师的道德素质不仅是个人职业形象的反映，还是大学生人格养成以及社会对于高校的评价和整个高等教育事业发展的重要因素。正因如此，我们才在重视言传知识的同时，更加强调身教德性。教师肩负着为人师表、教书育人的重任，是社会主义精神文明的传播者和建设者，是青少年一代成长的引路人。培养和造就一支学高身正的教师队伍，是立德树人成败的关键，更是在新时代能否切实落实高校根本要求的所在。

（二）理论价值：教师德性的内在本质吸引着教师立个人美德

什么是教师德性？叶澜等认为："教师在教育教学过程中不断修养而形成的一种获得性的内在精神品质，既是教师人格特质化的品德，也是教师教育实践性凝聚而成的品质。"① 这是当前被学界最广为使用的界定，例如吴捷②、丁德润③等都使用了叶澜的界定。从内在本质来看，教师德性就是推进教师职业发展的一系列品质。这些品质的养成并不是一蹴而就的，也不是一成不变的，在教师的意识中自我修养是没有终点的。在教师职业发展的过程中，教师所拥有的品质清单，随着知识、经历、经验的丰富，又会有新的变化。德性的养成是终身的，从新手教师到熟手教师再到即将退休的教师，德性都是不断升华，不断提升的。或者说，德性养成是追求止于至善的过程。随着教师专业化知识的积淀、教育教学经历的丰富、处理事件经验的积累，教师在日渐走向成熟的过程中，养成了仁爱、和善、公平、正直、正义、忠诚等道德品质。这些品质在形成后，转而又指引和激励着教师用仁爱的方式处理教学、研究、社会服务，甚至是生活之中的问题。

教师德性的内在本质吸引着教师立个人美德，这体现在教师德性与教师职业幸福以及教师人生幸福的辩证关系方面。"在我看来，教师是最有可能获得最幸福人生的人类；在日常教育生活里，你是翱翔于幸福的天堂抑或挣扎于悲苦的地狱，完全取决于为师者自身是否具备配享幸福的主体素养。"④檀传宝所说的主体素养换言之就是教师德性。当教师拥有了良好的德性、养成良好的道德品质后，他们在工作及生活中才能配享职业所带来的幸福感。这一幸福感体现在工作中：一方面，教师个人良好的职业道德能让教师在严谨、认真的教学和学术研究中有所收获；另一方面，拥有仁爱、和善、公平等美德的教师在与学生相处的过程中，会真正从学生的成长中获得满足感。体现在教师个人生活和人生发展中：教师在追求"爱与关怀、自我实现、真善美等马斯洛称之为'高级需要'的满足时，你就会收获意义人生，远离枯燥、寂寞、无意义的生活"⑤。如若一名教师在道德上有所缺失，他便很难再获得学生和同事的真正信任和认可，生活中也会因为个人道德，教学、科研工作不顺利以及人际关系处理不当等问题而产生危机，使个人产生巨大的心

① 叶澜、白益民等：《教师角色与教师发展新探》，科学教育出版社 2001 年版，第 44 页。

② 吴捷：《关于教师德性及其意义的思考》，《徐州工程学院学报》（自然科学版）2007 年第 22 期。

③ 丁德润：《论教师德性的核心构成及其养成》，《生活教育》2009 年第 10 期。

④ 檀传宝：《做一个配享幸福的教育家》，《人民教育》2014 年第 17 期。

⑤ 檀传宝：《做一个配享幸福的教育家》，《人民教育》2014 年第 17 期。

理压力和挫败感，从而与幸福人生失之交臂。由此可见，教师美德是教师配享幸福的核心要素。

社会中有千千万万的职业，有一些和物质生产有关，而有一些则与人的发展有关。建筑师和工程师等职业与物质生产有关系，而教师和医生与人的发展本身有关系。但医生和教师仍有不同，医生是关注人的身体健康，而教师关注的却是人的精神世界和终身发展。如果教师被社会认为是教书匠，那么教师的定位只是一个教给学生知识的匠人而已。只要能没有错误地把知识教给学生就好。可殊不知在所教知识的背后，还有许许多多的道德意蕴。如果教师只把自己看成是传播知识的人，那么他们只会关心自己学科知识的更新，只会关心自己的教学技能，而忽略教师作为一个人在工作中自觉创造和体验所带来的欢乐和尊严，以及培养出创新人才所带来的快乐。所以，我们要在关注教师的教学技能和学科知识之外，更关注教师的人生价值、生命意义和德性修养，使得他们真正享受这份职业所带来的快乐。

我们常说教书育人，其实教师劳动的创造性和根本任务在于立德和树人。大学教师通过传播知识，引导学生参与科学研究，从而促进学生精神生命的成长和精神世界的丰富。这是教师在知识传授之外的一种更为完整的人性表达。教师的教学过程也不可能把知识当作物件一样传递到学生手中，怎样传递，如何传递，用什么方式传递，用什么态度传递，都是需要被进一步关注的。这其中就离不开教师德性所起的重要作用。所以，研究大学教师的德性养成，研究大学教师德性养成需要什么样的环境，是一个至关重要的命题。这不仅关乎教师个人职业的成长和生命的完善，还关乎大学里每一位受教育者的人格完整。

教师在教学工作中除了进行精心的教学设计外，还需要思考在教学活动中如何开展师生互动式整体研究，需要将符号化的知识转换成鲜活的、让学生可接受的又具有挑战性的教学活动。这一系列复杂的过程，不仅需要教师具有教育学的知识，也需要具有学科知识，更需要他们有理性和智慧，具有实践和反思意识，还需要他们具有良好的德性。唯有如此，才能够让学生的学习成长过程同时成为教师职业生涯创生的过程。因此，教师是育人的职业。作为教师，我们要教别人，我们自己首先得追求品德、拥有品德，才能够对自己的学生产生广泛的影响。只有做一个真正的人，有德性的人，才能够成为自己职业生涯的主人，不但在专业上提升，也在人品上提升。这样教师在成就学生的同时，也能提高自己的生命质量，活出自己的职业尊严和快乐。

（三）地域环境：样本地区伦理文化环境滋养教师德性养成

一个人的德性养成并不是与生俱来的，而是在后天环境与个人互动中获得的。我们可以把伦理文化环境理解成是社会文化的一个分支。社会文化分很多种，伦理是其中的一种，但是却几乎无所不包。一个人所接触的生活环境、家庭环境、幼年的求学环境、成年后的工作环境，既有微观的，也有宏观的。这些环境中凡涉及与人伦相关的、与道德规范相关的、与善恶评价相关的，个体能够耳濡目染、切身体会从而身体力行的内容，都属于伦理文化环境。"一个人所做事情的价值问题，其行为背后的动机和意向问题，是理解一个人道德品格的典型的途径。"[①]因此，几乎每一个人的活动和道德判断都取决于其一生中从家庭、朋友、同事、社会等各方面习得的道德认知，是以线性的发展脉络，螺旋式上升地完善其对道德本身的理解，从而支撑其道德的实践行为。所以，考察个体德性养成背后的家庭文化环境、受教育文化环境、高校工作环境以及地域文化环境等是具有现实意义的。

"德性具有非遗传性，这就决定了德性是一种文化建构，是经历社会化而养成的文明素质，是个体经由道德认知、道德理解、道德接受而逐步内化的过程性。"[②] 据此，处于不同地区的高校青年教师，在文化环境的洗礼下，对于德性养成的认知和理解、德性行为的践行和示范以及德性养成的阶段和过程必然会存在差异。本书研究的样本地区——青海西宁和西藏拉萨，正是因为地域环境中的独特文化，青年教师在德性养成及建构的过程中受到了地域文化的影响。样本地区的文化特色大致可以从多元族群伦理文化、红色历史文化和绿色生态文化入手考察。多元族群伦理文化所源自的样本地区是多族群共同生活的区域，包括汉族、藏族、回族、土族、撒拉族和蒙古族等。各族人民悠久的历史、古老的传统文化和独特的风俗习惯形成了与别的地区完全不同的文化体系和特色。悠久的河湟文化是由黄河文化所孕育的，是华夏文明的重要组成部分。早在新石器时代，河湟地区就出现了马家窑文化、宗日文化、齐家文化、辛店文化、卡约文化等较为发达的原始文明。河湟地

① Stanley Hauerwas, *The Peaceable Kingdom*, University of Norte Dame Press, 1983, p. 117.

② 刘芳：《论德性养成》，中央编译出版社 2016 年版，序言。

区的宗教文化、民族文化、古遗址文化、民俗文化、自然景观和历史名人文化都成为这个地区独特的文化底蕴。红色历史文化是中华民族精神的重要组成部分，是各族人民从建设、改革实践中孕育出来的宝贵资源，传承了优秀文化和优秀的民族精神。例如，青藏高原这片土地上孕育出的伟大的"两弹一星"精神和"开路"精神等。绿色生态文化主要体现出青藏高原最大的价值在生态、最大的责任在生态、最大的潜力在生态，保护好青藏高原生态就是对中华民族生存和发展的最大贡献。这类文化环境中独特的文化观、价值观、道德观会润物细无声地渗入该地区青年教师的德性养成中。

在青藏高原这片土地上，自然地貌、人文积淀、风俗习惯都有着独特性。由于高海拔、低压、低氧、气候干燥、寒冷、风速大、太阳的辐射和紫外线强，在这里工作的教师会比在其他地区工作的教师付出更多身体健康方面的代价。研究人员发现，高原缺氧对人的感觉机能会有影响，也会对人的记忆力、视力甚至思维能力产生影响。除此以外，高原地区经济发展相对落后，物资较为缺乏，教师的收入待遇也不高。然而，在调研中发现，实际上有很大部分青藏高原高校的教师，其家乡都不是青海西藏，而是来自其他省份。那么，这就值得我们思考，是什么样的动力使他们留在青藏高原地区工作？是什么样的伦理文化环境使得他们心甘情愿地奉献自己的青春和才华？他们的身上有哪些美好的品质支撑他们在自然条件相对恶劣、收入待遇不高的环境下依旧快乐地工作？因此，本书关注的问题是：青海和西藏青年教师群体所处的伦理文化环境状况如何？环境与青年教师群体德性建构之间如何互动？其教师德性养成受到了哪些伦理文化环境的影响？这些影响存在独特性吗？以上都是非常值得深入考察的问题。

（四）群体使命：高校青年教师肩负着建设良好师德师风的责任

美国教育联合会在 1991 年的报告书《大学教师发展：国力的提升》中指出："大学教师特别是青年教师的教学发展是国力提升的核心。"中国也在《国家中长期教育改革和发展规划纲要（2010—2020 年）》中提出"以中青年教师和创新团队为重点，建设高素质的高校教师队伍，大力提高高校教师教学水平"。2012 年 9 月 20 日，教育部、中共中央组织部、中共中央宣传部、国家发展改革委、财政部、人力资源和社会保障部联合颁发《关于加强高等学校青年教师队伍建设的意见》（教师［2012］10 号），指出"高等学校青年教师是高校教师队伍的重要力量，关系着高校发展的未来，关系着人才培养的未来，关系着教育事业的未来"。综上所述，青年教师对于我国高等教育质量的提高和教育事业发展的作用是不言而喻的。在现阶段，伴随着高校中青年教师比例的逐年升高，高校教师师德师风培养建设的侧重点正逐步偏向青年教师。青年教师的师德建设问题必须引起各级教育部门的高度重视，应该尽力改善青年教师的发展环境，将我国高等教育质量推向一个新的高度。

表 1-1　　　　截至 2020 年我国专任教师年龄情况（普通高校）　　　单位：人

unit：person

	合计 Total	29 岁及以下 29 and Under	30-34 岁 30 to 34	35-39 岁 35 to 39	40-44 岁 40 to 44	45-49 岁 45 to 49	50-54 岁 50 to 54	55-59 岁 55 to 59	60-64 岁 60 to 64	65 岁及以上 65 and Over
总计 Total	1740145	188502	306285	387084	293724	215964	174842	136010	27650	10084
其中：女 of Which Femate	83138	121695	174650	213897	149179	99152	73934	41225	7218	2188
正高级 Seaior	229157	106	1968	12003	29412	45128	57751	59611	17178	6000
副高级 Sub-senior	525371	1179	23280	107122	127732	107139	85356	60590	9412	3561
中级 Middale	673857	35412	181188	231066	125113	57745	28458	13665	811	399
初级 Junior	180196	78180	63153	24872	7343	3590	1894	1103	46	15
未定职级 No-ranking	131564	73625	36696	12021	4124	2362	1383	1041	203	109

资料来源：专任教师年龄情况（总计），中华人民共和国教育部政府门户网站（moe. gov. cn）。

当前，高校教师队伍逐渐呈现出年轻化趋势。据教育部 2021 年 12 月①的统计数据（见表 1-1），截至 2021 年 12 月，普通高校 40 岁以下的教师总数为 881871 人，占所有专任教师总人数的 51%。② 由此可见，当前高校教师队伍逐渐呈现出年轻化趋势，青年教师已成为高校教师队伍的主要群体。高校青年教师不仅是教学第一线的主力军，还是科研和社会服务的主体。

---

① 能够从教育部官网查到的最新数据，截至 2021 年 12 月。
② 如果按照学界将 45 岁以下教师都算作青年教师的话，那么，2021 年 12 月，我国普通高校青年教师的比例高达 67.5%。

在青海和西藏高校中，青年教师同样成为各个学校教学科研的主力。然而，与其他地区高校青年教师所面临工作环境的不同之处，主要体现在青藏高原独特的历史文化、地域文化以及多元族群文化上，这使得该地区高校青年教师的教育对象构成较其他地区更为多元，教师的民族构成和风俗习惯差异也较大。

不论从国家繁荣富强、社会文明进步还是从教育事业发展来讲，青年教师都起着至关重要的作用。一方面，青年教师是学生世界观、价值观、人生观、道德观以及正确政治立场树立的领航人。青年教师始终以社会主义核心价值体系塑造和引领时代新人。从维护民族团结、推进社会和谐发展的角度来说，样本地区青年教师无疑有助于铸牢青海和西藏地区的中华民族共同体意识、发扬社会主义道德，同时也对构建和谐社会起着落到基层、夯实基础的重要作用。另一方面，我国教育发展的根本遵循是"立德树人"。从青年教师道德可塑性强、专业知识学习能力强的角度来讲，青年教师是师德的养成和示范的关键要素，是提高教师整体素质的基础力量。对于高校的发展而言，青年教师的师德师风水平与高等学校的办学水平以及人才培养的质量紧密相关，对于高等教育事业的发展有着重要的推动作用。同时，高校青年教师与学生之间的联系也更为密切，对学生的影响更为直接和深刻。故而，高校青年教师承担着树立形成良好师德师风的重大责任，推进高校青年教师师德师风建设意义重大。高校青年教师的德性养成，对于教师收获职业幸福、培育时代新人以及引领社会道德甚为关键。

二 研究问题的提出

高校青年教师自身是正在成长的青年人，亦是广大青年大学生的领路人。因此，高校青年教师群体必须以高度的使命感、责任感坚持立德树人、教书育人。正是因为高校青年教师的师德建设科学化水平关系着国家的繁荣富强、社会的和谐进步以及能否实现人的全面发展，所以研究青年教师的德性养成问题是真正回应时代的现实需求。

教师队伍的道德危机是职业领域内道德状态的呈现，同时在一定程度上又代表了社会道德风尚。当我们深入分析教师队伍中的诸多道德失范现象时，可以发现，道德行为失范的教师实际上对于道德规范和原则是十分清楚的，但是他们却没能切实践行而触碰了职业的红线。有些人说："我确实很不赞成这样做，因为这是不正确的，可是其他人都这么做，我能怎么样呢?"类似这样的陈述就会助长一种态度，即道德软弱或意志力薄弱问题。进一步推论，道德践行的失败在很大程度上是不能坚持信念或丧失道德信念所致。

笔者认为，道德信念的丧失在很大程度上应归结于环境中的文化氛围。或者说，环境中的伦理文化氛围会影响一个人的道德选择。环境中的伦理文化氛围会给人以深层次的心理暗示，进而影响人的道德选择和道德行为。据此，我们在分析青年教师德性养成问题时，不能仅仅给出师德规范或者道德原则，而应深入分析伦理文化环境中的道德气氛给予青年教师的影响。

依据德性论的观点，良好的道德养成之路应该是涵养青年教师的道德思考能力。这种思考能力在良好的道德气氛下能够指导他们做出理智决定，甚至使他们学会自己创建、正确理解道德原则、价值和准则，知道什么事情当做、什么事情不能做。青年教师通过涵养德性，具有了能够用理性的方式来考虑自己的决定和行为的能力。换言之，德性成为他们决定行为和生活选择的一种能力。这一点也回应了我们在理论基础中所提到的亚里士多德关于道德教育的观点。亚里士多德在《伦理学》一书中提到："我们的早期教育能否使我们牢固地养成这套或那套习惯，确实是一件重要的事情。"①

最好的道德教育并不是人们努力灌输的，而是在良好的伦理文化环境中得到潜移默化的滋养，从而形成正确道德决定的经验和实践。综上所述，本书整体上以"德性论"为理论框架，分析样本地区高校青年教师产生德性"习惯化"的伦理文化环境及其德性养成受到哪些伦理文化环境因素的影响，以期论证作为一种稳定心理品质的德性，对于它的养成不仅在于个体内生性的努力，而且在于个体与环境的交互作用。具体包括下面三个问题：

（1）高校青年教师德性养成的伦理文化环境可以从哪些维度进行分析？

（2）当前的伦理文化环境是否支持高校青年教师养成德性？

（3）如何构建更加良好的高校青年教师德性养成的伦理文化环境？

三　研究意义

（一）理论意义

本书的理论意义在于，基于德性伦理的框架体系，为教师伦理学和应用

---

① 转引自［美］霍尔戴维斯《道德教育的理论与实践》，陆有铨、魏贤超译，浙江教育出版社2003年版，第9页。

伦理学提供新的观点与方法。对于美德伦理学与高等教育学交叉研究领域的理论和方法创新具有一定的意义。具体来说，本书从以下几个角度展开诠释：

一是从德性论的视角为教师伦理研究提供新的观点与方法。面对当前频频出现的师德问题，规章制度和道德准则作为一种外部约束手段可以在一定程度上起到对教师行为规范的作用，但是诸多案例证明，仅靠外部规范是无法从根本上促进师德师风建设的。要真正改善师德师风，还必须提升教师德性。德性是一种稳定的品质，拥有较高德性的人会将追求美好品德和践行美德作为自己的人生价值之一。对于青年教师来说，只有将外部约束内化为自觉行动，才能体现个体德性的提升。在现实中，德性不像规范那样追求立竿见影的效果，但它是一种内在的精神尺度。道德的力量终将会在追寻美好品德的过程中体现出来。

二是对美德伦理理论的运用、验证与丰富。挖掘"环境"视角，基于德性伦理的框架体系，为教师伦理学和应用伦理学提供新的观点与方法。提出"伦理文化环境"这一概念在德性养成中的重要价值。建构教师伦理的根本道路在于教师德性的养成。简言之，就是教师道德人格的完善。教师德性养成并不是与生俱来的，而是在个人与环境的互动中获得的，德性养成不仅需要自身的追求，也处于一定的环境之中。外部环境是一个广泛的范围，这对教师德性养成构成了一种他律和影响。伦理文化环境是社会文化的一个分支，社会成员接触到的社会环境涉及与人伦相关的、与道德规范相关的、与善恶评价相关的，个体能够耳濡目染、切身体会从而身体力行的内容，都是伦理文化环境。分析高校青年教师的德性养成伦理文化环境，既有益于弘扬美德伦理，又能在德性伦理的理论基础之上，补充教师这一群体的德性养成论点。所以从"环境"视角对美德伦理理论加以运用、丰富，研究"伦理文化环境"在德性养成中的重要价值具有重要意义。

三是对于美德伦理学与高等教育学交叉研究领域的理论和方法创新具有重要的意义。教育与伦理密不可分。当前，研究高校教师的德性养成，对于构建具有中国特色的教育伦理学理论与话语体系具有重要意义。有助于以科学的教育伦理道德观念为引导，正确把握中国式现代化教育事业发展的伦理价值导向，促进教育事业更好更快地发展；有助于厘清现实教育活动中的道德是非，重建良好的教育道德秩序和教育精神信仰，帮助广大教师全面认识自己从事的教育、教学和科研工作所承担的道德责任；有助于促进教师职业道德修养和人格完善。

（二）实践意义

本书的现实意义在于，为处于多元价值困境中的高校青年教师养成德性构建良好的伦理文化环境，为其提供抵制功利化和腐化力侵蚀的最有力的德性之盾，为"立德树人"提供理论和实践支持。《易经》说："关乎天文，以察时变；关乎人文，以化成天下。"这句话凸显了"人文化成"的重要作用。我国大学文化学者王冀生认为："'人文'注重的是通过人文教育潜移默化地教化人、熏陶人和引领人，'化成'注重的是以教师为主体的外在文化的教化作用和以学生为主体的外在文化的内化活动。"① 可见，"人文化成"放在大学这一机构中，其本质要求是大学应营造良好的伦理文化环境，从而使教师能够受到熏陶，形成良好的德性；使学生也能得到全面而自由地发展。

一是青年教师德性养成能够助推一流大学建设。当下，我们正积极建设一流大学和一流学科。仅靠资金数量、先进设备、项目的多寡、文章篇数和引用率、博士数量作为衡量是否"一流"的指标，只是赋予"一流"以形，却缺乏"神"。一流大学和一流学科建设的"神"必须由大学人来赋予。这里的大学人是指有高尚师德的教师群体、有精神风貌的学生群体。"立德"是立教师之德，"树人"是树有德之才，教师和学生都需要有高尚的道德品质，教师德性养成将形成具有师德的教师群体，高校教师要给学生的心灵埋下真善美的种子，引导学生扣好人生第一粒扣子。可见，只有良好的德性才能赋予高校以"神"。高校"形神"具备才能更好地服务于"立德树人"的根本任务。因而，研究德性养成的伦理文化环境的意义不言而喻。

二是青年教师德性养成能够促进教师个体的完善。几乎没有一位高校青年教师在工作中会不面临伦理问题，对于处在多元价值环境下样本地区的高校青年教师而言，他们更加需要一个良好的德性养成的伦理文化环境，为其提供抵制功利化和腐化力侵蚀最有力的德性之盾。德性的养成非一日之功，其与教师所处的环境关系密切。中国有句老话说得好："近朱者赤，近墨者

① 王冀生：《大学文化哲学——大学既是一种存在更是一种信仰》，中山大学出版社 2012 年版，第 62 页。

黑"。构建良好的德性养成的伦理文化环境，能够促使高校青年教师职业道德呈良性发展；让青年教师在环境的熏陶下追求德性的提升，从而懂得教育和美好生活所要求的德性的含义；提升教师专业素养，使教师配享幸福的生活。

三是青年教师德性养成能够培育有道德行动力的时代新人。对在高校求学的莘莘学子来说，高校中充盈的伦理文化气氛和人文精神尤为重要。在19世纪中叶以后，伴随着现代科学技术的迅猛发展和社会分工的细化，高等教育开始演变成在高中教育之后实施的一种专门教育。高等教育传统人文精神滑坡，功利主义和科学主义在大学逐步抬头，导致学生处在一个忽视人的道德品性、只强调学术品性的环境里。如今，部分高校教师只关注专业知识和技能的传授，而忽视了教育的本真意义，即追求智慧、提升品行、使人向善。对于高校教师来说，学生精神世界的建构和引领更应是其担当的重要使命。因此，高校应责无旁贷地营造出"崇尚德性"的道德氛围，把立德树人和教书育人作为基本担当。只有当学生"邂逅"具有仁爱、公正、严谨、负责的教师，置身于把人的道德品性的培养放在首位的大学，才会真正成为有主体精神和创造力的时代新人。

第二节　国内外相关研究的学术史梳理及研究动态

对于质性研究的文献述评工作来说，一方面，不能用前人的研究结果来框定研究主题，也就是说，要悬置自己的观念，但悬置是暂时"放下"而不是"消除"；另一方面，作为社会科学的学术研究，必须了解该主题的学术史和研究动态，以便在资料分析和提升结论时根据前人的研究和自己的判断来描述研究发现并提炼理论。那么，应该如何处理"悬置观念"和"文献梳理"之间的关系呢？

在本书中，当我们确定好研究主题之后，就着手对"教师德性养成的伦理文化环境"领域的文献进行检索，以期为课题研究提供一定的基础。然而，经检索发现，从"教师德性养成的伦理文化环境"出发进行文献查找，基于已掌握的中外文献，对该主题的直接研究成果堪称凤毛麟角。2021年12月30日，笔者暂且不呈现研究主体"教师"这一关键词，而是直接用"德性养成"进行检索查找，在CNKI上将关键词范围扩大为"德性养成"

和"伦理文化环境"进行检索，仅发现 3 篇相关文献①，但经进一步阅读后发现，其皆非对本书主题的系统研究。由此可见，关于德性养成的伦理文化环境相关研究目前较为贫乏。从总体上讲，与本书相关的具体文献极少。尽管直接研究成果很少，然而，我们从文献中筛选出的与"文化""环境"等相关联的内容，可以帮助我们在一定程度上理解文献与研究课题之间的适切性。即通过对这些文献从不同角度的解读和分析，可以发现一些文献是对我们有帮助的。所以，质性研究同样可以基于文献，在研究述评中指出已有的研究与本书的联系，以及本书将如何解决已有研究尚未完成的方面。

基于此，本书围绕"高校青年教师德性养成的伦理文化环境"这一主题，按照逐步聚焦的文献研究方式，抽丝剥茧地进行系统分析。首先，从纵向维度分析中西德性养成的伦理文化环境相关学术发展史；其次，从横向维度梳理分析高校青年教师德性养成的相关文献，以及样本地区高校青年教师德性养成的伦理文化环境研究的现状；最后，对当前中外已有的研究文献进行述评，指出已有研究的不足，展望将来可能的研究方向，并在此基础上得出已有研究对本书的启示。

一 纵向分析：德性养成伦理文化环境的学术史

西方伦理文化肇始于《荷马史诗》中所描绘的英雄时代，无条件地服从和维护集体的共同利益是伦理的基础。至古希腊时期，亚里士多德用"习惯化"这一术语指出伦理文化环境对德性养成的重要性，认为伦理德性的养成是从风俗习惯沿袭而来的。风俗习惯即伦理文化，是一个社会经过长期积淀而形成的人际交往规律和价值取向的总和，具有普遍性、潜在性、约束性。个人作为社会的一分子，必然无法与个人生活的背景脱离开来。家庭、父母、亲属所处的阶层、培育和教养的方式都会使人的德性和价值观受到潜移默化的影响。到了中世纪，宗教神学至高无上的地位使得遵守神的诫命成为最高的德性。到了 20 世纪的西方社会，资本主义制度下人们精神贫乏和空虚，陷入了精神危机和传统价值观念崩溃中，德性伦理文化衰微。直到 1958 年，安斯库姆呼吁返回亚里士多德的德性，德性伦理文化才得以重新兴起。

---

① 这三篇文献分别是：王珊《德性养成向度下大学生廉洁教育研究》，硕士学位论文，西南财经大学，2018 年；刘芳《论德性养成》，博士学位论文，东北师范大学，2013 年；王竞晗《公民道德建设的德性伦理学基础》，博士学位论文，复旦大学，2011 年。

1981 年，麦金泰尔在《德性之后》一书中将亚氏"习惯化"的观点加以进一步深化，提出德性和个人生活整体以及历史文化传统紧密相连。"共同体"使每个人都担负着一定的伦理角色。

在中国，德性伦理文化发轫于西周，以修身、睦邻、化民成俗、治国政事为核心。后周礼体系破败，百家争鸣。孔子的儒家德性伦理思想集唐虞三代精髓，成为中国的精神特色，形成源远流长、博大精深的中华文化。孔子看重涵养德性的外在环境，如"文质彬彬，然后君子"（《论语·雍也》）。"文"是后天的教化，而"质"是指先天的本质，只有当先天之质经过后天诗、书、礼、乐的教化，才可以成德。足见孔子对养德过程中外在环境的强调。自孔子后，曾子尊德性，子思及孟子继承并发扬之。进入封建时代后，秦朝统一六国，"焚书坑儒"实行文化专制，造成极大的德性思想损失。后来，汉董仲舒提出了"三纲""五常"的伦理思想，促成儒家伦理成为之后几千年里中国唯一的德性显学。在中国结束几千年的封建社会，进入近现代社会后，梁启超、吴宓、蔡元培、张岱年等学者都积极匡复几千年的儒家传统德性思想。其中，中国伦理学之父蔡元培认为，必须实行本务的中庸之道来"涵养"德性，德性的养成必然离不开外在的伦理环境，德性养成一是以"教育为道"，二是要"修齐治平"。

在当代中国，诸如高国希、宋希仁、龚群等伦理学者在研究中都涉及了伦理文化的重要性。例如，宋希仁指出："风习的普遍性就是人们在交往中所形成的一些大家都遵守的规范、惯例的普遍性。"[①] 社会风俗存在于个体成长的大环境中，人们总是会倾向于选择作出与社会规范和惯例相匹配的行为，难以独立存在于外，这种选择就是习惯化的结果。

还有一些学者提出了"道德环境"的概念。2002 年，孟桂英在《道德环境论》中谈道：

> 道德环境是指直接或间接影响主体道德品质形成和发展的主体自身以外的各种因素的总和，它包括社会制度、社会风气、社会文化氛围；也包括学校、家庭和群体等具体的生活环境。良好道德环境能促进物质文明和精神文明的发展，增强社会凝聚力，使人性提升、人格健全；同

---

① 宋希仁：《西方伦理学思想史》，湖南教育出版社 2006 年版。

时良好道德环境也是一种无形的资源。道德环境建设是一项复杂的社会系统工程，它既要求建立一个公平、公正的社会结构和社会体制，也要求净化社会风气，规范文化市场，优化文化环境，而其基础则是社会公德建设。

2003 年，曾广乐在其《论道德环境及其创建》一文中指出，道德环境是一个崇尚道德、追求道德的社会环境。他在分析现实社会中轻视道德的各种表现后，指出我们缺乏一个良好的道德环境，针对现实问题必须提出一些改善环境的思路和具体的举措。1999 年，宴辉在其《伦理生态论》一文中虽然没有明确提出"道德环境"的概念，但是他指出，伦理生态除了物质环境的生态外，还指观念上的伦理影响及个体的道德或不道德的行为，以及由于成为他人或社会模仿学习和批判的对象所产生的正面作用和负面作用；伦理环境也包括有声语言和无声语言所表现出来的对价值判断的影响；在伦理环境的各组成要素中，根据所起作用的不同，可分为道德价值导向和道德价值取向；个体的道德行为和道德观念受传统风俗习惯的影响，较之意识形态化的道德具有更为直接的作用等。这些重要的观点对当下我们开展高校青年教师德性养成的伦理文化环境研究有着重要的启示作用。

二 横向分析：高校青年教师德性养成的研究动态

（一）教师德性养成的相关研究

有关教师德性，在我国春秋战国时期就有先哲展开过论述和思考。有孔子"有教无类"（《论语·卫灵公》）关于教师公正的品质；孟子"学不厌，智也；教不倦，仁也。仁且智，夫子既圣矣"（《孟子·公孙丑上》）所表现出的教师"仁且智"的修养；《学记》中"能为师然后能为民，能为长然后能为君"对教师提出的德性要求。还有"师者，所以传道、授业、解惑也""为人师表、教学相长""学高为师，身正为范"等对教师德性的具体要求。

教师德性作为一个研究领域，对其在我国的肇始和发展，笔者做了如下梳理。首先，20 世纪 80 年代，教师专业化浪潮掀起，教师被视作专业人员。此后，有大量学者从教师专业化的角度研究了教师作为一种正式的职业分工应具备的职业伦理和德性要求。其次，随着美国德性伦理学家麦金泰尔德性论被引进教育学领域，一些学者意识到了教师德性伦理是教师伦理研究的一个极为重要的取向。例如，在陶志琼、周建平、石峰和王凯等学者的研究中都可以看到强烈的"麦金泰尔"色彩，他们强调教师德性的内在价值和外在价值，强调教师德性的实践性。

最初，教师德性在我国没有形成一个相对独立的研究领域，而是作为教育伦理学研究的一部分内容而存在。2000 年后，有学者正式提出教师要由"知性"向"德性"转变。例如，吴安春认为："教师专业发展促使教师应该由知识本位转向德性本位。"① 徐廷福认为："在推进教师专业化的过程中，引导传统师德向教师专业伦理过渡是教师队伍建设极其重要的问题。需要构建科学合理的适合我国教师的专业伦理，要注重教师专业伦理的系统性和可操作性。"② 这两篇文章都发表在重要的教育学期刊上，由此可见教师德性问题已经受到充分的重视。

随后，教师德性的研究越来越专门化，其中最具代表性的学者有叶澜、檀传宝等。叶澜等人研究了教师德性的内涵，分析了教师德性具有利他和利己的价值，提出了"德性的养成可以通过自我反思和实践得以实现等重要观点"③；檀传宝提出了许多重要的教师德性观点，诸如，"教师'职业道德'应当向'专业道德'转换、教师专业道德建设应当考虑教师专业发展的实际"④；"教师的德性品质包括公正、仁慈、义务、良心等"⑤。随后，檀传宝在其专著中提出"德福一致"的观念，认为"没有师德就不可能配享真正的教育幸福，德性是关乎教师如何实现生命质量提升、职业生活幸福的重要课题"⑥；并指出："教师幸福是教育伦理范畴系统构建的起点。"⑦

近年来，一些年轻的学者选择教师德性作为硕博学位论文研究的论题，进行多维度的思考，拓展了新的研究格局。如杨林国以小学老师斯霞的教师

① 吴安春：《从"知识本位"到"德性本位"——教师创造教育观的整体性与根本性转型》，《教育研究》2004 年第 24 期。

② 徐廷福：《论我国教师专业伦理的建构》，《教育研究》2006 年第 7 期。

③ 叶澜、白益民等：《教师角色与教师发展新探》，科学教育出版社 2001 年版，第 44 页。

④ 檀传宝等：《走向新师德：师德现状与教师专业道德建设研究》，北京师范大学出版社 2009年版。

⑤ 檀传宝：《教师伦理学专题》，北京师范大学出版社 2010 年版。

⑥ 檀传宝：《浪漫：自由与责任》，东北师范大学出版社 2012 年版。

⑦ 檀传宝：《提升教师德性配享教育幸福》，《中小学德育》2013 年第 1 期。

德性为主线，揭示了斯霞老师的美德是什么，斯霞老师的美德是如何在教育教学中实践的①；张楠楠对教师公正德性的养成与实现进行了系统研究②；钟爱华分析了现代教师德性缺失的原因与重塑的途径③；薛超立足于现代性这一时代背景，从现代性视域对教师所处的道德环境以及现代师德的形成机理进行了分析④；张磊基于德性伦理理论和文化维度模型，构建了"大学教师德性养成"的研究框架，选取中国和加拿大各 16 名获奖大学教师作为研究对象，全面呈现了两国大学教师在教学场域中德性目录认知、德性心理、养成环境和养成途径四个方面的异同⑤；王荣认为，由于多元价值观的冲击以及工具理性的影响，教师德性日渐式微，外部的道德规范只有得到教师的认同并将其内化为自身德性才能更好地发挥其作用⑥；张家瑞分析了教师德性培育的制度路径。⑦

从政策导向来看，《国家中长期教育改革和发展规划纲要（2010—2020年）》明确指出："坚持德育为先，把社会主义核心价值体系融入国民教育全过程。加强教师队伍建设，加强教师的职业理想和道德教育，增强广大教师教书育人的责任感和使命感。"《中国教育现代化 2035》第七条指出，建设高素质专业化创新型教师队伍，首先要大力加强师德师风建设，将师德师风作为评价教师素质的第一标准，推动师德建设长效化、制度化。《加快推进教育现代化实施方案（2018—2022）》在推进教育现代化的十项任务中，也同样指出要加强师德师风建设，把师德师风作为评价教师队伍素质的第一标准，实施师德师风建设工程。

除此以外，还有大量的学术论文围绕教师德性的内涵、结构体系、运行机制、缺失原因、培育办法、研究价值等方面开展了诸多研究。本书会在下文详细综述教师德性研究的内容，此处不展开论述。

西方把教师德性当成独立研究领域的时间并不长，但是其作为一种观念和思想却有着相当长的历史。在古希腊时期，苏格拉底就提出"知识"是教

---

① 杨林国：《追寻教师美德》，博士学位论文，南京师范大学，2006 年。
② 张楠楠：《教师公正德性的养成与实现》，硕士学位论文，山西大学，2012 年。
③ 钟爱华：《教师德性的缺失与重塑研究》，硕士学位论文，渤海大学，2014 年。
④ 薛超：《现代性视域下的师德构建研究》，硕士学位论文，广西师范大学，2016 年。
⑤ 张磊：《中加大学教师德性及养成比较研究》，博士学位论文，清华大学，2016 年。
⑥ 王荣：《论教师德性及其养成》，硕士学位论文，曲阜师范大学，2018 年。
⑦ 张家瑞：《教师德性困境与培育的制度路径》，硕士学位论文，信阳师范学院，2020 年。

师应具备的品质，他倡导"产婆术式"的教学方法，即通过师生的思辨协力创新知识；而后，亚里士多德认为，"理智"是教师应具备的德性，他所设计的"百科全书式"的课程必须有足够理智的教师才能驾驭。在最早的教育学专著《雄辩术原理》中，昆体良阐述了大量关于"因材施教""为人师表""关爱学生"的观点。早期的教师德性作为一种观念和思想的存在，为后来成为专门的研究领域奠定了理论基础。1839年，有学者指出，一个国家对智慧和美德的一并重视，是该国繁荣发展的必要条件；到1842年，有学者谈到教授应拥有美德，其中"追求真理"是最重要的品质，足以表明西方对美德长期以来的关注。然而，为何在近30年来对于教师德性才有了系统的研究呢？

据笔者所掌握的文献，在20世纪中期，日本学者小原国芳在师道的发展条件中提到教师应该具有"热情、信念、使命感"[1]。在70年代，美国卡内基协会对大学教师行为的伦理性有所关注，指出大学教师存在重视科研、轻视对学生发展的关注等道德问题，但是其重点并非聚焦于教师德性。在80年代，随着教师专业化的兴起，教师职业素养得到高度重视。但是，在教师专业化研究的前期，关注的重点是教师的专业教学技能和教学内容等"知性"层面的问题，很少有人关注教师的"德性"问题。正如著名的教师伦理学家芬斯特马彻（G. D. Fenstermacher）所说："据我所知，如此繁多的教学问题研究中，竟然很少有人从道德价值的视角评价教师的教学工作。"[2] 随着教师专业化的推进，教师伦理研究成果愈发丰富并逐渐发展成两个派系：一是提倡将教师伦理规范和义务作为教师教学道德依据的教师规范伦理学派，以美国学者肯尼斯·斯特莱克和乔纳斯·索尔蒂斯为代表；二是在继承亚里士多德的德性伦理传统的基础上，主张教师个体的道德品质是教师教学道德依据的教师德性伦理学派，以芬斯特马彻、索科特、卡尔等学者为代表。"两个学派之间形成了鲜明的对比，前者关注教师的行为表现和结果；后者关注教师作为行为者本身，主要研究教师本人的品质、良好的品格，认

---

① ［日］小原国芳：《小原国芳教育论著选》，刘剑乔等译，人民教育出版社1993年版，第366页。

② G. D. Fenstermacher, "Philosophy of Research on Teaching: Three Aspects," M. C. Wittrock (Ed.), *Handbook of Research on Teaching*, New York: Macmillan, 1986, pp. 40–41.

为教师德性是与教师的优秀品行、品质、人格紧密联系在一起的。"① 可见，教师德性伦理已经成为教师伦理研究的核心取向之一。在 80 年代，影响最大的当属美国学者诺丁斯（Noddings）提出的关怀伦理理论。她认为："教师关怀对于构建良好的师生关系非常重要，教师本着对学生负责的态度，保护他们的利益，促进他们的发展。"② 在不同的情境中皆应重视学生个体的需要，并且提出教师应作出有益于学生发展的行为。当然，从教师德性目录的角度，关怀也可以看作教师的重要美德之一。

在 20 世纪 90 年代，教师德性研究以思辨研究为主，集中于理论的探索，得出了一些基本的理论观点，包括教师德性目录、美德与情感、动机、理性的关系、教学技术和教师美德的关系、教育活动本身与美德的内在联系、重新定义学校教学中的专业主义等。例如，英国学者索科特首先在《课程研究手册》（*Handbook of Research on Curriculum*）"课程的道德面"一章中明确指出教育的道德本质与教师的道德角色。③ 继而在《教师职业的道德基础》一书中指出教师的道德核心品质应包括诚实、勇敢、关怀、公正和实践智慧。他还在这本书中指出，要成为一个有道德的教师必须学会自我反思和不断进行道德实践。索科特对教师德性品质的探索没有止步，他在 1996 年的论文中继续分析教师职业美德在理论和实践两个方面都应具有的品质。

卡尔（David Carr）和索科特一样，同样是该领域具有影响力的学者。卡尔比较深入地分析了教师道德与一些主要社会学理论之间的连接。例如，他从社会学家涂尔干的社会化层面分析道德教育的作用、从弗洛伊德等人的心理分析中剖析心理与道德品质的关系、从皮亚杰和科尔伯格的道德发展阶段与认知发展等不同的视角考察德性如何养成。1991 年，他在其专著 *Educating the Virtues* 中分析了美德与情感（自我控制与激情）、动机（责任与志向）、理性之间的内在关系，而后他基于古希腊的德性论，从教育哲学视角

---

① E. Campbell, "The Ethics of Teaching as a Moral Profession," *Curriculum Inquiry*, Vol. 38, No. 4, 2008, pp. 367-385.

② N. Noddings, *Caring: A Feminine Approach to Ethics and Moral Education*, Berkeley: University of California Press, 1984.

③ H. Sockett, "The Moral Aspects of the Curriculum," In P. W. Jackson (Ed.), *Handbook of Research on Curriculum*, New York: Macmillan, 1992, pp. 543-569.

对教育与美德的关系进行了深入的探究。

除了上述两位代表性学者外，在 90 年代，还涌现出一些与教师德性相关的著作。例如，古德莱德（Goodlad）等主编了《教学的道德维度》，该书立足于学校教学中的专业主义，结合学校教育中的实际道德问题，论述教师在民主社会中所承担的道德角色以及教师与学生之间内在的道德伦理关系。其中，芬斯特马彻和索科特分别指出教师个人道德修养的重要性，带有明显的德性伦理取向。海瑞（Hare）在其专著《如何成为好教师》中对教师教学技能和教师美德的关系进行了探讨，认为教师美德和品质比教师教学技能更为重要，提出了培养教师美德应先于培养教师教学技术的观点，正如诡辩家们并不缺乏技巧，缺乏的是美德一样。博纳和卡隆（Banner & Cannon）在其《教学的要素》一书中，将教师的优秀品质作为教学最为重要的要素。其中，他们提到教师的优秀品质包括具有威信、同情心、耐心和谦逊。其中权威是德性获得和养成的方式，权威来源于知识，是获得性的，会帮助教师和学生保持合适的距离，是一种必要的教师品质。

在 90 年代中期，美国国家教育更新网络协会（National Network for Educational Renewal）、哈佛大学霍姆斯小组（Holmes Group）等研究团体也加入了研究队伍，呼吁应该采取一些补救措施来弥补教师缺乏道德而造成的不良影响。[①] 这些团体的研究虽然对理论没有产生较大的影响，但是为教师德性研究从思辨走向实证探索提供了支撑。从总体上看，90 年代教师德性研究依旧没有形成独立的研究话语，而是继续依附教师道德研究、教师伦理研究等开展探讨。

进入 2000 年以后，教师德性问题受到空前重视。美国国家教师教育认证委员会（National Council for Accreditation of Teacher Education，NCATE）发布《中小学、大学以及有关教育机构的专业认证标准》，指出在教师专业化的背景下，对教师"知识和技能"的关注要逐渐转向重视教师应该具备哪些"品质"，并且对教师个体品质提出了具体要求。该标准的出台在学界产生了重要的影响，诸如迈克奈特（D. McKnight）、伯明翰（Birmingham）、科彭（Koppen）和索科特等学者都基于这一标准所提出的德性要求进行了深入

---

① 转引自 K. E. Koeppen, & J. Davison-Jenkins, *Teacher Dispositions*：*Envisioning Their Role in Education*, Washington D. C.：Rowman & Littlefield Education，2007.

分析，可以说，NCATE 标准的发布标志着教师德性研究在西方正式掀起新高潮。

在理论研究方面，知识与美德的关系、教师德性目录、美德与意志力和情感的关系、教师德性的重要性及作用分析等被作出进一步探讨。例如，索科特进一步分析了教学中知识与美德的关系。他指出，教师个体应当在获得知识之后，进一步完善自我美德。他认为，教师美德的目录是由教师的公共知识和教师的个人知识共同决定的。[①] 卡尔分析了教育中教师个体与职业价值观和美德的关系，指出美德伦理相较于规范论和义务论的超越性，他继而在 2011 年指出专业的教师价值观，其关键体现在"知识的美德""程序的美德"和"道德的美德"[②] 上；2014 年，他与库克（S. Cooke）一起对教学中的德性、品格和实践进行了进一步的探索。[③] 坎普贝尔（E. Campell）在《伦理型教师》中提出了教师"伦理知识"的概念，伦理知识使得教师运用专业美德的透镜，去审视课程和他们从事的教学与评价工作，也包括他们与学生或他人的人际交往。贝格丽（Ann M. Begley）认同古希腊亚里士多德和柏拉图的美德伦理，并借鉴"实践智慧"的概念，探讨教师的伦理德性和理智德性，认为："德性即卓越的品质，是由习惯化的练习所获得的，而不是由命令生成的。教师美德的养成亦是如此，将美德设想作为一种知识或技能来教授，教师根据自我经验进行实践，成为教师良好的榜样，培养优秀的性格，成为道德专家。"[④] 日本学者木村（Kimura）还指出了美德与历史文化的密切联系。他从历史的视角追溯了日本教师德性，认为从明治时期开始就提出的顺从、信任和尊严是十分重要的德性目录，而这些德性与日本的文化密不可分。美国学者奥斯古索普（Richard D. Osguthorpe）分析了教师德性养成的必要性，他认为："教师作为道德行为的演示者，一方面对学生的道德发展产生直接影响，

---

① H. Sockett, *Knowledge and Virtue in Teaching and Learning*：*The Primacy of Dispositions*, New York：Routledge, 2012.

② D. Carr, "Professional and Personal Values and Virtues in Education and Teaching," *Oxford Review of Education*, Vol. 32, No. 2, 2006, pp. 171-183.

③ S. Cooke, D. Carr, "Virtue, Practical Wisdom and Character in Teaching," *British Journal of Educational Studies*, Vol. 62, No. 2, 2014, pp. 91-110.

④ Ann M. Begley, "Facilitating the Development of Moral Insight in Practice：Teaching Ethics and Teaching Virtue," *Nursing Philosophy*, Vol. 7, No. 4, 2006, pp. 257-265.

另一方面教学本身的道德性呼吁教师应该具有美德。"① 冰岛学者克里斯乔森（Kristjan Kristjansson）是亚里士多德德性伦理学的忠实追随者。他从教育心理学和价值教育哲学的视角关注个体美德品质的养成，并且特别强调美德教育中的情感要素。瑞典学者库纳瑞德（Gunnel Colnerud）赞同教学的道德性和教师的道德责任，并且指出教师德性伦理与教师规范伦理两个不同理论取向之间的冲突，以及教师德性内部也可能存在一些冲突，例如教师如何同时兼顾对学生的关怀与公正。②

学者不但进行理论和哲学探讨，还开始涉足教师德性在教学实践中的研究。在实证探索方面，美国学者佛莲娜（Catherine Fallona）等人基于亚里士多德的美德伦理，通过观察、访谈和卡片选择等方法研究教师如何在教学活动中进行美德实践，请参与研究的教师选择他们认为教师应该具有的品质，并解释为何选择和排除，提炼出教师身上所具有的德性目录。③ 雷曼（Reiman）以新手教师为例，研究他们在伦理困境中进行道德判断并作出道德行为，发现良好的教师品德有助于提高教学有效性。尽管教师德性有着形而上的特点，很难进行量化，但仍有学者尝试进行评估。科彭和詹金斯（Koppen & Jenkins）两人根据 NCATE 2000 年发布的关于教师品质养成的有关规定，设计了评估方案，采用质性的研究方法，通过他评和教师自我评价来帮助教师了解其品质状况、发现缺乏何种品质、应该培养何种新品质。④ 里奥尔（Loehrer）设计了德性评估问卷（LVAQ），对基督教育中的美德尝试进行评估。土耳其学者欧古斯（Ozbek）通过调查式的研究对体育教师的"职业道德"进行测量。

综上所述，西方教师德性研究已经由纯粹的思辨走向了理论指导实证活动的开展，并寻求合法的理论依据，同时也开拓性地对德性这一形而上的概念进行实证分析。但不得不说，教师在现实中所遇到的伦理问题与既有理论

① R. D. Osguthorpe, "On the Reasons We Want Teachers of Good Disposition and Moral Character," *Journal of Teacher Education*, Vol. 59, No. 4, 2008, pp. 288-299.

② Gunnel Colnerud, "Teacher Ethics as a Research Problem: Syntheses Achieved and New Issues," *Teachers & Teaching*, Vol. 12, No. 12, 2006, pp. 365-385.

③ C. Fallona, "Manner in Teaching: A Study in Observing and Interpreting Teachers' Moral Virtues," *Teaching & Teacher Education*, Vol. 16, No. 7, 2000, pp. 681-695.

④ K. E. Koeppen and J. Davison-Jenkins, *Teacher Dispositions: Envisioning Their Role in Education*, Washington D. C.: Rowman & Littlefield Education, 2007.

之间依旧存在着鸿沟。

（二）教师德性养成的伦理文化环境研究

当前学界分析教师德性养成的影响因素，主要从个体因素和环境因素两个视角展开。个体因素包括教师本人的性格、爱好、学识和个体经历等；环境因素包括社会环境、地理环境、学校教学环境以及文化环境。一些学者认为，教师德性的养成是教师个体因素和环境因素共同作用的结果。例如，陈法宝认为："教师内部因素包括教师的学识、阅历和专业经验。教师的学识越高、阅历和专业经验越丰富，个人品行操守和修养便越好；教师外部因素包括教师所处的社会环境、地理环境、学校教学环境和人文环境等。二者共同作用，形成了教师现有的德性品质。"① 索科特认为，社会环境和教师个体的经历共同影响教师德性的养成，其中学术环境对教师的影响尤其体现在新教师刚进入学校的最初阶段。

还有一些学者认为，外部环境是教师德性养成的主导影响因素，主要体现在外部环境可以改变个体的一些观念、价值观和思想方面。例如，我国学者叶澜指出，各种价值观的冲突使教师在其中无所适从，他们感到纠结、无奈、困惑，个别意志不坚定者最终在不良价值观的诱惑下越过了教师的职业底线。蒋文昭认为：

> 高校制度文化是最主要的影响因素，因为当前盛行的能力主义伦理倾向以及底线道德在实践中的运行，构成了教师德性提升的制度文化困境。文化与人的关系可以解读为一种相互的关系，即人在实践活动中创造了文化，同时文化又作为人去适应所处的生态环境与社会环境的工具来建构关于世界与自我的观念，因此，文化以语言、习俗、规范、制度等有形或无形的形式塑造着德性。②

除了能力主义外，有学者从我国市场经济体制中找原因，认为功利原则、等价交换原则冲击了教师的价值观念、道德品质，使得他们在抉择中表现出种种困惑。坎普贝尔认为，伦理文化环境有其积极和消极的两面性，对

---

① 陈法宝：《教师职业伦理失范的归因分析与对策》，《河北师范大学学报》（教育科学版）2012 年第 14 期。

② 蒋文昭：《教师德性的制度文化困境及超越》，《教育学术月刊》2009 年第 3 期。

教师的道德选择有着潜移默化的影响，任何人都无法游离于文化之外养成德性。王建梁等从中西方的传统文化角度，阐述孟子和亚里士多德的教师价值观。① 日本学者认为，社会文化因素对于教师德性的养成有着极其重要的作用，他通过分析明治时期天皇对老百姓的要求是忠诚和服从，加上日本人的罪感文化，使得当时对教师德性的要求是顺从、信任和尊严（Kimura）。还有学者分析了影响中国教师职业伦理环境的因素，认为"教育环境、教师责任和教师素质结合是教师职业伦理养成的最佳途径"②。

由此可见，国外学者卡尔、索科特、坎普贝尔、克拉克等无一例外地都认为，教师所处的外在环境，特别是学术文化和社会文化环境，都会无声无息地影响教师德性的养成。教师德性养成是教师道德发展的自律境界，也是教师自主发展的表现。③ 在亚里士多德的德性观中，德性的养成一是要形成人的道德理性；二是要在道德理性的基础上，养成人的道德行为习惯。只有养成道德行为习惯，德性才可被外界真正觉察。

（三）高校青年教师德性养成相关研究

进入新时代，我国高等教育体制不断深化改革，高校教师队伍的年龄结构相应地发生了较大变化。大量的青年教师加入了高校教师队伍，他们逐步成为高校教学、科研、管理、服务等各项工作的主要力量，是我国高等教育事业未来发展的重要支柱。当前，有关高校青年教师的研究成果已经比较丰富。特别是高校青年教师具有教师的一般特征和青年的普遍特征，而且具有自身独特的群体特征，他们的思想政治特征、文化知识特征、职业生态特征和心理认知特征与普通高校教师有所不同。④ 由此，对高校青年教师这一群体进行单独研究颇为重要。当然，在众多高校青年教师的研究主题中，有不少学者已经敏锐地觉察到了高校青年教师德性养成的重要性。

截至 2020 年 3 月 25 日，在中国知网以"高校青年教师"和"师德"为主题，检索出约 1000 篇文献。伴随着习近平总书记"立德树人是高校的根

---

① 王建梁、帅晓静：《"德性"与"智性"文化下的教师形象——孟子与亚里士多德教师观之比较》，《当代教师教育》2011 年第 2 期。
② 王宝国：《环境·责任·素养——当代中国大学教师的责任伦理生成路径》，《山西财经大学学报》2012 年第 S2 期。
③ 刘宗南：《论教师专业发展的德性之维》，《教育研究与实验》2010 年第 6 期。
④ 孔凡胜：《高校青年教师群体特征的多维解读》，《中国青年研究》2011 年第 8 期。

本任务"重要论断的提出，仅 2018—2019 年就有约 200 篇文献发表。由此可见，高校青年教师的师德建设问题已经得到了专家学者的广泛关注。从总体上看，这些文献主要集中在如下几个方面。从教师的自身修养与教育教学角度，有学者认为师德的内容主要表现为高尚的行为品德风范，强烈的爱生育人精神，先进的教育教学理念与健康的心理人格素养[①]；从多元文化背景的角度提出在社会转型期高校青年教师的价值观念趋于多元化，主要表现出"价值结构叠加性，价值格局开放性，价值选择功利性，价值评判多元化等特征"[②]；从教师自身与高校乃至高等教育发展方面提出，师德建设是高等教育发展的迫切要求，也是教师自身发展的需求[③]；从师德建设的制度角度提出，在高校应该以"教师党支部"[④] 以及"工会"[⑤] 等为阵地，对青年教师的师德建设提供支持。总体来讲，目前学者关于高校青年教师师德建设重要性的研究主要集中分析国家、社会、高校、青年教师只有形成合力，才能切实养成良好的师德。但是，我们也要认识到，在高校青年教师的师德养成过程中，其自身的努力和不懈追求才是养成良好教师德性的本原动力。

（四）高校青年教师德性养成的伦理文化环境研究

在关注高校青年教师德性养成的研究中，已经有不少学者发现了环境对于德性养成的重要性。例如，周敏等明确指出，高校青年教师由于群体特点的特殊性，他们的成长环境也存在特定性，即"成长环境的特定性，能力结构的不合理性，经济地位的特殊性，生活阅历的单一性，价值取向的多元性"[⑥]。赵金瑞等指出："青年教师的师德培养需要积极营造促进师德建设的社会环境，弘扬社会主义民主、正义与先进文化，营造全社会尊师重教的良好氛围。"[⑦] 林碧丹指出："高校青年教师通过深入学习核心价值观内涵，能够促进青年教师师德内化，同时加强校园文化高品质建设，能够为其营造师

---

① 周先进、于丹：《高校青年教师师德建设：内涵、表现与路径》，《高等农业教育》2014 年第 9 期。

② 霍军亮：《多元文化视域下高校青年教师师德建设探究》，《湖北社会科学》2014 年第 7 期。

③ 高鸣、施进华：《高校青年教师师德建设刍议》，《学校党建与思想教育》2006 年第 8 期。

④ 李兆晶、钟芳芳：《高校教师党支部在青年教师师德建设中的作用探究》，《教育观察》2019 年第 40 期。

⑤ 段曹钢、张中新：《民办高校"工会+师德建设"路径探析》，《山东工会论坛》2019 年第 6 期。

⑥ 周敏、周守红：《高校青年教师师德规范构建刍议》，《中国青年研究》2008 年第 5 期。

⑦ 赵金瑞、李大伟：《高校青年教师师德建设探究》，《思想教育研究》2012 年第 5 期。

德建设的良好环境，这些举措能够有效促进高校青年教师师德建设，并培育和践行社会主义核心价值观。"① 马书文认为："整个社会和高校必须优化高校青年教师的师德师风建设环境，优化高校青年教师的师德师风建设环境应从形成尊师重教的良好社会风气，营造健康的校园文化氛围，创造人尽其才、才尽其用的工作环境，创造关心教师切身利益的生活环境入手。"②

对于当前不利于高校青年教师德性养成的环境问题，可以分为教师外部原因和教师内部原因两个方面。从教师外部原因来看，肖彤认为：

> 社会环境方面主要是由市场经济带来的负面效应以及社会不良风气的影响。多样化社会思潮的冲击，社会对教师地位的重视不够等。高校建设方面主要表现为高校师资引进与师资培养上的急功近利与急于求成；高校教师考评制度、激励制度与职称评定制度的缺陷；高校对师德建设重视不够以及相应的制度建设滞后等因素。③

唐斌认为："高校教师利益的失衡是我国高校教师师德呈现出滑坡态势的根本原因，因此必须以制度的建构来引导利益的均衡作为根本路向，致力于高校教师工资增长制度、参与制度和考核制度的不断完善。"④

从教师内部原因来看，肖彤认为："青年教师一代多为独生子女，成长环境优越，缺乏艰苦奋斗的精神；社会阅历较浅，缺乏生产实践锻炼。"⑤ 曾绍军指出："高校青年教师主体性地位的重视及培育是师德建设的关键，分析影响高校青年教师在师德建设过程中应居主体地位的三点归因，进而提出激活主体性意识、培养主体性能力、构建主体性发挥长效机制三点对策。"⑥ 张泳、张焱认为："当前在高校部分青年教师身上出现了理想信念淡薄、责

① 林碧丹：《社会主义核心价值观视域下高校青年教师师德建设理路》，《思想教育研究》2015年第5期。
② 马书文：《新时期优化高校青年教师师德师风建设环境研究》，《教育探索》2010年第4期。
③ 肖彤：《高校青年教师师德建设研究》，硕士学位论文，西南大学，2017年。
④ 唐斌：《以制度均衡利益：社会转型期高校教师师德重建的根本路向》，《当代教育科学》2015年第17期。
⑤ 肖彤：《高校青年教师师德建设研究》，硕士学位论文，西南大学，2017年。
⑥ 曾绍军：《主体性视域下高校青年教师师德建设探究》，《江苏高教》2015年第4期。

任心不强等问题。"①

在制度环境方面，张菊玲认为："师德应该作为完善教师准入制度的重要内容，同时政治素养、思想道德修养、学术道德修养等方面都应该作为师德制度建设的内容。"② 张泳、张焱指出："要完善师德培养、导引与考核监督机制，并针对青年教师制定师德评价指标体系。"③ 佟书华、郑晗认为："要建立学校、教师、学生与教学督导共同参与师德监督'四位一体'的师德监督体系，同时切实开展师德考评'一票否决'制度。"④

（五）青藏地区高校青年教师德性养成的伦理文化环境研究动态

经过检索发现，当前学界对青藏地区的高校青年教师德性养成的伦理文化环境的研究还比较欠缺，主要散见于青藏地区教师师德建设、青年教师专业发展、族群伦理文化与道德教育、传统民族文化凝练与中国特色等有关主题中，但是仍旧不成体系，有待深入系统地整理和挖掘。

在高校青年教师师德建设方面，张涛等指出："西藏特殊的政治、工作和人文环境，赋予西藏高校师德建设特殊内涵。西藏高校教师可发挥主观能动性，采取有效的特殊途径进一步加强师德建设。"⑤ 张会庆等研究发现，近年来，西藏高校教师队伍规模不断壮大并趋于年轻化，青年教师逐步成为西藏高等教育发展的中流砥柱。他们在阐述西藏高校青年教师师德评价重要意义的基础上，反思西藏高校青年教师师德评价所存在的问题，提出进一步提升西藏高校青年教师师德评价的路径。⑥ 李为虎指出加强师德建设，是西藏高校教师队伍建设最核心的任务，其文针对当前西藏高校师德建设现状，提出了健全西藏高校师德制度建设，强化教师的育人职能，增强教师的职业认同感和加强教师的师德自我教育的四项措施。⑦ 格桑尼玛指出，在"建设和谐校园的要求下，西藏大学教师应积极培育师德，在育人过程中应注重加强

① 张泳、张焱：《试论高校青年教师的师德建设》，《教育探索》2012 年第 6 期。
② 张菊玲：《试论新形势下高校青年教师师德建设》，《学校党建与思想教育》2013 年第 21 期。
③ 张泳、张焱：《试论高校青年教师的师德建设》，《教育探索》2012 年第 6 期。
④ 佟书华、郑晗：《新时期加强高校青年教师师德师风建设的思考——以武汉大学为例》，《学校党建与思想教育》2013 年第 25 期。
⑤ 张涛、王国新：《论西藏高校师德建设的特殊内涵及途径》，《西藏教育》2012 年第 2 期。
⑥ 张会庆、刘凯、张传庆：《新时期加强西藏高校青年教师师德评价的思考》，《中国高校师资研究》2013 年第 6 期。
⑦ 李为虎：《西藏高校师德建设研究》，《西藏教育》2012 年第 7 期。

全员育人、全过程育人、全方位育人"①。

在青藏地区高校青年教师师德现状方面，张磊指出，高校教师良好的思想政治状况是立德树人的重要基础。为正确认识高校青年教师群体的思想政治状况并不断改进相关工作，对青海省四所高校的青年教师进行了调查，通过深入解读和剖析他们的思想政治、教学科研工作以及生活方面的状况，发现青海省青年教师总体思想政治状况良好，理想信念坚定，各民族教师相处融洽；对于政治理论学习的态度比较认真，但个别青年教师所存在的思想政治问题不容忽视，应进一步为改进青年教师工作状态提供实证依据，这有助于促进民族地区青年教师的职业健康发展。② 韩艳玲在实证调研的基础上发现青海高校教师马克思主义信仰、主流媒体对高校教师思想政治状况的影响、高校领导干部综合素质、学术评价体系和学术生态等方面的问题，并有针对性地提出加强对教师的马克思主义信仰教育，净化网络环境，加强网络监管，建设高素质专业化的高校干部队伍，完善学术评价体系，优化学术生态环境等对策建议。③

在青藏地区高校青年教师专业发展方面，范友悦关注西藏青年教师教学能力及培养，发现西藏青年教师在教学能力方面存在教学设计能力弱、教学基本功不扎实、教学反思力度不够、欠缺自我学习能力、缺乏教学研究能力的问题。④ 王巧认为，青年教师作为当前西藏高校思想政治课题教师队伍的主力军，其教学能力的发展和提高对提升西藏高校思想政治课题教学的整体质量和办学水平起着至关重要的作用。王巧分析了西藏三所高校（西藏大学、西藏藏医学院、西藏农牧学院）思想政治课题教师队伍的现状、思想政治课题青年教师教学能力以及西藏高校教师教学能力评价方式的现状，探索青年思想政治课题教师应具备的教学能力，初步构建了青年思想政治课题教

---

① 格桑尼玛：《浅谈加强西藏大学师德建设的几点思考》，《西藏大学学报》（社会科学版）2008 年第 1 期。

② 张磊：《青海省高校青年教师思想政治状况的调查与思考》，《民族高等教育研究》2018 年第 4 期。

③ 韩艳玲：《青海高校教师思想政治状况调查研究》，《高校后勤研究》2020 年第 1 期。

④ 范友悦：《西藏青年教师教学能力存在的问题及其影响因素分析》，《佳木斯职业学院学报》2018 年第 4 期。

师教学能力评价指标体系。① 才让措以青海民族地区为背景，以民族地区教师的专业化发展为切入点，从国家对教师职业的法规性要求和新课程改革对教师专业发展的要求出发，对青海民族地区教师专业发展的标准及策略进行了探索。② 李灼华等分析了西藏大学青年教师工程实践能力提升的培训经验，探索综合型人才培养要求下高校工科青年教师应该具备的工程实践能力和采取的培养措施。③ 吕建中指出："建国以来，我省各高校在教师队伍的建设方面取得了很大成绩，培养了一大批德才兼备、全面发展的各民族的优秀教师。他们兢兢业业任劳任怨，为青海民族高等教育事业做出了贡献。近几年来，各院校更加重视师资队伍建设，陆续补充了一批青年教师，增加了新生力量。"④

通过查阅和分析已有研究文献，我们可以发现，对于青藏地区高校青年教师的专业发展，已有一些学者从不同的维度进行了分析和研究。但是，对于该地区高校青年教师的道德素养，目前西藏地区有一些关注，但是青海省内的研究却严重不足。

三　述评分析：已有研究的启示

从总体上看，国内外学者一致认同教师德性养成的伦理文化环境极为重要，但对教师德性养成和伦理文化二者之间的学理论证依旧不足。首先，对于高校青年教师和教师德性的研究已经非常丰富，对于高校青年教师师德师风建设的研究也比较多。可是，仅有个别学者意识到在高校青年教师师德养成过程中，外部环境或伦理文化影响的重要性。其次，聚焦到样本地区这一特定区域内，对于高校青年教师师德养成的研究十分不足，探究其养成的伦理文化环境的成果更是十分稀少。虽然一些研究已经具体到社会文化环境、地理文化环境、学校文化环境等内容，但是对伦理文化环境的划分仍然模糊，没有边界。最后，已有理论研究丰硕，但实证研究薄弱，亟待基于现

---

①　王巧：《西藏高校思政专业青年教师教学能力评价体系构建研究》，《教书育人（高教论坛）》2018年第18期。

②　才让措：《论青海民族地区教师的专业发展》，《青海师范大学学报》（哲学社会科学版）2006年第2期。

③　李灼华、李戬、时博、张发廷、王金辉：《基于综合型人才培养的高校工科青年教师工程实践能力提升模式探索》，《教育教学论坛》2019年第35期。

④　吕建中：《培养青年教师解决断层问题》，《青海民族研究》1992年第4期。

实，深度剖析当前伦理文化环境状况。这些都为我们提供了一些研究启示：

第一，研究高校青年教师德性养成的伦理文化环境，可以从教师的自身成长环境到工作环境，再到外部的社会环境中去寻找线索。第二，在分析外部伦理文化环境的同时，不能忽视对高校青年教师内心的关照，也就是说，要通过分析外部环境来深度剖析教师内部心理产生的变化，而心理的变化是其形成教师德性的一个重要过程。第三，在分析外部环境时，要特别注重中国传统伦理文化、地域文化以及族群伦理文化所带来的影响。第四，要注重教师德性养成与伦理文化环境之间的互动，深刻地看到彼此之间的互动关系。

然而，根据已有文献，我们发现已有研究有如下不足：第一，当前已有的文献，大多数观照高校青年教师师德师风建设的路径和高校青年教师道德的现状以及制度的问题，但是却忽视了文化在高校青年教师德性养成中的重要作用。第二，从已有研究中发现，对伦理文化本身的研究是颇为欠缺的，我们在文献检索过程中，发现有一些学者针对企业伦理文化，或者说社会伦理文化、族群伦理文化展开了一些研究，但是对于校园伦理文化的研究还是颇为欠缺的。第三，高校青年教师作为重要的群体，目前的研究主要关注了他们的教学能力和科研能力，没有注重其作为立德树人生力军的教师，第一要务是培养学生的道德素养。所以还需要深度挖掘高校青年教师道德素养形成的引导因素。

第三节　相关概念的界定

一　伦理文化环境

（一）文化

文化是非常广泛的概念，要给它下一个明确的定义非常困难。不少哲学家、人类学家、社会学家和历史学家从自己的学科研究领域对文化的概念进行界定，然而至今没有一个公认的定义。对"文化"的阐释，国内外加起来有数百种。在英语中 Culture 的原意有耕种、居住、练习、注意、敬神之意，也暗含人类具有某种才干和能力。到古希腊、罗马时代，Culture 一词的含义有改造、完善人的内在世界、使个体趋向具有理想公民素质的过程。西塞罗引申"文化"一词为"耕耘智慧"（Cultura Mentis）。15 世纪后，"文化"

一词逐渐被引申使用，有耕作、培养、教育、发展、尊重之意等，并进一步引申为培养一个人的兴趣、精神和智能，把对人的品德和能力的培养也称为文化。文化是一种社会现象，是人们在长期生活中形成的产物，同时，文化也是人类社会历史的沉淀。确切地说，文化是一个国家或民族的历史、地理、风土人情、传统习俗、生活方式、文学艺术、行为规范、思维方式、价值观念等的集合产物。英国人类文化学家爱德华·泰勒（Edward Burnett Tylor）在1871年给出的文化定义是："包括知识、信仰、艺术、法律、道德、习俗以及作为一个社会成员所获得的能力与习惯的复杂整体。"① 我国《辞海》对文化的解释是："文化是一种历史现象，每一个社会都有与之相适应的文化，并随着社会物质生产的发展而发展。作为意识形态的文化，是一定社会政治和经济的反映，又给一定社会的政治和经济产生巨大影响和作用。"

文化实际上就是"人化"。梁漱溟认为，文化乃是"人类生活的样法"②。1920年，蔡元培在《何谓文化》的演讲中提出"文化是人生发展的状况"③，并提到文化中包含的衣食住行、医疗卫生、政治、经济、道德、教育、科学等事项。钱穆简单明了地阐释了文化实际上就是人的日常生活和精神生活的图景，有什么样的生活就存在什么样的文化。钱穆认为："文化只是'人生'，只是人类的'生活'。惟此所谓人生，并不指个人人生而言。每一个人的生活，也可说是人生，却不说是文化。文化是指集体的、大群的而言。在某一地区、某一集团、某一社会，或某一民族之集合的大群的人生，指其生活之各部门、各方面综合的全体性而言，始得目之为文化。"④ 由此可见，文化不是一个人的"人生"，而是集体的"人生"。个人游荡于集体文化中。

一个人的德性养成，必然与集体文化有着密切的联系，会吸收集体文化中的"绵延性"和"持续性"。文化的"空间性"加上"时间性"，使得文

---

① ［英］爱德华·泰勒：《原始文化》，连树声译，上海文艺出版社1992年版，第1页。
② 梁漱溟：《东西文化及其哲学》，转引自林坚《关于"文化"概念的梳理和解读》，《文化学刊》2013年第5期。
③ 蔡元培：《蔡元培美学文选》，转引自林坚《关于"文化"概念的梳理和解读》，《文化学刊》2013年第5期。
④ 钱穆：《文化学大义》（新校本），九州出版社2012年版，第4页。

化成为"时空凝合的某一大群的生活之各部门、各方面的整一全体"①。故而，一个人的德性是在吸收社会长期积淀而得的饮食、居住、衣着、道路交通这样一些物质文化，以及语言文字、社会风尚、信仰、趣味爱好、智慧境界这样一些精神文化中不断养成的。

（二）伦理

在中国古代，"伦"和"理"原本是两个词。东汉的文字学家许慎在《说文解字》中，将这两个词解释为："伦，从人，辈也，明道也；理，治玉也。""伦"的意思是指人际关系显示出符合一定的规矩、准则，而且代代相传。"理"的原意是指依照玉本身的纹路来雕刻玉器，使得玉成形有用。后来引申为治理、协调社会生活和人际关系。战国时孟子首创"人伦"一词，指"父子有亲，君臣有义，夫妇有别，长幼有序，朋友有信"（《孟子·滕文公上》），已具"道德准则"之义。"伦""理"连用始见于《礼记·乐记》："乐者，通伦理者也。"泛指事物条理。

汉初，"伦理"一词开始被广泛使用，明确用来指称"道德准则"。贾谊《新书·辅佐》曰："以礼仪伦理教训人民。"董仲舒《春秋繁露·人副天数》谓："行有伦理。"伦理亦即人际关系的条理。在古代中国人看来，人际关系不是杂乱无章的，而是像玉有条纹一样，也是有条理可循的。伦与理之间有内在的联系，同类事物或人群不同辈分之间的次第和顺序，总是因道理而成的；循人伦道理来治理人际关系，才能使不同辈分、同类事物之间有和顺的秩序，各自相安而不相害。这种条理是人际关系中本有的，或者说是自然形成的。伦是用来疏通人际关系中这种条理的。由此可见，"伦理"一词的本义是指："人伦关系及其内蕴的条理、道理和规则。"② 在西方语境中，从词源上说，伦理起源于希腊文"ethic"，这个词最初表示习惯恒常的住所、共同的居住地。③ 其意泛化而与通行的"道德"一词相通。

伦理原指在宗法制下具有身份性人际关系的道德准则。伦理即研究人伦之理的学问，是研究人与人关系的学说。伦理文化即人与人之间交往而形成的一种文化氛围，也是由人与人的语言交流方式、价值观导向、舆论风潮等

---

① 钱穆：《文化学大义》（新校本），第4页。
② 焦国成：《论伦理——伦理概念与伦理学》，《江西师范大学学报》（哲学社会科学版）2011年第1期。
③ 李建华：《伦理与道德的互释及其侧向》，《武汉大学学报》2020年第3期。

共同构成的一种精神氛围。那么，据此梳理下来，伦理文化环境便是每一个人所处空间中，基于人与人交往，而后营造的一种人文关系或涉及道德的文化氛围。从另外一个角度来阐释，伦理也是一种人生哲学，就是关于人的意义、人的理想、人的生活基本准则等内容。因此，从这个定义上讲，伦理文化环境也可以说是在一种人所存在的环境中，群体对于怎样过的人生才有意义的观念。基于群体对于怎样过的人生有意义的普遍观念和我们的生活应该依据哪些基本的准则等方面的看法，对个体导致的一种从众行为或者是价值驱使。所以从伦理的这两个方面含义来讲，伦理文化环境对于德性的养成有着非常重要的影响作用。

（三）环境

在《现代汉语大词典》中，"环境"一词是指"周围的地方"。《国防经济大辞典》认为："人类生存的空间及其中可以直接或间接影响人类生活和发展的各种自然因素称为环境。"[①] "环境"相对应的英文词汇是"environment"。在《牛津字典》中指"在个体或事物周围，影响其行为发展的情况或条件"。王宗廷在《给"环境"一个准确的法律定义》中给出了美国、法国、德国、保加利亚、日本、瑞典、加拿大等对于环境概念的解释并加以分析，指出我国 1989 年的《中华人民共和国环保法》第 2 条关于环境的所指："本法所称环境，是指影响人类生存和发展的各种天然和经过人工改造的自然因素的总体，包括大气、水、海洋、土地、矿藏、森林、草原、野生生物、自然遗迹、人文遗迹、自然保护区、风景名胜区、城市和乡村等。"

"人类的生存环境可以划分为自然环境与社会环境。自然环境包括了土地、资源、气候、动物、植物、噪音等，而社会环境是在自然环境的基础上，人类通过长期有意识的社会劳动所形成的环境体系。"[②] 通常来讲，社会环境是指政治环境、文化环境、经济环境、工作环境等。由于文化具有"无所不包"的特点，在研究文化环境的过程中，不可避免地会涉及社会环境、经济环境、工作环境等。除此之外，对人的心理发生实际影响的整个生活环境也被称为环境，更多地被称为心理环境。这是以人的心理为主体，把影响人的心理活动的一切因素称为心理环境，不同于自然环境的客观性，这种环

---

① 陈德第、李轴、库桂生主编：《国防经济大辞典》，军事科学出版社 2001 年版，第 443 页。

② 韩晓燕、朱晨海：《人类行为与社会环境》，格致出版社、上海人民出版社 2009 年版，第 5 页。

境概念逐渐变得抽象化。本书的研究主体是人，因而，这里的环境主要是指以高校青年教师为主体而言的客观社会环境，亦可以说是关注人类的生存环境。

关于人与环境的关系问题，马克思主义认为环境的改变和人的活动的一致"只能被看做是并合理地理解为变革的实践"①。诚然，人与环境是相互创造的，人的活动与环境的改变辩证地统一于实践。这一观点克服了原有的局限，对人与环境的关系作了全面的概括，环境决定人的发展，人在接受环境制约的同时又具有能动性。"人与环境"关系理论的核心内涵，首先指出人与环境是相互创造的，是一个双向的互动过程。这种观点表明："人创造环境，同样环境也创造人。"② 其次就是实践的重要性，马克思认为："只有人才给自然界打上自己的印记，因为他们不仅变更了植物和动物的位置，而且也改变了他们所居住的地方的面貌、气候，他们甚至还改变了植物和动物本身。"③ "实践是改变人与环境关系的根本活动"④。

对于青年大学教师的德性养成来说，文化环境还有一定的复杂性。张行生认为："高校要以青年教师为本，营造充满人文关怀的成长环境来区别对待这一具有发展潜力的群体，个性化地对青年教师进行培养与管理，促进高校青年教师的专业成长"⑤；廖良提出："要营造良好环境来加强和改进高校青年教师的师德建设，提高高校青年教师的师德水平。"⑥ 通常来说，对人的品质有影响的主要是家庭环境、学校环境、工作环境和社会文化环境（如传统国家文化环境、族群文化环境、政治文化环境、地域文化环境等）。它们都对人的德性自发形成、养成和完善有着重要的影响。

（四）伦理文化

伦理文化是各族群在特有的人伦关系与道德生活中形成的成果的总和。

---

① 《马克思恩格斯选集》（第1卷），人民出版社2009年版，第504页。
② 《马克思恩格斯全集》（第3卷），人民出版社1960年版，第43页。
③ 《马克思恩格斯全集》（第20卷），人民出版社1971年版，第373页。
④ 宇文利、杨席宇：《马克思恩格斯"人与环境"关系论及其思想政治教育应用》，《思想教育研究》2016年第5期。
⑤ 张行生：《高校青年教师成长的外部环境支持问题探析》，《黑龙江高教研究》2015年第12期。
⑥ 廖良：《高校青年教师师德现状及建设研究》，硕士学位论文，华中师范大学，2014年，第34页。

它与其他文化子系统有着同等的地位，在内容上也是互相渗透、互相交叉的。"中华民族向来以重人伦、讲道德而著称于世，在历史上创造了灿烂的伦理文化，以之作为民族文化的重要组成部分甚至是主干。以致人们公认，中国文化是伦理本位的文化。"① 伦理文化有着宽泛的外延，有伦理学、道德规范，还囊括了人伦关系、道德生活本身。伦理文化与民俗生活、制度选择相关联，同时，对个体的物质生活都有影响。例如，中国人日常生活中的聚族而居、合食、大团圆以及建筑风格等都有伦理文化的影子。

伦理文化学是从文化切入审视伦理，研究人类伦理的文化（意蕴、气质、视野、价值、精神如何生成以及怎样敞开）的学问。本书根据内容分析当属于研究环境文化中的伦理成分对德性养成的影响。故而，伦理文化学的相关理论是适切的。由于本书研究对象处于多族群交融地域，在涉及伦理文化问题上，不可避免地会分析民族伦理文化的概念。通常，我们先从它的上位概念民族文化的解释开始。黄超等提出：

> 民族文化（包括民族道德文化）特别是少数民族文化中的道德习俗和道德文化，历经了经济社会制度的变迁与发展，其遗存（传）至今的已经作为民族传统和民族伦理规范保留了下来，更多地体现在民族文化中的传统保留了下来，这是民族文化特别是少数民族文化发展与现代文化共融发展的结果，同时也彰显了传统民族文化和传统民族伦理文化的现代发展价值。②

族群文化或者说族群文化信仰、族群伦理文化，是历史和时代观念的产物，不以个人的主观意志为转移。

（五）伦理文化环境

关于伦理文化环境的概念，目前没有较为公认的定义。我们在文献查阅中找到了文化环境的定义，有学者从结构性视角和功能性视角两个方面对其进行了阐释。结构性视角下的文化环境，主要基于对文化概念和环境因素的

---

① 张国钧：《伦理文化与民族精神》，《云南民族学院学报》（哲学社会科学版）1993 年第 1 期。

② 黄超、冯振萍、李宪伦：《传统民族伦理的文化凝练与中国特色社会主义——现代伦理体系构建的文化彰显》，《学术论坛》2013 年第 2 期。

理解两方面。功能性视角下的伦理文化环境，主要从环境的功能角度出发，将文化环境视为一种效应环境。[①] 基于此，伦理文化环境也可以从结构性和功能性出发进行分析。

从结构性来看，伦理文化环境可以理解为"伦理文化"和"环境"两个层面。樊浩在《伦理精神的价值生态》一书中指出："伦理不仅构成文化生态的灵魂，它还构成了文化生态的核心。因为价值体系是文化体系的核心，而价值体系的核心，则是伦理价值。"[②] 因此，一个环境中的伦理文化，充分展现的是环境中伦理文化趋向。研究伦理文化环境，实际上就是从环境哲学的角度研究人与环境中的道德要素、道德价值取向、道德舆论观点对立或和谐的问题，从辩证发展的视角审视人与社会环境中道德主流观点的适切情况。

从功能性来看，伦理文化环境其实也是在研究人的个人品德和所在群体环境中道德风尚之间实际存在的鸿沟和匹配程度问题。通过了解现存伦理文化环境的一些优良之处，可以对存在其环境中的个体进行更好的引导。当然，以此类推可以发现环境中的一些问题，能够解释现在青年教师师德养成方面的一些现实困境。

二 教师德性养成

(一) 德性

无论在中国还是西方，"德性"的含义都源远流长。

在西方，德性一词是从战神（arees）派生出来的。其拉丁语的对应词 Virtues 的词干 vir 意为男子气概或勇敢，有时候也被翻译为"美德"，泛指一切事物的优越性，在伦理学中被较严格地规定为对功能的完满实现。德性是古希腊哲学中的核心概念之一。[③]

德性伦理学集大成者亚里士多德在《尼各马可伦理学》中说道："每种德性都既使得它是其德性的那事物的状态好，又使得那事物的活动完成得好；那么人的德性就是既使得一个人好又使得他出色地完成他的活动的

---

① 蔡红燕：《关于文化环境概念的再辨析》，《保山学院学报》2019 年第 6 期。
② 樊浩：《伦理精神的价值结构》，中国社会科学出版社 2001 年版。
③ 苗力田：《亚里士多德选集：伦理学卷》，中国人民大学出版社 1999 年版，第 26 页。

品质。"①

赫斯欧斯（Hursthouse）在《德性伦理学》中定义说："德性是人类为了幸福、为了兴旺发达、生活美好所需要的特性品质（源自德性的结构）。"② 德性伦理学家麦金泰尔在《德性之后》中对德性的定义为："德性是一种获得性人类品质，这种德性的拥有和践行，使我们能够获得实践的内在利益，缺乏这种德性，就无从获得这些利益。"③

"德性"与"德"相同，是我国传统文化中的核心概念。《周易·乾·文言》曰："君子进德修业。"唐孔颖达注曰："德，谓德行；业，谓功业。"《周易·系辞》曰："地势坤，君子以厚德载物。"由此可见，德是一种良好的操守和品性。而后，孔子将"德"提升为王道原则："道之以德，齐之以礼，有耻且格。"《礼记·大学》中"大学之道，在明明德，在亲民，在止于至善"，将"德"与"善"联系在一起，认为德是追求善的前提。这句话至今仍是我国传统的道德纲领。我国现代伦理学家对德性分别有如下定义：陈根法在其专著《德性论》中认为，德性就是那些能使我们获得幸福的内在品质④，常和道德作为同义词使用，具有终极性的特点；与幸福保持一致性，具有在逆境中为人生把航的功能。高国希认为："德性是一个人稳定的状态或性情，它会为某些理由而行动，因而是行动者在实践理性的指导下进行选择，并且这种状态会运用到未来的选择中去。"⑤ 江畅通过对德性原初含义，通过对古代和当代伦理学家关于德性的论述进行阐释、考察后认为："德性是人运用理智或智慧根据其谋求生存的更好的本性的根本要求并以生存得更好为指向培育的，以心理定势对人的活动发生作用，并使人的活动及其主体成为善的善品质，即道德的品质。"⑥

尽管古今中外的学者对德性所下的定义千差万别，但是德性始终具有以下特点：第一，德性具有恒常性，是人一生都需要追寻的"善"的品质，是人类实现幸福和美好生活所必需的存在。第二，德性具有可获得性，德性并

---

① ［古希腊］亚里士多德：《尼各马可伦理学》，商务印书馆 2003 年版，第 45 页。

② R. Hursthouse, *On Virtue Ethics*, Oxford University Press, 1999, pp. 22–30.

③ 麦金泰尔：《德性之后》，中国社会科学出版社 1995 年版，第 241 页。

④ 陈根法：《德性论》，上海人民出版社 2004 年版，第 3 页。

⑤ 高国希：《德性的结构》，《道德与文明》2008 年第 3 期。

⑥ 江畅：《德性论》，人民出版社 2011 年版，第 30—31 页。

非与生俱来的，而是一种后天获得性的人类品质。这些品质一旦形成，便逐渐内化为一个人稳定的精神定式。第三，德性具有个体性，德性是从道德的角度看待人格。人格在心理学中，与自我是大致相当的概念。因此，德性具有强烈的个人特点。但是德性与个性、人格又有区别，德性是人格中优秀的成分。同时德性虽然具有个体性，但是德性一旦出现在人与人的交往中，便具有了社会性价值。第四，德性具有统领性，是对人类各种美好品质的统称。德性在不同的国家和文化中没有固定的内容，但它是所有与语境相符的美好品质的集合体。第五，德性具有实践性。德性在实践中产生，同时当实践中产生内在利益和外在利益的对立时，德性反过来又指导人类如何做出行为选择。

（二）教师德性

教师德性是德性在教师这一职业中的具体化。当前，国外学者使用 teacher moral virtues 来表示教师美好的道德品质，在具体研究中常用到 dispositions、Osguthorpe、qualities、excellences、personal trait、professional virtues in teaching 等词汇，然而文献中却少有对其概念的明确界定。在我国，叶澜等提出："教师在教育教学过程中不断修养而形成的一种获得性的内在精神品质，既是教师人格特质化的品德，也是教师教育实践性凝聚而成的品质。"[1] 这是当前被学界最为广泛使用的界定。例如，吴捷[2]、丁德润[3]等都依据叶澜的界定。宋晔认为，"教师德性是教师不断完善自身的内在道德标尺，具有高标准和理想的成分"[4]；黎琼锋指出，"教师德性是指教师在教育活动中历经反复的道德实践而生成的专业品性"[5]；钟爱华认为，"教师德性指的是教师在教育实践中逐渐养成的获得性的、内在的精神品质，它需要教师道德不断地被教师理解内化并转化为外在行为才能真正成为的品质"[6]。

综上界定，发现以下四个共同点："第一，教师德性是由教师能够担负起角色的品质构成；第二，教师德性是一种发展性、养成性的品质；第三，

① 叶澜、白益民等：《教师角色与教师发展新探》，科学教育出版社2001年版，第44页。
② 吴捷：《关于教师德性及其意义的思考》，《徐州工程学院学报》（自然科学版）2007年第22期。
③ 丁德润：《论教师德性的核心构成及其养成》，《生活教育》2009年第10期。
④ 宋晔：《教师德性的理性思考》，《教育研究》2005年第8期。
⑤ 黎琼锋：《论教师德性与教育幸福的共生关系》，《中国德育》2008年第2期。
⑥ 钟爱华：《浅谈教师德性的养成》，《佳木斯教育学院学报》2012年第2期。

教师德性的养成既有与生俱来的人格成分，也受到工作实践的反复锤炼；第四，教师德性能够从内在化的品质转化为外在的行为和态度。"① 出于界定的全面性与本书的适切度，笔者将沿用叶澜对教师德性的界定。

此外，教师德性与教师职业道德（伦理）② 的关系有必要加以澄清。职业道德是由现代社会高度分工所造就的，个体在特定的职业实践中需要遵守的道德规范，具有职业群体之间的高度异质性，职业道德只能对特定的职业生活产生影响。因此，教师职业道德是具有明确的分工性的。"教师在从事教育劳动过程中形成的比较稳定的道德观念、行为规范和道德品质的总和，它是调节教师与他人、教师与集体及社会相互关系的行为准则，是一定社会或阶级对教师职业行为的基本要求。"③ 由此可见，教师职业道德的重点是从外部向教师施加"行为规则"和"基本要求"。而教师德性的重点在于"品质"，是一种发自教师个体的道德认知。一个是内生性的，一个是外在性的。教师职业道德是对教师群体的要求，是道德底线；而教师德性则是个体的自我完善，是一种道德境界，是教师在教育教学过程中对自我的不断要求、不断陶冶，自我充实、自我价值实现的过程。"教师职业道德通过个体内化吸收可以实现与教师德性的转换。作为外在规范的教师道德和伦理一旦内化为教师内在的德性，就会成为稳定的精神动力，成为教师精神的核心成分。"④

大学教师德性是教师德性的具体化。回顾前人研究，尚未发现关于大学教师德性的定义，但其与大学教师职业道德（伦理）、学术责任、高校教师师德等词汇常联系在一起。笔者基于叶澜对教师德性的界定，认为大学教师德性特指在高等教育阶段从事教育教学工作的教师，在工作过程中不断培育而内生的精神品质，既是教师人格的特质化，也是教师在教育实践中凝结而成的具体品质。

（三）教师德性养成

刘芳认为，德性养成是指在"德性孕育、产生、培养、发展过程中，德

① 张磊、查强：《从大学教师的"学术属性"到"道德属性"——一项以加拿大 14 位大学获奖教师为例的质性研究》，《清华大学教育研究》2015 年第 6 期。

② 在本书中，教师职业道德和教师职业伦理被视为同一概念，不再加以区分，统一使用教师职业道德一词。

③ 吴捷：《关于教师德性及其意义的思考》，《徐州工程学院学报》（自然科学版）2007 年第 22 期。

④ 宋晔：《教师德性的理性思考》，《教育研究》2005 年第 8 期。

性表现出的较为稳定时的一种状态，这种状态可以反映出一个人的内在本质。"① 教师德性的养成应遵循内在实践路径，身份是教师德性养成的前提，身份认同与教师德性养成一体共生，以身份认同为基础通过德性修炼和德性提升的实践方法来养成教师德性，德性反思是教师德性养成的内在性评价，具有批判性和实践性。总之，教师德性养成是在身份认同框架下进行的建构过程。②

德性的养成是上述品质在人的成长和发展过程中、在其所处环境文化的滋养下逐渐形成的过程。中国俗语言："活到老学到老。"德性的养成是没有"到头"的。因而，德性的养成从人一生下来便已经开始，直至人的生命结束，对德性的不懈追求才算结束。德性的养成不仅是个体对规范和行为准则的自觉遵守，而且是一种对人生境界的追求和自我品质的提升，是德性习惯和德性理性养成的综合体现。按照亚里士多德对德性的划分，德性包括理智德性和道德德性两种。理智德性是经验和时间的产物，需要通过持续的教导才会发生和发展；道德德性需要通过习惯来养成。德性养成是从道德德性养成的角度出发的，养成主要侧重于对人的内在德性的开发培育，从而使人们的道德自觉性和道德自主性得以形成。"养成不同于培养、教导，更区别于灌输。德性养成强调德性主体自发自觉的认知和道德践行，是一种来自人们心底的道德认同。"③

在我国，德性的养成遵循由内而外的路线。无论君臣，皆先"自修其身"再"推己及人"，从而"克己复礼"，达到"齐家治国"的全员养德的理想状态。在西方，柏拉图的德性养成路线是，在"善理念"的基础上提出由习惯帮助完善自然赋予我们的天然德性的美德追寻路线。到了现代社会，个体德性的养成被视为从"他律转向自律"的过程。诸多学者将眼光投向外在道德规范如何内化为自我约束。马克思主义的德性养成观认为，社会道德是客观社会关系的要求，不以人的意志为转移，个体德性是对社会道德准则内化结果的本质反映，强调社会实践在德性养成中的重要作用。因此，在马克思看来，一个人德性的养成，外部影响是条件，个体自身道德实践是根本。

---

① 刘芳：《论德性养成》，中央编译出版社 2016 年版，第 6 页。
② 李清雁：《教师德性：结构、动因与养成》，《社会科学战线》2018 年第 10 期。
③ 林歌：《中小学教师德性养成研究》，硕士学位论文，河南大学，2018 年，第 6 页。

综上所述，我们认为，教师德性指教师在工作过程中不断培育而内生的精神品质，既是教师人格的特质化，也是教师在教育实践中凝结而成的具体品质。这种品质一旦达到稳定的状态，既会反映出一个人的内在本质，也会帮助教师配享职业和生活的幸福。

三　高校青年教师

"高校青年教师"，就字面意思来解读，是指在高校工作的年龄较为年轻的教师。关于高校青年教师的年龄界定，目前学界尚未达成一致。一些学者将年龄限定在 35 岁以下，例如，李宜江[①]；还有一些学者将年龄限定在 40 岁以下，例如胡娇和王晓平。[②] 通过参考国家的相关政策可以发现，国家社会科学基金和自然科学基金规定青年项目的申请者年龄不得超过 35 周岁。教育部人文社会科学基金规定青年项目的申请者年龄不得超过 40 周岁。国家万人计划"青年拔尖人才"申请者年龄不得超过 40 周岁。教育部设立的"高校青年教师奖"获奖者的平均年龄为 38.3 岁。

本书使用胡中俊在《高校"青椒"的成长困境和出路》一文中关于高校青年教师的界定："指年龄不超过 40 岁，进入高校从事教学科研工作不久的青年人群，多数人尚未获得副高级职称。"[③] 根据这一定义，本书中的高校青年教师特指从事教学和科研的教师，不包括在高校专职从事行政管理工作的青年教师，也不包括高校专职从事辅导员或者其他教辅工作的教师。

高校青年教师是除具有教师一般特征和青年普遍特征之外，还具备自身独特性的群体。高校青年教师在学校的教学、科研、管理、服务等各项工作中都发挥着非常重要的作用，更是高等教育事业未来的支柱。从思想政治角度来看，高校青年教师是中国特色社会主义高等教育事业的挑担人，他们应该是中国特色社会主义的坚定拥护者和支持者，拥护党的领导，关心祖国的改革发展，与党中央保持高度一致。从知识体系来看，他们肩负着科学文化知识传播的重任，同时也肩负着科学文化知识创新的重任。他们既是教师又

---

① 李宜江：《关于大学青年教师身份与年龄界定的探究》，《辽宁教育行政学院学报》2013 年第 2 期。

② 胡娇、王晓平：《高校青年教师教学能力阻抗因素与提升策略》，《黑龙江教育（高教研究与评估）》2015 年第 1 期。

③ 胡中俊：《高校"青椒"的成长困境和出路》，《当代青年研究》2015 年第 6 期。

是专家学者，他们有系统的知识和训练技能，并且要掌握最前沿的学科知识。从职业生态角度来看，现在高校教师多半具有博士学位，他们一方面承担着繁重的教学任务，另一方面，还要承受岗位考核、职称评定和职务晋升等给他们带来的科研压力。从社会角色来看，青年教师所处年龄阶段注定了他们中绝大部分刚刚拥有自己的小家庭，面临着养家糊口的现实问题。因此，他们的经济需要比其他年龄段的教师更为迫切。从市场经济的角度来看，还有许多青年教师会面对与同龄人在收入社会地位等各方面的差异带来的心理落差。从心理认知上看，高校青年教师一般在30余岁，他们处于青年晚期向成年期过渡的阶段。他们的心理已经基本趋于成熟，在广度和深度上也比以前更为扩展，看人看世界看人际关系以及看自我存在都会更加客观和全面。因此，对自己的思想和行为也能进行较好的调节和控制。但是我们要承认经济压力会导致一定的心理压力，科研压力也会导致焦虑心理。所以，高校青年教师需要养成德性帮助自身在一定程度上获得自然排解。

青年教师是高校重要的学术人力资源，是高校可持续发展的重要因素。在我国高等教育大众化的进程中，青年教师已成为高校教师队伍中的一支生力军，是高等学校教学、科研领域的中坚力量，承担着各高校未来发展壮大之重任。由此，培养和提升青年教师的综合素质，特别是提升道德素养，是当前高校发展道路上面临的一项紧迫任务。

第四节 理论基础

中西方的德性养成文化和理论为本书提供了重要的理论基础。中国的德性文化和西方的德性理论在诸多方面，虽然各有不同，但是异曲同工。在全球化时代，建构我们的核心价值观，或者说建构我们的德性伦理理论，首先需要建立科学合理的评价标准，而这个评价标准只能依据我国的国家利益和人民利益，以及新时代中国特色社会主义现代化建设的需要来建立。本书并非专门的德性伦理学理论研究，而是基于德性伦理开展大学教师德性的实证研究，所以无法将所有德性伦理思想一一加以陈述，只是着力概括从古至今、中西两方最具代表性的学者及其德性观，兼顾实用主义的原则重点阐述与本书相关的理论要点。首先，中国德性学说伴随着中华民族几千年的文明进程和文化发展。从先秦到近现代，无论是儒家还是其他流派，都产生了连绵不断、丰富多彩的美德思想。因此，首先要从中国传统德性伦理中深入挖掘有益于教师德性养成的理论支撑。其次，德性是源于西方的概念。我们需要溯源到古希腊亚里士多德关于德性的理论，以及近代以来美德伦理集大成者麦金泰尔对于美德追寻的相关理论。最后，研究德性养成必须坚持马克思主义的理论导向，从马克思主义关于伦理道德的论述中吸取理论基础和方向指引。

一 中国儒家学派关于德性养成的观点 *

研究中国高校青年教师的德性养成问题，必然不能脱离中国传统伦理文化的核心。伴随着中华民族几千年的文明进程和文化发展，中国德性学说从先秦到近现代，无论是儒家还是其他流派，都产生了连绵不断、丰富多彩的美德思想。其中，"我国以儒家为伦理学之大宗"①。因此，我们以儒家德性为主线进行梳理。"中国传统伦理文化，指的是以儒家伦理为观念架构，以宗法血缘关系为社会依托，予传统中国人的道德价值观和行为的道德抉择以导向性作用的伦理体系。"② 基于此，本书无疑必须考证儒家学派中关于中国传统伦理文化的思想。儒家学派思想家虽众多，但我们必须重点依托中国传统伦理体系的构建者孔子关于德性养成的"教化"观点。接下来，笔者首先阐释儒家道德价值体系构建的时代背景，然后重点剖析孔子德性"教化"观的主要内容，最后说明该理论对本书的指导作用。

（一）儒家德性"教化"观产生的背景

春秋时期，铁制农具开始被用于农业生产。起初，铁器主要用于武器和礼器的制作。随着冶铁技术的提高，铁器成为一种新的农业劳动工具。开辟山林、增加耕地和发展水利交通都成为社会生产进一步发展的前提。与此同时，牛耕也开始广泛应用，并且逐渐得到了人们的重视。因为生产工具的改进，水利灌溉工程技术的提高，生产力得到了快速发展。春秋末年，奴隶制的经济基础开始发生动摇，以一家一户为生产单位的封建经济开始产生。

---

* 感谢青海大学马克思主义学院 2019 级和 2020 级的硕士研究生同学在《中外道德教育理论专题研究》课程中所提供的观点。

① 蔡元培：《中国伦理学史》，广西师范大学出版社 2010 年版，第 2 页。

② 任剑涛：《传统伦理与现代社会——论中国传统伦理文化的当代处境》，《中州学刊》1995 年第 2 期。

　　生产力决定生产关系，经济基础决定上层建筑。随着奴隶制的衰败，建立在此基础上的宗法制度和分封制度也开始瓦解。到了战国时期，早已从礼乐征伐自天子出过渡到了礼乐征伐自诸侯、大夫出。自此，封建地主经济的生产关系开始出现，并产生了封建地主阶级。他们为了更好地控制国家政权以及在兼并战争中取得胜利，争相礼贤下士，乃至一些贵族养士风行各国。文学之士的阶层持续扩大，他们纷纷著书立说，文化学术得到很大的发展。为了顺应政治上的需求，学术思想的派别与日俱增，各种学派都秉持着以其理论易天下的宗旨。自此，文学领域出现百花齐放的局面。《汉书·艺文志·诸子》曰："皆起于王道既微，诸侯力政时君世主，好恶殊方，是以九家之术，蜂出并作，各引一端，崇其所善以此驰说取和诸侯。"① 列国均争相礼贤下士招揽游士并加以礼遇，诸子百家纷纷展开批判和论战，出现了中国历史上百家争鸣的局面，从而大大促进了思想学术的活跃和繁荣。儒家思想创始人孔子就生活在春秋时期，这一时期，中国正处于制度转型之际，国家动荡不安，各诸侯国纷争不断。

　　孔子姓孔名丘字仲尼，出生于鲁昌平乡鄹邑（今山东曲阜）。生于前551 年，卒于前 480 年。孔子幼年丧父，少年好礼，青年为官，为鲁国之司空。孔子出使周朝途中曾遇老子，老子以言赠之。前 516 年，孔子为齐国大夫高张的家臣。齐景公问政于孔子，晏婴向齐景公进言，孔子之言不可纳，孔子无奈只得返回鲁国。而后鲁国季氏乱政，大夫离于正道，故孔子退而修《诗》《书》《礼》和《乐》，传之弟子。鲁定公十年任孔子为大司寇执相事。齐景公听说后，相约鲁国定公会于夹谷。孔子随定公前往，齐国演奏夷狄音乐，损害了两国邦交之情，是孔子据理力争要求处罚相关人员，捍卫了鲁公的权威。齐景公就退还了从前所侵夺的鲁国郓、汶阳、龟阴的土地，以此向鲁国道歉并悔过。孔子，执鲁国相事以来，鲁国政治清明，百姓安乐，国家富足。史载："与闻国政三月，粥羔豚者弗饰贾，男女行者别于途，途不拾遗。四方之客至乎邑者不求有司，皆予之以归"② 只可惜好景不长，不久之后，鲁君中了齐国挑拨离间的计策，疏离孔子。孔子被迫离开鲁国，开始周游列国。他去了卫、陈、宋、曹、陈诸多国家，直到 14 年之后才返回

---

　　① 班固撰，颜师古译：《汉书》，中华书局 2012 年版，第 1546 页。
　　② 韩兆琦：《史记评注》，岳麓书社 2011 年版，第 1781 页。

鲁国。孔子于前480年卒于鲁国。

孔子目睹了礼乐崩坏，君臣相离，人民生活苦不堪言，便投身于办学。希望通过教育，特别是道德教育来恢复周礼，重建西周道德体系，从而恢复社会的正常秩序。"禀上智之资，而又好学不厌。五常师，集唐虞三代积渐进化之思想，而陶铸之，以为新思想。"① 孔子创办了儒家学派，主张"德治"，不但对之后的历朝历代产生了深刻的影响，而且对今天的中华民族来说依旧有着重要的指导意义。严格来说，孔子的德性伦理思想始于其本人的论述，而深化于子思、孟子等追随者。因此，笔者在阐述孔子德性思想的过程中，同时会涉及其他诸子的论证。

（二）儒家德性"教化"观的主要内容

1. 德性目录表

在中国伦理学中，德性目录被看作"道德的最高原则"。在孔子的德性思想中，"仁"是最高的德性，是大德，是"圣人"的道德；"孝"是德性的最好体现。孔子认为，实现仁的基础是"孝悌"，子曰："其为人也孝弟，而好犯上者，鲜矣；不好犯上而好作乱者，未之有也。君子务本，本立而道生。孝悌也者，其为仁之本与！"意思是一个人孝顺父母，他就不会以下犯上，而喜好犯上作乱的人是没有的，君子安心做自己的事就会成道，孝悌就是"仁"的根本。孔子认为，应该从小培养人的"孝悌"。因为从小知道孝顺父母，爱护兄弟，长大后这种"孝悌"就会慢慢地转变为对君主、国家的忠诚。孔子的"德目"具体体现于《论语·阳货篇》中："子张问仁于孔子。孔子曰：'能行五者于天下，为仁矣。''请问之。'曰：'恭、宽、信、敏、惠。恭则不侮，宽则得众，信则人任焉，敏则有功，惠则足以使人。'"从中我们可以看出孔子的德目包括"恭、宽、信、敏、惠"等，这些德目大多意指人伦关系中的角色美德而非典型的个体美德，体现在人与人相处的过程中。

"仁"字最早出现于《诗》《书》之中，但并没有得到系统的论述。在孔子那里，仁第一次被提升为一种普遍的德性观念，以"仁爱"为中心奠定了人文主义精神价值系统。《礼记·中庸》引用孔子的话说："仁者人也"，在《论语·里仁篇》中："观过，斯知仁矣"，足见"仁"对于人来说，是

---

① 蔡元培：《中国伦理学史》，广西师范大学出版社2010年版，第9页。

根本的品质，同时也是现实自我与理想自我转换的重要途径。因此，孔子的美德伦理实则表现为仁德伦理，作为美德伦理之核心范畴的"仁"具有统率其他各种德目的功能特性。① 《论语》载："颜渊问仁。子曰：克己复礼，为仁。一日克己复礼，天下归仁焉。为仁由己，而由人乎哉？颜渊曰：请问其目。子曰：非礼勿视，非礼勿听，非礼勿言，非礼勿动。颜渊曰：回虽不敏，请事斯语矣。"（《论语·颜渊》）"克己复礼"和"为仁由己"阐述了孔子关于外在规范和内在道德自觉的关系，认为二者的统一是提升人的道德境界的关键。但是，"为仁由己"阐明了个人主体自觉的决定性因素，孔子更加肯定作为个人力量的"仁"在道德修养中的作用。尽管说孔子也强调"礼"的作用，但是在《论语》中，"仁"出现多达 109 次，而"礼"只出现 74 次，可见"仁"在道德养成中的作用是优先于"礼"的。

孟子继承和发展了孔子的思想，对儒家思想的形成和发展做出了极其重要的贡献。"仁、义、礼、智"是孟子特别注重和反复强调的道德规范，同时也是他要求个人进行德性修养的基本内容。在伦理思想方面，孟子认为，"仁心"是为人所固有的品质，而且孟子特别重视个体的道德品质，强调个人修养、伦理美德的重要性。提出："人有恒言，皆曰'天下国家'，天下之本在国，国之本在家，家之本在身。"② 体现了孟子强调道德的自我完善，要求修身为本，是先己后人，推己及人。除此之外，孟子还言："君子之守：修其身而平天下"，要求君子的操守，以修养本身入手进而达到使天下太平的至高目标。

2. 德性与中庸

儒学经典《礼记》对个人修身和道德教育的论述是其重要的部分，重点体现在《学记》《中庸》《大学》三篇之中。经过宋儒的整理，后两篇成为"四书"中的两部。《大学》的开头指出："大学之道，在明明德。"③ 指出了大学的宗旨就在于弘扬光明正大的品德。朱熹曰"大学"乃"教之以穷理正心修己治人之道"④，意为学习未知的道理以端正自己的心态，提高自己的修养以服务他人，足以见德性是教育之根本。甚至格物后知识的增长，目的

---

① 万俊人：《现代性的伦理话语》，黑龙江人民出版社 2002 年版，第 218 页。
② 冯乃超：《新人张天翼的作品》，《北斗》1931 年 9 月创刊号。
③ 郑玄注，孔颖达正义：《礼记正义》，吕友仁整理，上海古籍出版社 2008 年版，第 2236 页。
④ 朱熹：《大学章句》，《四书章句集注》，中华书局 2016 年版，第 1 页。

也是提升个人德性。正如《大学》所言："物格而后知至，知至而后意诚，意诚而后心正，身修而后家齐，家齐而后国治，国治而后天下平。"① 通过对万事万物的认识、研究才能获得知识；获得知识，意志才能真诚；意志真诚，心志才能端正；心志端正，才能修养身心；修养身心，才能管理好家庭和家族。管理好家庭和家族，才能治理好国家；治理好国家，天下才能太平。上自一国之君，下至平民百姓，人人都要以修身养性为根本。其中，中庸被视为儒家的核心品质。

仁是最根本的德性，如何践行仁？孔子并没有说明具体如何做，而是要求遵循"忠恕之道"："己所不欲，勿施于人"（《论语·卫灵公》），"己欲立而立人，己欲达而达人"（《论语·雍也》）。"忠恕之道"可以被理解为非常接近"中庸之道"，即"中行之道"或"中止之道"，孔子将其解释为"过犹不及"。中庸在儒家德性中有两种理解：一是恰如其分的行为方式，合乎礼度。二是德性本身，即孔子所说："中庸之为德也，其至矣乎"（《论语·雍也》）。首先，《礼记·仲尼燕居》载："子曰：'礼乎礼！夫礼所以制中也。"《左传·哀公十一年》亦载："君子之行也，度于礼……举事而中。"从这些记载中可以看出中庸是一种行为方式。董仲舒曾由《中庸》"中者天下之大本，和者天下之达道"推出"德莫大于和，而道莫正于中"，认为"中庸"是务实趋善的"实践理性"哲学的核心。② 其次，作为德性本身，《中庸》用诗一般的语言赞颂君子的中庸之德："君子和而不流，强哉矫；中立而不倚，强哉矫；国有道，不变塞焉，强哉矫；国无道，至死不变，强哉矫！"这句话体现了"和而不流"的优秀品质。因此，中庸既是一种道德行为，也是一种道德品质。时至今日，中庸之道被现代中国大多数人所接纳，并成为一种普遍的行为模式。

3. 论德性在环境中养成

孔子说："谁能出不由户，何木由斯道也"（《论语注疏·雍也》），《礼记·中庸》说："道也者不可须臾离也，可离非道也。"这肯定了道德原则具有普遍性，同时也肯定了一个人所处环境对于道德舆论的依赖。故而，不同的环境会造就不同的人格。在孔子看来，道德行为之模范被称为"君子"。

---

① 郑玄注，孔颖达正义：《礼记正义》，吕友仁整理，上海古籍出版社 2008 年版，第 2237 页。
② 萧兵：《中庸的文化省察——一个字的思想史》，湖北人民出版社 1997 年版。

"君子之德风，小人之德草，草上之风必偃"（《论语·颜渊》）。此谓之君子"德风"，与"小人"之"德草"相对。又说："君子义以为上""君子义以为质"（《论语·阳货》）；"君子喻于义，小人喻于利"（《论语·里仁》）。"君子"人格要求人舍利求义、去利怀仁。那么，君子该如何养成呢？《论语·雍也》曰："文质彬彬，然后君子。""文"是后天的教化，而"质"指先天的本质，只有当先天之质经过后天诗、书、礼、乐的教化，才可以成德。因而，教化是孔子认为养德的途径之一。教育的重要作用得到孔子的充分肯定。

另外一个观点是"修身"。《大学》说："古之欲明明德于天下者，先治其国。欲治其国者，先齐其家。欲齐其家者，先修其身。欲修其身者；先正其心。欲正其心者，先诚其意。欲诚其意者，先致其知。致知在格物，格物而后知至，知至而后意诚，意诚而后心正，心正而后身修，身修而后家齐，家齐而后治国，国治而后天下平。"杜维明曾将儒家的这种自我修养实践概括为"同心圆"图式，认为它是一个由自我（心灵）→家庭→共同体→国家→世界→超越（Beyond）的由内向外不断扩张的过程，它充分体现了"自我之创造性转化"（self as creative transformation）的道德精神的能动性。[①] 因此，"修身"是儒家美德伦理的核心，同时也是最关键的一个环节。

另外，孔子指出，在现实环境中进行修身的实践是养成德性的重要方式。在中国哲学中，道德不仅仅是认识的问题，更是行动的问题，与古代思想家重视伦理问题的言行相符。"君子耻其言而过其行"（《论语·宪问》），"君子欲讷于言而敏于行"（《论语·里仁》）都指出了言行一致的重要性。因此，躬行实践一直为儒家德性思想所推崇。这种实践其实是指个人行动意义上的德性实践。

后来，北宋儒学大家张载强调进行道德修养必须"变化气质""通蔽开塞"。他认为，人"蔽有厚薄，故有智愚之别。塞者牢不可开，厚者可以开，而开之也难，薄者开之也易，开则达于天道，与圣人一"（《性理拾遗》）。"蔽""塞"指人的欲望，而欲望又有大小程度的不同。张载认为，只有通过克己，去除私欲，才能"存理""成性"，即成为道德完美的圣贤之士。张载还特别强调"躬行礼仪"的道德实践。他指出，世上有一种人由于对天

---

① 万俊人：《现代性的伦理话语》，黑龙江人民出版社2002年版，第230—231页。

道"日用而不知"，即缺乏道德自觉。因此，他们"终身由之，只是俗事"（《性理拾遗》），与道德实践是绝缘的。要改变这种状况，就必须"躬行礼仪"。除此之外，张载还把个体进行道德修养的过程划分为学者、贤人、圣人三个阶段。通过这三个阶段来完善个体德性，从而使人的道德实践由自我约束逐渐变为自然的行为，表明了道德实践应当是一个持续进行、不断上升的过程。

二　西方美德伦理理论关于德性养成的观点*

在人类伦理学史上，美德伦理是能充分表现人类道德的自由意志与自由尊严的道德理论类型。自亚里士多德建立了系统的古典德性伦理学以来，美德伦理就一直是伦理学大树上一颗沉甸甸的果实。只是在启蒙运动以后，美德伦理逐渐把西方伦理思想的中心舞台退让给了规范伦理，而隐逸于学术的边缘。自20世纪50年代开始复兴后经历了约30年，美德伦理重新在西方兴盛起来，不仅伦理学家关注德性问题的研究，一些其他学科的学者也从不同学科或领域研究德性问题，德性问题成为当代西方学界的一个热点问题。美德伦理经过漫长的历史积淀了深厚的文化根基和精神能量，为审视当下青年教师德性养成问题提供了不可多得的美德文化滋养。

（一）古希腊亚里士多德之德性"习惯化"观

亚里士多德在对苏格拉底的"知识德性"观和柏拉图的"正义论"思想批判吸收的基础上形成了自己的"德性幸福论"①。他的思想集中体现在《尼各马科伦理学》中。下面，我们将对亚里士多德德性论中有关德性养成的核心观点进行简要介绍。

1. 亚里士多德之德性"习惯化"观点产生的背景

思想的形成不仅与其所处的时代背景相关，而且个人的成长经历也在其中发挥着重要的作用。因此，笔者先从古希腊的社会环境说起。从公元前11世纪到9世纪，希腊实现了由氏族制到城邦国家的演变，逐步衍生出了诸多独立的、具有自主权的奴隶制城邦国家，而亚里士多德所处的雅典是其中具

* 感谢青海大学马克思主义学院2019级和2020级的硕士研究生同学在《中外道德教育理论专题研究》课程中所提供的观点。

① 关于亚里士多德如何批判吸收苏格拉底和柏拉图的德性观点，可以参看余纪元《亚里士多德伦理学》第一章，里面有精彩而诙谐的描述。

有典型性的奴隶制民主国家之一。在雅典城邦中，公民之间地位平等，城邦内的大小事务皆由公民共同决定，公职人员也由城邦内的公民选举产生。奴隶负责生产劳动，公民便有足够的时间和精力去参与丰富多样的社会活动。在长久以来自由宽松的社会氛围下，雅典公民在追求自己权利的同时，也懂得去思考生活和激励自己，由此人们形成了独一无二的生活习惯和思维方式。亚里士多德身处这样的环境中，通过对前人思想的批判和继承，最终形成了自己的思想体系。

亚里士多德家庭状况良好。因为良好的物质基础条件与家庭氛围，青少年时期的亚里士多德不仅热爱生物学和医学，也养成了良好的品质和思维。在柏拉图学园生活的二十余年的时光里，他思想独特出众，在众多领域取得了出色的成绩，柏拉图称赞他为"学园之精英"。柏拉图逝世后，亚里士多德因为自身观点和局势的影响，没能成为学园的领袖。后来他选择离开雅典，想重启研究生涯，但仍旧没有能够如愿以偿。之后他因受马其顿国王的邀请而重回故乡，并担任其儿子的家庭教师。公元前335年，亚里士多德重回雅典，建立了对他具有重大意义的学院——吕克昂学园。但由于亚历山大大帝突发疾病暴毙，反马其顿狂潮在雅典城内轰轰烈烈的兴起，最终使亚里士多德不得不离开雅典。公元前322年，亚里士多德离开人世。亚里士多德这一生历经坎坷、艰难，但其留下的思想成果对后世产生了深远的影响。

亚里士多德取得的成就广泛而深入，可被称作一位百科全书式的科学大家，在生物学、伦理学、教育学、政治学、神学、诗歌等各方面都有着广泛研究。亚里士多德的著作内容广泛，为西方哲学打下了坚实基础。由于亚里士多德一生的著作和理论贡献太过丰富，因此这里仅就其伦理学方面的成就和贡献做出一些研究。约成书于公元前330年的《尼各马可伦理学》作为亚里士多德在伦理学方面的巨著，是西方伦理学的开山之作。该书探讨了道德行为发展的各个环节和道德关系的各种规定等问题。在书中，亚里士多德对善、道德德性、理智德性、友爱、快乐等概念进行了系统阐述。其中，他认为人生以追求至善为最高目的，至善就等同于幸福。

2. 亚里士多德之德性"习惯化"观点的主要内容

亚里士多德系统地论述了德性的内涵、本质、培育途径等一系列问题，使得德性伦理成为一个规范的学科。同时，他提出德性是在社会风俗习惯中逐渐养成的观点。

（1）伦理德性与理智德性

亚氏认为："人的德性就是既使得一个人好，又使得他出色地完成他的活动的品质。"[1] 亚氏和苏格拉底一样，从过去关注人的身体转向关注人的灵魂。为了让灵魂处于最好的状态，就意味着灵魂要有德性（因为德性是指事物的优秀状态）。柏拉图进一步将灵魂三分为理性、激情和欲望。亚氏在继承的基础上将其改为理性的灵魂和非理性的灵魂。非理性的部分分为植物灵魂和欲望情感；理性灵魂分为实践理性和理论理性。亚氏明确表示，理性的各部分划分和德性是一致的。因此，德性也分为两类，伦理德性（亦叫道德德性或品德德性）与理智德性。伦理德性是一种相对于情感以及欲望的德性，可用慷慨、节制等词来解释；理智德性是隶属于人类理性的一种德性存在，可用理解、审慎等词来解释。

伦理德性被视为灵魂中非理性的部分，但是非理性的灵魂通过人类自我教化、自我监督、自我完善等理性形式，又可以被理性所控制，做出正确的行为选择。所以，亚里士多德认为，伦理德性与社会风俗习惯有着紧密的联系。后者是在社会长期的积淀中形成的人际交往规律与价值取向的总和，具有普遍性、潜在性、约束性。而个人作为社会的一分子，伦理德性的养成必然无法与个人生活背景脱离开来。

理智德性则是灵魂中理性的部分，被亚氏认为是灵魂中最高贵部分的德性，类似于思辨、推理、明智等需要人类思考的理性部分。亚里士多德认为："理智德性大部分是可以通过教育、教导的方式培养起来，实现理智德性说到底就是将人发现真理的潜能充分发挥出来，通过系统而有序的教育内化为德性并使人在理论和实践中变得更聪明。"[2]

伦理德性来自社会风习，在于倡导良好习惯的培养；理智德性是出于思考的，在于加强思维能力的训练。两种德性并不是平行的。亚氏指出："在这里理智一直起着主导作用，它是灵魂最高贵部分的德性。"[3] 然而，对亚里士多德德性的理解不能仅停留在德性的划分上。虽然亚氏将德性分为理性和非理性两个部分，但是人的德性是一个统一的整体，伦理德性和理智德性是紧密结合在一起的。对个体而言，他的德性既有优秀的性格特征，又有智性

---

[1] ［古希腊］亚里士多德：《尼各马可伦理学》，商务印书馆 2003 年版，第 45 页。

[2] 金明艳：《论亚里士多德的德性观》，硕士学位论文，河北师范大学，2009 年，第 18 页。

[3] 苗力田：《亚里士多德选集》（伦理学卷），中国人民大学出版社 1999 年版，第 7 页。

的处理方式。

（2）德性与品质

亚氏认定德性是一种品质。那么什么是"品质"呢？品质是一种事物所具有的，只要遇到适当的环境和条件就会显露出来的内在倾向或势态。这种倾向是相当固定的，所以是可以预期的。① 亚氏用"种加属差"的方式来表达德性与品质的关系，得出结论"品质是德性的种"。在英文文献的阅读中，笔者发现，"品质"一般被翻译为 disposition、quality。用品质本身的含义来理解亚氏的德性观点，可以发现德性是固定的，不是今天有，明天就从某人身上消失了。德性一旦养成，就会成为一种稳定的品质。正如"习惯成自然"。如果一个人习惯了慷慨大方，他就不会今天慷慨，明天变得吝啬起来。在亚氏的德目表中，他认为"中道"是德性，而不及和过度都不是有德性的体现。

幸福的实现必须遵循中道原则。在他看来，德性的良好运用是有一定的界限的，超过或者达不到都不是正确的、良好的德性。所以，他倡导要坚持中道，其中包含着两方面的意义：首先，中道处在两种恶，即过度与不及的中间；其次，感情与实践中的那个适度是德性选取的最终目的。正如在现实生活中，任何品质都应该遵循中道原则，就像懒惰成性或是操劳过度都应该向劳逸结合靠拢，而畏畏缩缩或是风风火火都应该向沉着冷静靠拢。这样的中道原则才能为我们解决问题提供正确的方法。只有考虑到各种复杂的情况，真正掌握中道原则，在进行感情和实践活动过程中投入良好的德性，最终才能实现对幸福的追求。

同时，亚里士多德也特别强调，中道原则是根据实际情况的考量而提出来的。对于事物的随便将就并不是真正的中道原则，也不是所有的事物都拥有的中道状态，可以实行中道原则，其中蕴含着严格的考虑范围。所谓的范围是指那些恶的事物和品质是不在考虑范围内的，"是因为它们自身被视为是恶的，而不是由于它们的过度或不及。所以它们永远不可能是正确的，并永远是错误的"②。因为它们本身就是恶，无论再怎么矫正都无法改变其本质。正如偷盗、贩毒、抢劫以及奸诈、贪婪、欺骗等一系列情感和实践，本

---

① 余纪元：《德性之镜：孔子与亚里士多德的伦理学》，中国人民大学出版社 2009 年版，第 77 页。

② ［古希腊］亚里士多德：《尼各马可伦理学》，廖申白译，商务印书馆 2003 年版，第 48 页。

身就是恶，是必须慢慢改善和杜绝的。在彻底剥离了恶的事物和品质以后，才能有效保证拥有中道原则实行的良好氛围，从而逐步实现对幸福生活的追求。

（3）德性的养成

德性在亚氏眼中是第二本性，并非天性，是可以靠后天培养的。余纪元用老虎和人做了个非常形象的对比，人会听从劝告与指导，而老虎则不会。"我们本性上具有接受它们的能力，并能通过习惯而不断完善。"① 因此，人类具有被习惯化的基础，这种基础是人类所特有的。通过不断被训练和教导，人会养成习惯，从而形成伦理德性。正如亚氏所言："通过做正义之事，我们成为正义的人，通过自制的行为，我们成为自制的人，通过做勇敢之事，我们成为勇敢的人。"② 这一过程实现了人的自然本性逐渐向德性的转化，亚氏称之为"习惯化"。

在习惯化的过程中，有哪些重要的影响因素呢？首先，亚氏认为，一个人从小的成长环境是德性养成的关键。家庭中父母、亲属所处的阶层及其培育和教养的方式都会使人受到潜移默化的影响，从而将成长环境中的价值内化为个体价值，形成个体的价值观和世界观。其次，周围人的影响也是极其重要的因素。亚氏在《政治学》中认为："他的德性显然不只是与他自己有关，而且和成年人以及他的导师有关。"他人或导师会被年轻人作为榜样，他们身上的德性会被认可，他们的行为会被模仿。而这种认可和模仿本身极大地促进了习惯化的过程。最后，亚氏一贯强调社会风俗对伦理德性养成的重要性。伦理学家宋希仁说："风习的普遍性就是人们在交往中所形成的一些大家都遵守的规范、惯例的普遍性。"③ 社会风俗存在于个体成长的大环境中，人们总是会倾向于做出与社会规范和惯例相匹配的行为，难以独立存在于外，这种选择就是习惯化的结果。

要实现德性的习惯化，亚氏认为有两条途径：一是德性实践；二是习得智慧。关于德性实践，亚氏认为："德性的获得，不过是先于它的行为之结果；这与技艺的获得相似。因为我们学习一种技艺就必须照着去做，在做的

---

① ［古希腊］亚里士多德：《尼各马可伦理学》，王旭凤、陈晓旭译，中国社会科学出版社2007年版，第47页。

② ［古希腊］亚里士多德：《尼各马可伦理学》，王旭凤、陈晓旭译，第49页。

③ 宋希仁：《西方伦理学思想史》，湖南教育出版社2006年版，第95页。

过程中才学成了这种技艺。我们通过从事建筑而成为建筑师，通过演奏竖琴而变成竖琴手。同样，我们通过做公正的事情而成为公正的人，通过节制的行为而成为节制的人，通过勇敢的行为而成为勇敢的人。"① 因此，德性在"做"中得以培育，"做"在本质上就是实践。在亚氏的理论中，实践不仅是一系列的行为，还上升为智慧。因此，亚氏的第二条养德之路便是习得智慧。

（4）实践智慧和理论智慧

亚氏将智慧分为实践智慧和理论智慧。与德性实践密切关联的是实践智慧。在分析实践智慧之前，先要搞清楚理论智慧是什么。亚氏认为，理论智慧（theoretical wisdom）是普遍存在的知识，是稳定不变的，不会因为对象或者时间的改变而发生变化。例如，地球公转和自转是亘古不变的。而实践智慧（phronesis）的希腊词根是 phren 和 nous，nous 在哲学上被引申为不牵动意志的心灵活动，如积极理性、沉思等，而同心、胸膜相联系的 phren，则被引申为牵动意念和追求的理性。在道德世界中可以让人应付复杂多变的人生境况的是理性德性，而人们只要具备实践理性这一道德能力，就能够在复杂的困境中采取以实践为目的的行动。

关于实践智慧和理论智慧二者的关系。首先，理论智慧对实践智慧起着指导性的作用，而实践智慧服务于理论智慧。正如亚氏所说，实践智慧不能控制理论智慧，也不能控制灵魂中最好的部分，就犹如医学科学不能控制健康。医学科学并不使用健康，而是为了导致健康。他可以决定什么能导致健康，却不能命令健康本身。然后，亚里士多德实践智慧和理论智慧的区分克服了善知和善行、"相"的世界和具体事物的世界相互分离的困境。②

关于实践智慧与伦理德性的关系。首先，亚氏明确说过具有德性即获得了实践智慧。离开了实践智慧便称不上拥有德性。其根本原因在于"实践智慧本身是关于人的善与恶的真正理性的实践品质"③，因此，实践智慧的主要作用是帮助伦理德性进行筛选和抉择。伦理德性必须包含实践智慧于其中。反之，真正的实践智慧也必须和伦理德性联系在一起。因为人在复杂的生活

① ［古希腊］亚里士多德：《尼各马可伦理学》，人民出版社 2010 年版，第 173 页。
② 何良安：《为了幸福——亚里士多德德性伦理研究》，博士学位论文，复旦大学，2007 年，第 83 页。
③ 休谟：《人性论》，商务印书馆 1980 年版。

情境中，常常面对是非善恶的问题，实践智慧可以帮助人们分析场景，使人们变得慎思明辨。实践智慧的最终目的是在实践中帮助人们成长为善良、正义、高尚的人，从而给人带来幸福感。其次，亚氏又认为，实践智慧必然包含德性，没有德性的实践算不上实践智慧。例如，实践智慧与聪明。聪明的人不一定是善良的人，然而拥有实践智慧的人则一定是善良的人。简而言之，实践智慧和伦理德性是相互包容的关系，二者脱离了对方都无法存在。

（二）西方近代麦金泰尔之德性"实践"观

在西方现代社会里，亚里士多德的德性论在美国伦理学家麦金泰尔（Alasdair MacIntyre）的努力下实现了复兴。麦金泰尔的论述结合了西方社会的道德现实。例如，现代人追求功名利益、总是被情感左右而按照自己的好恶来进行行为选择、规范伦理制定得越来越细、各种规范制度越来越多，可人们的道德却屡屡失范。他指出，缺失德性是西方道德沦陷的主要原因。当我们研究德性时，通常都绕不开麦金泰尔的观点。

1. 麦金泰尔之德性"实践"观提出的背景

18 世纪 60 年代欧洲工业革命爆发，大机器生产迅速发展，代替了手工场和个体生产。生产力得到空前的发展，极大地丰富了人们的物质生活。与此同时，随着物质资源和社会财富的增长，人们延续了几千年的传统道德却发生了巨大的变化。由此，各类道德问题层出不穷，工业革命使人类的道德陷入了深深的泥潭之中。

工业革命的发展，确实给人们带来了物质资源的极大丰富。但是在这样一个物化社会中，人们不择手段只为获得更多的财富和权力，人类内在的思想道德更加分裂，出现道德碎片化的现象。不顾群体利益的事情层出不穷，道德的缺失使人类只关注眼前的利益，道德规范受到严重破坏，这也持续性地导致人类道德的衰落。或许在不久的将来还会导致人类文明的衰落，触发全球性道德危机。

面对如此道德失守的社会现实，很多学者进行了讨论。麦金泰尔对这一社会现象进行了深刻的反思，试图寻找这一社会现象产生的根源，挽救人类的道德危机。麦金泰尔认为，道德理论是随着社会生活的变化而变化的，现实生活中出现的任何一种道德现象都有其社会根源。欧洲工业革命下的社会道德碎片化、道德沦丧正是麦金泰尔美德理论建立的社会背景。

在理论发展上，麦金泰尔沿着历史的走向研究了西方美德理论的发展。

在现实角度上说，麦金泰尔美德理论是在批判和反思多元伦理和规范的基础上发展起来的。在宗教改革和启蒙运动后人们的思想发生了巨大改变，学者们开始重新思考道德伦理。麦金泰尔否定了启蒙运动以来世人所追求的现代性和自由主义，认为让西方的道德实践陷入深重危机的正是这种违反了传统道德的现代性和自由主义。社会客观标准的丧失、情感主义和规范伦理的兴盛是麦金泰尔美德理论形成的理论背景。

2. 麦金泰尔之德性"实践"观的主要内容

在亚里士多德德性论的基础上，麦金泰尔强调了德性、实践和内在利益三者的关系。他将德性定义为一种获得性的人类品质，这种德性的拥有和践行，使我们能够获得实践的内在利益，缺乏这种德性，就无从获得这些利益。[①] 从他对"德性"的定义中可以看出，德性、实践和内在利益是其理论的重要构成。"德性"是获得"内在利益"的先决条件，同时必须通过"实践"才能获得"德性"。麦氏在亚氏"实践智慧"的基础上，对"实践"进行了重新定义："通过任何一种连贯的、复杂的、有着社会稳定性的人类协作活动方式，在力图达到那些卓越的标准的过程中，获得这种方式的内在利益。"[②] 由此可知，麦氏着重强调实践活动的内在利益。下面，我们分析麦氏是如何对亚氏德性论进行继承和完善的。

内在利益和外在利益：二者是并列存在的一对概念，麦氏认为，人类活动的收获可以区分为内在利益和外在利益两种。内在利益是指"实践活动本身具有的，是在追求实践活动本身的卓越的过程中获得的，是有益于参加实践的整个群体"。外在利益是指"在一定的社会条件下，人们通过任何一种形式的实践可获得的权势、地位或金钱"。后者的本质意义是竞争性，别人获得多，自己就会得到少。他以教小孩下棋为例阐释这两种利益概念。告知一个对象棋不感兴趣，但是对糖果感兴趣的孩子，如果答应陪他下棋，则可以吃一颗糖，若赢了，就可以吃两颗。久而久之，以糖果为诱饵使这个孩子逐渐领悟到了象棋的乐趣，棋艺也更加精进。在这个故事中，糖果是一种外在利益，下棋本身的乐趣和精湛的棋艺是内在利益。但是，如果不学习下棋，通过其他途径，孩子仍有可能得到糖果，但是乐趣和棋艺则必须通过下

---

① 麦金泰尔：《德性之后》，中国社会科学出版社1995年版，第241页。
② 麦金泰尔：《德性之后》，第237页。

棋的实践活动才能获得。这就说明，内在利益必须与实践相结合。此外，得到糖果和感受乐趣可以同时获得，也就是说，内在利益和外在利益二者并不矛盾，可以同时获得。

德性与德目：麦金泰尔曾用"种加属差"来概括德性与品质的关系。麦氏用"德目"（德性目录）来概括品质的集合，或者说德性应该包含的内容。进而，他将德目与不同的时代放在一起分析发现，作为一种获得性品质，德性在不同的时代没有统一不变的内容。他通过考察历史上的德性观，发现在《荷马史诗》中德性是一个人能担负起其社会角色的品质；在亚里士多德那里和在《新约》中，德性是一种使个人能够接近实现人的特有目的的品质；在富兰克林那里，德性是一种在获得尘世的和天堂的成功方面的功用性品质。因此，他得出结论："没有一个单一的、中心性的和核心的德性概念，这样一种德性概念却有着对其普遍遵从的要求（主张）……这些德性观中的每一个所要求的不仅是理论上的而且是制度上的权威。"① 由此可见，在不同的时代，德性有不同的表达，德目也自然不同。德性和德目的关系诸如"德性是根深的大树，那么德目则是这棵大树的树枝。德性这棵大树展现着多种多样的树枝，从多种多样的德目中，展现出多姿多彩的精神力量，这也是德性的魅力所在"②。

德性与共同体和传统：亚氏"习惯化"的观点在麦氏这里得到了深化，后者提出德性和个人生活整体以及历史文化传统紧密相连。首先，麦金泰尔认为："德性不仅与各种实践密不可分，同时还体现在一个人的整体生活中。"③ "他把每个人的生活看作一个整体，一个统一体，并且认为作为整体的生活的特征赋予美德一个适当的目的……其用意是针对现代社会的人的碎片化。"④ 碎片化是指在现代社会中随着角色道德和职业道德准则的兴盛，不同的职业有不同的准则要求，人们的生活被各种角色所分割。因而，在现代社会里，遵循各自职业角色的道德规范被看作合乎社会道德要求的。那么，传统的德性是个人生活作为一个整体的道德要求，在现代社会就没有了践行

---

① 麦金泰尔：《德性之后》，中国社会科学出版社1995年版，第235页。
② 陈根法：《德性论》，上海人民出版社2004年版，第24页。
③ 麦金泰尔：《德性之后》，第20页。
④ 秦越存：《追寻美德之路：麦金泰尔对现代西方伦理危机的反思》，中央编译出版社2008年版，第148页。

的余地。麦氏强调："人不能仅仅作为抽象的个体去追寻善或践行美德，而应作为某些共同体中担负一定角色的人去追求，去探寻。"① 正如麦金泰尔专著的翻译者龚群所提到的，道德思考的出发点是共同体，而不是个人的自由与权利。共同体必须先于个人。德性的存在是无声的，但是却潜移默化地影响着社会中的每一个人，还能够帮助我们克服生活中所面临的诱惑、涣散以及危险，作为一种支撑去延续对善的追寻，"德性就是去做公认的秩序要求做的事情"②。由此可见，社会是由单个的个人所构成的，只有当个人普遍具有德性，社会才能成为一个良好的社会。因此，个人德性是具有根本意义的。

其次，麦氏认为，德性承载着传统，德性的践行维持着传统。也就是说，德性是构建传统的要素。麦金泰尔强调道德不是抽象的、超历史的，道德就存在于所维持的传统中。只有德性的践行，才能使传统得到维持和强化。因此，他认为，在不同的文化中也会表现出不同的德性。他主张德性是历史性的、相对性的。麦氏说："我发现自己是一个历史的一部分，并且一般而言，无论我是否喜欢它，无论我是否承认它，我都是一个传统的承载者之一。"历史与德性有相当大的关系，任何一个实践目标都会随着变动的历史而改变。由于德性是实践中实现内在利益的东西，一旦实践的目标随着历史的改变而有所改变，那么，德性也会不同，各个时代所重视的德目也会不一样。因此，过去强调的，现在未必强调。"就诸美德维系实践所需的各种关系而言，它们必须维系的不仅有与现在的关系，而且还有与过去甚至将来的关系。"③ 因此，一个实践活动不只与现在的参与者产生关系，也和传统发生着关系。麦金泰尔认为，在现代社会中，正是因为缺乏亚里士多德所倡导的德性践行，传统才会被败坏、丢失。

德性与实践：二者存在着内在不可分割的关系。在亚氏提出德性一定要与实践相结合的基础上，麦氏强调了实践过程中内在利益收获的重要性。他认为，砌砖不是实践，而建筑学是；画萝卜不是实践，而种萝卜是。因为他认为砌砖和画萝卜两种活动本身没有内在利益的收获。实践活动是要以德性

---

① 秦越存：《追寻美德之路：麦金泰尔对现代西方伦理危机的反思》，中央编译出版社 2008 年版，第 152 页。

② 麦金泰尔：《德性之后》，中国社会科学出版社 1995 年版，第 169 页。

③ 麦金泰尔：《伦理学简史》，商务印书馆 2003 年版，第 281 页。

为前提追寻一定的"内在利益"。德性必须在实践中思考、选择和历练。因此，我们与生俱来的自然德性并不是严格意义上的德性。J. 德力弗（Driver）进行过这样的类比："道德的德性行动者是正确的知觉者——他们在既定的情境中能正确地看到相关的道德方面，然后根据他们得到的这些觉察的知识去行动。任何人没有这样的实践智慧能力就不可能真正地拥有德性——他可能会有某些不完全的德性，或'自然的'德性，而不是真正的、严格意义上、完满的道德德性。"① 因此，严格来说，麦氏认为德性离开了实践，就无所谓德性的存在了。

三　马克思主义理论中关于道德养成的观点**

研究德性养成必须坚持马克思主义的理论导向，从马克思主义道德观中吸取理论基础和方向指引。在马克思和恩格斯关于伦理道德的论述中，鲜有对"德性养成"的直接表述。但是，其对于人的本质的分析、历史的实在性、群体的阶级性等论述，有助于我们理解和深化"德性养成"的伦理文化环境。"马克思主义关于道德的论述在马克思和恩格斯的原著中可以找到大量的内容，整理来看，大致经历了早期理想主义道德观到人本主义道德观，最后在唯物史观思想指导下形成的历史唯物主义道德观。"① 下面，我们从原著的论述中剖析其对德性养成的理论启示与指导作用。

（一）批判旧道德：德性的养成具有历史性

马克思主义道德观具有深刻的批判性。马克思和恩格斯在进行道德教育研究或者说是道德教育的活动中，有很大一部分都表现为对资产阶级旧道德的批判，当然也包括对当时一些道德教育实践和方法的批判。马克思曾犀利地抨击普鲁士政府的专制统治，维护了人民的权益，在转向人本唯物主义后，也对资本主义制度和封建、宗教道德观念进行了尖锐的道德谴责。马克思、恩格斯早在《莱茵报》和不来梅时期就运用历史唯物主义对宗教道德和宗教虔诚主义进行了批判，批判宗教道德的虚空性与狭隘性、宗教道德的禁欲主义无视人性的错误观点和宗教道德教育对人的摧残。在《神圣家族》

---

① J. Driver, *Uneasy Virtue*, Cambridge University Press, 2006.

** 感谢青海大学马克思主义学院杨俊一等同学在《中外道德教育理论专题研究》课程中所提供的观点。

① 高凤敏：《马克思恩格斯道德教育思想研究》，山东人民出版社 2016 年版，序言。

中，马克思和恩格斯批判了基督教不人道的宗教教育，在教堂里的修道士看来，只有灵魂是神圣的，而肉体则需要净化，这样的道德诫命会对身体进行摧残。对资本主义的批判主要体现在资本主义制度及其道德的虚假性上。马克思、恩格斯先是肯定了资本主义及其道德是历史发展的必然，资产阶级社会是从灭亡的封建社会中产生出来的。但是资本主义的道德也促使工人阶级道德的堕落。在大环境的影响下，工人阶级无法进行无产阶级的道德教育，于是在道德方面遭到了统治阶级的抛弃。资产阶级宣扬虚假的"自由""平等""博爱"等观念，看起来辉煌壮丽，但实则金絮其外，败絮其中。资本主义的"民主"观念是为统治阶级服务的，道德和教育也只不过是他们掌控国家和人民的手段。马克思和恩格斯的批判精神对当时社会以及近现代西方道德教育思想产生了警醒和推动的作用，用历史唯物主义对封建主义道德、宗教道德、资产阶级道德进行了尖锐的揭示与批判。

对于资本主义制度下的道德理念，马克思和恩格斯揭示了其背后的虚伪性。在资本主义社会中，一方面，机器化大生产使生产力得到了迅猛发展；另一方面也使得工人异化，除机械化地围绕资本家的利益展开一系列的生产劳动外，工人毫无其他有关提高自身道德素质和生活质量的行为。强制劳动使得工人与广大民众被禁锢在资本家为追逐利益而营造的生产圈里，思想早已僵化。自私自利的现象随处可见，利己主义盛行，社会道德堕落。由此，马克思和恩格斯对资本主义社会进行了强烈控诉，对资本主义所谓的局限在上层社会的"自由""平等"进行了分析与批判，揭露了资本主义的本质。

道德规范具有时代性和阶级性，是特定社会利益集团价值观的凝结。我国构建社会主义道德规范体系，是国家繁荣发展的必然要求，具有社会价值目标的导向作用。尤其是在和西方的价值观念和文化发生冲突时，构建社会主义道德规范体系，是保持国家意识形态独立性的立身之本。改革开放以来，由于社会各领域的跳跃性发展，中国传统的社会结构和思维方式逐步瓦解，经济成分更加多元化，人们的生活方式呈现出多样化、多元化的状态。在青年人群中出现了享乐主义、拜金主义、道德观念偏失、心理承受偏弱、理想信念不足等多方面的问题，不断冲击着马克思主义的理想信念。因此，只有通过加强马克思主义的道德观，构建社会主义道德规范体系，提高青年教师的理想信念和道德思想，在纷繁庞杂的思想环境里树立崇高的道德理念，更好地满足人民对精神文明的需要。

（二）倡导人的全面而自由的发展：德性是人全面发展的要素

在马克思和恩格斯合著的这部"历久弥新的红色经典"——《共产党宣言》中，马克思和恩格斯道德教育最重要的观点就是"人的全面而自由的发展的观点"。马克思主义理论体系中最根本的一条主线就是为人类求解放。这个解放就是人从自然界的奴役下获得解放，就是要有足够的物质生活资料，要生活得好，摆脱自然界的压迫，实现经济解放，做自然的主人；这个解放就是人从旧的社会关系中的解放，就是要有和谐平等的社会关系，要生活得有尊严有体面，摆脱社会的奴役和压迫，实现政治解放，做社会的主人；这个解放就是人从剥削阶级思想中的解放，就是要心情愉快精神舒畅，生活开心，摆脱思想的奴役和压迫，实现思想解放，做自己的主人。实现人的自由而全面发展，进行"三个解放"就是要进行内在品质的提升，更包括道德的提升，要想实现"三个解放"，就必须进行道德教育。从《青年在选择职业时的考虑》来看，马克思就职业选择这一话题将个人发展与人类幸福相统一，认为"在选择职业时，我们应该遵循的主要指针是人类的幸福和我们自身的完美"①。从中可见，马克思深化了对个人与社会关系的认识，逐渐认识到个人价值要放在社会当中才能实现。

马克思和恩格斯道德教育思想的最高价值目标就是实现"每个人全面而自由的发展""人的全面而自由的发展始终引领着马克思和恩格斯的革命理论和实践"②。进入新时代，不管是社会主要矛盾的转变，还是在从事中国特色社会主义事业的过程中，都应该始终坚持人的自由而全面的发展的价值目标。道德教育思想要以促进这一目标的发展为基础，做到以人为本，服务社会，实现人的全面而自由的发展，更好地在全社会树立起学习和践行社会主义核心价值观的风尚。

（三）明确无产阶级道德的先进性

恩格斯在《反杜林论》中写道："现在代表着现状的变革、代表着未来的那种道德，即无产阶级道德，肯定有着最多的能够长久保持的因素。"马克思和恩格斯在研究道德教育的过程中不仅仅批判了旧道德，还总结了实践经验，主张将无产阶级的社会理想、思想意识、道德理念转化为无产阶级个

---

① 《马克思恩格斯全集》（第40卷），人民出版社1982年版，第7页。
② 高凤敏：《马克思恩格斯道德教育思想研究》，山东人民出版社2016年版，第183页。

体的道德品质和思想意识。亚当·斯密在《道德情操论》中阐述了以"公民生活幸福"为目标的道德思想。要使公民生活幸福、自由发展，科学的思想指引和正确的道德教育是不可或缺的。马克思肯定了无产阶级在道德上的优势，曾在多个场合赞扬工人阶级的品质与道德。恩格斯也高度评价工人阶级有一种天然的仁慈道德。

马克思、恩格斯指出，除了具有道德和智力上的优势外，无产阶级还形成了一种阶级意识，即了解无产阶级的历史使命和自身地位的共产意识。而无产阶级的使命与资产阶级也形成了鲜明对比，他们始终为消灭剥削压迫阶级，实现全人类的解放而奋斗。资产阶级的道德教育在逻辑上是不自洽的，通俗地讲就是互相矛盾的。资产阶级的民主是对资产阶级的，而对普通民众和工人阶级而言却是一种禁锢，其道德表现为爱国、爱民、崇尚科学、辛勤劳动、团结、诚实守信、遵纪守法等。在柏拉图的《理想国》中，苏格拉底对充满怀疑主义的格劳孔兄弟说："我们生活在两个逻辑极端中，一种人是坏事做尽却流芳百世，而另一种人一生行善最终却身败名裂。"表现出道德只宜律人，不宜律己。但有光的地方就有暗，人很容易被自己内心的黑暗所拖拽，在特定情况下要做出选择很难，持有一个正确的道德观念显得尤为重要。无产阶级的道德教育是自洽的，是为了人类的解放而存在的。要在实现共产主义理想的过程中排除障碍，坚定共产主义信念。

（四）德性受到经济活动的制约

马克思的经济道德思想蕴含在他的哲学和政治经济学著作之中。经济活动是人类社会最主要、最基本的活动，它为人类创造了物质财富。同时，也为精神财富的创造提供了物质基础和前提。万丈高楼平地起。没有经济活动，上层建筑将会是无源之水、无本之木，而经济活动是社会发展的根基。人们在进行经济活动时一定要遵循经济伦理道德规范，这样才能保证经济活动的正常运转和社会的和平。作为社会活动主体的人，必须接受经济道德教育，在经济活动中，处处存在着伦理道德精神。古典经济学开始于启蒙运动，所强调的主题是人，关注人的生存和发展，突出了"人文精神"，故经济和人的活动是紧密相连的。马克思的经济道德思想充满了人文关怀，分析了经济的主体道德、对所有制的道德分析、社会再生产道德和对资本主义劳资关系的道德分析，为当代经济道德研究提供了思想资源。

（五）马克思主义关于道德的论述对本书的启示

进入新时代，随着国家各领域的快速发展，实现人的新道德体系现代化需要与其他事业发展同向而行。"国无德不兴，人无德不立。"① 这是习近平总书记在强调道德重要性时所说的精辟话语。在社会生活中，道德作为一种复杂的社会现象，不管在哪个时期哪个国家，对社会的发展和国家的繁荣都具有强大的支撑作用。在任何时候都需要继承和发展，认真研究，不断针对现实情况付出实际行动。

加强和培育人的现代化是实现中国式现代化强国的内在要求，要深入贯彻无产阶级和共产主义新道德，建构以现代人的文明素质为主要内容的新道德体系。我们要深刻地认识到马克思、恩格斯道德教育思想在新时代将绽放出新的生机和活力，推进人的现代化道德体系建设，能够更好地激发人民的积极性、主动性，推动社会的建设和发展。为此，我们要不断拓展马克思、恩格斯道德教育思想的内容，在全社会形成一种以马克思主义的道德信仰作为精神支柱、社会美德的普遍存在，建成和谐美丽的社会主义现代化强国；要不断坚持马克思的理想信念教育，推动道德教育思想向现代化的转变，聚焦新时代培养人的现代化道德体系建构。将共产主义的理想、思想、道德、信念、纪律与新时代爱国主义、集体主义、社会主义思想相结合，更好地构建无产阶级理想和新时代道德教育体系。究其根本，一个社会的和谐发展、一个国家的繁荣兴盛，需要全体社会成员的思想道德素质和理想信念作为依靠，在全社会形成一种马克思主义道德信仰，更好地将我国建设成为物质文明和精神文明高度发达的社会主义现代化强国。

第五节 概念框架

"质性研究属于实证研究的范畴，也需要将理论概念与实证结果进行整合，因此，在研究计划阶段就需要建立一个'思考模型'，这可以理解为'概念框架'。概念框架是连接已有研究与研究者未来的研究发现之间的逻辑桥梁。"② 在研究之初，基于研究者对高校青年教师德性养成的现实观察和理

---

① 习近平：《国无德不兴，人无德不立》，《人民日报》2018年12月11日第1版。

② 陈向明：《质性研究：反思与评论》，重庆大学出版社2008年版，第79页。

解，现有中西方学者对于德性养成与伦理文化环境的理论观点，以及现有相关研究成果，围绕"高校青年教师德性养成的伦理文化环境"这一主题，提取两个核心概念——"高校青年教师德性养成"和"伦理文化环境"。基于已有的文献和经典理论，扎根研究的现实需要，进一步将这两个核心概念进行填充。在"高校青年教师德性养成"下，基于高校教师的工作特点和内容，将高校青年教师的德性养成细化为"教书育人的德性""科学研究的德性""社会服务的德性""对外交流的德性"以及"文化传承的德性"。然后把这些考察点融合到每一个章节的写作当中去，作为分析的关键内容；在"伦理文化环境"下，基于个体的常规成长路径和高校教师的工作环境，将伦理文化环境细化为"家庭伦理文化环境""受教育伦理文化环境""院校伦理文化环境"和"社会伦理文化环境"。本书设计了以下概念框架：

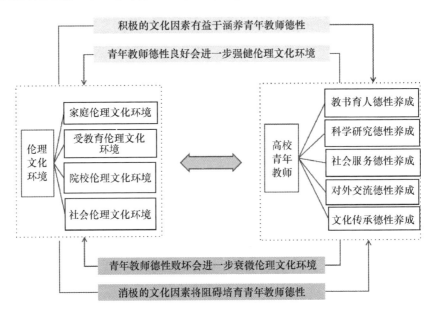

图 1-1　研究的概念框架

首先基于对高校青年教师现实生存状态的体悟。青年教师所处的伦理文化环境，本身是极其复杂而又庞大的，这涉及青年教师的日常活动、小的生活环境，以及现在的工作环境之间的互动和影响。德性作为一种稳定的心理品质，其养成既是个体内生性努力的结果，又是个体与环境交互作用的结果。正如海瑞（Hare）所说："教师所处的场景（context）对教师德性的养成有着极其重要的影响！"① 笔者将海瑞所说的场景理解为是教师所处环境中的氛围、惯习、价值导向，而这些概念恰恰是文化的核心要素。那么，环境是如何通过文化与教师产生交互，从而形成稳定的德性品质的？"人以文化为工具适应他们所处的生态环境与社会环境，并建构起关于世界与自我的观念。"② 据此，我们可以确认环境是以文化为媒介塑造教师的价值观和道德观，同时教师根据环境和文化所提供的物质与符号工具，反过来适应该环境，从而在学术环境中构成"一种共同生活的思维方式和集体的行为方式"。

其次，环境学本身包括了遗传学、心理学、文化学、社会学等，是很复杂的学科系统。如果从环境与教师个体的接触关系来讲，又可以分成家庭生活环境、学校教育环境、高校工作环境以及宏观社会环境。具体来说，教师德性并非教师进入大学后才开始形成的，而是以早年形成的道德观为基础。因此，本书必须首先分析并挖掘高校青年教师的早期微观伦理文化环境，即家庭教育和学校教育。而后，在分析其工作环境时，将根据伯顿·克拉克对学术职业影响因素的分析，他认为："学术职业是由多种社会环境共同形成的，但是对学术职业影响巨大的当属三类：国家、学科和院校环境。"③ 所以，我们在分析中涉及了校园文化、学院文化、教室文化和学科文化，或者也可以被统称为学术文化。宏观社会环境是指教师所处的无所不包的社会文化环境，包括新时代环境、传统伦理文化、地域伦理文化、族群伦理文化等对教师德性养成的影响。道德生活由人类经营，因而道德离不开传统，更离不开族群文化传统和族群文化与道德本身，它们相互交融在一起，又形成了更加宽广的传统文化和族群文化。因此，研究这一课题的伦理文化环境，是离不开研究传统的族群文化和少数族群文化以及地域文化的。

然后，对于每一位大学青年教师而言，他们的角色身份使其置身于不同的集体文化中。作为子女，原生家庭伦理文化影响着他们；作为妻子或丈夫，现有小家庭新生伦理文化影响着他们；作为学生，就读学校的伦理文化

---

① W. Hare, *What Makes a Good Teacher*? The Althouse Press, 1993.

② Y. Kashima, "Conceptions of Culture and Person for Psychology," *Journal of Cross-Cultural Psychology*, Vol. 31, No. 1, 2000, pp. 14-32.

③ B. R. Clark, *The Academic Profession: National, Disciplinary, and Institutional Settings*, University of California Press, 1987.

影响着他们；作为教职工，所在高校的伦理文化影响着他们；作为学者，所属学科的伦理文化规训着他们；作为社会人，所处社会的文化风尚影响着他们；作为所属民族的后代，民族文化侵染着他们；作为中华儿女，传统文化洗礼着他们。由此，高校青年教师德性养成的伦理文化环境，实际上是一个庞杂的研究课题。为了突出由早期到现状、由微观到宏观的研究思路，本书设计了概念框架中四个层次的伦理文化环境。

最后，教师德性养成和伦理文化环境之间的影响存在着辩证关系。爱尔维修说："人是环境的产物。"人的确是环境的产物，每一个人的人格关键因素及其所表现出来的品质都深受环境的影响，或者说特别是受到人际关系的影响而产生和形成的。但爱尔维修的观点也不尽然，因为环境不是一成不变的，环境亦在人的活动中被不断地改造和完善。所以需要说明的是，本书的概念框架提出了"德性养成"与"伦理文化"之间存在同向共行关系的假设。也就是说，良好的品格不会自发形成，而是需要经过一番努力，需要经过不断的自我审视、自我节制和自我约束的训练。在这一过程中可能有很多踌躇，也许会有失败，也许要抵制和克服许多的困难和诱惑。但是正向的文化引导，促使了德性的养成。反之，良好德性的养成，又会营造出良好的德性伦理文化氛围。但这一假设还需要在研究中进一步加以验证。

第六节　研究方法

一　质性研究方法

方法是解决关于思想、说话行动等问题的门路、程序。因此，在研究中只有把握了正确的方法，才能正确地把握自己想要认识的世界，以及正确地面对所看到的现象，并改善当前的现状。方法是完成研究任务并达到目的的工具和手段，必须基于马克思主义实事求是的学风。以实事求是的态度，认真研究原始资料，研究传统思想，全面剖析青海和西藏两省区高校青年教师德性养成的伦理文化环境。

本书采取质性研究的方法，质性研究作为一种认识世界的归纳方式，与样本地区高校青年教师德性养成的伦理文化环境研究这样的题目来说是相匹配的。陈向明指出："质性研究是以研究者本人作为研究工具，在自然情境下采用多种方法收集资料，对社会现象进行整体性探究，使用归纳法分析资料和形成理论,通过与研究对象互动,对其行为和意义建构获得解释性理解的一种活动。"① 德性养成是具有个性化的研究问题;同时,探讨德性养成的伦理文化环境,需要采用自下而上的研究方式。因此,对于德性养成的伦理文化环境,不同的人有不同的解读,这其中的差异性需要我们理解受访者背后的动机以及既有的价值观和本体论。

质性研究与通过定量研究方法来探究自然科学的方法是不相同的。质性研究以释义主义(interpretivism)和建构主义(constructivism)作为理论背景,这决定了本书揭示的是教师对于德性养成这一问题的意义和主观现象,以及他们是如何建构自己所处身的伦理文化环境的。也就是说,不同的受访教师会赋予教师德性以不同的解释和行为意义。所以单纯从一个教学行为上对教师的德性养成进行分析是行不通的。但是我们可以赋予这些行为以相关意义,这样才能帮助我们理解伦理文化环境对于教师德性养成的重要性。

质性研究是一个对最初预设理论进行不断修改和完善的过程,也就是说,只有在前人理论的基础上,在与现实世界发生不断碰撞后,直到再没有新的内容出现,使得理论饱和,成为一个成形的理论体系,我们才能得出一定的结论。所以,质性研究有它的科学性所在。对于涉及意义性的研究问题,采用定性研究具有一定的优势。质性研究具有自然性、灵活性、理解性、整体性和情境敏感性,因此,是一种有深度的、具有归纳性和反思性的方法。正是因为这些特点,研究者从开始设计研究流程起,就需要从头到尾地反思自己的研究过程、内容、方法和获得的数据。此外,互动性也是非常重要的方面,同样是质性研究方法的优势。这使得质性研究能够通过互动获得更好的、更丰富的、更多的一手数据。但其劣势也在于互动性可能会改变研究对象的行为,这是在研究中需要特别注意的。

研究者作为质性研究的工具,需要同时面对局内人和局外人这一现实。作为局内人,研究者能够设身处地为研究对象着想;但是,这也会产生一定的危险,很容易与研究对象失去距离,会因为失去理性而过于同情对方。因此,要规避作为研究者的同情地位。同时,研究者需要从研究对象的角度来看世界,并要把握研究对象所赋予他们行为的条件以及经历,

---

① 陈向明:《质的研究方法与社会科学研究》,教育科学出版社 2000 年版,第 12 页。

还有周围环境的主观意义。对于研究者来说，目标和任务是要进行重构的，就是要把研究对象放到情境中去进行重新建构。如果从哲学的角度来讲，质性研究就是使意识流停顿下来回忆或叙述这件事情的意义。比如说，在我们这个研究中，涉及很多节目知识和理所当然的行为习惯。我们要关注的是，这些理所当然的行为方式是为什么产生的，受到了什么样的影响，而环境在其中又起到了什么样的作用。还有受访教师所获得的节目知识是由谁赋予他们的，是通过什么场景、什么情景获得的。所以这是透过表层意思，体验与生成无意识文化模式和具有客观意义的结构，运用语言学分析表述与活动的顺序进行分析。通过互动与对话，获得教师访谈内容背后的规则，分析其语言结构，从而理解他们深层次的文化心理，最后构建出一个文化研究框架。

二 资料与数据搜集

（一）抽样

在质性研究中抽样必须和研究问题结合起来，也就是说，能够将研究对象组合起来完整地回答研究的问题。这样，抽样的标准才是和研究问题内在一致的。所以，本书的研究对象是"高校青年教师德性养成的伦理文化环境"。但是，对环境的考察，必然离不开工作和生活在该环境中的"人"的主观感受，以及处于该环境中各所"高校"所呈现出的伦理文化图景。因此，为了能清晰、客观、深度了解和研究样本地区高校青年教师德性养成的伦理文化环境，本书选择了青海和西藏的 7 所高校作为质性研究的观察对象，选取了样本地区高校的青年教师作为质性研究的访谈对象。同时，还到能够体现样本地区地域和族群伦理文化的地区诸如青海省乐都区柳湾村、青海省海西州都兰县、青海省西宁市大通县、青海省海东市互助县、青海省海东市循化县等采风调研，搜集一手资料。

1. 样本地区的基本情况

本书选取青藏高原这一艰苦地区作为调查的主要区域。从地理学和文化学的视角，本书使用具有较高引用率的文献——张继承的博士学位论文关于青藏高原的定义：范围包括西藏自治区和青海省全部、新疆维吾尔自治区、甘肃省、四川省、云南省的部分地区，以及不丹、尼泊尔、印度、巴基斯坦、阿富汗、塔吉克斯坦的部分地区，狭义的青藏高原指高原的主体部分西藏、青藏两省区范围。① 因研究宽度和广度的限制，以及研究对象的客观条件性，本书所研究的青藏高原的范围主要包括青海、西藏两个区域。

"青藏高原地域辽阔，西起帕米尔高原，东接秦岭，横跨 31 个经度、东西长约 2700 公里；南自东喜马拉雅山脉南麓，北迄祁连山西段北麓，纵贯约 13 个纬度，南北宽达 1400 公里，总面积约 250 万平方公里，占我国陆地总面积的四分之一强。"② 青海和西藏的地域特色主要是"高""寒"和人口稀少。陈倩雯、假拉、肖天贵在《近 50 年青藏高原冷暖冬气候特征研究》一文中分析了 1964—2013 年青藏高原的气候变化特征，参考中国国家标准《暖冬等级》的定义和方法，对冬季青藏高原单个站点和区域进行冷暖等级划分："近 50 年冬季青藏高原绝大部分地区平均温度呈升高趋势，每 10 年上升 0.22 ℃—1.07 ℃（通过 5 ％显著性检验）；近 20 年更强烈，升幅为 0.8℃/10a。"③

青藏高原总面积约 250 万平方公里，约占我国陆地面积的四分之一，居民稀少，主要是少数民族，占全国总人口的不到百分之一。樊红芳在《青藏高原现代气候特征及大地形气候效应》一文中就青藏高原的地理位置、气候、土壤、植被和地质构造做出了详细的说明。"青藏地区是一个独特的地理单元，在我国境内的青藏高原地域辽阔，西起帕米尔高原，东接秦岭，横跨 31 个经度、东西长约 2700 公里，是亚洲许多大河的发源地；青藏地区的自然地理特征表现为海拔高、山地垂直分异特征明显，属于高原山地气候，位于亚欧与印度洋板块的交界地区，地质条件复杂。"④ "藏族是青藏高原的主体民族，当然除藏族之外还生活着一些其他民族。藏族的分布范围和青藏高原的范围大体上是重合的。"⑤

从研究地域文化的维度而言，青藏高原的文化作为一种特殊的地域文化类型，可将其命名为青藏文化。从广义上讲，青藏文化是从古至今居住在青

---

① 张继承：《基于 RS/GIS 的青藏高原生态环境综合评价研究》，博士学位论文，吉林大学，2008 年，第 16 页。

② 郑度、杨勤业、刘燕华：《中国的青藏高原》，北京科学出版社 1985 年版，第 3 页。

③ 陈倩雯、假拉、肖天贵：《近 50 年青藏高原冷暖冬气候特征研究》，《成都信息工程大学学报》2016 年第 6 期。

④ 樊红芳：《青藏高原现代气候特征及大地形气候效应》，博士学位论文，兰州大学，2008 年。

⑤ 石硕：《如何认识藏族及其文化》，《西南民族大学学报》（人文社会科学版）2015 年第 12 期。

藏高原上的居民共同创造的物质财富和精神财富的总和。从学术上讲，青藏文化是指历史上活动在青藏高原上的各个族群的传统文化的综合。事实证明，一个具有悠久历史文化传统的民族，在现代化的过程中不可能完全剔除自己的文化而适应和形成一种新的文化传统，只能是在继承传统文化的基础上继续推陈出新，去适应现代社会的发展。"对高原壮丽的山川和自然景色的赞美和热爱，对高原自然条件下经济文化生活的适应和体验，对本民族历史文化传统的认同和继承，还有高原社会生产和生活的特征，这些依然构成了青藏文化存在和发展的坚实社会基础。"① 当前，青藏文化仍然有着旺盛的生命力，在新的时代继续展现着它的耀眼的光芒。

2. 样本学校的基本情况

在样本地区（根据研究目的选择）主要选取了四所本科院校和三所高职高专院校。② 四所本科院校是指 QH 大学、XZ 大学、QHN 大学和 QHM 大学，三所高职高专院校是指 QHWS 学院、QHAS 学院、XZS 学院。③

QH 大学：QH 大学坐落于高原古城——夏都西宁。学校始建于 1958 年，是一所以工、农、医、管四大学科为主，其他学科协调发展的教学研究型大学。学校积极推进产学研深度融合，主动服务国家战略和区域经济社会发展。学科专业设置与国家和所在省着力推进的三江源生态保护、柴达木循环经济建设等相关的特色传统产业和新兴战略产业联系紧密。在三江源生态保护、高原农牧业、高原医学、藏医药学、盐湖化工、新能源新材料等方面形成了鲜明的学科优势和办学特色。同时，学校以立德树人为根本，以支撑创新驱动、服务经济社会发展为导向，坚持开放办学，坚持清华大学—新西兰奥克兰大学—QH 大学"三兄弟"模式合作项目，努力把学校建设成为有特色、高水平的现代大学。

XZ 大学：XZ 大学坐落在西藏自治区拉萨市，始建于 1951 年，是一所部省合建的综合性大学。学校有河坝林校区、纳金校区、罗布林卡医学院校区和罗布林卡财经学院校区四个校区，设有 15 个学院（部），有着民族学、中国语言文学、生态学等优势学科；立足西藏，面向全国，继承和弘扬民族

---

① 陈庆英：《简论青藏高原文化》，《青海社会科学》1998 年第 4 期。

② "高校"这个概念在实际范围上，除本科院校外，还包括高职高专学校。

③ 为保证样本高校情况简介的准确性，介绍内容主要来自样本高校的官网。同时，需要特别说明的是，访谈对象皆来自样本高校，但做了匿名处理。

优秀文化和服务国家与地方重大战略需求，为西藏培养了社会主义现代化建设"靠得住、用得上、留得下"的高素质应用型人才。

QHN 大学：QHN 大学坐落于西海锁钥、海藏咽喉的高原古城西宁。学校始建于 1956 年。学校已形成具有本科教育、研究生教育、留学生教育、成人教育和职业教育的完备教育体系，学科专业覆盖哲学、经济学、法学、教育学、文学、历史学、理学、工学、管理学、艺术学 10 大门类，是一所具有教师教育、民族教育和高原地域特色的文理工管法多学科协调发展的综合性省属重点大学。学校共有城西校区、城北校区两个校区；设有 19 个学院、29 个研究机构（智库）、4 所附属中学和 1 个附属实验幼儿园。

QHM 大学：学校创建于 1949 年，是青藏高原建立最早的高校，是新中国建校较早的民族院校之一，是全国首批获得硕士学位授予权的单位，是青海省人民政府与国家民委共建高校。学校占地面积 949.5 亩，设有 25 个学院、1 个直属教学系部。

QHWS 学院：是一所集护理、医疗、药学、口腔、医技等教育于一体的普通专科层次的高职医学院校，是"卓越医生教育培养计划"试点高校。学院始建于 1951 年，其前身为青海省卫生学校。担负着青海省医药类高职人才的培养任务，培养具有良好职业道德和职业素质的高端技能型卫生人才。

QHAS 学院：是一所涵盖高等职业教育、中职教育、成人教育等建筑类综合性高职学院，现设五系一部，是以工程建筑类和电子信息类专业为主导，多专业、多层次、多功能、多形式，集教学、科研、培训和设计、造价咨询、监理、规划于一体的建设与电信专业人才教育高职学院。近三十年来为社会输送合格毕业生近万名，大部分毕业生已成为建筑企业、电信行业和各地区经济建设的生产、技术骨干和经营管理人才。

XZS 学院：是 2005 年 7 月经西藏自治区人民政府批准，在原西藏自治区农牧学校和西藏自治区综合中专学校的基础上合并组建而成的。该学院设有农业科学技术学院、动物科学技术学院、旅游与文化学院、经济管理学院、机电工程技术学院、建筑工程学院、信息工程学院、基础教育部、继续教育部 9 个二级学院（部）和直属学院的马列教研室。该学院目前开设 30 个专科专业。

3. 样本教师的基本情况

在质性研究中，样本的选择追求代表性，而非推广性。因此，为了更好地寻求研究问题的答案，需要在上述高校范围内选择有代表性的青年教师样本。在进行样本的选择之前，笔者分析了样本地区高校青年教师所具有的普遍特征：

第一，样本地区高校青年教师学历层次普遍较高，知识面广。高学历教师经历了长期系统的学习，具有比较完善的知识结构，形成了自己的专业领域，具有学术自由的追求精神，形成了相对稳定的价值体系。第二，样本地区高校青年教师眼界普遍开阔，很多人有海外留学或者访学的经历。在全球经济一体化以及人才流动加剧的现代社会，高等教育的国际化已经成为一种必然的趋势和潮流。在这样的背景下，国与国之间的教育交流和合作日趋频繁，因此，许多高校为改善教师队伍的学历和学缘结构，加快了教师队伍国际化的步伐。近年来，青海省和西藏自治区同样大力引进海外优秀留学人才。这些具有海外留学经历或海外教育交流经历的师资力量，他们在国外吸收了大量先进的科学文化知识和专业技术知识，具有较为前沿的教育理念和先进的教育技术，对我国教育事业的改革和发展起到了极大的促进作用。第三，样本地区高校青年教师普遍充满活力。高校青年教师不仅具有青年人思维敏捷、思路开阔、敢想敢做的基本特征，也具有发散性和相对理性的思想特点。他们不拘泥于旧的思维模式，而是喜欢用他们特有的思维方式去观察、分析、评价人们的思想和行为。他们对理想、信念和价值观的确立、对生活方式的追求、对人性善恶的评判、对社会制度好坏的比较都与老一辈的高校教师不同。第四，青藏高原高校青年教师表现出民族多元化。青海省处于民族地区，青年一代的思想政治状况对社会各方面的影响尤为显著。一旦动摇，就会对社会各方面造成不利的影响。例如，青海省由于地域和多族群的特点，高校青年教师以及大学生的构成与他省相较更为多元。根据2020年统计数据，在全省高校教师中，少数民族教职工在高校中的人数为1725人，占比为23.3%，比2015年增加了2.22%。[1]

基于以上分析，本书在尽力兼顾这四个特征的基础上，考虑性别、年龄、学科、学历、职称、族群等因素，选取了共计30余名[2]受访青年教师进

---

[1] 《2020年青海省教育事业发展简明统计分析》（内部资料），青海省教育厅。

[2] 在质性研究中，当访谈数据出现较高的重合度，又没有新的资料出现时，就达到了访谈数据基本饱和的状态。在本书中，当我们访谈到30余位青年教师时，就基本达到饱和。因此，我们便没有继续联系新的样本教师。

行深度访谈，选取 3 名教师进行跟踪观察，在两所学校（QH 大学和 XZ 大学）以随机的方式分别进行了一次集体焦点访谈，以此分析他们的德性养成与所在地区伦理文化环境的互动关系。

表 1-2 深度访谈高校青年教师基本情况一览

序号	姓名代码	性别	学校	学历	职称	学科	年龄	民族
1	170102D	女	QH 大学	硕士	副教授	英语	40	汉族
2	180702M	女	QH 大学	博士	讲师	材料	32	回族
3	181220J	男	QH 大学	博士	副教授	民族学	37	汉族
4	180413M	男	QH 大学	博士	教授	电子	37	回族
5	190315G	男	QH 大学	博士	讲师	机械	29	汉族
6	191202H	男	QH 大学	硕士	助教	水利电力	30	撒拉
7	200104Z	女	QH 大学	硕士	助教	思政	27	汉族
8	181117Y	女	QH 大学	博士	副教授	医学	39	藏族
9	180712C	女	QHN 大学	硕士	助教	新闻	31	汉族
10	180920B	女	QHN 大学	博士	教授	教育	40	撒拉
11	190502S	女	QHN 大学	博士	副教授	数学	36	汉族
12	200108D	女	QHN 大学	硕士	讲师	学前	33	蒙古
13	190607Y	女	QHN 大学	硕士	讲师	传播学	30	汉族
14	190318Y	女	QHM 大学	博士	副教授	教育学	32	藏族
15	181209W	男	QHM 大学	博士	讲师	生物	35	汉族
16	190608Q	女	QHM 大学	硕士	助教	国贸	28	汉族
17	190525Z	男	QHM 大学	硕士	讲师	政治	30	回族
18	190608B	女	XZ 大学	博士	副教授	医学	36	汉族
19	190606Z	女	XZ 大学	硕士	助教	生物	29	汉族
20	190609L	男	XZ 大学	硕士	讲师	计算机	29	藏族
21	190607P	女	XZ 大学	硕士	教授	藏文学	39	藏族
22	191104H	男	XZ 大学	硕士	讲师	新闻	30	汉族

序号	姓名代码	性别	学校	学历	职称	学科	年龄	民族
23	190607H	男	XZ 大学	硕士	副教授	法学	40	汉族
24	190605C	男	XZ 大学	硕士	讲师	思政	36	汉族
25	191202J	女	QHWS 学院	硕士	讲师	护理	34	土族
26	190823X	女	QHWS 学院	硕士	助教	美容	26	汉族
27	191102J	男	QHWS 学院	硕士	副教授	中医	39	汉族
28	191223T	男	QHAS 学院	硕士	讲师	排水	33	汉族
29	191223P	女	QHAS 学院	本科	副教授	思政	40	汉族
30	191223Y	女	QHAS 学院	硕士	讲师	土木	29	回族
31	191012C	女	XZS 学院	硕士	讲师	旅游	34	汉族
32	191012R	男	XZS 学院	硕士	助教	经济	27	汉族
33	191027G	男	XZS 学院	本科	副教授	经管	39	藏族

（二）实地研究

研究必须通过进入现场开展实地调研才能获得一手数据。在本书中，我们进入的实地场域主要有两个：一是高校，主要是上一小节提及的样本学校；二是深入具有文化表征的样本地区收集与传统伦理、族群伦理、红色历史、绿色生态相关的资料。值得一提的是，进入现场开展实地调研是研究能否获得鲜活一手数据的关键，决定着研究质量的高低。很多时候研究者作为"局外人"，需要在进入现场前，与研究单位的人员或者访谈对象尽可能保持良好的关系，增加自己身份的可信度。例如，我们进入样本高校的方式，是通过研究者单位以介绍信的形式，请对方校办进行接洽。我们去样本村落进行访谈和实物搜集，是通过当地的村委会或者研究者的私人关系，请村委会的工作人员帮助接洽和联系访谈对象。

在实地调研中，样本高校接收到函件（如图1-1所示），基本上都会根据研究者的需要，热情安排受访教师。但是，在这种情况下，研究者就要特别小心，官方文件以及领导的安排，会给访谈对象造成心理压力，使他们有被迫参与这项研究的感受。因此，在对由校方安排的老师展开访谈工作时，我们需要巧妙地建立与访谈对象良好的关系，同时在发问的时候，研究者也需要更加真诚、友好、巧妙地提出问题。尽可能保证所搜集数据的真实性。所以，实际上，研究者在进行实地调研的时候，通常靠的不是理论，而是研究者本人的访谈经验、处理人际关系的策略，以及应对突发事件的灵活性。因此，对研究者本身就有很高的要求。

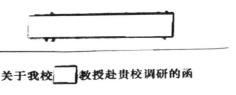

关于我校□□教授赴贵校调研的函

□□□□：

我校□□教授，就其主持的国家社会科学研究基金项目"青藏地区高校青年教师德性养成的伦理文化环境研究"，于 2019 年 6 月 2-6 日赴贵校调研. 项目拟调研的问题涉及：受访教师幼年家庭教育的风格？现有家庭的氛围？早期学校教育的风格？现在工作学校的大学文化和精神风貌？所在院系的文化？所从事学科的文化？所属民族的文化特征和美德观？受访教师眼中的中国传统文化？受访教师所在城市的整体精神风貌？请安排 10 位左右的青年教师接受访谈.

恳请贵校予以支持和帮助！

图 1-2 赴样本大学开展调研的函

在有关村落和地区进行实地调查时，样本地区的大多数村委会以及农牧民都非常的淳朴友善。向他们说明调研来意以后，他们就会放下手里的活儿，与我们坐到一起聊一聊。有时候他们说不上来的，还会打电话询问朋友和亲戚。还有的村民会在我们走的时候给我们提上一包刚摘的辣椒或西红柿。通过多次实地调研，我们已经能够感受到样本地区十分淳朴的民风和良好的伦理道德文化氛围。面临的唯一问题是青海方言和民族语言的理解所造成的研究资料搜集和分析的难度。在调研过程中，我们请了一些藏语翻译或当地向导，同时也带了一些本地研究生同行以帮助进行沟通和翻译。为了提高实地研究的有效性，本书具体使用了如下的方法。

1. 深度访谈法

访谈就是研究者通过与访谈对象口头交谈，从访谈对象那里得到第一手的研究资料。作为学术研究的访谈，与电视节目的访谈有很大的区别。学术研究的访谈不仅要通过与访谈对象进行语言交流，引导他或她进入对话情境，引起对方的共鸣；还要在"聊"的过程中留意对方语调的升高与降低、语言停顿、面部表情以及肢体语言，并且用研究者熟悉的符号进行现场记录。例如，用":)"表示被访谈对象笑，用"：（"表示其悲伤、用"……"表示其思考了很长时间才回答或者放弃回答，用"！"表示其激动的情绪，用"＊"表示其身体前倾或者站起来。此外，在现场还要记录一些关键词，以此为基点深度挖掘对方对主题的看法以及与主题相关的"故事"。为做到深度访谈，研究者在条件允许的情况下（通常是在与访谈对象建立了联系后），对个别对象进行多次访谈，了解他们随着时间和事件的变化对问题的看法是否一致或有无加深。

在本书中，我们主要采用半开放式访谈。先将一些固定的访谈问题提纲发送给访谈对象，使其对将要作答的问题有一定的心理预期。在正式访谈时，访谈提纲可以起到较好的引导作用。但在实际进入现场后，我们鼓励访谈对象积极参与其中，并鼓励他们提出自己的问题，以此获得访谈对象内心最真实的想法，使研究能够真正深入下去，而不仅仅停留在问题的表面。此外，关于究竟要访谈多少个研究对象，一个应遵循的原则是，"收集的资料要尽可能达到饱和状态。如果我们在后续访谈中得到的资料只是对以前收集到的资料的重复，那就说明访谈的次数已经够了"[①]。

2. 集体焦点访谈法

在质性研究中访谈可以分为个别访谈和集体访谈两种形式。个别访谈就是上文所提到的深度访谈法，即研究者对一位访谈对象进行访谈，通过两个人之间的个人互动对研究问题进行探讨。集体访谈是指1—2位研究者同时对一群人进行访谈，通过群体成员之间的互动对研究问题进行探讨。早在20

①　陈向明：《质的研究方法与社会科学研究》，教育科学出版社2000年版，第173页。

世纪 40 年代，著名社会学家默顿（R. Merton）已经使用这种方法对政府发放战争宣传品的效果进行检验。①　相对于个别访谈来说，集体焦点访谈具有能够集体建构知识、对研究问题进行集体性探讨等优点；但是也有一些不足。例如，在以集体主义文化为主体的中国，有个别访谈对象会表现得比较含蓄、不敢说真话；而有一些访谈对象则特别喜欢表达自己，表达的内容却是夸夸其谈，不着重点；同时，群体讨论通常容易出现从众现象，成员之间的交谈内容具有一定的导向性。所以，在本书中，虽然集体焦点访谈有着节省时间和效率高的好处，但是鉴于上述缺点，并没有将其作为主要的研究方式，而是作为个体访谈的补充方法。

图 1-3　青海省海东市互助县大寺村调研回族青年的民族道德文化环境

---

①　陈向明：《质的研究方法与社会科学研究》，第 211 页。

在本书中，开展集体焦点访谈的大学为 QHM 大学和 QHAS 学院。在访谈开始时，研究者用轻松愉悦的方式向大家介绍了研究的问题、研究的目的、处理结果的方式，采取自愿原则和保密原则等。注意到参与者之间的同质性和异质性，将这些具有不同专业背景的人聚在一起时，作为主持人的访谈老师要尽快使访谈对象产生熟悉感，并且引导他们进入研究问题，注意跟他们产生共鸣式的互动。同时，尽可能避免出现"集体性思维"和"崇拜压力"。所以，我们建议每位参与者在讨论前花几分钟写下他们的想法，然后再进行讨论，以强化他们在团队中发言的意愿和能力。同时，也避免参与者形成小团体，各自对话。另外，在本书的焦点集体访谈中，主要采用的是方便性抽样。即通过联系该学校中某 1—2 位与研究者熟知的老师，请他们根据我们提供的选样条件，帮忙要求他们熟悉的同事作为样本。所以，从这个角度上讲，参与到集体焦点访谈中的教师未必具有典型的代表性，这也是本书比较欠缺的一点。

图 1-4　赴祁连山国家公园调研绿色生态文化环境

3. 参与观察法

观察是人类认识世界的一个最基本的方法，也是社会科学和人文学科从事科学研究的重要手段。参与观察法是指研究者深入所研究对象的生活

图1-5 赴祁连山国家公园朱固村调研绿色生态文化环境

背景中，在实际参与访谈对象日常社会生活的过程中所进行的观察。伦理文化环境并非"触手可及"，但却可以通过教师的行为表现、校园的物化环境以及既存的规章制度展示出来。观察法的使用，不但可以客观地反映伦理文化环境，还能对访谈对象自我汇报的德性养成相关内容起到验证的作用，考察其是否说一套，做一套。根据研究的需要，本书涉及了两类观察活动：参与观察和课堂观察。参与观察是指深入教师的学术生活的伦理文化环境中。严格来讲，采用参与观察法，研究者不能暴露自己的真实身份而要隐蔽地进行参与，但是我们是无法隐藏自己身份的。因此，课题组是采用"客观的观察者"身份来开展观察研究工作的。比如说，在老师的教研室、实验室或者教室等工作环境中，只是作为默默的记录者。事实上，这样不会破坏和影响被观察对象原有的伦理道德环境，也不会干扰被观察对象的行为和动态，不评价、不站队，保持中立和均衡。例如，课堂观察主要通过走进教师的课堂，看他们如何组织教学，如何在课堂上展现个人智慧、传播知识，如何辅导学生，如何面对学生的提问，在课前课后如何与学生进行交流等。

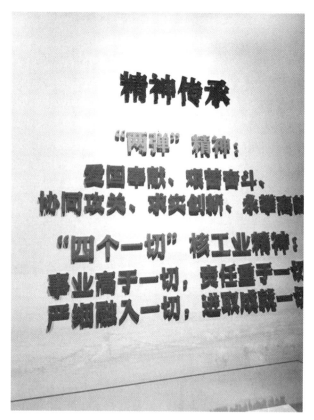

图 1-6　赴原子城纪念馆爱国主义教育基地调研样本地区红色历史文化环境

4. 地域文化田野调查

田野调查研究法作为一种常用的科学研究方法，主要通过对一些客观情况进行考察和了解，从而获得一些相关的资料，并对资料进行分析。在时间上，调查研究法可以在事后从当事人或者其他方面获得所需的已经过去的事情的资料；在空间上，调查研究不仅仅拘泥于一定的地域，它可以跨越族群等界限，研究一些宏观性的教育问题。同时，从效率角度来分析，调查研究能够运用较短的时间获得大量的研究资料。自 2018 年 5 月完成了研究的前期设计、开题和理论研究工作后，课题组启动了调查研究。一方面是在西宁市内进行访谈和调研，包括赴样本高校（前文已有介绍）进行资料搜集，同时赴青海省博物馆、青海省图书馆等搜集样本地区文化方面的相关资料。另一方面,课题组于 2019 年 7 月赴西藏拉萨进行调研,其间重点在 XZ 大学和 XZS 学院开展访谈和研究工作。2019 年 12 月去 QHAS 进行了集体焦点访谈,补充了职业院校的相关数据。

关于地域文化的田野调查从 2018 年下半年开始,课题组分别赴青海海西州都兰县热水,互助县大寺村、民和、湟源、乐都柳湾、海北州祁连县等地区进行了有关族群伦理文化、地域伦理文化的调研。在样本地区的地域文化田野调查,帮助研究者了解各族群对伦理道德的理解以及核心道德要素、伦理道德的载体,以及对族群道德的传承,了解少数族群伦理文化特征和现状。

由于新冠肺炎疫情,课题组的调研工作受到了一些影响。2020 年初,在严格执行疫情防控要求的同时,我们的调研重点是青海省内的红色历史文化和绿色生态伦理文化,分别去西路军纪念馆、两弹一星爱国主义基地、尕布龙纪念馆等地进行红色历史资料搜集,到海北州祁连县朱固村靠近祁连山国家公园附近进行绿色生态文化资料的搜集。

三 资料整理与分析

(一)资料整理

我们收集到的资料可以分为三类:第一类是文献资料,包括受访教师的访谈转录资料和样本地区采风搜集的资料;第二类是访谈资料、观察笔记、访谈记录单和访谈反思日记等研究历程的记录;第三类是实物资料,包括所收集到的制度文件、资料、图片,以及访谈录音。面对纷繁复杂的研究资料,我们借助了 NVIVO 软件帮助对文字和图片资料进行资料整理。实物资料则通过扫描或者拍照的形式,一并上传到 NVIVO 软件,以便统一编码。

(二)资料分析

基于丰富的资料,笔者根据研究框架和数据的实际情况,构建了研究的树节点(如图 1-7 所示)。在研究框架的指导下,我们把纷繁的资料进行了编码,以此逐步聚焦和归类,最终形成了与本书框架相适切的树节点。

具体来说,每一个节点都由多个材料构成,这是一个多次编码的过程。其中,初始编码是比较重要的一个环节。例如,受访者分别提到的父母对其工作态度的要求可以归类为原生家庭的道德观对青年教师的影响,早期学校教育给予个人的自由空间可以归类为宽松的学校氛围(如表 1-3 所示)。诸如此类,将所有的访谈数据进行初始编码。

图 1-7 Nvivo12 数据分析节点示意

表 1-3   初始编码示例

书面数据	初始代码
我的父母每天都会按时上班，认真完成本职工作，从不偷奸耍滑、溜须拍马。我父母工作这么久也没有做过领导，也没做过什么出格的事情。我从小就被父母教育要规规矩矩做人、踏踏实实做事	父母的性格特点和做事风格对受访教师的性格养成和工作风格产生潜移默化的影响
我高中是在拉萨上的，小学和初中是在地区上的。我上的学校属于汉藏都有的。就是我们上学那会儿相对于现在的学生可能要自由一些，对个人来说可能你发展的空间或者说你想象的空间，或者是你想做的事情可能更多一些。可能不会完全禁锢在学习这一方面，是综合能力的一种培养。就是说，我上初中的时候，老师会鼓励我们去踢球、去打球，不要天天待在教室里头，不要天天就光顾着学习	受访教师处在轻松的学校氛围中，得到比较全面的发展
要求我上的课，我会认认真真地上好，反正，（不这样）我自己良心上这个坎过不去。我不可能在教学上糊弄一下，用绝大部分时间做科研。所以你只能加班加点，就是自己特别累，你要搞好教学，你还必须得搞科研	尽管明白科研工作对于一位大学老师的重要性，但是依旧认真地对待教学工作

书面数据	初始代码
老师自己首先应该有一颗不断探索的心和一个持之以恒的学习态度，还要做到三观正，在大是大非面前能够从容果断地做出选择。还必须有强大的包容心。这样才能引导和教育学生走到一个正确的道路上	受访教师对职业道德的描述，表现出了既要在知识方面有探索的态度，还应在为人方面有严格的要求

完成了初始编码工作，就需要把已经编号的多个代码进行聚焦分析，也可以说是进行聚类研究和提炼。这样做的目的，可以使得研究的结构性更强、主题更加鲜明、理论的构建更有依据。例如，独特的生活方式、行为方式、思维模式、价值取向等所形成的现有的道德思维可以聚焦到特色地域文化的影响上，赛马会、闭斋、也帖、轮子秋等族群伦理文化所奠定的基础的道德观念可以聚焦到多元族群文化的影响上。黄河文化所孕育的河湟文化，是中华民族优秀传统文化的结晶，影响道德价值判断的因素可以聚焦到悠久的河湟文化等上。上述各个亚类属的代码再经过聚焦，分析出样本地区地域伦理文化的类属代码。其他主题的代码同样是经过上述编码方式实现的。

表 1-4　　　　　　　　　　　　聚焦编码示例

初始代码	聚焦代码（亚类属）	聚焦代码（类属）
独特的生活方式、行为习俗、思维模式、价值取向等形成了现有的道德思维	特色地域文化的影响	样本地区地域伦理文化
赛马会、闭斋、也帖、轮子秋等族群伦理文化奠定了基础的道德观念	多元族群文化的影响	
黄河文化所孕育的河湟文化，是中华民族优秀传统文化的结晶，影响了道德价值判断	悠久河湟文化的影响	
在青海工作，对环境负责任也是有道德的一种体现，要自然而然地热爱和保护生态	绿色生态文化的影响	
那些隐姓埋名的科学家和普通研究工作人员，献了青春献子孙。对祖国的热爱，激励着我们把青春奉献给青海这片高原	红色历史文化的影响	

四 研究的自我检测

(一) 关于研究质量的评价

通常而言，信度和效度被作为研究质量检验的两个标准。信度似乎是最适合应用在定量研究的判断标准上的，主要关注研究所设计的机制是否能够产生可信的、一致的结果。而本书是在观察法、访谈法的基础上，与受访者进行谈话，发展出研究主题，并期待能有一些出乎最初研究设计意料之外的新发现。因此，任何试图将"问卷"或访谈程序予以标准化的做法，对本书之目的而言，都是不恰当的。本书使用的是目的性抽样，不能像定量研究那样追求推广性，而是追求在样本地区这一特殊区域内高校青年教师德性养成的伦理文化环境的代表性和预见性。因此，严格来讲，仅通过本书中的30余位教师个案是不能推及全国的。尽管如此，为了提高本书的信度，我们具体做了如下设计。

1. 访谈内容的多方验证：在语言类型多样的中国，青海方言和藏语对研究者有着很大的挑战。为了克服这个困难，笔者在赴样本地区采风时，邀请了精通藏语的人帮助翻译。遇到只会说青海本地方言的老乡时，邀请会青海本地方言的研究生陪同访谈。在后续整理录音文字时，对其中有可能存在歧义的地方，再次一起听录音，进行讨论和修正。

2. 严密研究过程：为保证研究的严密性，笔者坚持记录研究过程、不断反思和调整研究思路，以访谈对象接触单、访谈反思笔记、分析性备忘录和研究日志为依据，不断反思研究设计、过程和编码是否科学有效。

效度是指对现象的科学解释与世界真相配合的程度，通常关注内在效度和外在效度。内在效度是指研究者是否真正观察到他们所要观察的东西；外在效度是由其他研究者产生、改进或延伸的抽样概括以及概念可跨组应用的程度，或者所导出的理论对了解其他相似的情境有所帮助的程度。据特尔布（Turnbull）[①] 提出的提高质性研究效度的方法，本书从充分基于现实、例证辅佐观点、三角验证以及基于恰当的理论基础等方面进行了较为精细的设计。

---

① S. Turnbull, "Social Construction Research and Theory Building," *Advances in Develping Human Resources*, Vol. 4, No. 3, 2002.

（二）关于理论的饱和度检验

由于本书采取基于质性研究的方法，在搜集的数据基础上，通过扎根的方法，建构适合于样本地区高校青年教师德性养成的相关理论。其中就涉及理论的维度是否饱和的问题，因此，研究者对理论饱和度进行了检验。具体来说，利用10个受访样本的有效数据开展检验，特别是检验受访数据中呈现的理论维度是否全部可以被囊括进现有理论框架中。理论饱和度检验结果证明，各范畴已经发展完善。除了影响样本地区高校青年教师德性养成的四大文化维度外，再没有发现新的范畴，而且范畴内容也没有一些新的初始概念。因此，本书认为通过质性研究的方法，使得样本地区高校青年教师的信仰成了一种文化环境影响因素，建构的模型在理论上基本达到了饱和。

（三）研究中的伦理道德问题

在深度访谈中，研究者注意开诚布公地向对方介绍自己的个人背景、研究内容和目的，以及告知受访者自己的期待和研究结果的去向，并且将自愿原则和保密原则明确告诉对方，告诉对方也可以选择不接受访谈，研究者会对对方提供的所有信息进行保密。同时，还要注意尊重访谈对象的时间安排，以及在让他感到舒适的地点进行访谈，以不影响其正常工作和生活为原则，不以官方文件或以领导安排为由要求该访谈对象接受访谈。在访谈内容中不强迫对方做超出其能力，或者侵犯其隐私的不道德的行为。对于研究者提供的信息，访谈对象可能心存疑虑，这时候就需要及时对他们做通俗化的解释，而非过于专业化的解释。当然也有很多教师拒绝了我们的访谈邀请，我们充分尊重对方的选择，不做强求。以上便是本书在开展访谈时注意到的研究伦理。

第七节 研究思路

本书分成六个部分，分别由六章组成。

第一章，引言。该部分梳理样本地区高校青年教师德性养成的伦理文化环境研究的背景和意义，提出研究问题，并进一步将其细化为三个子研究问题。基于研究问题，层层递进地梳理国内外有关"德性养成的伦理文化环境""教师德性养成的伦理文化环境""高校青年教师德性养成的伦理文化环境"和"样本地区高校青年教师德性养成的伦理文化环境"的学术史及研究动态，进而指出现有研究的不足以及对本书展开研究的启示。而后对研究的思路、采用的方法、研究的对象以及研究过程进行详细的介绍，帮助读者明晰研究展开的思路。接着，对研究中的核心概念进行厘清，说明研究的角度，对研究对象进行严格界定，以免给读者理解和阅读本文带来困扰。核心内容包括概述中西方有关德性养成的伦理文化环境的相关理论基础，为研究的开展指明理论方向，提供可操作的抓手。在中国传统德性伦理思想中，孔子认为，德性是"教化"的结果，看重家庭和学校对个体"教而化之"的作用。在西方传统德性伦理思想中，美德伦理学的集大成者亚里士多德指出，德性是个体"习惯化"的结果。而"习惯化"则需要个体在风俗习惯环境中养成。西方近现代美德伦理学家麦金泰尔进一步指出，德性是在"共同体"中形成的。共同体则是传统道德与现代职业分化共存的体现。同时，马克思主义道德观为本书提供了理论研究的方向指导。可见，中西方德性伦理思想都十分认同环境对于个体德性养成的重要作用。这为本书研究的展开奠定了坚实的理论基础，同时也为本书构建可操作化的概念框架提供了重要的基石。根据理论基础、已有的研究发现，以及样本地区高校青年教师德性养成的现实伦理文化环境，我们发现，在道德教育体系中，家庭教育、学校教育、社会教育，是相互配合、相互促进的。因此，将样本地区高校青年教师德性养成的现实伦理文化环境具体划分为四重伦理文化环境。为突出层次性，可将各类文化聚类简化为家庭伦理文化环境、学校教育伦理文化环境、高校工作伦理文化环境、宏观社会伦理文化环境，突出了由早期到现状、由微观到宏观的研究思路。

第二章，家庭伦理文化环境。本部分主要探讨中国家庭伦理文化的尚德本质，包括尚德价值的引导、个体美德养成、人性美德实践。结合调查数据，重点分析家庭场域中原生家庭和新生家庭对青年教师德性养成的影响。对于原生家庭的研究主要从家庭道德教育、优良家风传承、家庭道德榜样等方面来分析和描述。新生家庭的伦理文化影响依据数据剖析得出家庭是夫妻品德的双向建构，是平息情绪的港湾，是外地高校青年教师安心扎根样本地区教书育人的重要理由。

第三章，受教育场域伦理文化环境。本部分分析中外学校的道德教育属性，以及从横向和纵向维度解析了学校伦理文化的学段和要素。根据研究数据，从学校道德氛围、教师、同辈群体三个维度研讨了受教育伦理文化环境对青年教师德性养成的影响。首先，受教育伦理文化环境具有重要的德育功能，而样本地区学校道德氛围主要是宽松的、集体化的和努力的。其次，学校教师对高校青年教师具有早期道德影响。最后，同辈群体的交往行为同样具有潜在的道德影响力。

第四章，院校伦理文化环境。本部分是最贴近高校青年教师的环境，主要从其工作环境方面进行了细致的多维度分析。将校园文化、学院文化（包括教研室和学科）、教室文化作为分析单位，探讨高校教师对单位的归属感以及高校教师的四大基本职能，重点分析伦理文化之下高校青年教师在教书育人、科学研究、社会服务、文化传承四个方面所呈现的德性样态，论证高校工作环境对其德性养成确有影响。

第五章，宏观场域：社会伦理文化环境。本部分将高校青年置于宏观社会环境里，基于新时代中国社会伦理文化、中国传统伦理文化、地域伦理文化三个维度，将新时代中国的伦理文化环境作为分析的起点。分析样本地区高校青年教师在社会主义核心价值观的引领下，在公民基本道德规范的建设过程中，新时代对于教师职业道德的重视和新媒体环境等这些因素的影响作用，继而分析中华传统伦理文化的根基。依据习近平总书记的讲话，对中国传统文化中仁爱和民本、诚信和正义、和合和大同这三个维度进行分析和把握。最后，立足样本地区现实，分析地域伦理文化环境，包括多元族群伦理文化、悠久的河湟文化、红色历史文化和绿色生态文化，形成了"当下—根基—地域"的论证模式。

第六章：研究总结与建议。该部分对整个研究内容进行全面总结、分析数据和理论互动，以及提出建议。首先，基于研究框架，分析伦理文化环境与青年教师德性养成的互动，得出环境的确对青年教师德性养成有影响，反过来，青年教师良好的行为也会对环境产生正向的反馈作用。二者之间是辩证的关系。其次，总结家庭、学校以及社会中存在的对青年教师德性养成的积极和消极因素，以及本书每个章节的主要发现。最后，分别给予家庭教育、学校教育、工作环境、社会大环境以及教师个人以相关建议。

第二章　家庭伦理文化环境

《易经》载，"蒙养以正、德教为先、习惯养成、环境濡染"，指出婴幼儿是智慧开蒙的关键时期，提倡将道德教育放在家庭教育之首，并重视所处环境的耳濡目染，强调习惯养成的循序渐进。"通过教育，首先是家庭教育，然后是学校教育，沉默的民众拥有了自己的存在。如若缺少了道德因素，那么所有的人都会被实用政治带入黑暗的深渊。"① 雅斯贝尔斯的这句话揭示了家庭教育和学校教育在一个人道德观形成中的重要价值。因此，在分析高校青年教师德性养成的伦理文化环境时，我们必须深究高校青年教师已经具备的基本的、起着"定向器"作用的道德观念究竟萌芽自何处。家庭和学校是不二答案。无论是我们所熟悉的弗洛伊德的理论，还是当今艾里克·埃里克森的著作，都分别指出儿童的发展需要经过一系列与身体成熟相对应的心理阶段。其中，道德发展需要建立在个体成长的每个阶段中所发生的自我冲突事件上。在儿童道德的早期发展中，这些自我冲突事件出现频繁的场所便是家庭和学校。

本章首先分析家庭伦理文化环境。在研究家庭伦理文化环境时，切不可忽略中国传统的典型的血缘伦理文化关系这一视角。在社会学上，家庭（family）是指"一群有血缘、姻亲、领养或其他一致关系的人，共同分担生育以及照顾的责任所形成的一种单位"②。家庭是社会最小的细胞，却是人接触到的最原始、最直接的伦理文化环境。在家庭这个最基本的社会化机构中，个体的身体和心理逐渐得到发展。同时家庭也是品质发展的重要场所，

---

① ［德］雅斯贝尔斯：《什么是教育》，邹进译，生活·读书·新知三联书店1991年版，第53页。

② ［美］理查德·谢弗：《社会学与生活》（插图本），刘鹤群、房智慧译，赵旭东译校，世界图书出版公司2009年版，第247页。

家庭生活为个体进一步接触社会生活打下了重要的基础。

《家庭文化学》指出：

> 家庭文化现象的意义在于对内在的文化规律的揭示，包括深藏于家庭文化形态内人性的律动和外现于社会的行为状态。在这些看似抽象无形的情景中，却"鼓动着"家庭的行为取向，家庭的文明程度因之而气韵灵动，家庭的价值取向因此而呈现出"文化有大道而不显，人性有善恶而不宣，命运有机缘而不露，教育有规律而不张"的文化状态，家庭文化在大道无形中展示着培育人性的力量。①

这段话将家庭伦理文化环境对于人的性格养成和品格塑造的重要作用精辟地揭示了出来。

本章首先明确中国家庭伦理文化的尚德本质，指出中国的家庭伦理文化注重对道德价值的追寻、重视对个体美德的塑造并看重人性美德的实践。在厘清中国家庭与道德教化之间的内在关联后，分别从样本地区高校青年教师早期生活的原生家庭和现在生活的新生家庭两个视角分析阐释这一群体的家庭伦理文化环境，力图呈现在早期场域中样本地区高校青年教师德性养成的图景。此处，需要说明的是，家庭伦理文化环境从时间维度上看，既可划分为高校青年教师个体早期的家庭环境，也可认为是高校青年教师现存的伦理文化环境。其理据如下：根据本书对高校青年教师年龄在 40 岁以下的界定，一方面，一部分青年教师已经成家立业，因此对他们的教师德性养成来说，新生家庭是他们教师德性成长的家庭场域构成；另一方面，对一部分尚未成家的青年教师来说，新生家庭是他们未来的主要家庭场域。由此，秉承着谨慎的研究态度，我们根据访谈中涌现出来的青年教师对自己婚姻状态的丰富描述，将新生家庭作为家庭伦理文化环境的重要内容进行分析。

第一节　家庭伦理文化的尚德本质

在中国，家庭是社会的细胞。"为了使劳动力效率得到优化，有效发挥

---

① 王继华：《家庭文化学》，人民出版社 2010 年版，第 7 页。

精耕细作的优势，在传统社会中，我国农耕类生产活动都是以家、户为单位进行的。"①《易·序卦》云："有天地然后有万物，有万物然后有男女，有男女然后有夫妇，有夫妇然后有父子，有父子然后有君臣，有君臣然后有上下，有上下然后礼义有所错。"可见，在各项社会事务中，家庭承担着重要的职能。不可否认，家庭是中华传统伦理文化的重要载体和传承机构。家庭生活为中国社会几千年来依旧有序运行提供了现实基础。

梁漱溟在《中国文化要义》中说道："家庭在中国人生活关系里特别重要，尽人皆知；与西洋人对照，尤觉显然。"② 家庭以血缘关系为连接，将个人紧紧地拴在家庭这个集体中。家庭是人们接受教育的第一个场所，家庭教育的渗透性和长期性以及家庭环境的差异性对个人品德养成有着举足轻重的影响和塑造作用；同时，个人的思想和行为不仅会对家庭的和睦状况产生影响，还会影响整个社会的和谐与安定。因而，要想使个人发挥作用以保障社会和谐稳定发展，家庭有着中流砥柱的责任。

一 中国家庭注重尚德价值引导

中华民族历来重视家庭，从原始社会晚期一夫一妻制开始，就产生了现代意义上的家庭。中国古代自有家庭以来就特别重视家庭教育。例如，孔子在《论语》中有言："弟子入则孝，出则悌，谨而信，泛爱众而亲仁，行有余力，而后学文。"这充分说明了孝道和德性产生于家庭道德教育。我国自古以来就非常重视家庭对未成年人道德教育的重要作用，存在蒙养教育思想。古代家训中记载着的关于做人的各种要求，反映出古代中国人对家庭教育的普遍重视。如南北朝时期著名学者颜之推将自己一生的经验和心得系统地整理出来形成《颜氏家训》，传给后世子孙，希望可以借此整顿门风，并对子孙后代的人生发展有所帮助。这是一部完整的家庭教育教科书，是关于立身、治家、处世、为学的经验总结，它劝人要好读书、自求上进、为学贵在真知、不可自欺欺人等，在中国家庭教育史上产生了较大影响。此外，清朝的《曾国藩家训》也是注重家庭道德教育的典型代表。

近代中国家庭教育把强调道德教育的传统加以延续，有了进一步符合时

---

① 胡言午：《家风仍是传承社会道德规范的重要载体》，《中国社会科学报》2014 年 3 月 17 日。
② 梁漱溟：《中国文化要义》，学林出版社 1987 年版，第 26 页。

代要求的创新发展。当前中国正处于百年未有之大变局，由于社会制度和观念的变革，确实存在着各种各样的问题。在家庭教育上，虽然道德教育的观念各有不同，但是对于道德教育的强调却是一致的。在家庭生活中，长者可以依靠家风、家训、家庭制度以及文化对幼者进行言传身教，通过生命的繁衍，给一代又一代年轻人诠释我国优良的传统伦理文化，使其得到更好地传承，从而帮助青年一代掌握正确的为人处世之道，树立正确的人生观、世界观和价值观，让其感受到传统伦理文化的价值和魅力所在，并以此来接续构建民主、和睦、向善的家庭人伦道德。

二　中国家庭重视个体美德养成

如前所述，中国自古以来就十分重视家庭对于个人美德养成的重要作用，无论是古人著述、家书还是家训中都不乏父母对子女人格品质的殷切期望和严格要求。无论在古代还是现代社会中，家庭都给予个体巨大的情感和精神支撑，"父子兄弟以及姻戚关系为人们提供了情感和精神的依托，庞大的亲属网络给人以强大的家庭力量的感觉"①，从这之中衍生出的家庭文化对个体的发展有着深远的影响。

习近平总书记曾指出："家庭是人生的第一个课堂。"孩童在生长过程中最先接触的就是家庭这一伦理文化环境，培养孩子德性的第一任老师是其家庭成员，尤其是来自父母的榜样示范作用。"家庭文化是存在于家庭之中的一种固化形式的精神文化，是指一个家庭在长期代际传承的过程中生长和形成的，不易变更的生活习惯方式、仪表形象、家风家规以及为人治世之道等。"②

在家庭道德环境中，父母的言行举止和家风的好坏对孩子的健康成长发挥着非常重要的引导作用；同时，父母对于孩子的影响又是潜移默化的，是通过榜样的作用将自己的言行、道德品质给予孩子身教示范，由耳濡目染的隐性作用使孩子对父母所具备的美德在心灵上有所感知，在行动上有所实践，经过长时间的沉淀成为孩子道德品质的重要组成部分。在关于家庭教育亲子互动的研究中也发现：亲子互动对儿童性格的形成和发展有深远影响，

① 李桂梅：《中国传统家庭伦理文化的特点》，《湖湘论坛》2002 年第 2 期。
② 国艳华：《浅析影响家庭文化的几个因素》，《大众文艺》2011 年第 10 期。

亲子互动的好坏对儿童人格的发展起着重要作用。家庭伦理文化环境对孩子道德品质形成的作用可见一斑。

家庭伦理文化环境是一个宽泛的概念。为何家庭的伦理文化环境对一个人的德性形成有着重要的作用？道德人格又指什么？从文化学的视角来说，道德人格是道德认识、道德情感、道德意志、道德信念和道德习惯及其过程的集合体，就是具体个人人格的道德性规定，是个人的脾气习性与后天道德实践活动所形成的道德品质和情操的统一。道德人格标示着个人的道德性，同时也标示着人类与其他动物的区别。道德人格的优劣，是衡量一个人德性的标志。

三 中国家庭重视人性美德实践

教以人伦，讲究孝亲，中国道德教育是以家庭为本位的。中国自古以来重视个体人格的发展，强调人性美德对于人生产和生活的重要性。例如，《礼记·大学》中便提出了修身、齐家、治国、平天下的个人修养方法："古之欲明明德于天下者，先治其国；欲治其国者，先齐其家；欲齐其家者，先修其身；欲修其身者，先正其心；欲正其心者，先诚其意；欲诚其意者，先致其知，致知在格物。物格而后知至，知至而后意诚，意诚而后心正，心正而后身修，身修而后家齐，家齐而后国治，国治而后天下平。"从这段话可以看出，修身处于核心位置，修身的目的是齐家、治国、平天下，修身的方法便是格物、致知、诚意、正心。除此之外，儒家还提出了一系列修身养性的思想和方法，如"学而不思则罔，思而不学则殆"的学思结合方法，"见贤思齐焉，见不贤而内自省也"的自省方法，"克己复礼为仁；非礼勿视、非礼勿言、非礼勿听、非礼勿动"的克己方法以及积善成德的方法等。

在古代家庭道德教育的过程中，形成了以"忠""孝""勤劳节俭"为核心的家庭教育内容，并在家庭日常生活中得以实践和传承。"忠"是指对君主的忠诚之心；"孝"是指对长辈的孝顺之道；"勤劳节俭"要求个体热爱劳动，节约资源。首先，《论语·八佾》提到："君使臣以礼，臣事君以忠"，这便体现了对君主的"忠"。司马光也提到："尽心于人曰忠"，这是要求个体在与人相处时秉持"忠"之美德。其次，"百善孝为先"体现了中国人对孝道的追求与重视，颜之推在《颜氏家训》中强调了孝悌之道，认为在家庭中，父母子女、兄弟姐妹之间的相处方式对个人的发展有着重要的影响。最后，"勤劳节俭"自古以来就是中华民族的传统美德，"勤俭持家和对人慷慨，节俭不浪费，忧国忧民"即为范仲淹的家训。曾国藩在家庭教育中也重视勤俭教育，在家书中明确要求孩子以俭为荣，并记录家庭用度。除此之外，还有习礼、增智、笃行等美德对古代家庭教育和个体培养都产生了深远的影响。总而言之，中国古代家庭大都遵从了以"忠""孝"以及"勤劳节俭"为核心、儒家修身为本的思想，在家庭教育中注重培养孩子的个人品格，要求孩子按照当时的道德要求来发展自己的德性。

当代中国社会十分强调以中华民族传统文化为根基、以社会主义核心价值观为主要内容的家庭道德教育。习近平总书记说："不论时代发生多大变化，不论生活格局发生多大变化，我们都要重视家庭建设，注重家庭、注重家教、注重家风，紧密结合培育和弘扬社会主义核心价值观，发扬光大中华民族传统家庭美德"[1]。习近平总书记十分强调家庭在传统美德中的重要作用，提出"我们要在全社会大力提倡尊敬老人、关爱老人、赡养老人，大力发展老龄事业，让所有老年人都能有一个幸福美满的晚年"[2]。也强调"各级领导干部要继承和弘扬革命前辈的红色家风，做家风建设的表率，把修身、齐家落到实处。教育子女们树立遵纪守法、艰苦朴素、自食其力、勤俭持家的良好观念"[3]。

综上所述，我们可以看到，中国传统伦理文化具有很强的传承性，古代注重德性的传统也很好地延续至今。古代家庭对于道德品质、个人美德的重视在今天也一如既往地受到全社会的关注。正如马克思、恩格斯所认为的，家庭教育是社会发展的结果，家庭教育内容与社会发展阶段相一致。在社会形态更替中，陈旧、腐朽的观念被更新与淘汰了；积极的家庭美德被继续发扬光大。除此之外，我们也要注意到，在教育内卷的现实状况下，一些家长只要求孩子学生成绩的做法是不可取的，应该强调家庭对于孩子品德养成的重要指引作用。相对于学习，父母应该更加注重孩子的人格培养，要树立良好的家庭道德教育观念。无论是在理论上教孩子熟读四书五经，还是在实践中提升自身的德性做好榜样示范，抑或是极力寻求孩子全方位的发展，都是

---

① 习近平：《2015年春节团拜会上的讲话》，《人民日报》2015年2月18日第2版。
② 习近平：《2019年春节团拜会上的讲话》，《人民日报》2019年2月4日第1版。
③ 习近平：《会见第一届全国文明家庭代表时的讲话》，《人民日报》2016年12月16日第2版。

中国传统家庭尚德本质的体现。

第二节　原生家庭伦理文化环境

原生家庭实际上就是我们常说的"出生所在的家庭"。原生家庭的概念来自于家庭心理治疗领域，是为了与个体成人后所组建的新生家庭区分开来。"原生家庭是指个人出生后被抚养的家庭，是个体情感经验学习和道德学习的第一个场所。在这个环境中，个体开始最初的生理、心理、情绪情感层面的学习。"[1] 因此，原生家庭是一个人"精神世界"的源头，潜移默化地影响着个体的道德水平、价值取向和行为习惯。

原生家庭不仅指只有父母、兄弟、姊妹的小家庭结构，还指广泛意义上的家庭成员，是具有系统性特征的大家庭结构。特别是传统的大家庭结构涵盖每个生活在一起的家庭成员。这个系统中的沟通方式、互动模式、角色地位对孩子的道德品质都产生着影响，集中体现在以"家风"为核心的规则和规训等方面，这些都是原生家庭对青年教师个体德性养成发挥影响作用的重要研究内容。

江畅对家庭环境进行了深度分析，他认为："家庭环境是相对于家庭成员而言的家庭生活情况和条件。家庭环境对个体的影响可以分为纵向和横向两个方面：纵向影响主要来自家庭背景（如出生富贵或贫贱），多在宏观层面展开（如社会分层）；横向影响属微观层面，主要是指家庭成员的互动，对个体的成长和发育的影响。"[2] 因此，根据研究数据的编码，我们将从家庭道德教育、优良家风传承、家庭道德榜样等方面展开分析和描述。

一　家庭道德教育

家庭道德教育是道德教育的一个重要组成部分，它以家庭为基本形式，通过家庭成员之间，按照一定阶级的道德原则和规范，互相施加道德影响，从而达到培养和提高人们道德品质的目的。家庭道德教育是随

---

[1]　J. D. Urcan, *Relationship of Family of Origin Qualities and Forgiveness to Marital Satisfaction*（Unpublished doctorial dissertation），Hofstra University，2011.

[2]　江畅：《德性论》，人民出版社 2011 年版，第 539—540 页。

着社会经济不断发展而逐步形成，不同的社会经济形态有着不同目的和要求的道德教育。①

一般而言，家庭道德教育是指在家庭这一最小的社会环境中，子女和其他幼者由父母或者其他长者对其施加有意识的教育和无意识的影响，把一定的道德规范、思想意识、政治观念内化为受教育者思想品德的一种教育活动。家庭道德教育主要包括道德教育、思想教育以及人生观、世界观教育等诸多方面，其核心是品德教育。

在中国，家庭道德教育是以中国特色社会主义的道德规范和行为准则为指引，以当代家庭美德所要求的基本规范为主要内容，进而有计划、有目的、有组织地对家庭成员施加系统性的教育影响，从而达到培养和提升家庭成员道德素质，培养德、智、体、美、劳全面发展的时代新人的目的。《新时代公民道德建设实施纲要》指出，家庭美德建设是中国特色社会主义进入新时代加强公民道德建设、提高全社会道德水平和全面建成小康社会、全面建设社会主义现代化强国的战略任务之一，它是以践行尊老爱幼、男女平等、夫妻和睦、勤俭持家、邻里互助为主要建设内容的。可见，家庭道德调节和处理的关系无所不包，个人与家庭、家庭与邻里、家庭与社会以及国家和民族关系都含括其中。

在家庭道德发挥作用的过程中，家长的道德水平、文化层次、价值理念等决定着上述关系能否被妥善地处理好。同时，家庭处理问题的方式和个人道德综合素质，也将影响到孩子对人生的认知和道德的选择。基于家庭道德教育已有的理论研究以及本书使用的质性方法编码得出的数据，这里将分别从家庭道德教育的风格、家庭道德教育的内容、家庭道德教育的关系三个方面进行论述。

（一）家庭道德教育的风格

家庭道德教育风格，是一个家庭，特别是父母，按照自己的意愿和方式对孩子实施品德教育时所展现出来的特点。家庭道德教育风格受到家庭环境、家庭结构、家庭成员间关系、家庭经济和物质条件、家长的性格特点、道德修养和文化水平等因素的影响。不同家庭环境背景下建立和延续的家庭

---

① 乔德福主编：《家庭道德新论》，中国社会出版社 2008 年版，第 188 页。

教养方式会形成不同的家庭道德教育风格。即便教育内容相同，由于家庭结构以及家长性格特点、个人道德修养和文化水平的不同，也会使得教育风格大相径庭，从而产生不同的教育效果。

在研究中我们发现，样本地区的高校青年教师在叙述他们家庭的道德教育风格时，虽各有特点，但是经过仔细分析，我们不难发现：不同的家庭道德教育风格，与青年教师父母的职业有着一定的关系。青年教师父母职业的不同，使得他们在看待问题、解决问题、处理人际关系、教育子女等各个方面都有自己独特的见解和风格。具体将从以下两个案例进行分析。

案例一：D 老师现为 QH 大学的一名英语教师，她是一个举手投足都充满柔情的人。当我们和她聊到其父母在道德教育方面的风格时，她出人意料地告诉我们，她是在军人家庭长大的，父亲对他们的要求是"刚柔并济"：

> 因为我是女孩子，所以他对我是含在嘴里怕化了，捧在手里怕掉了，对生活的一些小细节可以无限地包容，这是柔的一面。但是我们家有"大"的规则，这些是不能触碰的。比如，你做人不能撒谎这些最基本的品质。我父亲讲了，你可以学习不好，但是有两点一定要好，第一是身体要好，第二是品德要好。我记得小时候我父亲教我和哥哥武术，让我们在家里蹲马步、打拳，在有强健体格的基础上，树立一个良好的思想品德。（190823X）

案例二：B 老师是 QHNU 大学一名教育学教授。从访谈开始到结束，我们与 B 老师一共接触过 3 次，每次给人的感觉都是"谨小慎微、毕恭毕敬"的。

> 我父母都是工薪阶层，从小我感觉我父母就是中规中矩的，家庭教育也就比较传统。我父母每天都按时上班，认真完成本职工作，从不偷奸耍滑、溜须拍马。我父母工作这么久既没有做过领导，也没做过什么出格的事情。所以，因为父母的性格特点和做事风格，在教育我时也多多少少影响着我的性格，我从小就被父母教育要规规矩矩做人、踏踏实实做事。因此，我从小就是个乖乖女，胆子不是很大，很多事情都不敢去尝试，到现在也这样。（180920B）

由上述案例可见，父母职业这一因素对家庭道德教育风格有着重要的影响。由于各家庭中父母的工作性质不同、所处的工作环境不同，在看待、解决问题的态度和方法上也不尽相同，由此形成的价值观和道德取向也有差异。因而，在教育孩子时会形成和延续不同的教育风格，在不同教育风格中成长起来的孩子在性格、思想、行为以及价值取向上也千差万别。除此之外，父母的原生家庭环境、性格特征以及受教育程度等都是家庭道德教育风格截然不同的重要原因所在。

调查还发现，家庭教养方式的不同，会产生不同的家庭道德教育效果。"顾明远等人认为，家庭教养方式有广义和狭义之分，广义的家庭教养方式是指家庭成员间相互实施的一种教育，狭义的家庭教养方式是指父母对子女实施的教育。"① 在本书中，主要是指狭义的家庭教养。我们认为，家庭教养方式是指在一个家庭中的家长（通常是父母）与子女在日常生活过程中对待子女的态度、行为和情感等的集合体，进而形成一个家庭中较为固定的行为模式、态度倾向和情感氛围，对孩子的身心发展和人格修养产生长久而稳定的影响。纵观近年来国内外有关家庭教养方式的相关研究成果，父母的教养方式对个体的影响不仅是在学习成绩和行为方式上，而且深入个体的心理健康和人格的终身发展。学界关于家庭教养方式也有很多探讨，例如美国心理学家戴安娜·鲍姆林德把家庭教养方式分为权威性、专制型、放纵型和忽视型；麦科比和马丁（Maccoby & Martin）发展了鲍姆林德的理论，在此基础上将父母教养方式又分为权威抚养型、独断抚养型、宽容溺爱型和宽容冷漠型。美国心理学家西蒙兹（P. M. Symonds）分析了家庭亲子关系中的两个基本维度：接受—拒绝，支持—服从。虽然已有的理论在编码时给了我们一定的启示，但在多次数据分析中，我们发现了诸如"圈养""严管""自由""宽松""包容"等本土词汇。因此，在本书中，我们将样本地区高校的青年受访教师的家庭教养方式概括为"宽松型"和"严格型"。

1. 宽松型教养方式

宽松的家庭教育环境是家庭内部形成的一种对家庭里每一个成员产生直接或间接影响的较为轻松的环境氛围。它渗透于家庭的生活、教育理念、生活环境、人际交往等各个环节，个体对家庭内部环境的主观感受，就是通过

---

① 刘振敏：《家庭教养方式研究综述》，《中外交流》2019 年第 45 期。

家庭成员之间的这些环节表现出来的。采取宽松型教养方式的家庭，往往父母既不严苛，亦不溺爱，为孩子营造宽松有爱的家庭氛围，使孩子感知家庭温馨，生活愉悦。宽松的家庭教育环境往往促使孩子不断产生积极愉快的情绪，形成活泼开朗、自尊自信、独立自主的品格，自然也能养成良好的个性品质。宽松型教养方式有利于孩子形成良好的认知与探索能力，这样的家庭环境能使孩子敢于表达自己的想法，形成敢于探索以及勇于创新的能力；有利于孩子具备良好的社会生存能力，这一家庭环境有利于孩子感受到关心和爱护，体验到社会交往的满足感和愉悦感。

但是宽松型教养方式并不意味着溺爱。溺爱指的是监护者对儿童不公正或者不合理的需求及物质感情给予相应的满足与保护。此时，监护人在庇护孩子的同时，也妨碍了孩子做出独立行动的愿望和努力。溺爱在很大程度上会剥夺孩子的自主权，使得孩子出现动手能力差、社会意识淡薄、性格偏激等情况。而宽松型教养方式中不仅包含父母对孩子的爱，还有对孩子行为和思想上给予一定程度的控制。在宽松型教养方式中父母对儿童持有积极肯定的态度，善于倾听孩子的要求、愿望，会尊重孩子的意见，并鼓励他们在日常生活中表达自己的想法并参与家庭讨论。这样温和且民主的教育环境对孩子个性的发展非常有利，是孩子情绪稳定、性格温和的关键所在，也容易使得孩子形成独立、易沟通、愿意积极协作的良好性格。同时，在宽松环境下，孩子有一定的选择自由，这种自由是指在一定条件下一个人可以支配自我，能够按照自己的意愿采取行为，并对自己的行为负责。从文化传统中寻找可以发现，在中国几千年封建君主统治下，在君臣、夫妻、父子等传统伦理的约束中，中国人的道德自由是较少的。随着中国共产党带领全国各族人民建立新中国、进行社会主义的革命和建设、坚持改革开放、大步迈进新时代，自由才成为社会主义核心价值观，中国人民才逐步体会到自由的含义。而宽松的家庭教育环境也一步一步在家庭教育中被更多的父母所接受。我们可以明显地看到，访谈中多位样本地区本土老师提到他们的家庭教养方式是宽松的，这彰显了中国社会的进步。值得一提的是，在族群伦理的规约之下，受访民族教师认为，他们的家庭教养方式不是无边无际的自由，而是"有约束的宽松"。例如，一位回族教师 M 这样描述道：

这个约束来自于从小的家庭环境和家教等各个方面，但是在这个约束的范畴里，父母亲会给你绝对的自由让你去选择你自己想选择的东西，我认为这种有约束的自由对个人的发展是有利的。（180702M）

从 M 老师的话中，我们可以解读出，对于一个年幼的孩子来说，如果家庭给予毫无原则的自由，只会导致孩子的散漫、懒惰甚至堕落。因此给孩子"有约束的自由"在家庭教养上才是非常有利的一种方式。在回族家庭中，通常来说，对女孩的教养是非常严格的。但据 M 老师说，她的家庭给予其在一定范围内绝对的自由选择，使得她作为一名回族女孩能够考到北京上大学，继续读研究生、读博士，最后进入大学工作。这与她父母有前提的宽松教养方式是分不开的。

一位藏族 P 老师也对自由的童年时光做了美好的描述。从她的描述中我们可以了解到，她的童年生活是十分自由的，且相比上一位老师来说，由于藏族人民开朗豁达、随遇而安的天性，在家庭教育中对孩子的学业要求并不是很高。因此她童年的自由范围相对更大一些，这种自由体现在她对自然环境的探索上，也体现在其父母对她学业的要求上，更体现在对她人格发展的引导上。P 老师在描述她的童年时，面露笑靥，嘴角上扬，声音中充满了愉悦：

我出生在妈妈的家庭里面，跟爸爸妈妈，还有她没有娶到媳妇的哥哥一起在日喀则的一个牧区生活。我七岁那年爸爸去林芝做了伐木工，然后妈妈带着全家一起搬到了林芝。在日喀则的时候，牧区还没有幼儿园那样的早期教育机构，七岁前我一直待在家里，到林芝直接上了小学。林芝各方面算是比较先进的，然后我们过上了城里人那样的生活。那个时候，有时间就和小伙伴一起玩耍，跳皮筋、打沙包、跳房子是我们每天的日常。很少像现在的孩子那样，整天就是辅导班、学习成绩啥的。家里不怎么管我们的学习，生活过得就很轻松、很开心，正是因为如此，我那时候一点都不反感学习，因为学累了爸爸妈妈就会对我说：去玩吧，从而缓解了我学习的疲劳。从学校一放学回家，爸爸妈妈就带着我们几个孩子和他们的朋友一起去外面散步，大人在一起聊聊天，小孩们就在一起打闹，很轻松！就在宏伟大桥那儿，有很多草坪，我还记得上面常常长着一些野生的水果，特别是长了一种红红的、小小的圆果

子，我们摘下来就吃。然后，就是和小伙伴们在草坪上打滚之类的，真的很开心，我有很幸福的童年！（190607P）

作为一名在青藏高原上土生土长的教师，P 老师的家庭教养方式颇具样本地区的代表性。一方面是能够充分体现族群的家庭教育特点，另一方面凸显了所处地理环境的自然特征。我们在这里重点讨论第一个方面的特征，自然地貌特点在宏观伦理文化环境部分会有更深入的探讨。

从总体上看，第一，在研究中我们发现，大部分少数民族受访教师都提到他们小时候的学习成绩并不是父母对他们考核或评价的一个重要的指标，取而代之的是品德或者说是待人接物的方式，以及遵守各族群伦理道德才是家庭教育的重点。第二，在教养方式上，少数民族家庭多半是自由教育方式，比如说会遵从孩子学习的进度，尊重孩子的兴趣选择，并不会对他们某些方面做强制性要求。第三，对于少数民族家庭，我们也不能一概而论。从访谈数据来看，有的老师表现出他的家庭对其约束非常严格，特别是在民族家庭中对于男孩的要求很严苛。但是也有一些家庭表现出了不同，随着城市化进程的不断加快以及族群的交融，各民族也是开放、发展和进步的，从而表现出家庭教育的多样性和交互性。

还有一个案例是一位汉族老师——J 老师（181220J），他并不是在青藏高原出生的，而是博士毕业后才来到 QH 大学工作的。他对自己的家庭教育方式的看法是："自由发展，劳动改造。"当笔者追问他自由发展的含义时，他说，由于出生在农民家庭，他父母关注更多的是收成，而不是他的学业，所以小时候更多的时间是在田野间追逐嬉戏，而不是学习。在这种自由生活的过程中体会到了自然的美，也体会到了劳动的美好，但是，同时也感受到了只有读书才能到城市发展，才能改变命运。

2. 严格型教养方式

在研究中，我们发现了"圈养"这个本土词汇。这是一位受访青年教师在回答他的家庭教养方式时，在第一反应下说出的词汇。他的描述如下：

我可以用圈养来形容我的早期家庭教育吗？就是家里的教导很严格、严肃，现在回头看看，这种教育方式甚至限制了我的个性发展。因为我是独生子女，父母很担心我以后会发展得不好，很担心我遇到事情不会处理，所以他们把前面的路都帮你安排好了，然后你就一定要按照他们设计的轨道去学习、去发展。造成我现在习惯于用按部就班、规规矩矩的思路去工作，也没有什么创新的想法，在我看来创新的风险还是比较大的。（190607Y）

"圈养"一词本意是指饲养动物的一种方式，后来被社会学界用来比喻教养孩子的一种方式。"放养"与"圈养"是一个相对的概念。放养是指一种相对自由的教育方式，而圈养是指父母对孩子严格管理，孩子的学习生活全部由家长安排妥当，孩子必须遵从父母所有的时间安排和活动安排。我们在研究中发现，有不少教师做了与圈养方式相关的家庭教养方式的描述，而这些描述绝大多数来自在非样本地区成长的教师对他们家庭教育的回顾。

像我，来西藏都这么多年了吧，但我只在拉萨周边逛过，连什么昌都啊、日喀则都没有去过，通了火车我都没有去过，为什么？就是因为家里不让去，就是让我一直乖乖地待在这个城市里。之前去林芝都是因为单位公派。所以我就觉得自己活得太拧巴、太拘束，特别想逆反一下！从小被父母安排得太井井有条了，一直按部就班地沿着他们安排好的路线走。准确来说，我在家里的时候是圈养，现在长大了，好不容易从家里独立出来，我来学校以后就成了放养状态，所以我一出来就很想逆反一下，比如说，他们说什么我偏不听，他们不让我干什么我偏要干。（190607Y）

在严格型家庭教养方式之下，子女不仅仅是行动被限定在一定的范围之内，其思维也会在限制行为的各种禁令里被局限在一定的范围内，久而久之便失去应有的创新能力和想象力。这对于子女性格形成、兴趣选择和人生发展有着很大的影响。在圈养型的家庭教养之下很容易出现两种状况。第一种就是产生上述案例中的叛逆心理，在父母严格的管制下产生与父母抗衡的心理；第二种就是下面案例所体现出来的，子女失去了天性中该有的自信、快乐、创造力和想象力，这样成长起来的孩子往往胆小谨慎，循规蹈矩，不敢有大作为。

在规矩方面，我给自己设置的条条框框比较多，这样可能就我性格来说，创新能力以及敢想敢干的精神就会受到影响和约束。我就是那种喜欢把自己框在一个框框里面，循规蹈矩地做一件事情的人。我觉得，我父母从小对我的教育给我带来的就是这样的一种影响。我从小就很听父母的话，所以成绩一直都很好，其他方面也不敢逾矩。但是现在对于成年的我来说，就感觉对我的探索精神、胆量、创新能力等有很大的影响，就是一直以来胆子都比较小，做什么都瞻前顾后、思前想后的，也没有什么创新能力。（190608B）

如前所述，家庭教育有一定的渗透性和长期性。从父母那里受到的影响往往会在有意无意中施加给自己的子女。尽管对这些自己以前会觉得无法接受，但是在为人父母之后这种渗透性就会显现出来，融合在自己对子女的教育方式和教育理念中。这个过程既是对家风的继承，也是一种随时代变化的发展。

家里面比如说爷爷奶奶之类的，对我父辈管教是怎么样的，我父母就学了下来。包括我现在对我女儿，现在不是都提倡快乐教学等等嘛，我从来都不相信快乐可以教学，真的。你要学到东西，付出的过程就是枯燥的。在这个枯燥的过程中，你慢慢才能找到一些你的乐趣，是吧？怎么可能你人生中都是快乐呢？所以我现在就严格要求她，让她受点苦或者怎么样，希望当她长大了之后会获得更多。所以这真的是一种传承，我的父母就是这样要求我的，也影响到了我教育我女儿的方式和观念。（190608B）

从上述三位教师的陈述中，我们可以感受到严格型家庭教养方式。中国传统教育颇为重视严格的家庭教育，认为这能够帮助孩子成为一个自律的人。但是，过于严格的教养，不允许孩子在容易犯错的年龄犯错误，也容易影响其身心的健康发展，或者使其缺乏创新意识和探索精神，更不容易有大作为。总体来看，严格的家庭教育是 20 世纪 70 年代和 80 年代家庭教育的普遍特征。过于严苛的家庭教育不利于孩子良好品德的养成，已经有很多案例可以印证这一点，因此现代家庭教育开始走向兼顾民主和规则的路向。

　　这些案例皆非出自出生在样本地区的教师，他们是因为工作的原因才来到这里的。但是，有一位青海本地撒拉族的老师提到，由于受所在民族的伦理影响，他的家庭教养方式也是异常严苛的，他认为这对其个性发展是有抑制的。

　　　首先，我父母从小就管我管得特别严，包括现在还是会管。尤其是我父亲对我的要求比较严格，我印象深刻的是，他在我小时候就给我立了高中毕业前的五条家规：第一，不能谈恋爱；第二，不能留长发；第三，不能进网吧；第四，不能抽烟；第五，不能跟别人打架。我跟你说，有些我现在听起来都感觉不可理喻，但我小时候都遵循了！我小时候就是"别人家的孩子"，学习好、不打架。一直到去英国读书，我才发现我的家庭虽然很和谐，爸妈、妹妹我们一家人在一起很和睦，但我的家庭也有一个问题，就是父母过于注重对我们的道德灌输或者道德教育，以致我们有时候不敢表达自己内心的真实想法，也不敢展现真正的自我，把自己很多想法和行为压制起来。在别人看来，我们家各个方面都挺好的，但我自己却感觉不到快乐。如今我彻底改变了自己，我发现以前我做的任何事都只是为了保持我"别人家的孩子"的光环或者说为了迎合父母的希望。所以，回国后我最大的变化就是我再也不在别人面前伪装自己，现在我只想做最真实的自己。可能小时候过多的道德灌输和品德教育造成我在情感表达上有一些缺陷。管束越多表达越少，人必然会变得很坚毅，但也会变得很压抑，导致我现在去父母家，话还是很少，不知道怎么跟他们沟通交流。(191104H)

　　从上述案例来看，在这样的环境下长大的孩子学业更容易获得成功，但是在其幼年成长的过程中也会形成一些心理上的阴影和表达上的缺陷。因为没有办法让孩子既在心理健康发展、愉快接受父母各种教育灌输的条件下，又能迅速且持久地适应父母的要求。由此可见，严格型教养方式在很好约束和规范孩子的言行和举止的同时，也会给孩子的心理健康和思维方式造成一定的负面影响。

（二）家庭道德教育的内容

　　中国古代就十分强调家庭道德教育，儒家文化中特别重视家庭、家族等在道德教育中的特殊地位，并且善于把家庭教育、国家教育以及教师教育结合起来，形成在"家国一体"宗法等级严明基础上的道德教育内容。父母与子女间强调"父慈子孝"（《颜氏家训》）、夫妻间强调"夫义妻顺"（《左传·昭公二十六年》）、兄妹间强调"长幼有序"、个人与国家间强调"修身、齐家、治国、平天下"（《礼记·大学》）。

到了现代，我国对于家庭道德教育的重视程度一如从前，变化的是道德教育内容，从严格的宗法等级制度逐渐朝着更加民主、平等、个性的方向发展。梁启超思想中的家庭道德教育内容涵盖了"为人立志、存养品性的'私德'，坚守寒士家风和睦相处的'家庭美德'，敬业、乐业的'职业道德'，友爱他人、回报社会的'公德'"①。在今天，综合文献梳理，我们可以看到，家庭道德教育的内容涉及爱国教育、个人品格教育、友爱教育、文明礼貌教育以及劳动教育等内容。继承了古代"忠君报国""长幼尊卑""夫妻和睦"等家庭道德教育内容，同时，也更加注重个人为人处世和品德修养的培养，讲求德智体美劳全面发展的培养理念。

我们在研究中发现，家庭道德教育的主要内容大部分是与中国的传统品质，例如勤劳、勇敢、坚韧等相关。家庭道德教育内容对人的影响往往是深刻的、深远的。例如，有一位受访者提到，她的职业选择与从小父母对她"与人为善"的教育内容分不开。"与人为善"成为她做老师的品德体系的基石，使得她能够一直积极主动地关爱学生、帮助学生。

> 从小我父亲就非常注重我品德的教育，教导我们要与人为善，你敬我一尺，我敬你一丈，一定要先付出后收获，他们自己也一直秉持着这样的人生态度。所以我觉得我父母是很不错的人，哪怕自己没有吃的，哪怕自己生活艰苦一点，也要先给予别人，别人来寻求帮助的时候一定是积极地帮助别人。小的时候在谈到我职业选择的时候，父母一直建议我当老师，告诉我老师是一个神圣的职业。因此，从小到大我一直认为，如果我能成为人民教师，就是一件很光荣、很自豪的事。所以在大学毕业进行就业抉择时，在当老师还是做公务员时，我毫不犹豫地选择了当老师。（190502S）

---

① 郭红：《梁启超家庭道德教育思想研究》，硕士学位论文，湖南师范大学，2020年，第1页。

在族群交往交融地区，教师也会受到其所属族群的伦理道德内容的教育。例如，我们常说的孝顺、勤劳以及与人为善等，都是家庭教育的主要内容。除此之外，我们可以看到，在藏族家庭的道德教育中，他们还要求做人需虔诚；在回族家庭中可以很明显能感受到，他们要求做人学会自律和奉献。在我们的采访中有一位老师提到他们为什么要有斋月这样的一个习惯，因为斋月虽然让人经受了空腹的磨砺，但也会让人的意志力更加坚定，更加珍惜食物的来之不易。

　　你知道我们回族有一个月是要封斋的吧？那个月是我们伊斯兰历的第九个月，该月意为禁月，是我们穆斯林需要封斋的一个月，同时那个月也是真主安拉将《古兰经》下降给穆罕默德圣人的月份。在我们穆斯林看来，斋月是一年中最吉祥、最高贵的月份。根据伊斯兰教教义，在斋月期间，所有穆斯林从每天的日出到日落期间禁止一切饮食、吸烟和房事等活动；同时，在斋月期间，男性穆斯林会到清真寺做祷告，学习《古兰经》。其实简单来说，我们封斋的原因有两个：一是当我们不再注意自己的世俗需要如食物时，可以与自己的精神更加和谐；二是斋戒可提醒穆斯林记起穷人的疾苦，能净化人的心灵，使人情操高尚，心地善良，还能使富人体验穷人忍饥挨饿的滋味。总而言之，斋戒为我们穆斯林提供了一个实践自我控制与净化身心的机会。（191223Y）

（三）家庭道德教育的关系

家庭亲子关系是父母与其亲生子女、养子女或继子女间的关系，家庭亲子关系是幼儿最早建立的人际关系。一个家庭中父母的人品，对子女的抚养、教育方式以及态度等，都会对孩子的身心发展产生直接的影响，同时也会影响孩子今后的人际交往和为人处世的方式。亲子关系是个体在社会生活中重要的，也是最基础的一种关系。对于幼儿来说，它几乎是全部情感的依赖和源泉。父母与孩子之间的人际关系是相互的，但是在孩子的幼年期，通常孩子需要父母比父母需要孩子更甚。因此，如果在幼年时期，父母与子女的关系保持良好，并且关爱体贴，那么孩子的心理也会更加的完善。在为人处世和社会生活各方面都能保持一个良好的心态，如在与人相处时会更加的平和，与人的关系也不会太过紧张等。父母与子女之间产生的这种浓厚情感，会成为一个人终身幸福的来源和基础。但很多时候父母忙于工作、忙于生计，往往会忽略孩子情感表达能力的培养，这对孩子的成长是十分不利的。原生家庭通过家庭成员之间复杂的互动和相互影响，对个体的心理、情感和行为发展有着极其重要的作用。世界著名音乐家贝多芬说过，把"德性"教给你们的孩子，使人幸福的是德而不是金钱，这是我的经验之谈。在患难中支持我的是道德，使我不曾自杀的除艺术外，也是道德。

一位藏族 Y 老师，向我们描述了他幼年与父母之间亲密关系的建立过程：

> 我幼年与父母建立亲密关系的过程主要分为两个阶段：在上学之前是跟妈妈住在一起的，上学之后跟爸爸一起住，因为他们是两地分居的。所以说在幼年来自父母的影响当中，母亲和父亲的影响就不太一样。母亲虽然说有时比较严厉，这是因为她是一名老师，在平时的言传身教当中，避免不了她这个职业对于孩子的要求。但是她在那个学校藏族老师里面，又是少见的开朗活泼型的教师，她能跟学生保持比较亲密的关系，就更不用说和我了。所以说，母亲的形象在我心中就是在温柔和蔼中透露着一丝丝严厉。我在幼年时与母亲建立了很融洽的关系，就是因为这种亲密关系，使得我特别有安全感，生活中总能感受到很充足的爱。上学后我跟父亲住，我父亲也是一名老师，也很严格，严格到什么程度，那个时候的老师是会体罚学生的，我亲眼见过我爸在教室里面严厉训斥犯错误的学生的场景，但是被训斥的学生后来也是最感恩他的，找他表达过谢意。但是在这种严肃背后呢，我觉得是一种严谨的态度吧，在生活和学习中他会给你立很多规矩，通过这些规矩你又能感受到他的用心。所以说，关怀和规矩这两点既是相互对立的又是互相补充的。（190318Y）

父母与孩子之间保持一种密切和愉悦的关系是十分重要的，会影响孩子的成长和发展；同时父母对子女付出的爱，子女是能够感受到的，哪怕用的方式比较严格，可能子女在小时候无法理解，但是随着年龄的增长会有所触动，会逐渐理解父母的良苦用心。然而，物极必反，凡事都应该有度，过于紧张和过于疏离的亲子关系都不利于孩子的身心健康：过于紧张的亲子关系会让孩子处于一种压力之中，会对孩子心理健康产生不利影响，而过于疏离的亲子关系一方面会造成孩子成长过程中爱的缺失，从而不利于孩子身心的健康发展，另一方面有时也会让父母失去应享有的尊敬和爱。从 Y 老师的例子中我们可以看到，他父亲虽然很严格，也立了很多规矩给他，但是他仍然可以从父亲的严谨和规矩中感受到父亲的关怀备至和用心良苦。在这个例子中，显然他父亲是把握到了亲子关系密切与疏离的度，使孩子在严格教育的同时也感受到了父亲的爱和重视。但也有家庭教育因过于严格而导致子女只感受到苛求却感受不到爱的例子。一位男老师这样描述道：

> 我去参加新进同事聚餐会，一位老师调侃我说，你就是"90 后"的年纪，"80 后"的外表，"70 后"的内心，"60 后"的行为，我说，是吗？因为我从小担负的责任可能比较重，然后因为父母太过于严厉，也可以说是苛刻，每一件事情都需要我自己承担和处理，慢慢地，我自然就比较早熟，我看我就是责任担得太早了。（191202H）

通过上述各位老师的例子，我们可以看到家庭亲子关系的亲密程度对孩子的成长有着巨大的影响，与孩子的性格塑造和行为方式有着直接的联系。良好的亲子关系能让孩子在一个温馨友爱的氛围和环境中成长，对孩子自尊心、自信心和自爱心的培养起着至关重要的作用；而一段糟糕的亲子关系，可能会对孩子的心理健康造成极大的负面影响，甚至可以说是伤害，使得孩子日后一直生活在这样的阴影里，压抑自己的个性和行为，不利于孩子的健康成长，更不利于孩子良好道德品质的养成。

二　优良家风传承

虽然家庭在长久的发展中不断吸取着时代的精神和特色，但它必然有着历史的渊源，这种历史渊源是在世代繁衍过程中逐步形成的，凝聚了家庭成员在长久生产生活中的优良传统、文化和正确的价值理念。其中，使得家庭成员引以为豪和大力弘扬的优良家风便是这些渊源的典型体现。子女生活在特定的家庭环境之中，父母可谓一个思想道德的过滤器，通过它，文化价值观、道德观等就选择性地传给了子女，继而子承父业、世代相传，体现着家庭教育中道德的传递性。

何谓家风？当前学者对之有如下定义：

> 家风是一个家庭的价值观所在，是家庭成员统一认定的道德观念。[1]
> 一种由父母或祖辈提倡并能身体力行和言传身教，用以约束和规范家庭成员的风尚和作风。家风是一个家庭长期培育形成的一种文化和道德氛围，有一种强大的感染力量，是家庭伦理和家庭美德的集中体现。家风是家庭成员道德水平的集中体现。家风作为一种精神力量，它既能在思想道德上约束其成员，又能促使家庭成员在一种文明、和谐、健康、向上的氛围中不断发展。[2]
> 一个家庭在世代生活和传承中形成的，逐渐被家庭成员接受认可的，并以此为遵循标准的生活方式和习惯、行为作风和特点、道德品质以及价值追求之和。[3]
> 一个家族在长期的代际传承中沿袭下来的，足以体现家族整体气质的文化风格、文化风尚和文化风气。[4]

西晋文学家潘岳著有《家风诗》："绾发绾发，发亦鬖止。日祗日祗，敬亦慎止。靡专靡有，受之父母。鸣鹤匪和，析薪弗荷。隐忧孔疚，我堂靡构。义方既训，家道颖颖。岂敢荒宁，一日三省。"以此歌颂祖德，自我勉励。家庭是社会的基本细胞，是道德养成的起点。

> 要用良好家教家风涵育道德品行，要弘扬中华民族传统家庭美德，倡导现代家庭文明观念，推动形成爱国爱家、相亲相爱、向上向善、共建共享的社会主义家庭文明新风尚，让美德在家庭中生根、在亲情中升华。通过多种方式，引导广大家庭重言传、重身教，教知识、育品德，以身作则、耳濡目染，用正确道德观念塑造孩子的美好心灵；自觉传承中华孝道，感念父母养育之恩，感念长辈关爱之情，养成孝敬父母、尊敬长辈的良好品质；倡导忠诚、责任、亲情、学习、公益的理念，让家

---

① 杨安：《家风》，中国财富出版社 2014 年版，第 6 页。
② 郑运佳：《传统家风的内涵与现代意义》，《山东农业工程学院学报》2014 年第 9 期。
③ 赵忠心：《家风正子孙兴》，北京理工大学出版社 2015 年版，第 1 页。
④ 肖群忠：《家风家规与立德树人》，《中国德育》2014 年第 10 期。

庭成员相互影响、共同提高，在为家庭谋幸福、为他人送温暖、为社会做贡献过程中提高精神境界、培育文明风尚。①

因此，家风是一种以家庭为本位，在代际发展中不断延续下来的价值观、道德观、世界观和人生观；是一种培养家庭成员思想、情感，规范家庭成员行为的规范准则。家风集中体现着一个家庭世代的精神面貌、道德情操和行为作风。家风具有强大的感染作用和熏陶作用，能够潜移默化地把家风中核心的道德观念和思想作风传递给家庭中的幼者，使幼者在家庭这个环境中不经意间受到家风的感染和熏陶，从而形成好坏不一的思想道德品质。

D 老师说她父亲文化水平并不高，但她从爷爷奶奶那里继承了一些古语、一些老话。然后她父亲就会对他们说：

> 你奶奶说的都是有道理的！时代会变，但这些传家宝没有变，这些都是我们家一辈一辈需要传承的。

除此之外，他们家家规也特别严，小的时候，D 老师受到这些条条框框的管束，让她很难适应。但是现在看来，童年家里面的家教风格，造就了她今天这样的性格。比方说，有些家庭习惯或者说生活习惯在无形中造就了性格类型，就连吃花生要生吃还是熟吃，都是有讲究的。奶奶跟他们说过的一些老话，听久了，自然而然就记在了心里。这就体现出中华民族的家风在有意无意中得到了传承。

另外一位受访教师认为，他今天的成就都源于"严格"的家风：

> 我们家的家教比较严！我家就是典型的男主外女主内式家庭。家里立的规矩非常多，比方说几点钟回家，几点钟出门上学，都是有规定的，你不能随意，如果晚回家十分钟的话，那可能就要挨打。因此，要说到对我自己的品德养成方面影响的话，那就是我从小便习惯了严于律己，所以我从小到大做什么事情都规规矩矩，有自己的分寸和把握。家里的家风和教

---

① 《思想道德与法治》编写组：《思想道德与法治》，高等教育出版社 2021 年版，第 171 页。

风对于我的性格养成我觉得还是有着很大影响的。(190608B)

事实上，家风本身并不具有褒贬意义，但一定是经过时间的过滤和沉淀的，是一个家庭世代相传的道德准则和处世方法，凝聚着先人生活的智慧。家庭所承载的道德教育功能，主要是通过家风的熏陶、陶冶作用以及家规的指导和约束作用来实现的。当然，随着社会的转型发展，中国的家风和家规的现实作用相比过去有所淡化，但其在家庭教育中潜移默化的渗透作用却没有被弱化。

三　家庭道德榜样

苏联教育家马卡连柯对此做过深刻的论述："不要以为只有你们在与儿童谈话、教育儿童或吩咐儿童的时候，才是在进行教育。你们是在生活的每时每刻，甚至你们不在家的时候也在教育儿童。你们怎样穿戴，怎样同别人谈话，怎样议论别人，怎样欢乐或发愁，怎样对待敌人和朋友，怎样笑，怎样读报——这一切对儿童都有重要的意义。"[1] 诚然，在家庭道德教育中，父母对子女的示范作用是自然形成的。从某种意义上说，子女从出生起就注定要做父母的"学生"。无论父母的道德水平高低，子女都会将父母的言行作为学习的重要内容。"原生家庭具有塑造自我与人格的重要力量，会对个体的身心发展产生深远影响。"[2] 我们在访谈中也深切地感受到了这一点，在被问到父母对自己的影响时，教师纷纷表示父母的榜样作用映射出巨大的力量，覆盖了自己为人处世和学习工作的整个过程。犹如滋养树苗的厚土、浇灌树苗的活水以及照耀树苗的阳光，在岁月流逝里交织进参天大树的庞大根基中，经久不衰。

我父母永远都是为了大家舍小家，是极具奉献精神的人。在他们的一生中，除超生了我以外（我的超生真的是一个意外），他们没有做过一件对不起国家和社会的事情。我上班以后，我父亲对我说得最多的一句话就是：去了之后请你认真工作。我父母不会说：你去了以后好好巴结领导，

---

① 《马卡连柯全集》(第3卷)，人民教育出版社1959年版，第400页。
② 赵郝锐：《大学生心理适应：原生家庭的影响》，博士学位论文，苏州大学，2017年，第7页。

以后当个官光宗耀祖。我觉得这不是我父母的人生态度。（170102D）

影响我最深的还是我妈妈，她那时候是小型牧区里的妇女代表，在村里头她跟别人比起来的话，各方面都比较出众。我小的时候，经常听到她要去县里参加会议。在我住的那个小乡村里主要的饮食就是奶茶、酥油、酸奶、糌粑，还有牛羊肉之类的，我们藏族的牧区的饮食基本上都这样；像米饭啊、面食之类的很稀缺，几乎吃不到。那时候妈妈去县上开会偶尔也会带我一起去，开完会之后会有一次聚餐，就经常有米饭吃，因为这个我很开心。那会儿觉得米饭特别的香，还有县里小商铺卖的棒棒糖和泡泡糖也特别的美味，这些都是平常吃不到的一些零食。我小时候就想，长大以后要做一个像妈妈一样的人，能够代表集体去城里参加会议，因为那样的话我就可以经常吃到米饭，所以那时候我就努力地学习，母亲就成了我最大的榜样。（190607P）

以上两位教师的例子很好地诠释了父母在孩子成长中所起的道德榜样作用。我们都知道，孩子出生后第一个学习场所就是家庭，学习的第一个老师和第一个榜样便是父母，父母的世界观、人生观和价值观以及待人接物和处理问题的方式方法是孩子学习的第一本教材和范本，对孩子的成长有着深远的影响。尽管各个家庭中父母亲的教育方式千差万别，但是在日常生活和家庭教育中展现出来的道德品质和个人修养所具有的深刻的、长久的教化作用却毫无二致。

在牧区，很多藏族家长脾气都比较暴躁，小时候身边很多父母都会体罚孩子。但是我很幸运，我妈妈很温柔，我爸爸在我们做错事情后，一般也不会体罚我们，会以说服教育的方式来开导我们。你肯定觉得我爸妈受过很高的教育吧？其实，我爸妈都是在牧区或者牧区附近的地方成长的，没上过学，也不会汉语，只会藏语。藏文里几个基础的文字，还能勉强认出来，但是句子长一点或者难一点的话可能就看不懂了，也算是半文盲那种类型吧。所以我觉得在家庭教育方面，他们还是很成功的。（190607P）

父母是孩子的启蒙者，父母的影响在孩子一生中都可以清楚地看到。老舍曾回忆往事："我真正的教师，把性格传给我的是我的母亲，母亲并不识字，她给我的是生命的教育。"[1] 父母所经历的、所付出的努力，孩子都可以看到。对父母的所作所为，孩子是最好的模仿者，通常都会照搬下来。例如我们的一位访谈对象提到，她刚工作时，她爸爸每天早上很早就会叫她起床，让她不要迟到；即使没有课，也要让她赶通勤车去把办公室卫生打扫了，把水打好。虽然这位老师上班的时候，楼里早已有了饮水系统，已经不用打水了。然而，在她父亲眼里，她作为一个年轻人、一个新人，应该为年龄大的老师服务，尽可能给别人提供方便，这也让她形成了乐于助人、宽容待人的良好性格。由此可见，一个人的家庭教育对个体的人格塑造和道德养成有很大的影响。

第三节　新生家庭伦理文化环境

研究伦理文化环境，除了重点考察由血缘连接的原生家庭环境外，还不可忽略以婚姻为经纬，由近及远，由内向外的庞杂精细的新生家庭伦理文化环境。新生家庭是与原生家庭相对的概念，指在婚姻基础上，夫妻双方组成的家庭，这样的家庭不包括夫妻双方的父母。在访谈中我们发现，大部分已婚大学青年教师都会提到新生家庭对他们的影响，这种影响主要来自他们的配偶。男女因结婚而形成亲属，双方互为配偶。婚姻关系是一种非常重要的人类关系，婚姻关系的好坏，直接影响着成年人的生活状态和心理状态。

新生家庭的影响，是指一个人在结婚成家之后，家庭氛围及伴侣对其道德养成的影响。相对原生家庭来说，新生家庭的道德氛围对其德性养成的作用是比较小的，因为这一阶段，主要是夫妻双方的价值观和信念对对方的影响。

国外学者 Olson 在 1979 年提出家庭功能环状模型理论时指出："家庭内部的互动关系，包括亲密度、适应性和沟通三个方面，而沟通对于家庭在亲密性和适应性两个维度上的发展起着重要的促进作用。"[2] 夫妻之间的沟通，能够维系夫妻之间的感情；相反，缺乏沟通，则容易导致夫妻双方走向分离

---

[1]　老舍著，傅光明选编：《抬头见喜——老舍散文》，浙江文艺出版社 2007 年版，第 103—107 页。
[2]　邓林园、丽琼、方晓义：《夫妻价值观相似性、沟通模式与婚姻质量的关系》，《心理与行为研究》2014 年第 2 期。

或婚姻破裂。可见，夫妻之间的沟通是他们价值观互相影响的非常重要的途径。在上面提到的价值观中，就有大量道德建构的内容。因此，新生家庭的伦理文化环境是影响高校青年教师德性养成的重要环境之一。

一　夫妻品德双向建构

我们发现，新生家庭对德性养成的影响大概有以下两种情况：一种是夫妻双方的品德都比较好，而且都比较注重个人的道德修养，都以国家和社会的发展为重，在职业发展和家庭完善的过程中他们都是相互促进的，并且能够帮助对方在德性方面发展完善。另一种是丈夫或妻子一方的德性比较好，好的那一方越好，对对方的影响也就越大。因此，他们也会随着另一半对自己的影响，而使自身变得更优秀，这种可以叫作示范作用。

在品德的建构中，价值取向起着关键性的作用。价值取向指"主体在价值选择和决策过程中的一定的倾向性"①，指在日常生活中个体以某种价值观念当作自己行动和作出行为的具体准则。首先，它渗透于个体的意识活动中，指引着个体的行为方式和目标追求；其次，它可以作为一种价值观所认同的基本立场和基本态度，体现在个体面临和处理各类矛盾和冲突的具体场景中。因而，价值取向有着很强的实践性，决定、支配主体的价值选择是它的重要作用。这一作用的发挥对于主体和主体间的关系都有很大的影响。

在具体的工作和生活场景中，人们的各种行为和决策都是价值性与实践性的结合。不存在缺乏价值性的行为，人的价值取向直接影响着人的生活态度和生活方式。根据心理学家西蒙对于决策判断前提，即价值前提和事实前提的划分，我们也可以看出价值取向对于人的行为和决策结果所呈现出的重要性。另外，价值取向也是个体在不同环境影响下的产物，因而会呈现出多样性、多元化的价值取向。价值取向中的重要问题之一是道德问题。德国哲学家哈贝马斯曾强调说："道德观点无论怎样为判断所说明，都不仅表露了特定文化、特定社会阶层的价值取向，而且具有普遍性价值。"② 道德层面的取向在整个价值取向群里居于核心地位，决定了一个人的品格。"道德价值取向是指对个人的道德认知和道德行为具有经常一贯的导向性的道德价值观

---

① 李德顺：《价值学大辞典"价值取向"条目》，中国人民大学出版社1995年版，第25页。

② Jürgen Habermas, Erluterungen zur Diskursethik, Frankfurt: Suhrkamp Verlag GmbHund Co. KG, 1991, p. 185.

念，与具体的道德行为方式密切相关，并指向一定的道德目标。"① 麦克肯尼提出道德价值取向可分为赏善和罚恶两种类型。通过研究发现，个体的道德价值取向与父母的教养方式密切相关，并可以很好地预期个体道德行为的发生。我国主流的社会主义核心价值观也从道德层面对人的品质和未来发展提出了要求。如前所述，道德是可以培养的，但它一旦形成就具有较强的稳定性。

因此，新生家庭中夫妻双方在日常生活中的行为举措和思想观念很容易以潜移默化或者感染的方式传递给另一半，好的方面会引起对方的学习和模仿，不好的方面，通过夫妻间的沟通又能起到一个很好的修正作用。例如：

> 你为什么要找这个人做你的伴侣呢？是因为他吸引你，但是他哪一点吸引你呢？刚开始可能是受外貌的影响，日子久了，你还继续被他吸引的话，肯定是被他的人格所吸引，对不对？我觉得我老公对我影响特别大，比如说，他的待人接物或为人处世的方式，以及他跟他朋友的交流、交往的方式，我看到了之后就会耳濡目染，那些好的、值得学习的方面，日后就会在我身上展现出来，会影响我与我朋友的交往方式，所以说夫妻间的这种价值观念和日常行为举止对彼此的发展是有很大影响的。（190318Y）。

> 我媳妇儿是从农村出来的。她们家有个亲戚的家庭生活条件比较拮据，去年他们家孩子考上了三本，学费肯定比一般本科高。这样一来，他们家经济方面自然就会更紧张。我原来想，多给一点礼钱应该就可以了。可后面，她来问我的意见，说他们家条件不好，现在培养个大学生不容易，以后那孩子每年的学费我们家可不可以帮忙承担一点。我顿时觉得我媳妇儿特别善良，她的宽厚不止体现在用爱维持我们的小家庭上，这种为他人着想的精神更值得我学习。（191223T）

品德的共建还包括工作方式和处世方式的创新，是新生家庭对于配偶双方产生的又一重要影响。

---

① 林崇德：《心理学大辞典》，上海教育出版社 2003 年版。

　　我家那口子是一个比较敢创新的人，不管是在他工作还是专业方面，还有其他各方面吧，都敢于创新和改变。举个小的例子吧。以前他们搞数据，就靠人工一个一个输进去，然后在大家把以前的数据一个一个输进去的时候，他觉得麻烦。然后他就说想编个程序，可能别人都在输数据的时候他在想这个怎么样才能简便一点。然后等想出办法之后，他就会把这个方法告诉别人，让别人也输得更快。他就是那种比较喜欢动脑子的人，但是他自己觉得自己是个懒人。然而我就比较笨了，就不喜欢动脑子，是闷着头干的那种类型，他说我是个勤快人，但在我们这种人手中社会永远都不会进步，社会的所有创新都是些懒人推进的。所以遇到复杂或者重复的事情，他就会想办法来简化和解决。而我不一样，我就是一直踏踏实实闷头干的，所以我觉得我跟他应该配合，我们应该分成上下级，他当上级我当下级，我觉得这样特别好，但是很可惜我们不是一个专业的，所以也没有办法相互配合，但是在生活上我们很互补。（190608B）

　　由上述案例可见，在新生家庭这个小的伦理环境中，夫妻双方在相处的过程中不仅会提升双方从原生家庭和成长学习历程中养成的道德品质，而且对双方行为层面也就是工作方式和处世方式也有一定的影响，是双方互相欣赏、共同进步的过程。新生家庭中夫妻双方优良的道德修养和行为方式会于无形中成为维持家庭和谐、长久的精神动力，成为筑牢家庭根基的强大力量，也会以家风、道德教育内容、家庭文化、家庭氛围等形式，有意识或无意识地传递给下一代。

　　人们生活在社会之中，家庭、朋友、老师、群体乃至组织等都会影响每个人的价值取向，尤其是对人的道德取向产生重要影响。而家庭是一个人生存于世最基础也是长久的社会机构，原生家庭对价值取向的影响作用是巨大的，甚至可以说有着决定性的作用，但是同辈群体和新生家庭在价值取向上的作用也不容小觑。新生家庭中配偶的价值取向就会对个人的价值观念、道德品质和行为方式产生很大的影响，在研究中我们发现，拥有不同价值取向的夫妻，在长久的生活中会互相学习、互相模仿，使得夫妻双方的价值取向逐渐趋同，长此以往则会产生家庭的共同价值取向，以此价值取向来进行工作和行为上的决策以及进行后代道德教育和人格培养。例如，在访谈中，我们特别征询了受访教师关于配偶对其价值取向有无影响的看法。大多数受访教师都认为，自己的很多观点、道德品质都随着自己的小家庭的建立，或多或少有了改变。

> 结婚以后，我跟我先生一聊到中国的发展，就会聊到晚上两三点。有时那种自豪感会让我们兴奋得睡不着，你知道吗？然后想一想，我们生活在现代的社会真好，而且你看中国现在在国际上实力多厉害呀！当然，这个社会的创造是离不开我们的付出与奉献的。我们去海北州，带着孩子去看原子城基地，在参观的时候，我先生就给儿子讲，你看我们中国发展得有多好，但都是这么多功勋科学家们为国家做出巨大牺牲的成果。作为后辈，你应该更努力。（170102D）

> 我先生是一个社会责任感极强的人。比如我怀孕的时候，他会拍着我的肚子说，儿子，等你长大以后一定要为中国做贡献，一定要好好建设我们的国家。我先生是企业里的高管，在党和国家的利益与个人利益出现冲突的时候，我觉得我先生永远都会站在国家的利益上看待和处理问题。比如说那个时候收税，我先生就会对我说，你挣得多，缴多点税是应该的，社会上还有那么多贫苦的人，他们需要国家用税收去给他们提供一些服务。后来我就觉得我自己太狭隘了，只想着自己家里的一亩三分地，没有关心过国家和社会。所以看了 Amazing China 后，我跟我先生讨论了两点：第一点就是为国家奉献的人，第二点是我们能为国家做什么。在我先生的影响下，我现在眼界和思想逐渐变得开阔起来，并不像以前一样只想到自己，现在会想着尽自己所能为国家和社会做一份贡献。（180920B）

上述教师与其丈夫对祖国的认同感是他们共同价值取向中很明确的一个点。在研究中我们还发现，有的新生家庭刚开始的价值取向并不一致，但是在家庭生活的融合过程中会逐步趋同，从而形成了共同的价值取向。例如，下面这位老师的描述：

> 我配偶和我价值观大体一致，但也略有不同。因为他也是老师，但他的求学经历可能跟我不太一样，他的硕士一直是在国外读的，然后我

们之间会伴有一些文化上的差异。他是学社会学的，虽然他接受的那一套理论实际上和我们现在的主流价值观相一致，但是对于一些具体的问题，还是有很多差异的，在这些问题上，我们也会有争执。然而他现在在体制内工作，实际上也是逐渐被同化着。好在我们整体的交流还算比较顺畅，如果偶尔在一个问题上无法说服彼此的话，我们就各自保留意见，不再讨论这个问题了。所以从总体上讲，我的新生家庭对我来说，在我的生活和工作方面都起着正向的作用。我们逐渐统一起来的价值观，对我们各自事业的发展来说，或者对我们的家庭来说，都是很有推进作用的。（180712C）

夫妻价值取向逐渐融合和趋同体现出新生家庭对个体思想、道德和行为所产生的影响，在原生家庭中形成的各种价值观念在新的环境和与配偶的互动中发生了质变，从而影响个体的思维方式、道德取向、生活态度以及行为方式。此时，新生家庭给予个体的影响逐渐大于原生家庭，配偶双方价值取向中好的方面能够互相学习，共同进步；不好的方面也能够及时纠正，双方在这个过程中，将两种不同的价值取向融合形成一种既具有继承性又具有发展性的新理念，以此作为教育内容影响下一代。

二　家庭是平息情绪的港湾

从心理学上讲，"情绪是以主体的需要、愿望等倾向为中介的一种心理现象。符合主体的需要和愿望，会引起积极的、肯定的情绪，相反就会引起消极的、否定的情绪"①。人的情绪容易受到各种因素的影响，特别是在工作中一旦遇到不如意的事情就会产生负面情绪。当我们面临情绪困境的时候，作为一个正常人是需要有排解渠道的。"人与动物的区别在于他的社会属性，当情绪不好时，可以向周围的人求助，与朋友聊天、娱乐可以使人暂时忘记烦恼，而与曾经有过共同愉快经历的人则能引起当时愉快的感觉。"② 作为一个已婚的成年人，通常会把自己的负面情绪向配偶倾诉，以求得劝解和帮助。对于青年教师来说，有一个属于自己的温馨小家，是平息情绪的重要

---

① ［美］施塔、卡拉特：《情绪心理学》，周仁来译，中国轻工业出版社2015年版。
② ［美］理查德·格里格、菲利普·津巴多：《心理学与生活》，王垒等译，人民邮电出版社2003年版。

港湾。

情绪对人的道德判断有着重要的影响。"对于同样一个道德判断问题，当人们处于不同的情绪状态时，可以做出截然不同的选择判断。当人们对道德问题的主人有着愤怒、讨厌等憎恶性情绪情感时，就希望该人受到法律的严惩；当人们对道德问题的主人有着同情、可怜等情绪情感时，就倾向于对他做出宽松的惩罚。"① 平稳、良好的情绪有助于人理性地看待和解决问题。新生家庭的港湾，是与工作环境完全不同的场域，所面对的问题也发生了变化，可以把注意力集中到家庭、孩子以及配偶的事情上，以此缓解低落和郁闷的情绪，降低坏情绪对自己身心的伤害，保持情绪的健康和正常。例如一位受访教师这样分享道：

> 开完会其他老师可能就自己回去做饭、看孩子了，对不对？然而我老公，他会等我下班来接我，然后我要做的第一件事就是和我老公分享今天的工作经历。我一上车他就会问我，开会都说啥了？怎么样了？我就开始吐槽，狂吐槽，然后他就帮我分析，给我提出建议，最后大家笑一笑。（190318Y）

良好的情绪是品德养成的因素。"情绪在心理学上归属情感范围，情感是个体对客观事物的态度体验和相应的行为反应。"② 良好的情绪能够产生稳定性和持久性并且一经形成就会成为稳定的力量，积极影响人们德性行为的完成和持续发展。事实上，积极情感对德性养成可以起到维护的作用，但是消极情感对德性养成也会起到阻碍、抑制甚至破坏作用。因此，在研究中我们发现新生家庭具有平息大学教师消极情绪的功能，从另外一个层面看，对于他们的德性养成是非常有益处的。

三 家庭是扎根艰苦地区的凭借

样本地区的高校由于海拔高、空气稀薄、气候寒凉等自然原因，在引进人才方面具有一定的困难，很多教师到青海工作几年后纷纷离开，这在样本

---

① 肖前国：《不同情绪与不同道德自我唤醒对高中生道德判断影响的调查研究》，《广西教育学院学报》2008 年第 5 期。

② 张积家：《普通心理学》，广东高等教育出版社 2015 年版，第 425 页。

地区是一个十分常见的现象。但是，我们调研发现，依旧有很多青年教师家是外地的，甚至来自北京、上海、广东、西安、成都等地区，他们到样本地区高校工作后，始终如一地坚持工作，很多人坚持长达数十年之久。他们都没有离开的想法。笔者好奇地询问他们留在这里的理由，有一些老师谈到了个人价值取向，想要为国家教育事业做出一定的贡献。但是，也有大部分的老师坦言，他们都是因为在这里找到了自己的另一半，所以把家安在了青海西宁或者西藏拉萨，这使得他们能够静得下心来，在这里工作和生活，持续为样本地区的高等教育事业做贡献。例如，有一位 ZD 青年教师这样陈述自己留在拉萨工作的理由：

　　刚来拉萨的时候，我的心是浮躁的。总想着，有机会还是要离开。后来，我认识了现在的老公，他在党委办公厅做文职，这时，我的心才渐渐定了下来。他老家是河南的，但留在拉萨的决心比我坚定。因为想留人，你必定得有一个东西诱惑住他，有了保障才能留下来。我就是因为我老公才慢慢在拉萨安定了下来。（190607Y）

　　几乎每个人从一出生就在这样或那样的家庭中生活，人一生大多数时间也都是在家庭中度过的，因此对家庭有着很大的眷恋。家庭是保留一个人情感和身心最好的港湾，也是促进一个人成长的最坚实的后盾，对人发展有着重要的推动和促进作用。正如上一个案例中夫妻二人能够留在西藏的唯一理由就是组建了共同的家庭，由此为远在他乡的两人创造了新的、牢固的纽带。新家庭的温暖和关怀能够使两人克服离开父母、原生家庭和家乡的痛苦，全身心投入西藏的教育事业中。这样不仅使双方在心理上有了慰藉，而且能够促进两人在工作上有所建树，同时在工作中也更加努力。

第四节　小结

　　家庭是一个人成长和发展最基础、最普遍的环境。家庭环境中的家庭结构、家庭成员之间的关系、家庭的物质和经济条件、家长的思想道德素质及其教育理念和态度，对家庭成员尤其是孩子的道德品质的形成和发展有着巨大的制约和影响作用。从某种程度上讲，家庭环境决定着一个人的性格和品行。每个人从一出生就生活在家庭环境中，时刻受到家庭环境的感染和熏陶。现有的研究表明：原生家庭不论是对个体的人格发展还是心理健康都有着深远的影响。在孩子成长的过程中，家长的世界观、人生观、价值观、道德观以及为人处世方面的表现，都会对子女产生潜移默化的影响，成为刻在子女身上的烙印。在本章中，我们依据高校青年教师早期和当下的家庭生活场域分别从原生家庭和新生家庭两个伦理文化层面进行了分析。

一 原生家庭对个体沉潜的道德影响

第一，个体主要是被动地接受家庭环境的影响。这表现为一个人从出生到长大的这一阶段，是一个从不晓世事到逐渐懂事的过程，所以人的主体性在形成过程中，刚开始是居于次要地位的，而后主要是在大人的指导下逐渐形成自主性和自我意识。因此在这个阶段，个体的德性养成必然是被动的。廖申白在《伦理学概论》中指出：''家庭对每个人来说是无法选择的，每个人都出生在未经他选择的家庭里。''[①] 所以，如果家庭世代德性优良、长辈的德性较好，并且长辈注重对孩子道德的教育和培养的话，那么，孩子就会有一个良好的德性养成的家庭环境。从国外学者的角度来说，这种出身叫作道德运气。在这种环境中长大的孩子，大多会经过大人有形或无形的影响，从而形成良好的习惯和品德，这为孩子将来形成良好的德性修养奠定了基础。相反，如果孩子生活在一个德性较差的家庭环境中，那么他受到的坏影响自然会多一些，这对他将来的德性养成必然会造成一定的负面影响。所以，中国人常说的''近朱者赤，近墨者黑''便是对原生家庭影响孩子德性发展最为生动的写照。

第二，原生家庭对个人德性养成的影响是来自多种途径的。首先是潜移默化的家庭氛围，然后是家中长者的示范；其次是家庭的教养方式，以及家庭的奖惩方式等。过去我们常说的家风，就是源于家庭氛围的一种理念。家庭的道德氛围强，孩子从小便受到这种德性的熏陶，就更有利于他们日后德性品质的形成。反之，家庭的道德氛围弱，对孩子德性的示范和潜移默化作

---

① 廖申白：《伦理学概论》，北京师范大学出版社 2009 年版，第 120 页。

用就无从发挥，就不利于孩子形成良好的道德品质。在长辈的示范作用方面，中国人常说"有其父必有其子""上梁不正下梁歪"，就很好地诠释了父母对子女的示范效应，或父辈对孩子的示范效应。而家庭的教养方式和奖惩方式，也对孩子的品德养成有直接的影响。然而，在中国传统伦理文化中，推崇和强调的是棍棒底下出孝子，迄今为止，这种教育方式在中国的很多家庭里还是受推崇的。但是这真的有利于孩子的道德品质养成吗？未必如此。只有那些本身具备良好德性，并且具备德性教育知识的父母，才会真正影响孩子的德性，使孩子的德性朝着正确的方向发展。

第三，原生家庭对孩子德性的影响总是由强到弱的，原生家庭在幼儿期对孩子产生的影响是最强的。因为在这个阶段，孩子的自我意识是比较弱的，因此他们的行为和思想完全受到家庭和长辈的影响。在初入学校之后，学校环境和同伴关系就会对孩子的德性发展产生非常重要的影响。尽管如此，这个阶段，家庭影响依旧是占主导地位的。等孩子逐渐进入青少年期，同辈以及老师对孩子德性的影响会逐渐比家庭大。同时，在这一过程中，孩子已经能够用自我意识来判断事物的好坏正误，也能够用他们自己的眼睛来观察现象的真伪。在这一过程中，家庭对其德性的影响作用会逐渐弱化。

第四，不可否认的是，原生家庭对一个人德性的影响，始终是基础性和长久性的，每个人一出生便生活在不同的家庭里，在各自的家庭中受到不同的德性教育和行为指导。与此同时，每个人在一生中最重要也是最高效的学习时间，基本上都是在原生家庭环境中度过的。在原生家庭中形成的德性品质是我们道德修养的牢固基础，会影响我们的一生。中国人常说："三岁看大，七岁看老。"这就表明了学前期和童年期的德性状态对人一生的影响作用。早年自发形成的德性越完整越牢固，就越有利于将来的道德修养。

二　新生家庭对个体沉潜的道德影响

新生家庭在一个人道德修养和品质完善方面起着重要的修正和强化作用。夫妻间的日常行为作风、道德修养和人际交往方式方法会在有意无意中传递给另一半。新生家庭的修正和强化作用主要体现在以下两个方面：一方面，夫妻中道德较好的一方会使另一方审视自己的不足，从而通过学习和模仿另一半来提升个人道德修养，创造更加和谐的家庭氛围；另一方面，夫妻双方都有很高的道德修养，会在日常生活中更加注重个人和对方的道德品质与行为习惯的发展和完善，从而构建夫妻双方相同的价值观和道德修养体系。

第一，原生家庭的道德影响对新生家庭中夫妻双方的道德修养具有一定的基础性和持久性。原生家庭道德教育对一个人的影响具有稳定性和长久性，会伴随个体的一生。由于原生家庭对个人的道德品质和行为作风具有决定性的作用，在组成新生家庭时，个人的性格特点和行为方式已初具雏形，夫妻间会有一个基础的道德准则约束和影响个体的日常生活。同时，新生家庭在初期，夫妻双方会印有原生家庭道德教育的标签，会对夫妻双方的世界观、人生观、价值观和道德观产生一定的影响，也会对日后新生家庭的家庭氛围、家规、家风产生一定的影响。

第二，新生家庭中夫妻间的道德修养和行为作风有潜移默化的互相感染作用。虽然原生家庭的道德教育对一个人的性格特点和行为方式有着决定性的作用，但是在新生家庭中，这种性格特点和行为方式能够在日常生活中对另一方优点的学习和模仿中得到完善和发展。从我们的访谈者对象中可以看出，夫妻一方优良的、积极向善的价值观、道德品质和为人处世的方式总是能在潜移默化中传递给另一方，引起对方有意无意的学习和践行，从而使另一方在道德品质和为人处世方面得到逐步提升和完善，有利于夫妻双方营造更加和谐、向善的家庭氛围。

第三，新生家庭中夫妻间的道德学习和影响具有主动选择性。与原生家庭中孩子被动地接受家庭道德教育的影响不同，新生家庭中夫妻双方的世界观、人生观、价值观和道德观已经初步形成，在日常生活中对于另一方道德品质和行为作风的优劣会有一个自己的判断，从而选择性地对好的一方面进行学习模仿，或者通过夫妻间的沟通对其不好的一方面进行劝说、改正。

第四，新生家庭的道德教育影响会由浅入深。与原生家庭道德教育由强到弱的影响正好相反，新生家庭道德教育的影响是由弱到强的。在新生家庭建立初期，夫妻双方受到原生家庭道德的影响比较大，此时，原生家庭的道德教育是强的一方，随着时间的推移，原生家庭的道德教育会逐渐弱化。在双方婚姻关系逐渐稳定后，新生家庭的道德教育影响就会一步步加深。夫妻双方对彼此的道德影响越来越大，双方的价值取向和精神动力也会逐渐趋向一致，能够对夫妻双方从原生家庭中继承的或在长久生活中形成的家风家规等家庭伦理文化进行凝练和充实，从而形成新的道德培养理念去培养后代。

综上所述，一个人存在的家庭场域，就是其德性萌生、发芽、受滋养，进而健全的最基本的场域。马克思说过，社会性是人最重要的特征，原生家庭赋予人在幼年时期所在社会基本的道德观念和价值指向，新生家庭则滋养和充实人在青年时期的道德取向并将其进一步完善。

第三章　受教育场域伦理文化环境

　　个体社会化的过程就是个体不断建构个性与社会性的动态过程。个体接受社会化的最初场所是家庭，故而家庭教育具有天然性和权威性。上一章我们专门分析了高校青年教师德性养成的家庭环境，在本章我们将继续分析一个人从出生到完全独立进入社会的这一阶段，即学校作为教育场域的伦理文化环境。学校则是个体脱离家庭后进入的第一个专门的社会化机构，它超越了家庭这第一摇篮中的血缘关系，成为具有公共性的机构和领域。学校是个体在早年时期除家庭之外，停留时间最长、接触范围最广、受影响程度最深的环境。在这个环境中，个体会接触到除家庭成员之外的社会其他成员的交往方式、道德氛围、行为习惯等。学校伦理文化环境中存在着影响个体德性养成以及终身发展的一些关键因素。"在人的存在和生成中（以人的年龄、教养与素质差别区分），教育环境不可或缺，因为这种环境能影响一个人一生的价值定向和爱的方式的生成。"[1] "如何使教育的文化功能和对灵魂的铸造功能结合起来，成为人们对人的教育反思的本原所在。"[2] 学校教育不仅通过显性课程教给学生知识，还通过隐性课程教给学生价值观和道德观。学校教育是人道德养成的有效途径之一，虽然学校教育只是影响人德性养成的因素之一，但其对人的道德教育效果却是十分显著的。学校的道德教育，主要是通过密切接触的教师以及同辈的交往来体现的。

---

[1]　［德］雅斯贝尔斯：《什么是教育》，邹进译，生活·读书·新知三联书店1991年版，第1页。

[2]　［德］雅斯贝尔斯：《什么是教育》，邹进译，第1页。

第一节 学校伦理文化环境的德育功能

一 中外学校的道德教育属性

在中国，学校教育自诞生起，就与道德教育息息相关。朱小蔓在《情感德育论》中对道德教育做出了如下定义："道德教育即指向人的德性培养的教育。"① 从中国古代的学校（庠序）创立的目的来看，是在封建体制之下培育具有良好封建道德素养和文化素养的文人。可见，中国早期学校对文人进行封建道德和封建文化素养的培养，旨在为士阶层或者统治阶层提供符合封建统治目的的源源不竭的管理力量。但自古以来，学校就是一个传承文明的场所，道德教育是学校教育的灵魂所在，学校教育使得道德教育的内在本性自然绽露。在我国古代，学校的形式比较多样，有私塾、蒙学、官学、书院等。但是，在内容上是以儒家主流的道德伦理为教学内容的，传统的伦理文化通过古代的学校有了很好的传承和发展。在现代，学校也注重对传统伦理文化的教育，以引导学生树立正确的道德价值观，维护良好的社会秩序。

不仅是中国，西方的教育亦是如此。在西方的价值观里也同样指向学校的德育应优于智育。最早，西方的道德教育与宗教密切相联系，以灌输方式为宗教统治培养所需要的人才。然而，文艺复兴的冲击以及工业化的脚步，给宗教道德价值观念带来了极大的冲击，使得西方学校道德教育有一段时间被忽视。第二次世界大战结束以后，欧美各国在经济和科技上取得了不凡的成绩。然而，研究显示，国家公民整体的道德水平却在下降，社会矛盾加剧，青少年的犯罪率也呈现增长趋势。于是，学校道德教育又开始受到大家的重视。特别是近年来诸多文献显示，研究学校道德教育的论文数量呈井喷般增多之势，集中在道德课程设置、道德教育目标、校规校纪对学生的品行要求等方面。

1988 年 4 月，美国联邦教育部长贝内特在向美国总统递交的五年来教育改革的总结报告中强调，为了使学生增强成功的民族精神、"富有爱国精神"，必须在"道德课"、"纪律秩序"和"勤奋学习"三方面取得

---

① 朱小蔓：《情感德育论》，人民教育出版社 2002 年版，第 62—67 页。

"显著改进"。当时的美国总统乔治·布什在其《重视教育》一文中也明确提出，学校不能仅仅发展学生智力、智力加品质才是教育的目的。①

1980 年后，英国教育部也颁布道德教育大纲，大纲规定：学校须向学生传授道德价值观。在大纲颁布之后英国多数学校都开始设置以传统文学为载体的道德教育的课程模式。由此可见，无论是中国的学校还是西方的学校，道德教育都逐渐被放在学校教育工作的首位，要求道德教育必须为社会整体的道德水平做出贡献，通过学校道德教育培养出更有利于社会发展的合格人才。所以，道德教育在学校教育中具有举足轻重的作用。

正如 1909 年约翰·杜威在《教育上的道德原则》一书中所提到的，学校教育中的道德责任实际上是常常被忽略的："学校从根本上讲乃是社会设立的一个公共机构，为的是在维护生活和促进社会福利方面发挥某种特定的作用。教育系统没有认识到，上述事实使它曾承担了一个道德的责任，它是个社会遗弃者和违约者。它并没有做它该做的分内事。"②

二　学校伦理文化环境解析

学校伦理文化环境是指对学生具有影响的校园伦理文化氛围，也可以说是学校道德风气。学校伦理文化环境或道德风气对于个体道德养成的影响主要通过主体转移来理解。在以学生为主体时，学校伦理文化环境的影响会随着学段的变化而发生嬗变，与时间跨度相一致，呈现出一定的阶段性。在以学校为主体时，学校伦理文化环境则会根据辐射广度的不同而产生范围大小不等的影响因子，从而对个体的道德品质发展产生影响。

从纵向上看，一个人在其成长过程中，大多会经历幼儿园环境、小学环境、初中环境、高中或职高环境、大学环境。这些环境对人的影响是不同的。学段越低，隐性环境对学生品质的影响就越大；学段越高，道德教育对学生品质的影响就越小。因为一个人在小的时候，其品质影响主要是被动地接受的。因此，小学环境对小学生的品质影响很大。小学是一个人品质自由加速发展的阶段，也是自发形成的阶段。因此，在学校环境中，孩子受到的

---

① 缪建新：《课改背景下的德育新论》，北京大学出版社 2004 年版。
② ［美］罗伯特·霍尔、约翰·戴维斯：《道德教育的理论与实践》，陆有铨、魏贤超译，浙江教育出版社 2003 年版，第 10 页。

有意识或无意识的影响，改变着他们的品德以及他们的品行。到了初中阶段，依旧是一个人德性自发形成的阶段，在这一阶段，教师的教导和示范作用依旧很大，但不仅限于教师。因为在信息发达的今天，学生一方面可以通过各种媒体接收到来自校外的信息，另外一方面受到的同辈群体的影响可能会特别明显。事实证明，很多学生是被夹在学校影响和社会影响之间的。因此，社会环境对于校园环境是颇有挑战性的。高中和初中略有不同。因为进入高中阶段，孩子的年龄大概在 15 岁到 18 岁。心理学的研究显示，他们的自我意识和自主性进一步增强。因此，在这样的情况下，学校环境对学生的品质影响是逐渐减弱的。但是，在这一阶段道德教育的影响却是逐渐加强的。如果学生愿意听从教师教导的话，那么学生将会受到很好的示范影响。但是，如果教师的教育作用达不到，不能使他们信服，则很难通过正规的教育来影响高中学生。到了大学阶段，校园环境的影响更是进一步减弱。因为他们已经算是一个成年人了，必须通过系统的道德教育才会改变他们的思想，而改变的方法必须入脑入心。因此思想政治课程的教育对这些学生的道德养成有着非常重要的作用。

从横向上看，学校对人的道德影响主要是通过学校的整体氛围、教师群体、同辈群体、媒体传播四个方面来实现的。首先，学校的整体氛围是由学生沉浸其中的社会舆论、道德氛围、评价标准等综合构成的伦理文化环境。学校的教风、学风、教师作风、主流价值取向、校园管理等因素共同构成其伦理文化环境，在这其中，学生受到的影响是润物细无声的。学校氛围具有整体性，由其他的影响因素共同构成。可是，它却具有一种宏观的总领性，会不断影响学校里的每一个学生，甚至会影响每一位教师。所以学校的道德氛围是一种至关重要的软环境。其次，教师群体特别是密切接触的教师对学龄越低学生的影响越大。对于学生来说教师是具有敬畏感的，老师的言谈举止在一定程度上比孩子父母的影响力还要大。所以在那些学校氛围好，教师示范作用好，学校注重德育的地方，孩子们普遍都能形成良好的品质，否则他们的品质就会令人担忧。特别是在大学阶段，一些学生所处院系的直接教育，以及他们的导师，对其教育同样非常重要。而且如果有一个良好的模范的话，就能唤醒那些尚未知觉的学生的德性意识，让他们意识到大学阶段，德性修养是一个人完善自身非常重要的部分。再次，同辈群体是学生日常接触最多的群体，他们处于世界观、价值观、人生观形成和发展的关键时期。所以在学校环境中，青少年主要在感受来自同伴对于道德品质的认可，以及他们对公正、关爱、诚信等品质的认识程度中度过的。如果身边群体的道德认识很高，他们的认识水平也会跟着上升，所以这种对于身边氛围的认同是青年人行为和品德形成的最好反馈。最后，媒体传播也会对学生产生很大的影响。在媒体辐射范围内，他们所接受的道德教育，应该是顺应时代发展潮流的。虽然说媒体会有缺陷和误区，甚至会有陷阱，但是也会给我们的道德教育带来机遇，给学生带来更多鲜活的社会案例，促使他们提升自己的道德水平。新媒体对于学校道德教育来说是一把双刃剑，在快速传播的网络信息中，学生会很快捕捉到一些具有正能量的信息，但同时他们也会发现一些道德缺失的现象。

第二节　学校的道德氛围

学校氛围是指那些影响学生认知、社会性及心理发展的学校全部成员之间人际互动的质量和频率，包括学校中成人之间、成人与学生之间、学生之间以及家庭、社区与学校之间的互动关系。空气隐喻的观点则将学校氛围描述为学校成员时刻感受到的、具有弥漫性的、变动不居的、难以捉摸的环境因素。如 H. J. Freiberg 所指出的："学校氛围是身在学校中工作和学习的人们生活中一个经常变动不居的因素；就像我们每天呼吸的空气一样，学校氛围直到变得污浊不堪人们才会对它予以关注。"[①] 在本书中重点关注学校的道德氛围。

一　学校道德氛围研究追溯

最早关于学校道德氛围的研究，是科尔伯格在 20 世纪 70 年代通过"正义共同体"所阐述的群体道德氛围，也就是群体社会关系的规范、价值观和意义系统，以及群体成员共享这些规范、价值观和意义系统的程度。他所提倡的道德氛围是正义取向的。吉利根认为，道德价值取向除了公正取向外，还有关爱道德价值取向。美国著名道德心理学家科尔伯格指出："学校道德氛围是指用于调控学校及班级里人际社会关系的规范和价值观系统，是一种

---

① 王姝雯：《学校氛围的研究综述》，《当代教育实践与教学研究》2020 年第 7 期。

潜在的德育课程或隐性课程，它对青少年学生道德的发展具有重要影响。"[①]学校道德氛围指的是"调控学校里所有个体之间的社会关系并影响学生德性的规范与价值观系统，包括公正、关爱和宽恕氛围"[②]。Brugman指出："学生做出道德和不道德行为的可能性是可以从他对学校道德氛围的感知程度中推断出来的。"[③] 因此，学校道德氛围是潜在的道德教育课程。李伟强等学者在其实验中证明："教育干预可以显著提高学生的学校道德氛围知觉水平，而且学校道德氛围知觉水平的提高可以促进其道德判断能力的发展。"[④] 王小凤等学者在其调查研究中揭示出："学校道德氛围感知是大学生道德提升感的重要促进因素，且宜人性、外向性与学校道德氛围感知两方面相结合最有利于大学生道德提升感的增强。"[⑤] 通过追本溯源可见，学术界对于学校道德氛围的关注已经有较长一段时间了，已经形成了相对成熟的理论，对于其研究成果的剖析不难看出学校道德氛围中所蕴含的积极道德因子对于个体道德提升的重要影响。

学校道德氛围是一种软环境，主要包括社会舆论、道德氛围和评价标准等。具体而言，学校教师的道德观、道德行为及他们对学生的态度、师生关系、同伴关系、班级风气等都会潜移默化地影响学生的成长。"高等学校道德氛围，是高等学校内的教师、学生和其他工作人员等主体，在道德实践中通过道德互动和道德感染，形成的笼罩于整个校园并对高等学校成员的道德行为构成影响的某种精神、心理的气氛和情调。"[⑥] 黄希庭认为，校风之于学校的意义就犹如人格之于人的意义一样重要。学校氛围包括师生关系、同学关系、学业压力、秩序与纪律、发展多样性等。但是概括来说，学校道德氛围可以由正向和负向两方面发生在学校的生活事件或者说是学校教育事件

① 转引自李伟强、郭本禹、郑剑锋、王伟伟《学校道德氛围知觉对道德发展影响的教育干预实验》，《心理科学》2013年第36期。

② 李伟强：《学校道德氛围心理学研究》，博士学位论文，上海师范大学，2007年，第15页。

③ D. Brugman, "Perception of Moral Atmosphere in School and Norm Transgressive Behavior in Adolescents: An Intervention Study," *International Journal of Behavioral Development*, Vol. 27, No. 4, 2003, pp. 289-300.

④ 李伟强、郭本禹、郑剑锋、王伟伟：《学校道德氛围知觉对道德发展影响的教育干预实验》，《心理科学》2013年第36期。

⑤ 王小凤、沈丹、李思婷、罗伏生：《学校道德氛围感知与大学生道德提升感的关系：人格的调节作用》，《中国健康心理学杂志》2021年第29期。

⑥ 付长海、王少华：《高校道德氛围的营造与优化》，《中国青年研究》2002年第4期。

组成。

从正向角度来讲，青少年接受道德、养成道德，是由于其在积极的校园氛围影响下，感觉到了师生关系和同辈关系的和谐相处，同时对于学校的纪律和秩序以及管理方式表示认同，这才使他们产生了从内心接受道德规范的一种原生动力。反之，如果青年个体很少能够在学校氛围内感受到亲社会的行为，或者说不被同伴友爱、不被老师保护等，那么他们就可能会对道德规范产生否定，或者说有攻击行为或做出不道德的行为，会对老师的教学工作、同伴的群体融入度以及教学纪律的遵守度都会产生不同的看法。从而对学校没有归属感，也不会从内心里产生遵循学校规则和道德规则的意愿。

二 学校道德氛围剖析

（一）宽松的早期教育环境

学校的管理和教学都是在一定的环境中进行的，学校环境在学校的教学和管理中发挥着重要的作用。学校工作的一个重要任务就是形成一种有利于师生成长和"立德树人"教育目标实现的环境。一个宽松的教育环境应该是宽而有限、松而有度的，"宽"是要在遵守法规校纪的前提下，保证学生"德才兼备"和健康成长。这是一种减少对学生的控制、给予更多自由的教育环境，其目的就是让学生能够自觉地按照自己的意愿来行事，以达到学生更好成长的目的。教师在教学中创设平等、轻松、和谐的学习环境，可以促进学生思维的发展，有利于良好品行的形成。这种宽松的教育环境有助于学生充分发挥自身的主动性、积极性、创造性，可以在教育中塑造学生的主体意识，发挥其主体作用和主体能力，把教学从被动接受变成主动学习。

根据在样本地区长大的受访教师的描述，他们上学的那个年代，基础教育阶段学校整体上呈现出宽松、集体、努力的氛围。那时候，在样本地区学校，升学压力较小，学生没有过多的课业压力，学生的学习氛围相对来说比较轻松。集体的氛围主要源于样本地区特殊的地理环境，受到当时社会经济条件的影响，一个单位会单独设立集体学校，单位成员的孩子大多集中在"子弟学校"上学，大家都生活在一个集体之中。

宽松是样本地区基础教育阶段学校的特征，在农村和牧区的学校表现得尤为明显。一是由于青海和西藏两个省区的高考压力相对较小，二是个别少数民族家庭对孩子的学业成绩相较而言重视程度较低。一位从小生长在西藏牧区的教师这样描述她的小学生活：

> 因为林芝那个地方的环境原因，我们放学后就会一起玩。吃完饭大家都喜欢出去散步。我们之前住在宏伟林场，那儿有一个桥就叫宏伟大桥，附近有很多的草坪，还长了许多野生的水果。我们一边摘果子吃，一边在草坪上打滚。（190607P）

> 我的高中是在拉萨上的，小学和初中是在地区上的。我们学校是汉藏学生都有的。我们上学那会儿相对于现在的学生来讲可能要自由些。学校的氛围也更轻松一些，对个人来说发展的空间或者说你想象的空间，或者是你想做的事情可能更多一些。不会完全禁锢在学习这一方面，是综合能力的一种培养。我上初中的时候，老师会鼓励我们去踢球、打球，不要每天待在教室里，不要背着个沉重的书包天天就光顾着学习。（190609L）

在没有过多学业攀比压力的环境下，幼年的时光相对而言是轻松、快乐的。从人格养成的角度来看，在快乐中成就的人格是单纯的、幸福的。因此，受访教师的道德品质养成也受到宽松环境的影响，工作后表现为对学生更加包容、鼓励、信任。

（二）努力、积极的学习氛围

样本地区所处的地理位置，独特的族群文化、地方文化以及经济文化的发展现状，导致了样本地区学生的学校教育相对特殊。努力的学习氛围一方面源于浓郁的族群文化和地方文化。在厚重的文化熏陶下，学校教育特别关注学生的健康发展，学校的教师注重以自己的言传身教感召学生，使他们在良好的氛围中学习和成长。另一方面源于家长对知识改变命运的期待和理解。样本地区自然环境恶劣，学生学习环境以及学校办学条件落后，孩子学习积极认真、刻苦努力，希望可以走出青藏高原，接受更高更好的教育，通过自身的学习来摆脱生活的现状，改变自己的命运，以获得更好的发展。正是由于这种积极的认知，才使得样本地区的学生对于努力的学习氛围的创设也更加积极。

> 我觉得是努力吧，我从小上学的环境，身边接触了很多人，当然也

有成绩好的，也有成绩不好的，也有成绩不好但是非常努力的。我觉得身边这些努力和用功的人给我的启发或者是对我积极方面的促进性是非常大的。我个人觉得你可能以后没有特别大的收获，或者说你可能不会成名，你可能不会挣很多钱，但是我觉得努力这个状态一直是非常重要的。（180702M）

在中国人的德性目录里面"努力"必然占据着一定的地位。从受访者的具体事迹来看，努力学习的氛围对于其自身的德性养成来讲，最重要的是培育出他们"努力"的品质。由此可见，努力的学习氛围作为学校正向的道德氛围的一种，对个人的启发和所起的积极作用是非常大的。

道德养成的话，可能是初中到高中这个阶段吧。因为这个阶段对个人来说，要比小学更加重要，在小学那时候实际上还是处于一个比较懵懂的阶段，我对小学教育，实际上现在并没有留下太深刻的印象。但是高中阶段就不一样了，我高中所在的学校是重点高中，就整体的教育风格来讲大家都比较拼，我也告诉自己，不管学得多晚、有多苦，我都要考个好大学！（180712C）

"拼搏"一词的意思是肯定的、正面的、促进发展的、努力进取的、热心的。在正向的学习氛围里所凝结出来的"拼搏"的品质，是个人自觉的意志和信念的结晶，并表现为道德行为总体的稳定倾向。由此，努力的学习氛围更能积极影响和培育正向的、积极的、良好的道德品质。

我在本科学习的时候，学校整体的氛围就是极端地刻苦，以至于逼迫我自己不得不刻苦，在那个环境里面把我逼迫得连午觉都不能睡。在我的品格养成方面，坚韧、坚持、忍耐、忍受，然后就是不停地刻苦拼搏，这样我觉得我的成绩还不是很优秀，这让我感到很痛苦。然后在青春期嘛，在迷茫与挣扎中，在你无法实现自我的过程当中，我觉得我是不停地忍受和忍耐，所以我觉得我的本科院校给了我坚强忍耐的品质。（170102D）

　　"坚强""忍耐"是人格品质的一种境界，表现为个体突破自我、砥砺前行的高尚品行。正向的、努力的学习氛围锻造了受访者这种道德品质，给予受访者积极的影响，并最终形成了一种内化于心、外化于行的道德自觉。

　　虽然前面提到由于样本地区高考升学压力比其他省、区、市相对较小，但是依旧有非常多来自农村、牧区以及城市家庭的孩子，他们渴求有更好的个人发展。这也充分展示了天道酬勤，无论出生在哪个地区，都会有努力改变自己命运的那一个群体。在样本高校中有大量的本土人才，还有很多在哈佛大学、北京大学、清华大学、上海交通大学、北京理工大学等学校硕士博士毕业后的本土学生，又回到家乡继续贡献他们的教育热量。这些人通过自己的刻苦努力，不但改变了自己的命运，而且改变了样本地区高等教育的现状，使得样本地区高等教育的质量得到了很大的提升。

　　"学校道德氛围感知反映的就是个体在学校对同学关爱、同学公正、学校公正这些积极情感体验的感知能力。"[1] 综上可见，在学校正向道德氛围里个体更能感知到正向的道德品质，并且更容易受到影响，并形成持久的道德品质。在宽松的早期教育环境里，个体更容易包容、鼓励、信任别人；在集体化早期教育机构的氛围里，个体更容易形成团结、互帮、互助的正向道德品质；在努力的学习氛围里，个体更容易锻造努力、拼搏、坚强、忍耐的良好德性。更重要的是正向道德氛围对个体所造就的美好品质和德性，伴随着个体发展的终身。

（三）学校道德氛围的提升空间

　　学校的道德氛围除积极正向的部分之外，还有一定的提升空间。负向的道德氛围是指青少年在接受道德养成的过程中，在消极负面的校园氛围的影响下，更多地感受到的是校园生活的漠然、疏离和拒绝。"负向的道德氛围会破坏学生正确道德观的养成，使得他们产生亲社会行为的可能性会比较小，更多的会表现出攻击等不良的行为。学生做出道德和不道德行为的可能性是可以从他对学校道德氛围的感知程度中推断出来的。"[2] 也就是说，"在

---

　　[1]　王小凤、沈丹、李思婷、罗伏生：《学校道德氛围感知与大学生道德提升感的关系：人格的调节作用》，《中国健康心理学杂志》2021年第3期。

　　[2]　D. Brugman, "Perception of Moral Atmosphere in School and Norm Transgressive Behavior in Adolescents: An Intervention Study," *International Journal of Behavioral Development*, Vol. 27, No. 4, 2003, pp. 289-300.

校园内所有个体相互交流和交往的过程中，慢慢形成了一种被感知和认可的氛围，这一氛围会对学生产生影响"①。

填鸭式教育一词是指灌输式教育，这一说法是由苏联教育家伊·安·凯洛夫提出的。填鸭，是指在鸭子生长的一定时期，通过按时把做成长条的饲料从鸭嘴里填进去，减少鸭子的运动量，使鸭子快速增加重量。在中国的学校教育中，由于考试竞争愈演愈烈，导致很多教师确实只抓学生升学考试，而不注重学生的思想道德品质和心理状况。填鸭式教育在一定程度上扼杀了学生的创造力，把学生训练成没有自己的思想，只会考试的机器。但是，在过去填鸭式教育方法之下，也出了很多的人才。不可否认，他们在填鸭式的教育方法下，依然能够努力保持自己的思想，懂得将知识灵活运用，懂得将理论与实践相结合。

从道德教育的视角来看，填鸭式的教育方法使得学校教师更多地关注学生学业的成就，在做人做事上并未对学生做出更多的引导。他们把重点放在如何使学生掌握更多的知识点、如何更好地应对考试题型以及文化知识的背诵上。在这种教育制度下成长的学生，在很大程度上，他们的道德品质和道德习惯的养成需要到更高一级的学校，甚至到了社会以后才能逐步完善和完成。事实上，这样的教育方法与一个人的道德发展规律很难匹配起来。

> 我的高中教育完全就是填鸭式教育，它更多的是靠老师不断重复，包括让学生搞这种题海战术，来提高学生的成绩。这样的一种风格形成了我们学校的早期教育整体上就是一个比较封闭的环境。但是大家目标都比较明确、比较一致，就是要求学、要上学，就是这样的一种感觉。（180712C）

> 因为我们那时候上学主要是为了升学，所以绝大多数的精力就放在把成绩提高上面。家里说你一定要考上大学，考上大学的话才有工作。工作这个事都没想过，就只有一个目的：考大学。（190608B）

"对个体道德的形成规律而言，就是在道德他律的配合之下完成道德自

---

① Host K·Brugman, D. Tavecchio, L. Beem, "Students' Perception of the Moral Atmosphere in Secondary School and the Relationship between Moral Competence and Moral Atmosphere," *Journal of Moral Education*, Vol. 27, No. 1, 1998, pp. 47-70.

律的认知过程，当道德自律认知水平达到一定的高度时，道德行为也将不再受异己意志的强制规范，而是出于责任和自我价值的实现所主动做出的行为。"[1] 在个人成长的不同阶段，道德发展呈现出不同的规律。幼儿时期是个体的自我意识刚开始发育的时期。在这一时期，个体缺乏对自我的道德认知。到青少年时期，个体对自我的道德认知会逐渐增长，道德观念和道德行为在这一时期会趋于稳定，因而道德教育在青少年时期占有重要位置。填鸭式教育方法违背了道德教育的发展规律，教育是有规律的。只有回归教育常识，认识教育本质，遵循教育规律，品味教育实践，才能更好地呵护一个人的现在和未来的成长。

第三节 教师的道德影响

一 教师道德影响研究追溯

在学校中教师的教育工作不只局限于对知识的讲解和技能的传授上，培育学生养成良好的品德，同样是教师教育工作的重点。在我们的教育现实场景中，教师的一言一行都影响着学生的行为习惯，特别是当学生处于小学和初中阶段，那是学生智力和能力品德及行为习惯养成的最佳时期。而这个时期也是教师对学生人格养成和品德养成最关键的时期，是最具影响力的时期。所以，教师在日常教学中的行为举止、语言使用会让学生在潜移默化中形成自己的人生观、价值观和世界观。当个体在生理和心理各方面都不成熟的时候，最喜欢找个参照物照猫画虎。学生对教师身上那些值得模仿和称赞的个性或素质，有一种天然的依附性的复制意愿。

教师对学生的影响是多方面的，教师引导学生内在德性养成的影响力，我们可以称之为德育力。教师的德育力从根本上讲是一种吸引力，是教师在道德方面对学生的影响力、执行力、感染力和号召力。德育力使得学生进行自我德性的涵养，使他们督促自己遵循外在道德规范，并且引领他们欣赏生活中美和善的道德举止，使学生能够真正做出道德行为。因此，教师的德育力既是一种重操作的道德教育实践，也是一种教师对自我和他人世界关系状态的认知，它集中表现于教师指引学生正确对待自己和世界更高价值的道德

---

[1] 高凯：《浅析道德形成规律》，《新西部》（理论版）2015 年第 2 期。

维度的关系上。

在学生的成长中，教师是第二个影响源。因为学生的整个童年、少年乃至青年的很长时期都是在学校里度过的，学生和教师在一起的时间甚至超过了和父母在一起的时间。在学校特定的环境中，教师的一言一行都会对学生产生影响，特别是受到学生尊敬、爱戴的教师，会成为学生争相模仿的"榜样"。久而久之，他们就会把教师的一些行为处世方式升华为自己立身处世的行为准则。"在德育实践中，教师的作用就在于使本体的价值体系呈现在前台，向学生绽放，从而建立学生与'至善'之间稳固的教化关系。"① 它主要表现为当教师隐去之后，学生是否可以直接接受来自道德的感召，并在道德自律的指引下为善。对于心智尚未成熟的中小学生而言，他们在进行道德选择和道德判断时，起示范作用的道德榜样或行为典型对其会产生影响，而这个道德榜样或行为典型就是教师自身所表现出来的品德修养。"教师应该树立基于自身品质的权威，这种权威对于学生来说，虽然没有达到对至善的信仰程度，但它因其直接性而对学生的行动具有更强的引导、命令与强制作用，最终使学生的行为合乎道德规范。"② 从这个角度上讲，对学生而言，教师自身的道德品质就是一种德育力。

归结而言，教师是学生的第二个影响源。教师对学生的影响力是举足轻重的，教师积极的情绪、主动的心态不但是学生身心健康的内驱力，也能促使学生积极向上，不断进取。不但影响学生心理环境的质量，还会影响学生乐观情绪的建立，也会影响学生健全人格的形成。最重要的是，不管是在学识还是品德上都会成为学生心中的"榜样"，教师的榜样力量深入人心。

德性修养和品德修养是一个人内在的气质，它是直击灵魂的核心。教师作为人类灵魂的工程师，所从事的工作是塑造别人的灵魂。所谓打铁还需自身硬，对教师来讲，首先要塑造自己高尚的灵魂和品德修养，如此才能影响学生的身心发展。对 XZ 大学一位老师的访谈中，她讲述到钟老师以其独特的亲和力从一开始就给学生留下了深刻的印象：大事小事亲力亲为，没有教授"架子"。以致学生用"意外"这个词语来形容与这位教授的第一次见面。可见教师的言行会直接改变学生的认知。随着时间的推移，在学生心中

① 吴元发：《教师德育力从何而来》，《中国教育学刊》2020 年第 6 期。
② ［法］埃米尔·涂尔干：《道德教育》，陈光金、沈杰、朱谐汉等译，上海人民出版社 2006 年版，第 25 页。

至今依然存在的，用于形容老师的词语是"幽默""亲和力""平易近人"，从而对教师之道产生一种彻底的信服力，以致在自己的言行中也能足履实地。孔子被誉为"圣人""万世之师"，这种建立在高贵的道德品质之上的完满人格正是人们孜孜以求的。弟子三千表明孔子身上已积聚了一种巨大的、无形的、积极的影响力。在社会发展的今天，"圣人"已经转换了概念，但体现在"圣人"身上的高尚德性修养和境界依旧熠熠生辉。这种高尚的灵魂和人格品质在教育者心灵中树立起榜样和旗帜，要求教育者以自身过硬的本领和精神培育更多的贤人。

教育从其本质上来讲是一种影响力，它是一种思维的传授。教育是以最客观、最公正的意识思维教化于人，对受教育者没有产生过有效影响（特别是积极影响）的教育，是苍白的教育，这样的教师也只能是干瘪的教师。"授人以鱼不如授人以渔"，思维传授是更高也是更难的教育要求。在受访者的回忆中，钟老师会提出问题让学生"思考"，并且用一种"幽默"的方式讲出来。学生会觉得时间过得很快，最直接的感受是"学到很多东西"，钟老师将教育这种思维传授的高要求体现得很深刻。就学生而言，从老师身上不仅学到了知识，对老师传授知识的过程更是留下了深刻的印象。以至于后来学生决心"扎根"拉萨，做一名教师，可见教师对于学生道德发展的至深影响，以及这种影响的深度和力度也彻底改变了学生的三观。

　　在西方，教育一词源于拉丁文 educate，前缀"e"有"出"的意思，意为"引出"或"导出"，意思就是通过一定的手段，把某种本来潜在于身体和心灵内部的东西引发出来。从词源上说，西方"教育"一词是内发之意，强调教育是一种顺其自然的活动，旨在把自然人所固有的或潜在的素质，自内而外引发出来，已成为现实的发展状态。[①]

教师是学生的领导者、组织者和导航者，其品质修养、学识水平、教学能力、行为习惯、爱好特长等都会自发地影响受教育者。基于此，教师应当严于律己，不断提升自我修养，以期在受教育者的心灵深处埋下有益的

---

　　① "教育"（汉语词语），百度百科，https：//baike.baidu.com/item/%E6%95%99%E8%82%B2/143397？fr=aladdin，2020年10月。

种子。

二 教师道德影响的具体表现

教师在学生成长过程中承担着教育者和引导者的角色。我们常说"学高为师，身正为范"。教师的道德品格在言传身教中感染、影响着学生的身心发展。学生进入学校学习，教师自然而然就肩负起立德树人、教书育人的天职。教师对于学生的关爱，我们可以称之为"师爱"，从本质上说，"师爱"在于呵护学生的身心健康，满足其在求知过程中的情感需要。这种情感的力量，使得教师在学生心目中牢固地树立起"精神父母"的高尚形象。

> 有个稍微年长一些的老师，因为我是从牧区过来的，跟成长在那边的小孩相比，我稍微有点腼腆，或者是稍微有点害羞，胆子不是很大，所以老师对我很好。大家都睡午觉的时候，如果睡不着老师就会用稍微严谨的态度让我们睡觉。但是他对我特别好，睡不着的话他就会让我过来，做一些简单的图画之类的娱乐，可能在他看来，我跟其他同学相比的话比较独特吧。因为老师对我有种特别的关注，我觉得当老师特别好，觉得老师其实也像父母一样，从那个时候开始我就觉得当老师挺好的。可能在那个成长的过程当中，对老师这种职业或者是对老师这个称呼，我感觉比较亲近。（190607P）

在受访者的身上"师爱"得到了真实的彰显，使得教师这个职业给受访者留下了美好的最初印象，用"亲近""像父母一样""当老师特别好"这类字眼来形容教师这个职业。正是由于这份发自真心的认可，可能在其求知的过程中也增加了一份对知识的渴望，因为一个老师热爱一门课，对学生日后的求职等都产生了重大的影响。

> 他上课的时候比较严格但也很认真，但是下课之后或者是在周末期间或空闲的时候，他也会像亲人一样带我们出去游玩，而且林芝子弟学校周围全是山，然后山上长的树木挺多的，野生的水果也特别多。秋天的时候我们下了课，就去山上采一些野果呀，或者是在山上做一些游乐之类的，然后他会陪我们一起做游戏，摘水果。那个老师虽然在课堂上

非常严格，但是课下其实就像父母一样，带我们去游玩或者是带我们做一些游乐活动。（190607P）

教育学家苏霍姆林斯基说过："教育技巧的全部奥秘也就在于如何保护儿童。""教师的人格是进行教育的基石。"教师对于学生的关爱、包容等是学生成长过程中的强心针。乌申斯基也说："教师的人格是教育事业的一切，是任何东西都不能代替的照亮学生心灵的阳光。"教师对于教育工作的热心、信心、恒心，高尚的品德修养最容易获得学生的认可，对学生的影响有很大的权威性，会直接影响学生的学习态度和责任感。

我觉得是初中的班主任吧！我在农村上的小学，这个老师我觉得他非常爱岗敬业。我们小时候做课间操的时候，冬天他会挨个摸同学的袖子，看你有没有穿棉衣。如果没有穿棉衣（那个时候没有电话），他会骑着自行车挨个地去家里告诉你的父母，让给孩子穿上棉衣。有些同学成绩不好，他也完全可以理解这些孩子。这些孩子要从很远的地方来上学，骑着自行车来的时候就特别累了，前两节课需要休息一下。但前两节课可能是数学、英语、语文，主课就过去了。其实这些孩子非常努力，非常用功，但可能是家庭环境，各个方面吧，条件比较艰苦，就限制了他们。所以这个老师给我的印象很特别，我觉得教育真的是个良心活。（180702M）

小学的老师对于我来说，可能印象不太深了。从初中到现在，我觉得每一个班主任给我的印象都特别深刻。尤其是我初中的班主任，他塑造了我现在这样的性格。他不会注重你学习一定要是第一，他会让你去尝试各种你感兴趣的东西。比如说你喜欢踢球，那他会鼓励你去踢球，你喜欢打篮球，他会鼓励你去打篮球。比如说我当时喜欢站在别人面前说话，他就鼓励我去学校的广播站播音。就是说我觉得这对我性格的塑造帮助很大。然后我高中的班主任，因为我们有高考的压力，所以他是比较注重我学习的。（190609L）

教育是心灵的沟通，是情感交流的过程。教师自身的思想水平对学生有着深刻的影响，正如乌申斯基所说："教师个人的榜样，对于青年人的心灵是一种非常有益的阳光。"老师和学生既是师生关系，又是朋友关系，理解和尊重是最起码的要求，师生之间融洽和谐的关系会对教师的施教产生事半功倍的效果。老师自身的敬业精神、交际能力等都会以有声或者无声的言语直接影响着学生，一个热爱学习、善于交流的老师必将成为学生的楷模。

> 我对我的学生也是这样子，因为我现在是班主任，我刚来的时候接了一个班，现在应该是我工作第三年了，然后我的班也在这个学校成长了三年，我对他们的要求也是这样。人各有所长，不一定所有的东西都学得特别好。如果你球打得特别好，那我就鼓励你去打球，把身体锻炼好。但是第一你人要做好，这是最重要的。如果你人做不好的话，那其他的事情都白谈。这是我的老师灌输给我的价值观。不管是什么样的人，一定要善良。（190609L）

"善良"从其本质上讲是一种心理氛围美感，它符合各种氛围美感的特征，相对于单一美感而言的善良就是很多事物合在一起的整体美感。受访者在学生时期从教师身上体会到的"善良"特征，深深影响了受访者的教育工作，从根源上看就在于受访者在孩提时期心灵上被播下了善良的种子。

> 我是在内地上的大学，周围都是汉族同胞，藏族同胞很少。可能在这种环境下，他会觉得我们会有那种忌惮心理，放不开。他会鼓励我们在那么多人面前去演讲，做主持，类似于这样的活动我参加过很多。反过头来想，塑造我现在这样的性格可能跟这个有关系。（190609L）

在学校生活中，给学生带来最直接影响的主体因素就是教师，教师日常行为中透露出的高尚品质，会对学生产生"随风潜入夜，润物细无声"的隐性教育效果。教师正向的道德人格，对学生具有显著的示范作用，其道德观念和道德行为构成了学生道德培育的主导因素，能够使学生自觉按照教师所显现出来的具体的道德规范来校正自己的道德行为。

> 我遇到那个导师之后，才发现原来真正厉害的人，他的心里面是没有任何差别的，是没有偏见的。（190318Y）

首先第一个我觉得应该是亲和力，第一次见钟扬老师，他是给我们做一个讲座。当时有很多人听讲座，我离得很远，戴副眼镜感觉像是一个学者。后来我一个同学（因为我那个同学听说我要考硕士，他就介绍我过去，钟老师那边刚好有那个采集种子的项目，需要学生出野外）就把我介绍过去，说能不能带着一起。后来第一次见钟老师，钟老师就能叫出我的名字，这是我第一次见他。在之前我没有见过他，当时去他的宿舍，我进门之后钟老师说 ZN 来了，赶快坐。他当时猫着腰在整理东西，好像 6 点多的时候，我们出野外一般都很早嘛。我印象中的教授像钟老师这个层次的，可能什么都不用管，下面会有人把东西收拾好。他自己在那边收拾东西，而且我一进去他就能叫出我的名字，我觉得挺意外的，觉得特别有亲和力。后来在车上钟老师就一直转过头来跟我们讲笑话，或者有时候会提一两个问题让我们思考，然后以一种很幽默的方式给我们讲出来。一路上感觉时间过得挺快，也学到很多东西。觉得钟老师这么厉害的一个人，竟然这么平易近人，这是最明显的感受。我了解到在西藏期间，其实他多次有高反，因为他是南方人，又常年在复旦大学、武汉植物园工作。所以我就下定决心不回陕西了，在拉萨扎根做一名教师。（190606Z）

三 教师道德影响的提升空间

自古以来，教师对于学生的作用和影响都被看作正向的、积极的，对于教师的著名论断都是正向的。例如，《礼记》说："师也者，教之以事而喻诸德也。"《周礼》说："师，教人以道者之称也。"在学生的心目中，教师是社会的规范、道德的化身、人类的楷模、父母的替身。学生在其学习生活过程中，会模仿教师在日常生活中所展现出来的态度、品行以及行为习惯等。有时个别教师由于缺乏历史发展的眼光，缺乏全面联系的观点，对学生的认知容易出现偏颇，从而导致一些不经意的言语和行为对学生产生一定的负面影响，有时甚至是一生的影响。

教师是较为特殊的一个群体，教师的职责就是教书育人，如果不能严于律己何谈育人，教育信服力也会大打折扣。绝大部分教师都是素质过硬、品行良好的，但网络上的一些负面新闻使得社会上对教师群体的判断容易被影响。"作为教师应该不断学习，提高自身修养，必须正视学生评价教师过程中的消极应付心理、报复心理、光环心理、成见心理、情感效应、自我投射效应。"① 及时纠正不良思想和行为倾向，努力克服言行举止等方面的消极影响，修身养性。没有完美的父母，也没有完美的教师，学生本身就是发展的人。由于部分教师的行为和视野，以及教师与学生相处的时间一般比较长，在这个过程中教师的个别行为对学生产生影响的可能性是很大的。所以要客观评价教师的消极影响，共同促进教师群体的成长。这样学生才能感受到双倍的爱，使教育的力量产生最好的效果。

第四节　同辈群体的道德影响

一　同辈群体道德影响研究追溯

当个体以一名学生的身份走进校园后，其身边的同学、同桌等，我们都可以称之为同辈群体。同辈群体对于一个人的价值观和行为模式的影响是不可估量的，它也是个体实现道德社会化的重要途径。同辈群体（又称同龄群体、同伴群体）是由一些年龄、兴趣、爱好、态度、价值观、社会地位等方面较为接近的人组成的一种非正式的初级群体。

"道德的生成不是一个孤立的个体过程，而是一个人与社会交互作用的复杂的机制过程，是个人生活在其中的社会生活的方方面面与个人的个性、气质、心理等合力作用的结果。"② 青少年良好道德的养成也与其社会生活中的人与事密切相关。"随着年龄的增长，青少年的分离——个体化逐渐完成，独立自我趋于成熟，假想观众的作用也就变得越来越弱了，因此公开性的亲社会行为会逐渐减少。当个体步入青少年阶段后，他们与同年龄群体的交往越来越密切，而在青少年的价值体系中，放在第一位的是同伴友谊。"③ 丁芳盛研究发现，大学生的班级角色、专业、年级与道德认

---

① 高占海、刘永恒、赵爱学：《学生评价教师过程中的六大消极心理》，《广西青年干部学院学报》2005 年第 3 期。

② 鄙爱红：《品德论》，同心出版社 1999 年版，第 172 页。

③ 仝晓晶：《学校道德氛围感知与高中生亲社会行为的关系研究》，硕士学位论文，山西大学，2019 年，第 19 页。

同显著相关，并且能够预测道德认同。① 美国社会心理学家 M. 米德认为："在现代社会中同辈群体的影响甚至达到改变传统的文化传递方式的地步。"② 中国青年政治学院的一项调查研究也表明，在调查将心里话告知他人这个问题的时候，青少年的选项里同性同龄伙伴是先于家庭成员的存在。可见，同辈群体在青少年的道德教化过程中具有难以替代的地位和话语权。

青少年同辈群体是一个"小社会"，自身承载着一定的价值观念、道德规范和行为方式，这对处于身心蓬勃发展时期积极探索自我道德发展的青少年有重要的影响。"个体作为同辈群体中的一员，与群体的作用是相互的，个体建构群体环境，环境也影响个体。同辈群体对青少年的道德影响机制既有外在群体的压力，也有内在青少年自身的从众心理、自我教育等。"③ 同辈群体之间有较强的心理归属和价值认同感，由于感情相近、观点基础相近，因此，他们之间存在着一种比较民主的成员关系。而且，在道德角色体验上有着相同的机会。在这个群体中也很容易产生权威性的核心领袖。但这些领袖通常是经过较长时间的磨合，凭借他自身的知识、才能、阅历、品格等内化要素来获得大家认可的，而后自然而然产生的。所以孩子王这样的角色往往具有较强的凝聚力和号召力。因此同辈群体是非正式组织，没有严密统一的组织和统一的行为，但是他们却有着几乎一致的意志。"同辈群体对青少年道德观念与行为的影响有其特殊的心理机制，主要包括群体间的对比效应、群体内的同化与分化作用、同辈成员之间的社会比较以及模仿与从众。而对青少年道德社会化的引导则应从开展积极的道德实践活动、营造健康的同辈群体亚文化和良好的道德文化大环境这三个方面入手。"④ 道德教育的过程本身就是潜移默化的，是一种沁入式教育，同辈群体环境作为道德文化大环境的子环境应当被广泛关注，其"隐性课程"的地位也应当予以重视。

因此，分析同辈群体对青少年道德发展的影响，有助于正确引导同辈群

---

① 丁芳盛：《大学生道德认同现状分析及其培育策略》，《浙江海洋学院学报》2014年第2期。
② 朱培霞：《青少年同辈群体道德影响机制探论》，《学校党建与思想教育》2012年第29期。
③ 朱培霞：《青少年同辈群体道德影响机制探论》，《学校党建与思想教育》2012年第29期。
④ 刘春雪：《同辈群体对青少年道德社会化影响的心理机制研究》，《湖北社会科学》2008年第9期。

体，使其更好地发挥道德教化的功能。也有助于及时纠正个体言行，使其在青少年道德品质的发展中发挥良好的促进作用。

二　在同辈交往中实施道德影响

同辈交往是同辈群体最主要的交往形式，可以分为动态的交往和静态的交往。动态交往是指大学生群体成员之间进行信息互通和物质交换。静态的交往是指学生群体成员之间通过动态的相互作用而形成的情感联系，就是我们常说的人际关系的形成和培养。

> 初中学校有孩子王。一方面可能就是私下觉得这个人是孩子王嘛，他可能在生活中处处都能起到一个意见领袖的作用，你会不自觉地被他吸引，想要跟着他一起。还有一方面就是他的很多观念，正是因为他是这种意见领袖，也会无形中影响到你。我觉得就是这样的一种影响吧。（180712C）

青年时期学校道德氛围的熏陶，对青年个体道德品质的养成和道德行为的引导，有着非常重要的作用，使得他们对个体道德认知水平有所提升，并且对社会的认知也更加明确。有个别访谈教师反映，在他们学校中有明确的加强学生思想道德建设的一些活动，以及开展了一些社会实践活动。比如说参加志愿者服务等。所以在这种过程中，他们的道德水平是受到道德氛围影响而提升的。由此可见，学校的道德氛围就是学生思想品德教育中的隐性课程，它充斥在校园的每一个角落，也是一种强大的潜在的道德教育力量。所以如果一个学校的道德氛围是正向的，那么就会给学生带来一个丰盈的道德精神世界，为学生提供养成良好品质和亲社会行为的肥沃土壤。但是，如果一个学校没有这样的环境，那么学生在道德认知和道德情感上就会明显受限，而他们的道德行为也不会得到正确的指导，所以就会产生一些社会违规的行为。

当个体进入大学阶段后，由于学校按照院系专业的标准来进行分配，使得彼此不认识的几个人住在了一起，他们不知道对方的家庭背景和生活习惯，但是却因为学校的分配而成为生活中最贴近的个体。在这些分配中无论是城市精英的孩子还是乡村孩子，他们就在宿舍这样一个新的起点上统一起步、奔跑。所以说在宿舍这个场域中，学生之间的兴趣爱好、生活习惯、学习态度等都会相互影响而形成一种微妙的文化。这种文化会影响宿舍中的每一个人。如果宿舍中积极乐观向上的文化占了上风，那么其他的所有同学都会受到这种文化的影响，而追求自我的完善和发展。但是，如果说宿舍中享乐奢侈，以及懒惰成为主要的文化氛围，那么，在这个圈子中的学生也会受到这种厌恶学习、享受生活的态度的影响。所以大学宿舍文化对学生的影响是非常重要的，它甚至可以抛开家庭背景以及过去教育中的一些因素。宿舍将几个原本陌生的人快速地从学习到生活紧密地联系在了一起。在宿舍生活中，通过宿舍构建了室友之间一起学习和生活的一个场所，在这个过程中，宿舍中的每一个人不仅受到来自学校老师、同学以及室友的影响，还会受到社会文化的影响。比如说以电影和音乐等作为这个社会文化的传播媒介，从而形成宿舍圈，这也是讨论社会文化的一个重要场所。就像一位教师跟我们分享的：

> 我最近会反思自己的价值观形成受到过哪些影响。突然想起来，在我上大学的时候，我们宿舍是有电视的，当时我们看的电视节目其实对我是有影响的。例如，那时候收看到的凤凰卫视，Channel V，还有北京卫视等很有特点的节目，对我这样一个刚从小地方到大城市的人来说，看到国内最先锋的娱乐文化和资讯，是很有影响的。在宿舍里面，大家看完节目以后还会互相交流讨论。这一过程对我的价值观形成挺有影响。我是藏族嘛，让我的价值观更开放，审美更多元，不会只局限于本民族的一些价值。同时，我也学会了谨慎，同时希望社会是公正客观的。（200108D）

由于同辈群体在年龄、身份、生活场域诸多方面的高度相似性，同辈群体的行为习惯对其他个体有一定的感染力和同化性。其行为表现出高度的同质性，个体会在潜移默化中顺应其他个体的行为，模仿是个体行为同化的基本表现形式之一。模仿的外在表现是自主性，是个体在没有外力影响的条件下，自觉被他人行为所影响，并在无意识中就会仿照或跟随他人的行为，来使自己的行为与别人的行为一致或相似、同步。同辈群体的影响往往会通过一定的方式，或行为或习惯表现出来，以便产生自己期望的印象。尤其是在一个宿舍内部，同辈群体的影响具有多样性，不仅是对于道德水平的影响，并且在生活习惯、世界观、人生观、价值观等方面都会逐步渗透。

> 我们宿舍以前很喜欢卧谈会，大家在熄灯之后无事可干，就会聊一聊。会讨论今天老师的教学情况，也会交流自己的情感体验，还有自己的一些心事，看到的一些新闻或者说一起看的电视的内容。其实在这个讨论的过程中也让我学到了很多。我会发现其实大家的想法都不一样，每一个人的出发点也都不同，但是我们在看待问题的时候，最终还是能达成一些比较一致的观点的。（190318Y）

由于同辈群体的成员具有高度的相似性，如思想方面、知识阅历层面，这更有益于积极正向的道德观念在成员之间的流转和影响。成员之间会自发学习其他成员的优秀道德品质，以三省吾身，严格要求自己。再者，当群体之间有共同目标时，也有益于其发挥最大的效力，从而获得最大的收益。所以，要充分利用好同辈群体的积极影响，为以后道德品行的完善发展铺设奠定基础。

三 值得关注的同辈道德行为

默顿在其中层理论分析范式中将功能分为正功能和负功能。除同辈群体的正功能之外，一些负功能也值得被关注，同辈群体中不合理的观念和行为倾向也对身在其中的一些个体产生了负面影响。"校园欺凌是指受害学生被一个或多个学生有意地、反复地、持续地实施负面行为，对其身心造成伤害或不适应。"[1] 校园欺凌问题的系统研究起源于挪威卑尔根大学的奥维斯。关于校园欺凌现象的形成原因，学者大多从微观、中观和宏观三个方面进行分析。微观方面主要是指学生自我价值取向的问题。在校园欺凌现象中，学生作为一个不成熟的个体，其生理、心理以及认知等各方面倾向都会影响学生的行为方式。中观方面主要是指来自家庭、学校与朋辈群体三方面的影响，个体发展的程度除了受到自身微观的影响之外，还受到外部环境的影响。因

---

[1] 李燕秋：《校园欺凌研究综述》，《教育科学论坛》2016年第14期。

此，与学生关系十分密切的三重系统（家庭、学校、朋辈）与校园欺凌现象息息相关。宏观方面是指社会大环境的影响作用。从生态系统理论的角度分析，个体是处于社会大环境之中的，社会环境中的不良现象也会对个体的发展产生间接影响。校园欺凌现象最容易出现在中小学生的成长过程中，对学生的身心发展产生诸多不良影响。

> 在小学早期的时候，尤其是小学阶段特别突出，我亲自经历的，亲眼看到发生在身边的许许多多的校园欺凌事件。因为在我们那个区，×族是比较多的，他们的父母很多都是没有受过多少教育的。可能也不能怪他们，他们把自己原生家庭里面不好的行为，以及一些不好的看法带到学校当中。可能是在模仿他们的父亲，也可能在他们的环境里就是那样子做的。所以我看到很多欺负女生的男孩子，他们很多都有这样的家庭背景。那段时间我下课的时候要以非常快的速度跑出教室，不然的话你就会受到欺凌，当时是一种恐惧，现在想来就是校园欺凌。我慢慢会忘记这件事情，但是一旦看到相似的情况，就会勾起你的回忆。后来到初中就好了，然后再到高中，像之前那种欺凌现象就减少了很多。当放学回到家，看到家里所有的所谓的习俗仪式，就感觉又置身于一个非常有安全感、非常开心、不用怕出了这个门又要被怎样的轻松的环境，所以，还好有这样的一个环境能让你放松。（190318Y）

> 我的学校生活经历过这种暴力。一个同学被孤立，然后几乎全班的同学都会对他有不一样的攻击，语言攻击甚至还有行为攻击，把学生弄的退学或者休学，或者留级这种。这种校园欺凌，可能我们在小学或者初中的时候都经历过很多，现在我在教学工作中，会刻意关注这些弱势群体的学生。（190607Y）

对于青少年来说，他们正处于三观建立的关键时期，如果他们在学校中对公平、公正、团结、关爱等积极的道德氛围感知和体验程度越深，那么，他们亲社会行为倾向就会越高。同时，在积极正向的道德氛围中，同辈或者他人的道德行为更容易影响个体的道德水平，从而起到规范和约束个体行为的作用。

第五节 小结

优秀的教育效力往往是显性和隐性教育力量的结合。良好的道德氛围是潜在的教育力量，对于个体道德认知的提升、道德情感的牢固及道德行为的升华而言，都是有莫大助益的。学校道德氛围作为个体道德发展的关键影响因素，学校整体道德氛围、教师道德以及同辈群体的道德都会对个体发展产生至深的作用。

首先，学校教育作为意识形态领域的教化，本能地具有德育功能和德育属性，学校道德氛围在学生的道德教育中也具有极其重要的作用。然而，任何事物都具有两面性，学校道德氛围中正向积极的因素也有提升的空间。正向的因素如早期宽松的教育环境、集体化的早期教育机构、努力的学习氛围对个体的道德品质养成会有一定的促进作用，会使得个体在性格、行为、习惯等方面形成如"自信""拼搏""坚强""忍耐""包容"和"鼓励"等积极的道德品质。值得关注的还有学校道德氛围的部分可提升空间，如填鸭式的教育方法，会使得个体道德发展的自我认知和主观道德观念难以准确表达，就个体道德品质的发展而言存在些许不利。就学校道德氛围对于个体道德品质的养成而言，最重要且直接的因素就是学校课程，课程无时无刻都存在于学校的伦理文化环境之中，并且第一位的育德功用应该被重视。熟知的事情往往会使人止步或满足，课程中蕴含的丰富的德性知识以及课程本身的德性功能往往被其知识功能所遮蔽。因此，课程本身所蕴含的德性知识，以及课程的育德功能也应被重视。

其次，教师的道德影响对个体道德品质的发展有着莫大的影响，也存在积极与不积极两方面。在积极的教师道德观的熏染下，个体更容易从知识、人格、气质方面受到影响，容易形成"善良""鼓励"的道德品质。同理，教师的道德影响力也存在值得关注和提升的地方，教师呈现出的态度、品行等如若缺乏长远、发展、全面的眼光，其个别行为极易影响学生个体的道德品行养成。因此，教师自身言行甚至其人格所传播的道德效用应被着重关注。

最后，同辈群体积极与不积极的道德氛围也对个体道德品质有着影响。积极的"兴趣""爱好""价值观"等在同辈群体中传播的效力和影响的深度对个体道德发展而言极易在潜移默化中促使其发生积极的转变。还应关注同辈群体有待提升的道德空间，如校园欺凌现象。学生混乱的自我价值取向，使其在思想和行为方面容易产生偏差，出现不良行为，个体处于这种同辈群体欠缺的道德氛围之下，其道德品质也极易遭受不适行为的损害。就同辈群体对于个体道德养成的影响而言，其具体品质的影响因子会随着学段的变化而变化。比如在小学阶段，个体的同辈群体的年龄处于6—12岁，其所受同辈群体的影响是比较浅显的，同辈群体的"勤劳""善良""行为""习惯""爱好"等基础因素会直接影响个体。在中学阶段，其同辈群体的年龄为13—18岁，这一时期个体会逐步形成自己的三观，对事物有一定的见解和看法。这时候同辈群体之间的影响更多地表现出一种求同，更深层次的向上的道德因子才会影响到个体的道德。比如"自信""鼓励"等，较之小学阶段表现得更为成熟。在大学阶段，个体的同辈群体均已为三观成熟且定型的社会人，同辈群体对于个体的影响往往不会轻易出现，唯有更高层次的道德因子才会使个体接受并甘愿改变，譬如"拼搏""创新"等能使个体有获得感的影响源。因此，同辈群体对于个体道德品质养成的影响应该被关注。

综上所述，学校道德氛围是学校、教师、同辈群体三者道德氛围的一个整合体。处于学校中的个体对学校整体的道德氛围具有一定的感知力，它具有持久而稳定的特征，其中积极正向的因素对成员的道德认知和行为会产生推进作用，与个体行为和情绪的诸多方面相关联。基于此，应当扬之所长但不能避之所短，对学校道德氛围中有待提升的地方和空间应予以关注，使其转化为促进个体道德品质趋于完善的重要力量。

第四章　院校伦理文化环境

　　对高校青年教师来说，院校是其德性伦理文化养成最为密切的环境，我们可以称之为"院校伦理文化环境"。对于青年教师个体而言，在工作单位遇到的某一个人或者经历的某一些事情，可能会对他们的道德选择产生无形的影响。而正是这样一些"人"或者"事件"的叠加构成了青年教师所面对的伦理文化环境。虽然在本书中，院校伦理文化环境被定位为"微缩场域"，但是由于高校本身的组织结构特点，我们需要将院校伦理文化环境进行进一步细化。如何进一步划分高校青年教师在高校中的伦理文化环境呢？

　　高校教师的工作具有天然的道德性。首先，从中世纪开始，大学中的传统课程，不仅具有知识传授、技能训练、精神训练的因素，还具有道德训练的因素。布鲁贝克在《高等教育哲学》中提到："数学具有的道德影响，不亚于拉丁语和希腊语，因为它证实了许多原理是先验的、正确的。因此，在面临课程价值由于文化时滞而几乎被粉碎的情况下，数学仍受到鼓励以保证其在课程中的稳固地位。"[1] 在带领学生实习的过程中，是把学生作为受教育者去学习技能，还是把他们当作雇佣劳动力来对待？其次，除教学之外，科学研究同样具有浓厚的道德性。例如，提出的科研项目除了探究以外，是否还具有教育意义？由于学生可能参与研究，是否应考虑对他们的道德保护问题？他们参与研究是被视为获得真正的学习机会，还是仅仅被当作派给日常事务性工作的额外人力？再次，在社会服务中，是否考虑过要用自己的所学来改善不完美的现象？是计较个人得失比较多，还是与社会分享自己知识的成分比较大？最后，在文化传承过程中，是否考虑到如何对文化进行正确的而非扭曲的传播？如何做到对自己国家文化的自信，而非一味地宣扬他国的

---

　　① ［美］约翰·S.布鲁贝克：《高等教育哲学》，王承绪等译，浙江教育出版社2001年版，第5—6页。

价值观？能否意识到高等教育除了传播知识之外，还具有支撑国家发展的重要作用？

据此，本章主要沿着三个层面的分析路径展开。第一，分析院校与教师的关系，即高校校园给予教师的伦理文化环境氛围是什么？这个视角主要从高校整体伦理文化环境进行分析。第二，分析教师之间相处所形成的伦理文化环境，即教师群体共同构成的伦理文化环境。主要依托于他们日常生活的学院伦理文化环境。在一个学院生活和工作的教师通常都处于同一个学科。在这个环境中，教师在教育教学、科学研究、社会服务以及学科自身内生性增长的问题上交错地进行相互影响，从而构建了他们的特殊伦理文化环境。第三，分析教师和学生之间构成的伦理文化氛围。高校教师最根本的任务是立德树人，故而，教师在院校的日常工作中除了和上述两者接触之外，更多的是和学生之间的互动，这是教师日常工作最重要的活动。我们将这一伦理文化环境聚焦到教室环境，这里所说的教室是指广域意义上的教室，既包括上课的教室，也包括实验室的实践基地，甚至是在校园中所有具有教育意味的每一个场所和角落。在这一个层面的研究中，我们将重点聚焦教师和学生相处的有道德意味的一些行为和关系。

第一节　校园伦理文化环境

"工作单位，或单所高校，都是综合性组合体，它一方面把化学家、心理学家和历史学家这些不同的专家联系在一起，另一方面又将专家与非专家、教授、学生与行政管理人员联系在一起。院校历史愈久，所包含的内容就愈广泛……院校是最先引起人们注意的组织模式。"[1] 无论哪所大学或学院作为独立的组织都具有各自的文化。院校文化是凝聚内部成员，使其产生忠诚，在竞争中取得优势，保持并推动组织发展的动力。院校文化在力量和内容方面很不一样，但是，都受到院校规模、历史、冲突和竞争性的影响。

"道德内容在结构上，具有一定的继承性和稳定性。"[2] 文化本身更是一

---

[1]　[美] 伯顿·克拉克：《高等教育系统：学术组织的跨国研究》，王承绪译，杭州大学出版社1994年版，第33—34页。

[2]　檀传宝：《教师伦理学专题：教育伦理范畴研究》，北京师范大学出版社2010年版，第17页。

个群体的继承性最主要的载体和软工具。陆根书在《关于大学文化的几点思考》中指出："大学文化之所以能够对大学效能产生影响，是因为大学文化帮助大学教职员工认可、接受大学的价值和信念，提供指导其日常行为的共同意识。"① 因此，在分析高校整体的伦理文化环境时，笔者将着重从组织传奇、道德气氛、精神文化和制度文化四个角度入手。

一 组织传奇

在院校文化中，学校通过努力发展是可以形成有关自己的故事甚至创造奇迹的。伯顿·克拉克将这种创造优秀组织文化的现象称为"组织传奇"。

> 组织传奇通常以共同信念的方式横贯院校内部和边界，将拥有不同信仰的个体团结到一起。对个体而言，他们对组织的从属关系产生的深刻情感，是维系他们与其他不同信仰组织成员关系的重要途径。同时，他们还能在组织中保持自己独一无二的意识和信仰。而且，这种感情将其成员带进了组织这个小世界，或是一个团体，或仅是一场仪式。②

伯顿·克拉克在《高等教育中的组织传奇》中以安蒂奥克（Antioch）、里德（Reed）和思沃斯茅（Swarthmore）这三所美国知名的学院为案例，分析了它们实现组织传奇的历程，具体回答了这些学院是如何获得卓越特性、是哪些因素促使它们创造了各自的传奇、这三所学院中师生的共同信仰是怎样促进和维系组织的问题。这三个问题的答案同时也表明了创造优秀院校文化的路径。丰富的传奇文化有助于组织转变为一个共同体，共享相同的情感，给个人以归属感。伯顿·克拉克还曾提到："组织传奇的概念作为一种度量，可以运用到其他大学和学院，也可以运用于其他组织。"③

（一）组织文化的影响力

在伯顿·克拉克眼中，高等教育是由生产知识的群体构成的学术组织，

---

① 陆根书：《关于大学文化的几点思考》，《西安交通大学学报》（社会科学版）2009 年第 5 期。

② R. Clark Burton, "The Organizational Saga in Higher Education," *Administrative Science Quarterly*, 1972, p. 183.

③ ［美］伯顿·克拉克：《高等教育系统：学术组织的跨国研究》，王承绪译，杭州大学出版社 1994 年版，第 93 页。

这样的组织实际上有其自身的组织结构。因而，它如同其他组织一样，有着自己的文化，而其中最核心的便是信念。信念之于高校教师而言，不仅有助于其在所处院校的学术生活中确定一定的地位，还有助于教师将自己如此多的时间和精力心甘情愿地贡献给自己所在的大学。其次是忠诚，这是意识形态的一种体现，是大学中的道德资本。实际上，信念和忠诚这两点也是我国现代大学精神所倡导的。从这个角度来说，中西是一致的。

但需要注意的是，伯顿·克拉克是从组织的视角分析院校文化的，不是十分强调个体在文化中的作用。而蒂尔尼（William G. Tierney）的院校文化观正好弥补了他的不足，蒂尔尼强调院校文化是组织和个体互相作用的结果。组织提供个体需要学习的信念和价值观等，个体则对组织文化加入了个体的解读。因此，这是一个双向的过程。此外，在知识的问题上，虽然两位学者的观点有不一致之处，但是我们可以合并二人的观点，将其理解为学科是知识产生的沃土，而院校是个体对知识进行有意义解读的背景。

关于院校文化的研究，蒂尔尼和罗伯特（Robert A. Rhoads）与伯顿·克拉克的视角有所不同。克拉克是从组织的视角对院校中的文化进行研究，强调院校组织的文化凝聚力。后者把院校组织看作文化实体，从后现代主义的视角将文化的构建看成是一个双向的过程，强调个人对组织的作用。他们认为，组织是作为社会建构而存在的。虽然组织由政策、规则和决策来构成，但更重要的是组织中被其成员所共享的非正式的符号和心理预期。而这些共享的理解以及正式或非正式的符号和意义就是组织文化。组织文化塑造了组织成员的行为，同时其自身也被组织成员所塑造。文化超越了组织本身，或者说组织实际上就是文化载体。蒂尔尼认为："组织文化是由院校中教师之间交流活动所体现的意义，以及这种意义有何目的、教师如何阐释这些意义而决定的。"① 对大学而言，所有的教师文化类型都植根于组织文化当中。

在蒂尔尼的眼中，组织和文化的关系，已经不能用比喻的方式来表达了。他认为，二者就是等同关系，即组织本身就是文化。文化在大学中关系着知识如何被界定。在不同的院校，设想和建构知识的方式是截然不同的。在知识生产作为影响文化产生的重要因素这一问题上，他不赞同伯顿·克拉

---

①　William G. Tierney, Robert A. Rhoads, "Enhancing Promotion Tenure and Beyond: Faculty Socialization as a Cultural Process," *ASHE-ERIC Higher Education Reports*, No. 6, 1993, p. 15.

克及其他一些学者的观点。例如，拜耳（Lodahl，Beyer）等人认为，学科活动是知识生产的主要中介。他认为，相较学科而言，院校环境在形成知识理解的方式上更有影响力，并且会改变我们过去的一些看法。在这里，他并非要在学科和院校的关系方面争论"先有鸡还是先有蛋"的问题，也不是想争论在知识生产中谁起的作用更大，而是想说明知识作为一种文本是会随着时间和地点的不同，而被人类重新建构的。也就是说，随着个体经历的丰富，文化持续重新建构着个体的思想，人体对于知识的理解会随着再塑造的过程而发生改变，没有人的知识结构是一成不变的。从这个角度来讲，知识和组织形态是不可割裂的。对知识的阐释应该更宏观，不仅是课堂上教授的以及储藏在图书馆的才叫知识。存在于广袤的世界中，塑造着我们诠释问题方式的也被称为知识。

因此，从以上角度分析，文化、意识形态和知识三者是互相缠绕在一起的。文化是发生在组织中具有象征意义的表现行为的集合。在组织的文化网络中，意识形态就是一张组织文化网络的地图，这是指"对信念和价值观模式的一种活跃反应"。格尔兹指出："知识便是个体对他们所在的各式各样的院校和环境的文化进行诠释、做出回应的方式。不同学院的个体有着独特的界定知识的方式。因此，学科并不是生产知识的唯一方式。与我们以往的观念不同，院校环境对个体如何定义知识有着意想不到的巨大影响。"[①]

（二）院校组织形成的忠诚和信念

组织文化中的信念和忠诚起着至关重要的"黏合"作用。伯顿·克拉克在《院校组织中的信念和忠诚》一文中，提到当学院组织形成了自己的传奇后，将会成为学院中每一位成员极具价值的精神源泉。能够以信任为基础，使各组织成员拥有共同的组织信念、相互交流和合作。"在一起工作了几十年的人，会形成关于'他们'的组织的某种共同的感情；这是一套信念，它有助于确定他们在生活中的地位，也使他们把如此多的时间和精力贡献给特定的组织这一事实获得意义……信念既是自我形象，也是院校的声誉。声誉几乎在组织生活的所有方面都是重要的。"[②] 有受访教师提到：

---

① W. G. Tierney, "Academic Work and Institutional Culture: Constructing Knowledge," *Review of Higher Education*, Vol. 14, No. 2, 1991, pp. 199–216.

② ［美］伯顿·克拉克：《高等教育系统：学术组织的跨国研究》，王承绪译，杭州大学出版社1994年版，第93—94页。

对于职业院校的老师来说，组织公正感从两个方面来看：一方面，有的工作是量化的，是可以被领导看见的，但是大部分情况下是量化不了的。我们老师大部分的精力都放在学生身上，这个是没有办法量化的，同时也是领导看不见的，或者说，是不可能被快速看到的。除非他一直关注一个班或者一个学生，他能够明显地感觉学生的变化和成长。一般情况下，领导工作都很忙。但是我们老师是在一线的嘛，所以说也不存在被领导认可和不认可的事情，但是班里头的整体精神风貌他是能够看出来的。(191202J)

同时，院校文化会产生忠诚，尽管在每个院校内产生的方式各有不同。忠诚度的产生和可持续性对组织来说是一个关键性的问题。"可持续的忠诚度来自于在所有学院成员的眼中他们的学院与其他学院是完全不同的，他们形成的集体信念是独特的，那种信仰来自于非比寻常的努力、获得成就，并形成一个被大家所信服的传奇故事。"[1] 教师对学院的忠诚是超越理性的。这种忠诚使得教师废寝忘食地投入自己的工作。当学院取得成功时，他们会由衷地高兴，当组织陷入困境时他们会无比失落。这种信念和忠诚成为有效对抗学院衰退、进入恶性循环的"精神资本"。教师对学院高度的忠诚会致使他们不计个人得失地留在学院，帮助学院渡过难关。这种对组织的依赖起到了赋予该组织在招聘人才中的竞争优势以及保持教师士气的作用。但是，伯顿·克拉克也提到，和小型的学院相比，中等规模的大学和综合大学，在形式结构上更趋于正式。同时，也很难发展出在大学范围内被所有成员都信任的传奇。不论是在观念上还是结构上，信念和忠诚整体上都可能会减弱。

扎根这个地方，我不求回报。我做的可能是很平凡的工作，跟那种高大上的科研离得好远，我就是做这些特别 low 的，像那种科研民工干的活。我可以预想到，若干年之后我们坐在一起的时候，有人会说你看那时候他去了 XZ 大学。现在我们大家都是院士了，他还是一个讲师，这就有点夸张了，是不是？这种落差很大，也是真实的。就像现在，我

---

[1] B. R. Clark, "Belief and Loyalty in College Organization," *The Journal of Higher Education*, 1971, pp. 499–515.

的同学有的开始做国家自然科学基金的评审了，但我连一个国家自然科学基金都没报过。一个方面是精力限制，另一方面是自身原因，没有好的想法。还有就是这边科研工作的开展相比而言差得很多。以前我是做机制研究的，来了这边，做科研就很难。越待在西藏，就越有一种进不去学术圈的感觉。（190608B）

然而，从整体上分析，院校的信念和忠诚呈现出良好的状态。样本地区的高校就有其自身的组织文化魅力，对于样本地区高校教师的发展起到了积极的推动作用。在访谈的过程中，很多教师都提到自己所在高校整体上呈现出良好的精神风貌，高校同事普遍热情、为人淳朴，自己在学校的人际关系比较和谐。有教师提到：

对学校的印象，我感觉第一印象是很好的。2014年刚来的时候，是在老校区，在那个南院。我印象特别深刻，我去报道的时候，当时接待我的那个老师，人非常好，给我详细介绍了学校。当时就对学校的印象特别好，有一种很温暖的感觉。当然，工作以后，融入这个集体以后，会发现跟自己之前的预期有些部分是不一样的。但整体来说，对于学校整体的一种精神风貌，我觉得还是不错的，整体上呈现出一个积极向上的精神风貌。而且，对于年轻教师来说，尤其是我们刚硕士毕业，就进入高校当老师，实际上是超出我的预期的。在内地学校来说，基本上是博士辅导员。所以说，整体的满意度还是很高的。（180712C）

同时，也有教师提到，高校整体的良好精神风貌对于学生和教师的发展起到了一定的推动作用。例如，有教师提到：

学校整体的精神风貌呈现出一个很上进的氛围，就像我们所说的象牙塔一样。在学校里，对于老师来说，老师的职业就是教书育人；对学生而言，学生就是来求学的。整体上学校的风气很正，学术环境比较好，老师们都很上进，学生的求知欲也比较高。在这样一个情况下，风气是不错的。（2019605C）

团结——这算是在XZ大学工作感受到的一个关键词。特别是在民

族地区工作，团结是非常重要的。(190607Y)

良好的文化氛围，不仅能够作用于高校教师和学生复杂的非理性领域，使其得到熏陶和感化，而且，包含在其中的精神内核对于高校教师和学生的发展更是具有重要的作用。院校所形成的独特的教育追求、教育情感及责任等这些教育精神会凝结为校风校训，砥砺教师和学生的成长。有教师提到：

> 我们的校训是"志比昆仑，学竞江河"，这个和我们学校的地域有关系。"志比昆仑"可能是说靠着昆仑山，然后我要跟昆仑山去比谁的志气更大，就是引导学生的这种学风嘛，对吧。"学竞江河"就是我的这个学习的态度和劲头，要和长江黄河一样。因为长江和黄河的源头就在青海，所以这就是我们校训的意涵。(200104Z)

由此可见，样本地区的院校总体上呈现出蓬勃向上的文化氛围。在这样一个积极的文化氛围中，高校组织形成的信念和忠诚，会促使人们不断自觉地经营和呵护它，推动高校文化趋向广博、深厚发展，产生广泛的渗透力和影响力。

二　道德氛围

院校对于师德的重视程度，在很大程度上决定着一所院校的道德氛围。道德在一所大学里是否受到重视，关乎大学的道德氛围，更关乎这所大学中的教师对待道德的态度。院校正向的道德会在校园环境中产生正向的引领和指导作用，反之亦然。对道德的重视，是校园和谐的重要道义基础，同时还是构建校园和谐的精神动力，在很大程度上维系着一个高校的稳定和团结。

(一) 道德重要与否

近年来，我们一直强调科研经费和研究设备对建成世界一流大学的重要作用，却忽视了教师在其中所起的关键作用。不可回避的是，在一些高校出现过教师道德滑坡的现象。正是因为这些事件的出现，党和国家开始在教育领域重点关注师德的养成、关注道德的重要作用。于是，在教育评价机制中，师德成为合格以及优秀教师的首要评价指标，采取"一票否决"。

我们的调研得出了如下结论：绝大多数的高校都能坚持以习近平新时代中国特色社会主义思想为指导，将师德师风作为评价教师队伍素质的第一标准，全力推进新时代教师队伍建设，积极探索符合各自校情的师德师风建设长效机制。下文以 XZ 大学和 QH 大学为例展开具体叙述。

在访谈过程中，XZ 大学时任组织人事部的 PC 部长提到学校探索师德师风建设的情况。他谈道：

> XZ 大学现在积极探索教师师德师风建设的路径，并经常主动向内地高校请教。目前，已出台了《XZ 大学师德师风建设长效机制》《教师行为十不准》等文件。但是，目前工作依旧存在以下难点：第一，如何使师德约束政策真正具有约束力，甚至能够融于教师的职称评聘中。但问题是这样的做法是否能被老师所接受。第二，如何约束，如何实现学校与社会的共同约束。第三，主要的具体建设内容还较为空泛，如何使其具有时效性。

QH 大学教务处时任 HT 副处长也谈到学校师德师风建设的情况，学校高度重视教师师德养成的环境建设，开展了一系列活动，并取得了一些成效。

> 一是坚持党的领导。该校于 2018 年成立了党委教师工作部，将师德师风建设列入党委中心工作、纳入学校年度目标责任考核、全省高校文明单位创建、和谐校园建设考评等指标体系。并且坚持实行院系基层党支部"双带头人"制度，从基层党建上提高教师队伍的理论水平和道德水准。
>
> 二是坚信思想铸魂。该校近年来坚持开展师德师风专题的集中学习与研讨，将每个周三下午规定为政治学习的时间。同时，利用好在线培训，基于学习中心、网络培训中心、MOOC 平台，组织教师在思想政治、师德师风等重点热点领域开展学习。开展以"名师工作坊""名师讲堂"等主题活动，把教学名师、优秀教师请进讲堂，聊聊"身边楷模"，讲讲"QH 大学故事"，将宣传教育、实践养成、示范引领相统一。加强实践育人。每年安排新进教师进行校外拓展、工科教师下企业

锻炼，组织教师开展红色主题实践活动，深入了解国情、社情、民情，在服务社会的实践中厚植教育情怀。

三是强化监督机制，近年来，QH大学出台了多个与师德师风建设相关的文件和办法，例如《QH大学关于建立健全师德建设长效机制的实施细则》《QH大学师德失范负面清单及处理办法》《QH大学学术不端行为处理办法》，将师德考核作为职称评聘、评优推先的门槛。另外，QH大学实施教学信息员制度，将师德表现纳入学生网络评教系统，形成学生、同行、督导等多方参与的监督体系。

四是崇尚尊师重教。学校在全校范围内树立师德典型，并且开展了师德标兵、教学名师、优秀教师、优秀教育工作者评选活动。设立荣誉机制，包括教师节庆祝活动、新入职教师宣誓、从教35年表彰机制、教师荣休机制；出台《QH大学教学工作成果奖励办法》。同时，积极响应教育部破"五唯"的要求，出台《有突出教学业绩教师专业技术职务任职资格评审条件（试行）》。自这些办法施行以来，有多位潜心教学的老师评上了副教授、教授职称。

五是课堂育德。《QH大学课程思政建设实施意见》，覆盖全校所有课程，已建设了60多门课程思政示范课程，举办了两届课程思政教学竞赛。2020年，召开了全校课程思政工作会议。2020年，与新华网共建课程思政教学研究中心。经过学校多年对师德师风建设的重视，有校级师德标兵19人，全国师德标兵1人；国家级教学名师1人，省级教学名师6人；全国黄大年式教师团队两个，青海省黄大年式教师团队两个。同时，2016年，《构建师德长效机制完善师德监督保障体系》获青海省师德建设优秀工作案例一等奖；2018年，学校在"全国师德师风建设工作视频会议"上作了大会交流发言。

习近平总书记反复强调教师的职业道德建设，强调教师要树立育人为本的崇高职业观念。教师不能只做传授书本知识的教书匠，而是要塑造学生品格、品行、品味的"大先生"[①]。同时，习近平总书记还指出："教师要成为

[①]　教育部课题组：《深入学习习近平总书记关于教育的重要论述》，人民出版社2019年版，第56页。

学生做人的镜子，以身作则、率先垂范，以高尚的人格魅力赢得学生敬仰，以模范的言行举止为学生树立榜样，把真善美的种子不断播撒到学生心中。"① 并一再要求"加强师德师风建设，引导广大教师以德立身、以德立学、以德施教"，争做"有理想信念、有道德情操、有扎实学识、有仁爱之心"的好教师。习近平总书记关于新时代教师队伍师德师风建设的重要论述深刻揭示了教师发展的内在规律，赋予了师德师风新的时代内涵，为加强新时代教师队伍建设，培养中华民族"梦之队"的筑梦人提供了根本遵循。

（二）新教师的道德准入

目前，我国教师基本准入机制主要是针对学历要求和资格考试。尽管在教师资格考试中，职业道德方面是重要内容，但是，我们也要清醒地看到，有一些在考试中能顺利通过的教师，在现实中却有着低劣的道德品质，甚至丧失了基本的道德底线，把逐利作为其目标。因此，我们是否需要考虑在入职标准中，除了专业准入资格外，还应该有道德的准入标准呢？

教师的道德责任不仅仅体现在课堂内容的论述上，还体现在更加深层次的隐性教育中，这延伸到与学生打交道的方方面面。教师只有以身作则，率先垂范，身体力行，才能够真正为学生做出道德高尚的榜样。这不仅仅是靠说教，必须用热爱事业的热情和热爱学生的精神凝练而就。《国家中长期教育改革和发展规划纲要》指出，好的教师队伍是"师德高尚、业务精湛、结构合理、充满活力"的。因而，高校在引进教师时应该制定以下几方面的明确标准："合格的师德、端正的学风、健全的人格、较高的业务水平。"② 在该规划纲要中，师德被置于业务水平之前，这足以说明教师应该先为人师，再为经师。

"十年树木，百年树人。"当教师踏上三尺讲台，也就意味着踏上了艰巨而漫长的育人之旅。不论是处于中小学阶段，还是处于高等教育阶段，教师道德水平对学生身心健康的发展有着举足轻重的作用。教师所展现出的道德行为会影响学生道德思维和道德行为的养成。近年来，在教育领域出现了许多违反师德的事件，这些事件和现象促使教育领域加强了师德师风的建设。

---

① 转引自贺迎春、熊旭《习近平首次点评"95后"大学生》，《人民日报》2017年1月3日第2版。

② 李友俊、邵强、孙菲、王艳秋、王怡：《高校教师退出机制实施难的原因及对策》，《学理论》2013年第35期。

对于教师的"失德"行为及现象，教育部明确出台了相关的政策。《教育部关于狠抓新时代全国高等学校本科教育工作会议精神落实的通知》明确要求，执行师德师风一票否决制。同时，公布了《教育部关于高校教师师德失范行为处理的指导意见》，该意见明确规定了高校教师师德失范行为实行"一票否决"的情形、处罚类型等，落地师德师风"一票否决"配套处罚措施。同时，教育部为进一步加强师德师风建设，研究制定了《新时代高校教师职业行为十项准则》等一系列文件；很多学校更是积极开展"师德师风专项教育活动"，并且每年都会定期开展师德培训等，以此来加强和改善教育领域的"不道德"现象。

那么，为什么道德准入对青年教师的德性养成如此重要？美国学者蒂尔尼在其提出的教师社会化模型中，分析了教师的社会化进程，特别是教师职业发展的社会化过程。他沿用 Bess 及 Van Maanen 对员工社会化阶段的划分，将新教师进入自身职业的过程分为预期社会化和正式社会化两个阶段。然后从高等教育领域，结合对教师社会化产生影响的五种文化对社会化阶段进行了重新说明和描述。

新教师的社会化在他们正式参加工作以前就开始了。往往是研究生还在接受学科规训或与大学教师这个职业接触时就开始进入社会化进程，这就是所谓的预期社会化。这一阶段有三个功能：一是对尚未进入教师职业的人预先进行"职业启发"，为将来真正成为大学的一员做准备。同时，缓解他们未来适应工作的压力（Merton）。二是这些人对将来即将进入的学科或组织会有重塑作用。例如，研究生的博士学位论文选题都会为本学科开拓新的领域。三是研究生在预期社会化期间，很有可能在大学中创造出属于自己的"学生文化"来丰富大学的组织文化内容。其中，第一个功能是最为重要的。因为研究生在接受科研训练期间，会接触到许多教授，教授的言行、生活工作习惯都会使他们对大学教师这一角色留下熟悉的印象。同时，本学科的规训和范式、主要的期刊目录、参考用书、学术会议等会使他们对将来的学术职业有更清晰的认识，并产生职业期待。从更广泛的范围来说，所在大学和院系的价值观、理念、态度、规范会帮助他们了解大学教师这一职业的工作环境和文化。尽管，研究生毕业后不一定能留在母校工作，会面临新环境的适应问题。但是在相同的高等教育系统中，大学教师的基本工作内容和性质是大体一致的。

"在预期社会化的过程中会受到来自国家文化、职业文化、学科文化、个体差异四种文化的影响。"[①] 国家文化会对教师社会化产生大环境的影响，在不同的国家和地区，对于终身教席、学术自由、学院自治的内涵也不尽相同。职业文化是指不同职业所特有的文化。例如律师、医生、教师由于职业性质不同，各自的文化大相径庭。学科文化是指不同的学科有自己的特征和规训，每个学科施加给教师的影响是不同的，诸如物理学、社会学、女性研究和机械工程之间就存在着非常大的不同。个体文化是指诸如种族、社会阶层、性别、性取向等个体差异。在教师群体中，不同个体会展现出与群体诸多不同的方面。

正式社会化是指个体以新教师的身份得到某所大学的录用。这一过程又分为两个阶段——最初进入阶段和继续发展阶段。最初进入阶段涉及招聘、选择、初入职，一旦个体被聘用，最初进入阶段的组织学习也就发生了。而继续发展阶段紧跟在最初进入阶段之后，即个体对所在组织适应后就开始了职位的升迁、职称的评聘等准备。正式社会化最初是由新教师参与到组织活动中，形成组织理解、对任务要求和职业要求做出回应而逐步形成的。[②]

在正式社会化阶段，新教师还会受到一种新的文化的影响，即院校文化。院校文化是指每所院校存在类型、规模、地理位置以及公立私立的区别，这些因素自然而然会带给教师不同的体验，塑造他们的工作方式。

教师社会化是一个变化的过程。当个体通过预期社会化后，能够较好地适应组织文化，那么个体和组织将会有更好的融合。相反，如果个体的价值观、信念和规范与组织中的主流文化相悖，那么组织就会试图改变个体。例如，一名新教师带着自己的研究方向进入了一所以教学为主的院校，反之，一名擅长教学技能的新教师被录入了一所研究型大学，这两位教师在新的工

---

① G. Tierney William, Robert A. Rhoads, Enhancing Promotion Tenure and Beyond: Faculty Socialization as a Cultural Process, *ASHE-ERIC Higher Education Reports*, No. 6, 1993, p. 21.

② J. Van Maanen, *Doing New Things in Old Ways: The Chains of Socialization. in College and University Organization: Insights from the Behavioral Sciences*, edited by J. L. Bess, New York: New York University Press, 1983.

作单位很有可能会经历被组织"改变"的过程。

"当个体经过最初进入阶段后，学会成为一名合格的'新手教师'，他们便逐渐开始进入继续发展阶段。"① 新教师在他们学术生涯最初的几年里要"学会抓住那根绳子"，此后才能开始追求他们在组织中的各种角色。也就是说，年轻教师必须掌握学术职业的要领和获取相应的组织文化技能后，才能为争取终身教席做准备。已经成为终身教授的人又需要通过社会化的过程成为行业领袖。

> 我们学校制定了专门的师德师风规范，也会组织我们一起学习。还有，我们刚入职的时候，有一个新教师培训，当时有关于师德师风的内容，就是让我们学校评为优秀教师的一些老教师给我们做报告。(200108D)
>
> 我校校训是"厚德强技、笃学创新"，并制定了专门的师德师风规范。对本人的影响是由原来的自由散漫开始不断地学习新的知识，在充实自己的同时获得其他人的认可。在生活中，端正了自己的三观，更好地面对生活中的问题。(191223P)

三　精神文化

(一) 现代大学的精神追求应该是什么

应该由什么样的文化作为主流引领呢？治学是大学教师的基本工作，有着非同一般的伦理道德意蕴。高校青年教师如果生存于一个治学严谨的工作环境，他们必然会深受影响。这种治学严谨的态度几乎由大学教师群体自发形成。布鲁贝克说过，只有教授的正直和诚实才能对他们自己的意识负责，他们是自己伦理道德准则的监护人，也是自己道德唯一的评判者。在多样化的发展之下，现代大学教师应该追求什么样的精神，这些都会受到教师生存的工作环境的直接或间接影响。有访谈教师提到：

> 真是这样子的！很少去问自己的心。社会上确实存在这个问题。而

---

① M. Corcoran, S. M. Clark, "Professional Socialization and Contemporary Career Attitudes of Three Faculty Generations," *Research in Higher Education*, Vol. 20, No. 2, 1984, pp. 131-153.

且像你说的这种所谓的人际关系圈，它会给人一种不公平的感觉。当你拥有这些权利的时候，会觉得很享受。没有的时候会很无助。这会给人造成一种错觉。而且这样也会误导青年教师。举个例子来讲，很多青年教师是愿意做行政的。因为他认为，行政能拓展人际圈，会对职业晋升、发展有帮助。我想不是这样的，我教学教得好，一样可以做教授，这是我的想法，大多数人不会这样想，因为这样很苦。你得一辈子踏踏实实地干。所以说，现在这种风气怪圈就造成了年轻人走捷径、浮夸这样一种方式。（180702M）

从上述访谈中我们可以看到，在多元价值的影响下，在青年教师群体中容易滋生一种官本位的思想，这种思想对于青年教师的长远发展是极为不利的。同时，在研究中我们发现，教师在一所学校地位的高低，体现了大学的一种精神追求。但是，在学校的设置上，内部行政权力过大，很多大学设立的学术委员会、教职工代表会，但教师在其中发挥的作用很少。青年教师是学校发展的中坚力量，理应在高校的发展过程中发挥重要作用。但是，在高校行政化管理过程中，行政权力高于学术权力，以至于对教师的发展产生不利影响。

我希望学校尽量以教师为本吧，我们学校现在陷入了一个怪圈，就是本末倒置。为了追求一些东西，当然，这些是学校发展所必须追求的，但是追求这些东西的路有点歪了。我们实现某一个目标，如果踏踏实实走的话，会走得慢些，如果学校想快速达到这个目标，教师在社会上的地位是有的。我是大学老师，大家可能比较尊重。但是这种尊重在学校里是没有的，你不就是个老师嘛，报个账会计都会骂我。（180702M）

（二）教学导向还是科研导向

具体到学者的学术生活方面，英国学者托尼·比彻等考察了对名誉的追求、成名之路、学术等级的划分、学术精英中的马太效应、学术权力的行使、同行评审、学术社交圈、研究潮流、学术创新、常态与变革等方面。其中，对名誉的追求是绝大多数教师的目的。他提到大约有50%的高校教师认为"在自己的领域成为权威"是重要的，这个比例在研究型大学甚至会更高。这其中牵涉到教学工作和科研工作孰轻孰重的问题。1999年成立的英国教与学研究机构对这个问题进行了有力的论述："众所周知，要建立学术名声，和科研相比，教学是次要的。"此外，根据芬克尔斯坦的调查，新老教师都认为，教学而非科研才是晋升和授予终身教职的主要评价准则。但事实是教师的科研压力一直呈上升之势。总的来说，"学者学术生活的变化主要是通过学术声誉来晋职，通过多方认证与学术把关的过程得到认可；通过专家评审来进行评价，通过学术网络进行学术传播；通过潮流来促进发展，通过抵制来进行遏制，通过革命来推进发展。实际上，群体性质的学术生活的各个方面就是日常生活中普遍社会现象的反映"①。

坦白地说，在我们学科中教学学术名誉和科研相比，教学是次要的。国家和各种政策都鼓励和承认科研优秀的人而不是教学出色的人。而且近年来，大学尽量想要权衡教学和科研之间的关系，让大家重视教学工作。但是评价体系不改变，会很难。因为代表作或同行评议的标准不明晰！同行评议这个概念明确吗？它是由一个大范围的学科群体共同构成的，但在这个学科群体的选拔过程中是用什么样的标准，这就没有一个统一的说法。（181209W）

1. 教学的道德性

教学是一项促进人类和社会不断进步的重要的传递活动。教学传递的不仅是知识，也有道德。教学活动本身就是具有强烈的道德性的活动。因此，教学道德就是指教学活动自身而言的，是在考量教学活动自身道德这个问题上使用的，而并非涉及教学中人的道德问题。教学道德不只关乎人，还关乎一切的教学行为、教学活动和要素。所以，教学这项具有道德性质的活动不但体现出教师的教和学生的学的道德性，还体现在教学活动中教师、学生与他人和自己关系的道德性。对于高校青年教师而言，教学的道德性不但需要从业务知识素养中体现出来，还要从教学道德素养中体现出来。教学道德素养是教师仁爱、宽容和责任的综合表现。当教师处于一定的道德实践场景中

---

① ［英］托尼·比彻、保罗·特罗勒尔：《学术部落及其领地——知识探索与学科文化》，唐跃勤等译，北京大学出版社2007年版，第109页。

面对道德伦理困境的时候，能够依据德性来做出事件的选择，这本身就是一种教学德性的体现。

在高等教育阶段，教学绝不仅是课堂的讲授，还包括对学生的启发和情感友爱的交流。启发最早源自于苏格拉底式的对话，教授需要在开展启发式教学之前，准备大量的知识来丰富自己，以便应对学生有挑战性的问题。对学生充满友爱的教学标准就是教师和学生之间相互友爱、相互热爱，他们的课堂或者教学活动是他们热爱的交流平台。在这个过程中，教师不但教给学生知识，还会教给学生为人处世的道理以及良好的品质。

> 目前随着教育部去"五唯"，高校也越来越重视教学工作。但是科研导向依旧还是要逐步改善。要求我上的课，我会认认真真地把它们上好，反正我自己良心上这个坎过不去。我不可能在教学上糊弄一下，用绝大部分时间来做科研。所以你只能加班加点，就是自己特别累，你要搞好教学，你还必须得搞科研。我觉得一个大学，可能你科研工作做得不好，可能学校发展会比较慢，但是如果本科教育工作做不好，那么这个学校很快可能就 game over 了。但是，事实上，从学校整体上看，全国所有的学校还是偏重于科研导向。但是，现在已经有很多好的大学，已经回归到教学本位了。（180702M）

对教学的回归，在导向上对教学的重视，会让高校青年教师在自己的职业规划中加大对教学工作投入的比例。

> 我们学校评副高的时候可以把科研的东西带上。但是评正高的时候，要是没有做金课、没有教改这种核心的东西，就不会给你评。现在也有这样一个导向。但是让你去做教改，教改真的做得好吗？我不敢保证。钱报了不是真做了。总体上在固有的模式上，稍微有一点改进。但是我觉得以后的这个大趋势，就是人工智能、录课这种网上教学肯定普及了。所以对我们教师的素养水平，就带来了很大的冲击。（190608B）

某些大学明确了教学的重要性，但是没有反映到具体情形中或者说教师的职称评审中。有位受访教师提到：

> 我们学院有个老师的教学效果反映特别好，但是他平常不太想做科研，现在评职称是个很大的问题。但是他在教学方面积累了很多经验。你刚进去肯定讲得不如别人。他在教学方面得到了很多学生的认可。但是评职称就是个问题。虽然学校有办法出台了，我们如果只做科研不做教学，现在是不认可的，它最初的理念是促进教学。但是，对只教学而没有科研成果的老师的职称晋升却没有明确规定。所以作为一个教师面对改革肯定是会有阵痛的，那这个阵痛谁来承受我也明白。（190608B）

2. 科研的道德性

科学研究同样具有道德性。最典型的情况是，当我们在申请学科研究课题的时候，所选择的主题是符合当前国家和社会需要，还是仅凭个人兴趣开展的。因此，研究课题的道德性十分明显地表现出来。例如，在研究的过程中，我们对于战争中的一些事情感兴趣，但是在这个研究的过程中可能会涉及国家的机密，甚至可能会影响人类的发展演变。在这种情况下，国家可能会禁止研究成果的发表，甚至以涉密来限制研究结果的外泄。从这个角度来看，学者怎样选择自己的研究课题，同样具有强烈的道德性。学者不可以借口说，他们对于真相的揭示就是他们科学研究的动力，而不必在乎他们的研究会对这个社会和人类造成什么结果。所以，学者对研究是负有道德责任的，这种责任会伴随他们的研究结果或研究成果呈现始终，直到社会公众确实认可他们的研究，并把道德责任移交给整个社会。所以，从根本上讲，学者的发明、发现本身就是具有道德色彩甚至政治色彩的问题。但是也不可强词夺理地认为，科学家的研究给人类造成一定的问题是难以规避的，就像因攻城加农炮而指责伽利略，为印刷品中的谎言而指责戈登堡，为广岛被炸毁而指责爱因斯坦一样。[①]

所以，很多的研究都有可能造成意外的不良社会后果，如果学者不早先

---

① 王恩华：《学术自由与科学伦理——兼论大学学术自由的有限性》，《科学学与科学技术管理》2003 年第 7 期。

向同事或世人发出警告，告知世人这项研究可能出现的危险后果，那么，总的来讲，还是要承担一定责任的。但是我们需要明确的是，在科学研究和实际应用中，硬要画出一条界线也是不容易的。在访谈中有一位医学院的老师是这样向我们描述的：

> 在我们的身边，其实很多的学者也是医生，因此他们就会面临在救治病人的时候也要积累医学知识的问题。作为一名临床医生，我必须极力救治病人的生命；作为一名学者，我还要力图准确地诊断病情，并收集相关的数据，以为后面的研究做出有效的论证。因此，事实上，在我作为一名临床医生给病人制定治疗方案之前，我会花上一些时间去研究怎样的治疗是最正确的。可是在有的情况下，我们发现病人可能得的是非常急的病，如果花时间进行学术研究，就会耽误他的治疗。所以对于医生兼学者的我来讲，对这样的病人应该怎么做出选择是一次道德危机，我不知道是该缩短研究时间，凭着经验给他立即做手术，还是尝试，多思考，再动手术。这样，除了能够更好地救治他的性命外，还可以为后续类似病情留下一些治疗的案例。这两种情况都很有可能给他带来危险。所以我常觉得肩负着双重责任。但是在现实中，即使病人死了，我也会从他的死亡中继续分析，希望能够学到一点东西，但是，学到的这点东西是以生命作为代价换来的，这往往又让我心里面产生一些道德的问责。（181117Y）

同时，在学校科研导向下，教师会更多地关注科研成果的申报和产出，从而忽视教学，降低教师的教学积极性。

> 因为你作为老师，老师的教学和科研是两个方面，但是现在我们说的考核评价标准，导向更多的是看重老师的科研。那看重老师的科研，反过来说，对老师教学的积极性就是一种打击。很多老师觉得，我与其花费时间精心设计课程、改进PPT、教学方法，还不如去发两篇论文。这样在年底考核或评优上面，还有一些成绩。然后在课时上，同样算一学期课时量。比如说72节课也好，或者说100节课也好，这是一个很虚的指标，最终指的是你上了72节课。那好，我给你

发 72 节课的课时。但是这个质量是没办法体现的。有些老师的 72 节课，可能有一半是让学生讲的。而有的老师，他每节课都在很认真地准备，然后精心设计这个教学环节，这对他来说，就是对他积极性的打击。所以我觉得这个导向是应该有所改变的，或者说在教师这块儿，就应该进行一个分流，一部分老师适合教学，那么就让他往教学的方向发展，一部分老师可能更适合全身心地搞科研，那么甚至可以把他从教学的岗位上脱离出来，让他专门做研究，我觉得这样可能更加合理一些吧。(180712C)

职业院校对教师科研要求较低，学校科研氛围和意识较为淡薄。同时，由于其身份的多重性，教师在完成一定的教学任务后，很少有精力再去提升自己的科研成果。

老师除了教学任务完成之外，还身兼数职。例如团组织、班主任。我们的班主任是兼职班主任，虽然是兼职，但不是像我本科辅导员一样来带整个班。我们是一对一的，每个班都有班主任，班主任一带带三年。像中职的要带五年才能到大专毕业嘛。班主任要上课，还要带班，所以对我们来说，先是教学管理、学生管理。除此之外，才是额外的个人发展和提升。学校这几年也提供了一些相关条件，鼓励我们去做科研。但实际上，老师在完成这两项主要任务之后，可能根本就没有精力了。还有高职院校做科研的环境相对来说还不如本科，平台高，整体氛围浓厚。所以对高职老师来说最多就是为了评职称，发发论文，积累一点，愿意上进一点的，就做一点教改项目，这些算是比较好的了，也有很多人不要这些东西，就不再往上努力了。(191202J)

四　制度文化

学校制度文化与伦理文化形成的关系分析。学校制度文化是通过外部的规范来约束教师的行为，通过建立学校中所有成员都必须遵守的行为准则之类的综合规范，使教师主动接受外部的影响，逐步在认识、情感、态度和行为上与规范趋于一致，从而形成一种良好的伦理文化氛围。在传统社会中，伦理文化就依靠各种具体的制度给予有效的保障，如法律、经济、地方管理、教育、礼仪、科举考试等正式制度。

（一）行政制度

分析行政制度对青年教师德性养成的影响至关重要。制度决定一个人的行为方式。制度设计得合理，则会让人工作起来简单高效、心情舒畅；制度设计得不合理，则会让人感觉烦琐低效、身心俱疲。蔡元培就说过，大学是研究高深学问的机构。中国的大学是在党委领导下校长负责制的具有中国特色社会主义性质的大学。这种性质能够帮助我们认识大学各项工作的目标指向，也规避了大学发展中的散漫保守，规避了盲目改革和偏执发展。

从政治论的观点来看，高等教育在很大程度上是为了让一个国家和一个社会发展得更好。所以，高等教育进入社会中时，务必要使用正确的政治观点予以看待。高等教育之于我们的重要性犹如战争之于一个国家的重要性，就像战争的重要性不能完全交予将军来决定一样。同理，高等教育的发展也不能完全留给教授来决定。高等教育除了要符合党和国家的要求之外，在进行学术活动的时候，达到一定的自治是大学发展的非常重要的源泉。然而，现在高校的行政化色彩十分浓厚，包括样本地区亦是如此。大学的学术自由让我们能够在科学的海洋里自由驰骋，在学术改革方面坚持一些自治的政策。但是，在现实调查中发现，依旧有很多高校在行政事务上进行重重管辖，在行政手续上比较复杂，耽误了教师从事科研和教学研究的大量时间和精力，这可能不是国家给予教师高校学术自由的预期效果。有教师提到：

> 在整体的精神风貌上，大家是比较团结、积极向上的。但是有的时候我个人感觉，就是在高校里面，行政色彩过于浓厚，以至于有时候行政盖过了教学。这可能会影响到老师对学校的整体印象，或者说是老师对学校不太喜欢的一个原因。（180712C）

高校行政化带来了工作烦琐以及不良的发展文化。高校行政化会助长官本位思想，不利于在学校形成尊重知识和尊重人才的氛围。高校的行政机关是权力机关，对学校的科研、教学、学术等各方面的工作有管理权。因而，有时候管理过度会给学院的教师带来困扰，导致高校行政化色彩浓厚，这对教师德性的养成来说不是有利的环境。

学院办公室的老师，按理说是服务于教学的。可能就偏了，就变成一种管理。按理说，服务意识会很强，可取而代之的是管理意识很强。管理意识强一方面就是为了体现他在管理岗位上的价值。(190318Y)

制度设计得不合理，给青年教师带来的工作压力，大大影响了他们的教学和科研的积极性。更何谈德性的涵养？由于学校各个职位设置得不合理，行政和教学岗位混乱，以至于教师在教学过程中还需要参与行政工作，这样导致教师的工作压力大，在一定程度上影响了教学和科研的积极性。同时，学校的主要领导在职称和学历方面有明确的要求，大多由上级机关任命。在这一过程中，要求教师"双肩挑"，导致教师行政工作过多，自然会对教学和科研产生一定的影响。

我们学院师资真的不够。去年招三个博士，来了以后就在行政岗上干，因为没有人干行政。而且当时有老师说好像我们学院每个学期行政都在换人。没有人愿意做，因为谁都想把时间花在自己能够见成效的事上。所以，我觉得这是学校体制的问题。很多高校现在已经实行行政岗和教师岗分离。行政岗的人就一直干，但是待遇和评价体系和教师岗完全不一样，那些干的人心里也愿意，对吧？但是，现在我们也同样存在问题。就像我一样，我也不想干。但是没有人啊，没有年轻人啊，像他们刚来，都是新来的老师，而且他又不是博士。党建要求"双高带头人"，党支部书记必须是博士。所以学校为了达到指标，非要我做，就没有办法，给年轻人安排的事务性工作太多，这些东西其实会影响到教学。现在琐事一多，备课没有时间，我的教学首先被弱化。(191104H)

不科学的制度设计，给教师带来了繁重的工作压力和心理压力。有教师提到：

我想用"复杂"这个词，身边有很多的同事是非常努力的。但是可能因为社会环境，或者学校体制，你要对体制有一部分的妥协。有的时候，绝大多数的老师都是非常努力的，真的用心在干教育。但是种种方面就会让原本简单的工作变得非常复杂，可能会比较消耗大家的时间和精力。但是从整体上说，这个复杂里面，积极的部分还是占大部分吧。就工作任务很复杂，填各种不同的表，报各种不同的账，签各种不同的字。我们青年教师有的时候还要兼顾行政工作，还要兼顾班主任工作。因为我们学校突出的地域环境的限制，所以我们的工作任务非常复杂，工作的状态和环境也是比较复杂的，可能绝大多数高校都是这样子的，也不仅仅是我们。（180702M）

仅有一位教师认同她所在科室的制度和领导风格，一位在行政工作的教师表示：

我觉得我办公的氛围还是比较不错的，因为我们科分工很明确，领导也带得好。像刚刚说到的那些情况还是有的，但是，就我作为旁观者而不是我本人，说到青年教师的任务重，我觉得，从好的方面讲可能是领导对你的重视，从不好的方面讲就是你的能力确实可以干这么多活。再者，可能就是领导撂挑子不干，所有的活都让你干。对我的工作环境我还是很满意的，有压力才有进步嘛。而且说实话，现在也刚工作没几年，你说要是有这种惰性思想不干活，那提前退休算了，干吗还要在这待着浪费时间？（190607Y）

由此可以看出，要求教师"双肩挑"，教师在总体上幸福感是比较低的。但是，如果明确划分工作范围，则明显有不同的工作态度和情感体验。

省委编办会同省委组织部、省教育厅联合印发《关于简政放权规范大学机构编制管理的通知》，制定三项举措激发大学综合改革活力，破除束缚该省高等教育改革发展的体制机制障碍。从具体内容看，一是分类施策，科学设置内设机构。根据大学不同类型内设机构特点，按照"分类管理、总量控制、区别对待、促进发展"的原则，规范设置和管理大学内设机构。从严从紧设置行政管理类和教辅类内设机构，进行总量限额管理。规定省内3所大学行政管理类内设机构不超过17个、教辅类内设机构不超过8个，二级学院行政管理类内设机构不超过4个，原则上不设教辅机构。自主设置教学类和科研类内设机构。根据大学管理的相关规定，结合学校规模、学科布局结构和发展需求等因素，允许大学自主设置教学和科研类内设机构，体现学校特点。二是创新方法，总量管理人员编制。根据大学不同类别的人员构成情况，按照"总量控制、分类管理、自主调整、优化结构"的原则。下放编制自主调剂权，允许大学在现核定的编制总量内，结合教学需求和工作实际，合理配备大学内部教师和科研人员、教育教学辅助人员、职员等各类人员，并以年为单位，在同一经费形式的编制内进行科学调整。为最大限度保障大学教学力量，要求教学科研人员和教育教学辅助人员需占学校人员总数的80%以上。同时规定，在无空编的情况下，可专项申请临时事业编制周转使用，以进一步鼓励和支持大学引进人才，提高办学水平。三是区别对待，规范管理领导职数。根据大学不同类别的内设机构特点，规范设置大学内设机构领导职数，加强岗位管理。对行政管理类和教辅类内设机构，根据相关规定，按照编制规模和职责任务，合理核定领导职数，实行总量备案管理。由大学根据实际情况统筹使用，并向省委编办备案。对教学类、科研类内设机构，体现去行政化管理要求。取消内设机构负责人行政级别，核销原核定的处级领导职数，对目前实配的处级领导干部给予3—5年过渡期逐步消化。同时规定，教学类、科研类内设机构负责人取消行政级别后，其工作层级视同处级岗位工作任职经历。[①]

这是我们在调研中发现的青海省 2021 年关于规范大学机构编制的举措，这对于高校去行政化，为高校老师松绑，在行政制度上有着很好的推进作用。

(二) 师德制度

"高校师德制度是需要高校教师共同遵守的规章和准则，明确规定了高校教师可以做什么，不能做什么，为高校教师的师德行为划定了界限和准绳，也为高校教师出现师德失范行为时提供制度依据。"[②] 经过多年努力，当

---

① 何敏、马燕：《我省三项举措推动落实高校办学自主权》，《青海日报》2021 年 5 月 14 日，http://sft. qinghai. gov. cn/pub/青海 sfxzw/sfxzyw/zhdt/202105/t20210514_ 61851. html，2021 年 10 月 1 日。

② 金昕、王丹彤：《高校师德制度建设的问题与出路》，《思想理论教育导刊》2016 年第 3 期。

前我国高校师德建设已形成相对完整的制度体系。它主要有三个层面：一是以国家法律、地方性法规为主要形式的法定规范，由国家强制力作为保障，从法律意义上为高校教师师德行为提供强制性的规范和约束，如《中华人民共和国教育法》《中华人民共和国教师法》和《中华人民共和国高等教育法》等。二是由国家教育主管部门制定的具有行政约束力的政策意见，对高校加强师德建设与高校教师职业道德、日常行为、品格品质等提出明确要求和落实具体部署，如《教育部关于进一步加强和改进师德建设的意见》《教育部关于建立健全高校师德建设长效机制的意见》和《教育部关于严肃处理高等学校学术不端行为的通知》等。三是各高校自行制定的师德规范制度，进一步为高校教师明确了职业道德标准，具有一定的内部约束力。这三个层面相互联系、彼此联动，形成了较为科学、完整的高校师德制度体系，为确保高校师德建设的长效化与规范化提供了坚强的保障。[1]

高校师德建设的制度体系包含：师德教育培训的规范化制度、师德宣传示范的指导性制度、师德评价考核的标准性制度和师德监督惩处的可操作性制度。一是系统有效的师德教育培训是形成教师师德的重要手段，这一培训包括职前师德教育和在职师德教育两个阶段，这两个阶段事实上涵盖了教师的整个职业生涯。二是师德的培养和发展需要一个真实、客观的社会舆论环境，所以师德的宣传及内容是当前师德建设的一项重要工作，需要利用社会媒体塑造出合适的社会舆论环境。三是师德评价考核，正确合理的师德评价考核能够有效提高教师的师德水平，促进师德建设的发展，而不合理的师德评价考核对教师师德则起不到促进作用，反而会造成消极效果。四是完善师德监督惩处的可操作性制度。这应该注重三方面的内容：明确师德监督惩处各主体的责任；制定师德监督惩处标准；评定师德惩处级别和规定相应惩处措施。[2]

高校师德建设的各项制度作为保障高校师德建设的先行力量。不仅在高校师德建设中发挥着重要作用，加强高校师德建设的制度化研究对于提升教师师德和加强高校师德建设，在全面提高教师队伍素质、实现高校立德树人的根本目标以及实施人才强国战略的重要任务方面也具有重要意义。

---

① 金昕、王丹彤：《高校师德制度建设的问题与出路》，《思想理论教育导刊》2016 年第 3 期。
② 薛昉：《建立健全师德制度以提高高校青年教师师德水平》，《福建师大福清分校学报》2016 年第 3 期。

　　我们在调研中发现，样本地区从教育厅到下面的学校，甚至教研室，都是非常重视教师师德养成的。例如，青海省教育厅就多次开展有关师德师风建设的专项活动。最近的一次是在 2020 年 9 月，青海省教育厅下发了关于开展明师德、守纪律、讲规矩专项教育活动，提出为了深入贯彻落实中共中央国务院和省委省政府关于全面深化新时代教师队伍建设改革的决策部署，进一步加强师德建设，全省教师要进一步牢固树立纪律和规矩意识，增强遵规守纪的自觉性，更好地落实立德树人的根本要求。9 月，在青海省各级各类学校中开展了这样的教育活动。特别要求以习近平总书记重要讲话精神为指导，以新时代高校教师职业行为 10 项准则等为学习重点，培养教师守纪律、讲规矩的良好习惯，并降低教育系统全体人员违反法律法规，违反纪律规则的概率，提升师德师风建设水平。我们在调研中发现，很多教师都认为，过去作为教师知道什么事情是对的，什么事情是不对的，可是却从来没有真正重视过这个问题以及进行过系统的学习，并不是十分明确作为教师应该遵循哪些规则。现在通过系统地学习文件，通过对照师德标兵和优秀教师的案例，进行自我剖析并履行师德师风承诺，使得自己对于职业要求有了更为清晰的了解，并且对自觉做"四有"好老师有了更多的在法纪上的意识以及道德上的追求。

　　具体到高校层面，诸多高校都特别重视教师的职业道德建设问题。教师发展部门以及教务处等多次就师德问题召开会议和组织学习。在调研中，我们了解到很多高校印发了与师德师风相关的文件和材料。其中，QH 大学印发师德失范负面清单及处理办法的通知，包括思想与政治、教学与科研、自律与廉洁三个方面的师德行为要求，并明确指出对教师师德失范行为实行一票否决。教师出现违反师德行为，根据情节轻重给予相应的处理或处分，轻则给予批评教育、责令检查。取消在评优评奖、职务晋升、职称评定等方面的资格。担任研究生导师的，给予其限制招生名额，停止招生资格，甚至取消导师资格的处理。以上取消相关资格的处理，执行期不得少于 24 个月。教师出现师德失范问题，情节较重，应当给予处分的，还包括警告、记过、降低岗位等级，开除甚至解除聘用合同。可见，该校对于整治师德的力度是非常大的。

　　实际上，当前对于师德失范的认定和处理是一个难题。究竟什么样的行为或言语可以被认为是师德失范，目前还没有一个明确的标准，只能根据大家的经验作为评判准则。例如，近三年来，QH 大学已先后下发师德失范处理文件四次，涉及教师 39 人，1 人违反《QH 大学师德失范负面清单及处理办法》第 18 条第 1 款、38 人违反《QH 大学本科教学事故认定及处理办法》中的第 5 条第 21 款，其中发生严重教学事故 3 人、一般教学事故 2 人、通报批评 33 人。

2019 年 12 月，QH 大学为深入贯彻落实习近平总书记关于教育的重要论述和全国教育大会精神，落实《新时代公民道德建设实施纲要》和《中共中央国务院关于全面深化新时代教师队伍建设改革的意见》，加强和改进新时代师德师风建设，倡导全社会尊师重教，教育部、中央组织部、中央宣传部、国家发展改革委、财政部、人力资源社会保障部、文化和旅游部研究制定了《关于加强和改进新时代师德师风建设的意见》。为学习领会该意见的精神，贯彻落实相关要求，QH 大学专门召开《关于加强和改进新时代师德师风建设的意见》学习交流研讨会。

第二节　学院伦理文化环境

在这一节中我们提到的学院伦理文化环境是针对整个学校大环境而言的，主要讨论在学校这个大环境中所展现出来的伦理文化环境。学院环境是教育环境之一，在这个环境中群体成员之间不可避免地会产生交流合作甚至是冲突。因而，分析学院伦理文化环境对于教师的成长和发展具有非常重要的作用。在这里，我们探讨学院伦理文化环境主要是从学院中的道德氛围、教研室中的道德关系以及以学科为媒介的道德关系三个方面进行的。

一　学院中的道德氛围

（一）环境中的道德公正体验

"道德公正是指个人或组织履行道德时得到他人和社会给予的与其道德上付出相适宜的善意对待和回报，它主要涉及道德活动中给予与回报、付出与补偿之间的对等与平衡问题。"[①] 其核心原则是"以德报德，以善报善"。道德公正，如字面意思可见，主要指的是道德领域中所体现的公正，是不同于经济或政治领域的公正。道德公正依据的不是比例上的平等，它的主要依

---

① 覃青必：《论道德公正及其维护》，《中州学刊》2018 年第 9 期。

据是"以善报善"的道德公正原则。从广义上理解，道德公正还包含道德行为、道德准则、道德规范等方面所体现出来的公平公正的意蕴和价值等。"善者得益、恶者受损"的价值观，是道德公正规范主体行为、推动社会文明发展的重要精神支撑。

"公平公正所涉及的基本问题是人与人、人与社会之双重结构关系中的利益、权利、义务、责任问题。"① 从权利即资格的角度来讲，义务便是责任；但无论是权利还是义务，都涉及利益问题。利益是权利和义务的本质体现，而权利和义务则是利益的现实表达，公正则是衡量个体能否实现利益对等的评价尺度。马克思指出："人们奋斗所争取的一切和他们的利益有关。"② 在道德领域，道德公正作为衡量个体道德利益对等的评价尺度，对社会的发展和人的品格塑造有着重要的作用。

在研究中我们发现，道德公正在一个学院中起着重要的作用。其一，道德公正是构建和谐学院的前提。在一个社会中，公平正义是和谐社会的基本特征之一。如果一个社会只要求人们付出，而不注重公民权利的享有，或者没有相应的道德公正环境和道德回报机制，那消极道德行为事件将会不断发生。因而，在一个和谐学院中，尊重他人的人也应当受到他人的尊重；对学院有贡献的人应该有所获益。道德公正则是营造这种道德原则的基础和前提，否则在道德不公正的环境中这样的现象会盛行，即遵守道德的人成了社会漠视的对象，缺乏道德的人却成了社会的主流。那么，和谐社会的基本特征是无法在现实中体现出来的，构建和谐社会也就无从谈起。

> 总体上，我觉得学院是公平的。像职称晋升，它有详细的规定，一方面是你课时量，像我们这个是包含行政的，然后就是科研，它会给你一种折算的方式，然后打分。（190608Q）

其二，道德公正可以改善学院的精神面貌，从而促进学院教学科研的发展。在道德公平环境下会传递出一种和谐有序、积极健康的精神风貌。例如，助人为乐、甘愿奉献的精神会在全学院范围内传承与发扬，敬业爱岗、

---

① 唐代兴：《资格与利益：从分配公正到实践公正》，《西南民族大学学报》（人文社会科学版）2006 年第 12 期。

② 《马克思恩格斯全集》（第 1 卷），人民出版社 1995 年版，第 187 页。

诚实守信的职业操守会内化于心、外化于行；扶危济困、大公无私的责任感将深入人心，等等。一个民族如果精神上出现疲软落后，经济上自然也不可能有所作为。因为人是生产力的最基本要素，社会的进步、经济和文化的发展都离不开有能动意识的人的作用。人的精神状态如何、思想境界的高低是影响社会生产力发展的重要因素。

其三，道德公正能够塑造教师主体良好的道德品质。个人的道德修养不是与生俱来的。虽然受到主体能动性的作用，但是，从根本上说它受到一定社会环境和物质生活条件的影响与制约。主体的生活环境对主体的品德形成具有潜移默化的制约或激励作用。在道德公正的环境中，学院可以在无形中通过各种方式去指导人们提高自己的道德修养，"善者得益、恶者受损"的价值观会被教师普遍接受和内化，道德责任感会逐渐增强。在此基础上，个人对自己的道德修养和道德行为有了新的认识，道德公正被提升到更高的境界，良好的风气便能盛行。在这样一种道德公正环境的熏陶下，教师能自觉地按照社会要求的道德原则规范自己的思想和行为，通过社会主流的道德修养和意识形态来陶冶自己的情操，塑造自己高尚的品质，在社会不断进步中使主体自我品格日趋完善。

> 说欺负新教师也不合适，但院里会把很多行政工作都扔给你，什么教学助理、党建工作、会议安排，等等。（180712C）

由上述访谈内容可见，良好的道德氛围是进行道德教育和提升个体道德修养的隐性教师，这种氛围的影响是潜移默化和深远持久的。古语云："近朱者赤，近墨者黑。"如果在一种自私自利、安于现状、不求进取、自由散漫、只顾眼前、贪图小利的道德氛围之下，个体必然无法养成良好的道德品质；反之，如果公平公正成为社会常态，集体主义被倡导，不公正的道德行为被斥责和鞭挞，赞赏和鼓励公平公正的道德行为，就会创造一个良好的道德氛围。

以权谋私，"例外"情况盛行。人趋利的本性从本质上讲是没有错的，但在逐利性的驱使下，人总是会做出一些道德失范的行为，会运用手中的权力为自己或"自己人"牟取私利。当这种不道德的情况成为普遍现象，社会道德底线被冲破，不公正的道德氛围就会笼罩学院。必须消解和打破这种特权和例外，以文明秩序为良好道德氛围的构建铺路搭桥。

> 有时候如果说名额恰好就卡死了，他只能看着，反正只有他走了才能把这个位置腾出来，是吧？那腾不出来就只能等着。在我们学院，讲师和助教相差约 1000 块钱，800 块到 1200 块。因为这个带来的直接就是经济上的差距，工资倒无所谓。比如说一个月讲师和助教两个人都干同样的工作，但是课时费就差了很多。那如果是助教的话，就会想我是不是可以少上两节课？对积极性确实是有打压的。还有就是我们不参加那种全省的信息化教学比赛、教师的竞赛。省内甚至整个西北地区跟内地的资源真是没法比的，我们参加省赛评出的一、二、三等奖，拿到全国去，那都是垫底的。我们的资源跟不上，人家的资源建设由整个学校在支持，而我们是指派你去参加这个比赛，这是你的任务，没有人帮你，也没有什么支持。(191102J)

小团体主义。在这种主义之下，人们处世遵循局部利益优先的原则，拉帮结派，不顾全局，对于"局外人"有明显的歧视和打压行为。小团体主义在不同地区、不同方面都有发展，如区域歧视、学术小团体等各种抱团现象，其在本质上是一种没有道德的狭隘的意识，于个人于社会都有百害而无一利。这种主义是社会道德氛围不公正的一种体现。

（二）环境中的协作互助氛围

在人类文明的进化史上，个体在面对自身不能解决的问题时，则会寻找群体合作，共同解决所面临的问题。因而，在人类文明发展的过程中，群体之间的互相协作是非常重要的。而协作互助是指在群体生活中群体成员为达到既定的目标所展现出来的一种资源共享和团结合作的精神。这种协作互助的精神可以充分调动群体成员参与集体活动的积极性，并在一定程度上调动群体成员所有的资源和才智。这种协作互助、互相支持的道德氛围，展现在教学环境中则有利于教学和科研的共同发展。同时，受到中华传统文化中集体主义思想的熏陶，教师之间容易形成良好的道德氛围。但是，我们也要认识到，高校教师都是知识分子，知识分子是一个特殊的群体，长期以来所形成的文人相轻、清高自傲的观念在一定程度上影响了教师团队合作精神的形成。一位受访教师认为：

要是能分工的话，我觉得效率会很高，会出很多东西。但是，我现在也面临着团队的问题。我也想把和自己同学科方向的老师都组织起来，我们一块儿做一些大一点的工作。可是，因为每个人的点都不一样，有些老师的性格比较特立独行。（190525Z）

学校给我们青年教师安排了导师，结果我的导师来了，我当时真的是很虚心的态度，人家导师说，你们年轻人比我们厉害，我能导你啥呀。（180712C）

上述现象在高校中屡见不鲜。但同时我们也要看到积极的一面。在调研中我们发现，教师受到中国传统文化集体主义的熏陶，一旦教师形成了强烈的集体主义精神，就会自觉告别冷漠、自私、狭隘的心理，与同行"肝胆相照，荣辱与共"。教师之间精诚团结、互助合作是顺利进行教学科研的重要保证，教师之间形成亲密的"战略合作伙伴关系"在合作中就会实现"双赢"或"多赢"。

我们形成了比较好的团队关系，即使在面临竞争的时候，或者面临利益分配的时候。有一个项目大家都去报，我们的专家评委评审团觉得哪个好就做哪个。但是我们所有项目里的名字就是你加我，我加你。他是主持我就是第二参与。每个人都会去报，但是我们都会成为对方的一个参与者去支撑对方。（190609L）

（三）环境中的自监督机制

"道德监督功能旨在通过社会公众舆论向道德失范者施压迫使其纠正恶行，保障道德在社会中的权威地位和全体社会成员的道德认同，实现人与人关系、人与社会关系的和谐发展。"[1] 道德本身是具有监督功能的，它是道德调节功能的具体彰显形式之一，主要以社会舆论为手段实现道德外在的调节功能；以良心的手段作为内在的调节手段，自我同意完成道德的调节。在教师群体中同样存在着舆论和良心，使得教师群体存在道德自监督的机制。檀传宝指出："教师的行为需要有一个'自监督'的机制存在。这个自监督的

---

[1] 王晓丽：《大数据时代的道德监督功能》，《伦理学研究》2019 年第 3 期。

机制实际上主要是教师的职业道德。"① 檀老师提及的"自监督机制"的形成，需要"自监督文化"的氛围，这种自监督文化应当是伦理文化环境的一个重要组成。继而檀老师又谈到："教师作为一个职业集团必须处理好集团内部的同侪关系，也必须正确处理好职业集团与社会的关系。有了良好的教师道德，就会形成一定的心理和舆论氛围。同时道德也会在每一个教师的心中以职业良心和信念的形式形成一种自监督的机制。"② 例如，访谈中老师谈到的教学备课投入时间、行政工作的分配都需要教师的自我监督来取得更好的工作质量。

> 如何量化？课时量可以量化，但是对课程的投入，却无法量化。比如说有人备课花半个小时，有人备课花半天，这个怎么去量化？这个没办法量化。包括行政方面也是，你看我们一个学校里头4个科室，每个科室都是三个人，但实际上也存在着分工不均匀的问题。（180712C）

教师德性的养成是需要长时间在一定的环境中逐步涵养的，因而无法立竿见影地出效果。但是，教师德性作为一种精神尺度，是具有道德的自监督功能的，也就是儒家传统中所说的慎独。事实上，有的教师在做出道德选择的时候，他或许并不清楚自己为什么要这么做，甚至不明白在哪一些法律规范或师德规范中有这样的要求，但他知道这就是一个高校教师应该做的事情。用俗话来说，就是凭着良心做事，自我监督、自我提高。这便是道德自监督作用的体现。形成道德自监督的良好伦理文化环境模式，有利于高校青年教师养成良好的品德。

> 咱们好多老师都是，比如说加班加点的，比如我日常教学工作完成之后，可能会利用我的下班时间、休息时间、中午给学生进行辅导，什么心灵的开导，都会有，就是利用老师的休息时间去做这些事情。这要看老师个人，如果愿意付出的，他会在各种各样的时间里去做。从早蹲到晚的很多，早上七点就来叫学生出早操，晚自习来守在

① 檀传宝：《教师伦理学专题：教育伦理范畴研究》，北京师范大学出版社2010年版，第12页。

② 檀传宝：《教师伦理学专题：教育伦理范畴研究》，第15页。

这里，有特别多这样的老师。老师陪学生在食堂吃早饭。梁老师每天早上准时来叫学生起床。有一个系的老师早早地给学生解方程，在课之外加课补课。没有任何报酬，就是自己来做，尤其是班主任老师。这种氛围特别好。年轻老师进来之后看到自己的同事就是这样一种付出状态。（191202J）

道德的自监督使得教师形成了一种在没有人用道德来要求个体的时候，依旧能够做职业道德规约的事情。

二 教研室中的道德关系

习近平总书记说："评价教师队伍素质的第一标准应该是师德师风。"[1] 师德不但影响着教师素质的发展，也影响着学生学习与生活的方方面面。"从教育生态学角度出发，教师的师德属于教育这个大系统，教师的师德环境又是教育这个大系统的子系统，二者互相联系、互相影响。"[2] 因此，师德环境是影响教师德性的关键因素，以学校、学院、教研组为同心圆的三重环境是影响师德的关键。其中，教研组作为教师从事教育活动的主要场地对于良好师德的形成以及树立的影响是最为直接的。正如马克思所说："人的本质是一切社会关系的总和。"故而，人际关系作为教研组文化的一部分对教师师德所起的作用是两方面的。

青年教师所在的教研室就像是一架关系桥。为什么说教研室发挥着关系桥的作用？因为教研室在高校中相对于院系和学校来说，是一个比较微观的团体，或者是空间。处于这一空间之中的教师个人，通过关系桥的作用，使得教师之间有了信息的交流、共享、控制。在这一过程中，教研室自然充当着不同教师个体之间信息沟通和资源流动的桥梁作用。"处于或接近关系桥位置的个体不仅控制着群体之间的信息和资源流动，还可以利用这些信息和资源为自己谋取利益。"[3]

---

① 习近平：《在北京大学师生座谈会上的讲话》，《人民日报》2018 年 5 月 3 日第 1 版。
② 曹文文：《教育生态学视角下小学教师师德的环境研究》，硕士学位论文，内蒙古师范大学，2020 年，第 1—2 页。
③ 吴庆：《新时期共青团组织服务青年的理论思考》，《中国青年政治学院学报》2009 年第 2 期。

在教研室这个群体中，信息资源基本上是共享的。一个教研室的教师在同一个学院，他们所接收信息的来源和平台基本上是共享的。教师教授同样的课程、进行学术交流以及参加各种会议。在这个场域中，他们不但进行着学术交流，还分享着自己的兴趣爱好，并且还会在一定程度上分享自己的私人生活。所以，他们通过在日常生活中的具体行为以及文化实践，实现了在教研室中的信息分享和传递，并且在潜移默化中进行相互影响。这时候，如果出现一种比较权威的信息，那么这种信息将会成为主流的文化，会影响每一个刚进入这个群体中的教师。

> 我们教研室的教师经常会交流各种新信息。比如说，我们教研室有一些老师是学法律的，当我们遇到一些不太懂的法律问题的时候，就可以向他们咨询，寻求他们的帮助。我们中还有一些老师是从事师德师风研究的，也可以向他们请教。这样的话，我觉得自己在职业中就有了道德素养的提升，我知道自己应该怎么做，所以我觉得我们教研室就是一个非常好的群体。大家在其中都能相互帮助，能够把自己所学的知识共享出来，然后形成一种合力。但是不好的也有，就是有一些老师工作态度比较散漫，他们不太愿意接受更多的教学任务，对教学的态度也是漫不经心，当然，这或多或少对我也会有一些影响。（191027G）

（一）新教师的道德适应

从新教师所处环境的角度而言，院校文化在新教师学术职业发展过程中是一种"有形"的文化大环境。在这个大环境中，新教师被逐渐熏陶、浸染。在很大程度上，院校文化对新教师的学术职业社会化起着举足轻重的作用。学校文化对青年教师德性养成有着潜移默化的重要影响。这从蒂尔尼的研究结果中可以得到印证。蒂尔尼认为："高校新教师的发展既可从个体的角度言说，也可从组织的层面看待。新教师在高等教育组织中进行的社会化过程使他们自身获得了发展，而高等教育组织帮助新教师理解组织期望，同时又欢迎他们为组织重新创造文化而不是简单复制。"[1]

---

[1]　W. G. Tierney, "Organizational Socialization in Higher Education," *Journal of Higher Education*, Vol. 68, No. 1, 1997, pp. 1-16.

我不知道有哪些举措或者政策是专门帮助青年教师成长的？我也不认为我目前所在单位的环境是能够帮助青年教师的。我个人的经验呢，一个是我刚参加工作的时候，我觉得当时我是最需要一些引导和建立初期的职业生涯规划的。但是在那段时间我反而是比较迷茫的。另一个是2017年的时候我评上了校级骨干教师，但是学校没有任何关于培训、学习之类的实质性措施。它只会到期对你进行考核。所以我觉得，至少从我身边的这些青年教师的处境来看，青年教师所经历的迷茫，所受的压力会更大。反而他们更少得到一些实质性的关心和帮助。（200108D）

另外，对青年大学教师群体来说，在工作和精神层面上，当然也包括道德，随着学历的提高和工作经历在高校的单纯化，他们交流的对象通常逐步锁定到同样在高校系统工作的非同院系的同事身上。由此，他们的道德适应从一定程度上讲是互相影响的。

作为所谓的大学老师，你已经和其他的同学，比如说小学同学、初中同学，甚至本科同学没有共同的语言。我不可能跟一个小学毕业的同学说，我们学院怎么样，我们的领导怎么样。但是和同学院的老师去八卦去聊天，又怕言语有失。所以，后来我和其他学院的老师逐渐自发形成了一个讨论会，每周我们都会聚会。正好有个女老师刚买了房子，就她一个人，所以她家就成了我们的据点，大家一起做饭，一起包个包子，晚上一起做个披萨什么的。（190318Y）

因而，从新教师对环境的适应情况来分析，教师进入新的群体环境，在融入新环境的过程中，教师会有新的社交对象。因而，教师之间会形成一种新的人际交往关系。这种人际交往关系会对教师的发展产生一定的影响。同时，基于这种新环境的人际交往关系，教师彼此之间会产生影响，教师之间不同的道德修养也会在彼此交流中产生影响。

（二）教研室的道德氛围

若以和谐环境为考量标准，那么往往存在着这样两种情况。第一，教研组人际关系是和谐的。科研学习互帮互助、教研组文化风清气正，犹如"大家庭"般呈现出一派欣欣向荣之景。在这种环境下，每位教师都能走向自觉，严格要求自己，每位教师都会牢固树立起自觉精神和价值观念，养成淡泊名利、志存高远的高尚师德。第二，教研组人际关系是不和谐的。环境对于一个人的发展是潜移默化、深远持久的。如若教研组内小团体主义盛行、内部成员之间关系紧张、教师个人有厌世感和疏远感等，这样一种不和谐的环境气氛对教师师德的形成和发展是有着极大的消极影响的。

如若把处理人际关系的能力作为考量师德的一项规范也是有其合理之处的。人际关系作为人们在社会交往过程之中建立起来的基本联系现在也逐步复杂化了。教师工作的过程就是社会化的过程，需要处理各种人际关系。一个不具备处理人际关系能力的教师，对其自身的发展也是极为不利的。在教研组这样的小环境里，如若教师本人没有这种能力，是很难与他人进行合作的。教师与教师之间的关系，不同于教师与学生或教师与家长之间的关系，这种关系更为日常，这方面关系的处理能力，直接反映出教师自身的心态心理状况是否稳定、日常生活的愉快程度以及工作能力等，这些是教师师德规范在人际关系之中的直接体现。

> 因为我们教研室全都是年轻的老师，大家起点都差不多，状态也是一样的。我接触比较频繁的教研室中的人，大家在排课的时候都非常公平公正，尽力兼顾到每个老师的意见，大家的教学工作量基本上都差不多。教研室这种氛围是比较令人满意的。如果像家庭一样相亲相爱，那是不可能的，因为我们是同事关系。像工作态度、教学技术基本上天天在交流。办公室都是年轻老师，也有一个督导老师。所以大家态度都比较谦虚，就是相互促进。我觉得我们院的工作氛围相对来说是比较融洽的，可能因为我们平时接触到的老师、同事都是一些年轻人，跟年长的不太常接触。（180702M）

在教研室中，样本地区的人际关系从一定程度上讲比较简单。有教师在访谈中谈到，相对于一些大城市，由于竞争等原因，同事之间难以消除防备心。这位从北京回到西宁工作的教师谈到其在这里体会到了"互相帮助"的教研室氛围，明显感受到"小地方有小地方的好"。

> 过去我在北京，看到很多老师都是淡漠之交，就是他不会害你，但

是他也不会帮你。比如说，明天有个东西截止日期到了，他不会告诉你。很多青年老师互相是隐性竞争。可是在青海工作，每当交材料时，有老师就会在你身边大喊，哪个还没交？电脑上有个模板，你把那个套上就行了，今天下午就要交。所以，在人与人的交往上至少有时候会让你觉得温暖。我们教研室的电脑里面什么教学计划、教学档案，甚至我上次评职称的材料弄完之后都没有删。如果说在其他的什么地方，我可能会十分保护自己的隐私。（190318Y）

除了人际关系相对简单外，在访谈中我们还能感受到青年教师之间经常互相帮助，彼此关系融洽。青年教师通常是上有老、下有小，生活压力相对较大。而且很多从外地去样本地区高校工作的青年教师，父母都不在身边，照顾孩子和兼顾工作就是一个比较现实的大问题。

有时候，比如说有一个老师上课，他家里没有老人，孩子在发烧，但是他课没办法不上。他就会把孩子带到新校区来放到我们家让我帮他看着，他去上两节课，回来继续看孩子。（190608B）

基于教研室这一环境，教师之间形成和谐融洽的氛围，会对教师的成长和发展产生积极向上的影响作用。这种人际交往的和谐氛围也有利于在教学和科研工作之间形成一种团结协作的关系，更有助于教师自身的进步以及整个群体的发展和进步。

（三）榜样人物的道德风尚引领

学习是人类和其他动物最重要的一种活动。人类在复杂变化的环境中，必须通过学习来调节自己的行为，才能适应所在的环境。学习贯穿着个体生命的全过程。当人类还在胚胎时学习就开始了，婴儿学母亲咿呀发音；小孩子学同伴玩耍打闹；青年人学前辈为人处世；老年人学习与时俱进。生命不息，学习不止。观察和学习榜样的德性行为，是人们形成自己德性品质和教学风格的途径之一。通过仔细留意，我们可以发现在学习的过程中，有一些人的举止、言谈、价值观、信仰与学习者的想法相切合，会让其感到舒服。这些人便成为学习者特别感兴趣的对象，甚至成为学习者的"榜样"。

"道德榜样"的产生往往不一定具有普遍性。也就是说，不同的大学教师有着自己的价值评判。因此，他们心中的"道德榜样"也各不相同。有的"道德榜样"勤奋认真，有的严谨慎思，有的热情周到，有的严肃公正。虽然榜样不具有一致性，但是榜样带给大学教师的影响是一致的。在心理学中，这种影响被称为"潜在学习"的过程。托尔曼用小白鼠做过一个实验，训练它们走一个复杂的迷宫。后来发现，即使没有受到特殊的强化，学习的结果依然很显著。因此，学习只要有目标，就可以通过潜移默化的方式加以实现。大学教师德性品质的学习过程便是如此。他们的"道德榜样"多半是自己的导师、同事以及年长的教授，这些人在大多数情况下是以知识为媒介与他人交往的，而不是职业道德品质的展示者。大学教师通过与他们心中的榜样导师、榜样同事以及榜样前辈近距离地接触，感受到他们对待工作和学生的态度、受到他们的态度和敬业精神的感染，不知不觉地用榜样的标准来要求自己，于是在无形中自我的德性品质也就逐渐养成了。

> 据我观察，对学生工作或者说教学比较关心的老师和一讲完课就拍桌子走人的老师，算是一半一半。有一部分老师，他除了上课之外，私下跟学生有些交流。也有一些老师可能上了一学期甚至一两年的课，学生跟他打招呼，他都不知道是谁。确实上课 45 分钟，上完课就走了，这样的老师也有。但是从内心讲，我希望自己能成为第一种老师，能跟学生非常熟悉，能使他们真正把你当成良师益友这样的老师。但是，有的时候由于个人性格原因，或者说工作原因，也不可能所有学生都认识，我也达不到这个水平。（180712C）

学院里榜样人物对教师会产生直接或者间接的影响，教师也会在榜样人物的影响下关注和学习其行为，进而形成一种积极向上的学院文化氛围，促进整个教师团队的成长和发展。

> 我感觉学院整体的科研氛围更浓一些。以前的话，老师上好课就行了，也不想搞什么科研。但是，因为钟老师带领着学校的一个学生，申请了第一个国家自然科学基金，到做这个种子库，包括后面带了一批学生出来，这对于我们在科研的投入上有很大的影响。老师能够有这种意识，去真正做一些事情。（190606Z）

觉得对我冲击比较大，或者印象比较深的一个老师，她以前跟我一样，也是做行政的，她那时候在学校、学院里面担任教务干事，工作非常忙。然后她老公又在外地，每周都要坐火车去看她老公。在这样的情况下，她考上清华的博士了。我觉得这么大的工作压力，在这样的工作环境里，没有想到她能那么顺利地考上博士。现在那个老师辞职去了内地的高校。我觉得这件事情，对我当时的冲击是比较大的。对于个人来说，进入大学，能力都不差，进到学校里面，在这个平台上，最后每个人的道路走的还是不太一样，个人因素在里面所起的作用比较大。（180712C）

年长教师对待教学认真严谨的态度也会对青年教师产生一定的影响，让他们在潜移默化中学习年长教师的认真态度，以更高的要求规范自己的教学行为和教学态度，进而提升自己的教学和科研能力。

在文学院里头我觉得没有懒懒散散的行为，所有的老师都很认真，稍微年长一点的老师对上课的态度，比起我们年轻的老师来讲更负责，更有责任心。现在的好多大学除了教学之外还要搞科研，就是在评职称的时候，如果你只上课的话，职称就评不了。必须得有科研成果。但在那之前我们的前辈，那些年长的老师，在科研和教学方面，更注重教学。所以我们好多年长的文学院的老师，在职称方面没有同步地提升。很多老师年纪大了，职称还是比较低。但是他们对教学很投入，他们觉得老师就是要以教学为主。科研应该在研究教学的过程当中进行，教学中有什么问题，会去查找一些资料，把问题解决了，其实这也是一种研究。但只是没有真正做研究，将其写成论文发表，没有具体的实物来证明。其实，教学的过程也是在研究。所以我觉得在教学中全身心的投入，对于学生也是一个负责的态度。对自己而言是提升学力，是学习。如果只搞科研，教学就会成为副业、辅助性的工作，那么研究就会成为一个不成功的研究，成为没有成效的研究。好多研究都是从教学当中提炼出来的。（190607P）

三　以学科为媒介的道德关系

美国著名高等教育学家伯顿·克拉克认为："划分和组合学术活动的基本方式有两种：根据学科进行划分和组合及根据院校进行划分和组合。"① 通常，学者在研究大学时都习惯以院校和学科作为两条研究线索。在本书中，我们主要关注院校环境中的伦理文化，但是也需要留意以学科划分的不同"学术部落"②，也存在对职业伦理道德的不同解读。周光礼在《大学变革与院校研究》中明确指出："学科既是一种知识体系，又是一种学术制度。"③ 深入理解学术制度，可以将其看作学科的研究范式、研究主题、学科规训，但同时也包含职业道德的规约。因此，在同一所高校，由于学科的多样性，会导致不同的教师职业发展模式、规范准则和习俗惯例。同时我们也看到，学院是"学术部落"的实体和基地。也就是说，学院可以作为学科伦理文化研究的依托。所以，我们要研究高校青年教师所在的伦理文化环境，就应该将学科融入学院的层面进行分析。

"学科组织是以学科作为直接操作材料的学术组织，是学科发展的依托和载体。学科组织由学科发展目标、学者、学术信息和学术物质材料四个基本要素组成。"④ 对于学科组织而言，学科规训不仅促进了以学科为中心的学术机构的形成与扩展，还促使以学科为中心的各专业协会、学术基金会以及学术评议机构等学术组织的形成。这些学术组织提高了学科专业化的程度，促进了学科自身的发展和知识的增长，在这样一种专业化的学术组织的培育下，也有利于促进学者专业知识的形成和增长。

"史鉴使人明智；诗歌使人巧慧；数学使人精细；博物使人深沉；伦理之学使人庄重；逻辑与修辞使人善辨别。"⑤ 由此可见，不同的学科会使人养成不同的气质品性。"学者道德的第一条基本准则就是，坚持学者社团中所

① ［美］伯顿·克拉克：《高等教育系统——学术组织的跨国研究》，王承绪译，杭州大学出版社 1994 年版，第 33 页。
② "学术部落"是借用托尼·比彻在《学术部落及其领地——知识探索与学科文化》一书中对不同学科进行形象比喻的称谓。
③ 周光礼：《大学变革与院校研究》，北京大学出版社 2017 年版，第 3 页。
④ 李金奇、冯向东：《学科规训与大学学科发展》，《高等教育研究》2005 年第 9 期。
⑤ ［英］弗·培根：《培根论说文集》，水同天译，商务印书馆 1983 年版，第 180 页。

有成员都必须在高等教育的某一领域受过长期的系统训练。"① 经过长时间在某一学科的浸润，就会形成不同的德性价值观和行为。不同的学科文化也会赋予学者不同的身份认同，学科的规训会使他们具有不同的思维方式、不同的道德感、不同的责任感。因此，学科文化环境也是非常重要的伦理文化环境。与院校文化相较，学科文化则是新教师"无形"的文化大环境，他们在其中形成学科人特有的个性、学会说本学科独有的"行话"。

（一）学科伦理文化概说

英国苏萨克斯大学托尼·比彻等想绘制一张学术知识领地分类清晰的地图，并描绘学者在各自的学科领地上进行学术生活的场景，以证明一个学科群体中职业语言和专业文献在构建学科的文化身份方面起着重要的作用。"语言学家称之为语域——他们有一套自己常用的专门术语、句式、句法，对外行来说很难效仿。"② 托尼·比彻等将文化视为"一种共同生活的思维方式和集体的行为方式"③。把这样一种学科共同体比作部落，其彼此隔离、共同性少、交流也不多，在其内部成员之间有相同的信念，并可以共享文化和资源，却与其他部落很少往来。基于各个学科的知识便是他们形成部落的基础，他们的生活和工作都是围绕学科知识来进行的。各个学术部落都有自己的"私生活"。描绘各个学术部落的"私生活"对于研究学科范围以及在整个"大科学"范围内外的学科团体的界域，并理清构成学科领地看似散乱的结构特征非常重要。

托尼·比彻等在比格兰（Biglan）和科尔布（Kolb）的学科分类体系的基础上进行了"改良"，参照"硬科学—软科学、纯科学—应用科学"的划分方式，结合学科知识的认识特征，将学科按照新的框架分为四个类别："纯硬科学、纯软科学、应用硬科学、应用软科学"。在这样的划分下，每个学科都会有自己的学术共同体，它们是由致力于某一学科知识领域的学者群体组成的共同体，共享着某种一致的价值和文化、态度和行为方式。学科不同，自然在文化传统、价值信仰及行为方式上便会存在差异。例如，比彻在

① ［美］布鲁贝克：《高等教育哲学》，郑继伟等译，浙江教育出版社 1987 年版，第 121 页。

② ［英］托尼·比彻、保罗·特罗勒尔：《学术部落及其领地——知识探索与学科文化》，唐跃勤等译，北京大学出版社 2007 年版，第 49 页。

③ ［美］伯顿·克拉克：《高等教育新论：多学科的研究》，王承绪译，浙江教育出版社 2000 年版，第 16 页。

美国和英国对 12 个学校的 221 个学者进行访谈时发现，学术共同体学术活动的社会特征与知识的关系非常紧密。也就是说，不同学科门类的学术共同体具备不同的社会特征。在每一个具体学科的形成和发展过程中，学术共同体在其成员的共同交往中会形成各具特色的文化习性，这种文化习性也就成为学术文化形成的另一个重要内容。

> 学科明显是一种联结化学家与化学家、心理学家与心理学家、历史学家与历史学家的专门化组织方式。它按学科，即通过知识领域实现专门化……正是学科组织方式使得高等教育表现出初等教育和中等教育所不太具有的超越时间和空间及国际性的特点……尽管学科的重要性往往为人所忽视，它依然很容易被人们看作基础方式。一项简单的测试就能表现出它的力量：如果让学术工作者在学科和单位两者之间进行选择，或许他一般都会选择离开单位而不是学科。一个人离开他的专业领域要比离开他所在的大学或学院的代价高得多，因为一个人高等教育层次越高，其专业在决定任务时的重要性就越明显……①

由此可见，学科文化是主宰学者的工作和生活的重要力量。

我们常说，学者对自己的学科有着道德责任，学者就应该献身于自己的学科领域，这种献身是理智上的彻底性和精神上的正确性，更是一种情怀上的执着性。毋庸讳言，有的学者利用自己的学科一味追求个人利益得失，但是也有一些学者却是真心地爱着这个学科并且希望它能够被发扬光大。当然，据我们理性的分析，一个学者在发扬光大自己的学科和个人利益得失之间的确并不矛盾。但是，要明确的是他们必须在这个领域中承担起对这个学科的知识进行积极认真探索、传播和把自己的发现公布于众的责任，履行对学科后继者的责任：

> 因为我们这个学院是部校共建的，是省内唯一的新学院。从办学的定位来说，面向的是全省。最终希望我们能培养出适合西北，甚至说辐

---

① ［美］伯顿·克拉克：《高等教育系统——学术组织的跨国研究》，王承绪译，杭州大学出版社 1994 年版，第 34—35 页。

射全国的新闻人才。但是在具体的实践过程中，和我们的理想，或者说办学的定位是有差距的。作为老师来说，就是一个日常的教学，但是这种日常的教学培养出来的学生，很多时候在媒体人眼里，他们会觉得是不适用的。还有教学和实践的差异，存在脱节的问题。就是我们培养出来的学生，走到就业市场上，或者竞争市场上，很多时候不能一下子适应他们的岗位要求。他们在工作以后，需要进行一个再实习、再学习这样的过程，才能适应工作。（180712C）

(二) 学科伦理文化图景

根据比彻等对不同学科的学术活动交流模式的总结，我们基于此对调研所得的数据进行了分析和编码。比彻等认为，学术共同体的交流模式可以分为"都市剧和田园剧"。这一划分的主要依据是研究人员与研究问题概率的高低，是以一段时间内研究某个问题的人员数来划分的。通过观察各个学科，在各种社会交往和学科交流中的方式，以及每个学科研究知识的密度，对学者的交流方式进行划分。有一些学科研究的问题很集中，一大波学者就围绕这几个问题进行研究。但另外一些学科研究的问题却非常分散，有很多问题值得研究，即使是同一领域的学者，他们之间也很少形成共同的研究问题或达成一致的意见。所以，比彻等用都市型专攻和田园型专攻的区别来进行一个类比，把研究人员和问题数目比例较高的专攻团体比作都市型专攻，而把比例低的专攻团体看作田园型专攻。这两种学术形态的不同，除了研究者在同一研究问题上的密集程度不同之外，还与研究人员之间的关系不同，以及他们期待吸收资源的机会不同有关。

1. 都市型伦理文化

所谓都市型是众多研究者汇集在一个狭窄的研究领域，围绕数目有限的问题或核心问题进行研究。由于这一类型的研究问题比较集中，研究者之间的交流相对频繁且比较容易达成共识。例如，物理学和生物化学。都市型研究者基本上会挑选一些较有特色的、范围较小的问题来研究，包含一些不相关的问题，但田园型研究者却往往相反，他们会研究一些较为广泛、区别不大的问题。都市型研究者会集中研究一些相对突出的问题，耗时短，研究范围小；而田园型研究者则会花较长的时间研究一些耗费精力的问题。从很大程度上讲都市型研究者之间的竞争更为激烈，甚至竞争到令人窒息，这是一种典型的双螺旋形上升的方式。他们会全力以赴地寻找一个看似可以导致突破性发展的科研课题的答案。

都市型学者研究的特点是团队合作，如果一个问题有几个人在研究，这往往是一个团队。但是在不同的团队之间，彼此是很少进行联合或合作的。学者总是尽可能避免与别人在微小的领域上产生交叉或重叠。因为在这样一个充满竞争的都市型研究环境里，学者都不愿意让别人知道自己正在研究的对象，害怕自己的研究被抄袭，并通过迅速发表论文来保护自己的知识产权。例如，我们对一位研究癌细胞的学者进行访谈了解到：

> 我连吃饭都不敢把手机放下，时刻都警惕着！甚至连周末都会紧张，不能完全放松。因为癌症这个研究领域更新太快！可能自己现在做的研究，突然间已经被别人发表。如果是这样的话，前期的工作就白做了。我们和团队必须争分夺秒地把现有的研究数据赶紧发表出来。（181117Y）

因此，从工作节奏上讲，都市型的研究者会觉得比较紧张，他们时刻都不敢放松。当然，从研究所需的配备和供给上讲，都市研究者需要更多的资源和较高的技术水平。都市型研究群体的课题联系比较密切，相关性也比较大。因此，他们经常有较多正式的学术交流。学术圈是他们生活非常重要的一个标识，所以但凡有这个学术圈，国内或国际的会议，他们都是十分趋于参加的。一位生物学的老师声称，他一年甚至要参加十几个学术会议，其中甚至有国外的，因为这种会议是必要的。

2. 田园型伦理文化

所谓田园型是指研究人员可选择比较广阔的领域进行研究，其研究的问题也呈离散状，研究者持各家之言、百花齐放、百家争鸣。因此，彼此间很难达成共识。这些领域内的问题想要通过研究完全解决也并非易事。例如历史学、社会学等。在田园型研究模式中，通常采取分散研究力量的规则，研究课题很多，没有必要集中研究一个别人已经从事的课题。

与都市型学者相比，田园型的研究节奏则是由研究者自己控制的。田园型研究在配备和供给上的要求不如都市型那么高，够用即可。而且，在很大程度上研究者自身的知识储备、研究素养以及驾驭能力比配备和供给对学术

195

产出的影响更为紧要。比彻等认为，在世界范围内，实际上都市型研究者更青睐大科学，田园型研究者则专攻小科学。何谓科学大小？宋毅等在《大科学观：科学观念学引论》一书中指出，"大科学"是指规模巨大，拥有高级技术装备，并对社会经济、政治、文化等产生重大影响作用的现代自然科学。与之相对的"小科学"一般是指历史上那种以增长人类知识为主要目的、以个人的自由研究为主要特征的科学。

在学者的交流方面，田园型研究者可能更倾向于一年内仅参加几次会议，即选择跟自己研究相关的，或者自己真正感兴趣的学术会议。由于同一个学科有太多的研究点，每个学者的点也不尽相同。所以，不必耗时耗力去参加毫不相干的学术会议。还有的田园型研究者认为，学科变化的速度也使得这个学科的文化并非一成不变的，研究的集中点随着技术的发展很容易发生改变。

> 新闻这个学科要是用一个词来形容，就是变化！作为我们老师，尤其是年轻老师，会觉得变化真的是非常快。在前几年的时候，可能还在谈论网络媒体，在工作三年以后，发现外面的时代已经变了，已经在谈论 VR 这些新技术了。正是因为这样的一种变化，无形中会造成一种压力。你要是不学习的话，真的会被淘汰。这跟其他的理科不一样，理科可能一个公式，一个定理，可以用很多年，甚至说这个是不会变的。你的这个研究是可以一直做下去的。但是，我们的这个学科新事物太多了，每年都会出现很多新事物。像微信是 2011 年出现的，到今年实际上也就 8 年的时间，我觉得已经完全颠覆了我们的生活，我们现在出门已经不用拿钱包了。首先，微信支付也好，扫码乘车也好，就觉得真的是这个学科要研究的一个问题。而且正是因为这个学科是一个变化的学科，所以作为这个学科的老师，实际上你在无形中就会有一种压力，就是不断地更新知识。我今年读博也是这种感觉。就是考博我其实没有用太多时间复习，就突击了 20 天吧，就去看那些论文，觉得跟以前自己硕士阶段的东西相比，感觉是两个学科了。变化非常快，很多新的内容你不学，学生拿来问你，你真的已经回答不了了。尤其是这种新技术的使用，确实是变化太快了。（180712C）

当然，田园型的伦理文化还体现在一种散漫和自由上。例如，一位英语专业的老师非常形象地描述她所在学科的文化氛围：

> 我们英语老师的文化应该是"自由、民主、散漫"。自由的思想有一点点影响我，民主的思想要求我对待事物一定要客观、公正、公平。而散漫这个思想，没有影响我，或者会有影响，是潜移默化的，我自己没有意识到。（170102D）

（三）学科伦理文化的影响

学科对个人在伦理道德观方面有什么影响呢？库恩（Kuhn）和怀特（Whitt）曾说："学科文化是教师身份和专业化的主要源泉。在规模较大的大学中，较之于他们工作的院系而言，学科文化与教师个体的联系更加紧密。"对学者个人来说，作为学科群体中的一员，是身份认同和个体责任感。甚至如格尔兹所说"是生存在这个世界的一种方式"。对于多数学者来说，学科身份和责任感很有可能在大学本科就开始了，在得到博士学位文凭时达到顶点。

1. 学科文化要实施学科规训

学科规训的原意是指：为高质量、高效率知识生产和规训学科新人而建立的知识分类与学科分立的制度、规训学科新人的方法的一种教育实践活动。包含以下三层含义："第一，学科规训是一种知识分类的规则和学科分立的制度，这种规则和制度保证了学科知识生产的顺利进行。第二，学科规训是一种规制学科新人的方法，知识通过对学习者的规范化训练方式而获得了权力地位。第三，学科规训是一种教育实践活动。亦如福柯所言：教学本身通过教学活动实践获得知识，层层监督。"① 从现代意义上讲，学科规训的含义可以归结为：学科规训是一个为规范某学科在其专业知识生产和人才专业化培养两条轨道并行的，以学科组织、学科制度和学科文化为基础的系统。在这个系统中，学科组织是学科发展的载体，学科制度是学科发展的重点，学科文化是学科发展的资源。

① 刘子真：《学科规训的原指与现代意蕴》，《长春工业大学学报》（高教研究版）2008 年第 2 期。

我是马克思主义学院的思想政治理论课教师，但是我并不是学马克思主义哲学出身的，所以当我从事政治理论课教学之后，有个非常明显的感受，就是这个学科对老师的要求真的很高很严。现在习近平总书记对思政课特别关注，对思政课教师的发展和要求也越来越高。习近平总书记说，思想政治理论课是落实立德树人根本任务的关键课程，我们都知道立德树人是高校的根本任务，要把这个根本任务落实到地，得依靠思政课教师，那你想我们肩上的担子得多重啊？说真的，常常说思政课教师要理直气壮地信仰马克思主义和讲好马克思主义，这是我们的使命和担当，但是在当下确确实实还存在着很多的困难。比如说学生在课堂上不是很喜欢听思政课，又比如说思政课教师自身的理论素养不是很高，或者说我们在教学方法方面存在缺陷，这些都是我对于目前所接受到的党中央对思政课教师的要求，以及在思政课落地，实际教学工作中遇到的困难的一些思考。我想，这是当前我所处的这样一个学科对我的影响吧，因为在过去我们也知道要立德修业，要铸魂育人。但是我没有深刻地意识到，作为一名思政课教师，你的思想政治素养、人文素养和知识涵养等方面，都要比普通学科的教师要求高。因为你想要给学生心灵埋下真善美的种子，想要引导学生扣好人生第一颗纽子，想要他们真正听你的，听了以后还要入脑、入心。所以，这是这个学科对我们的不同的职业道德要求，而且这也是一个至高的要求，成为可信可敬可靠的有德之师，成为我终身努力的一个目标。(200104Z)

学科制度是学科组织中规制学科新人、形塑学者学术职业操守的规范。主要包括学科准入制度、学科划分制度、专业人才培养制度、课程标准、学科研究规范、学科评价标准、学科奖惩制度等。正如学界所认识到的，学科制度的建立总是利害相随、利弊相伴的。一方面，学科制度易于形成学术共同体和学术规范，推进本学科向纵深发展，也有利于学科组织建立其激励竞争机制，使学科以及学者个人的发展达到"无需扬鞭自奋蹄"的自觉境界。另一方面，学科制度的弊端同样也是显而易见的：首先，过分制度化和专门化，知识的完整性被割裂；其次，容易形成"学科壁垒"，影响知识创新、阻碍新学科的产生。学科制度的建立使得学科之间恪守边界，阻碍了学科之间的交流与学习，从而使得学者墨守成规，限制了学者跨学科研究和跨学科研究成果的产生。

2. 学科文化赋予文化资本

学者的身份认同和责任感同时也能为个人带来相应的"文化资本",文化资本概念是由法国社会学家布尔迪（Pierre Bourdieu）提出的。他在《资本的形式》中对资本范畴进行了研究，提出了他自己的文化资本理论。其中，完整地阐述了文化资本的基本概念，认为文化表现为一种具体化的文化资源，其本质是人类劳动成果积累的呈现。布迪厄看到了这一事实，提出"资本是积累的劳动""资本是一种铭写在客体或主体的结构中的力量，它也是一种强调社会世界的内在规律的原则"等重要观点。对于学科成员来说，只要取得了学科共同体成员资格，便可继承这种文化资本。学科共同体成员资格，在其完全意义上包括"正确界定环境的能力，以及使用该环境要求的语域类型的能力"①。

> 研究植物学科，我觉得是兴趣吧。因为做研究，要探讨你对什么东西感兴趣。比如说，青藏高原的植物适应这个地方的特殊环境，它会发生一些变化。如果感兴趣的话，这个兴趣能够带领你去深入研究。如果是你根本不关心这个问题，你就没有办法做下去，会觉得很枯燥。有兴趣的话呢，虽然说过程会比较复杂、艰难，但是自己不会觉得太苦，更能吃苦耐劳。女孩可能在体力各方面都不如男性，对吧？所以我们要更能吃苦，这个时候如果再有兴趣的话，就不会觉得苦了。（190606Z）
>
> 我们这个学科很特别，是搞信息技术的。我们的印象可能就是工科男。刚到这个领域的时候，我们被称为程序员，天天就是搬砖敲代码。它对我影响最深、最根深蒂固的就是严谨。因为在代码里头不允许你出任何错误，哪怕是一个逗号出错误，整个程序就运行不了。为了修改一个逗号，你可能会花费两到三天的时间，天天都会想到底哪儿出错了，最后你发现原来是一个逗号或者是一个分号弄错了。所以说不允许犯任何错误。长时间的这种思维方式，对每个人的影响都是不一样的。（190609L）

① ［英］托尼·比彻，保罗、特罗勒尔：《学术部落及其领地——知识探索与学科文化》，唐跃勤等译，北京大学出版社2007年版，第53页。

学科文化植根于学科的形成与发展，是学科成员奉行的学术精神与行为准则。学科文化是在学科发展过程中形成的学科特有语言体系、学科理念、价值标准、思维方式、伦理规范等，学科文化作为学科的软实力，具有潜移默化的育人作用，是影响和塑造学者求真务实的科学精神和奋发图强的精神动力。它是学科组织发展的环境与土壤，既包括学科知识领域中的文化，又包含学科组织中的文化。每一个学科都有一定的学科知识领域，其中每一学科的成员都有着相同的行为准则。探讨相同的理论、方法和技术，有着共同的学术信念，从而形成了不同学科的学科理念、价值标准和思维方式。正是这些方面的契合，使得我们可以辨别不同学科学者的身份。接受过这种学科文化熏陶的人，会按照本学科的"学术话语"交流或者写作，从而被认可为同一学科领域中的成员；通过学科文化的继承，学者身上会形成一种新的较稳定的习性，这样一来，某一学科领域的新人也就被规训出来了。当这些学生成为教师时，也会作为学科传人，按照本学科的学科规训尤其是学科文化去培育和规训学生。

3. 学科文化标记归属烙印

学者有属于自己不同学科的归属感，就像是在物理学家的办公室里，他们常常都挂着阿尔伯特·爱因斯坦的画像，而在社会学家的办公室里，很多都挂着马克斯·韦伯或卡尔·马克思的画像。这种学科文化还表现在艺术品上，比如说，化学家的桌子上经常摆放着复杂的分子结构、三维模型，医学家的桌子上经常摆放着人体结构模型，人类学家的墙上经常喜欢挂彩色的挂毯。藏医学的老师喜欢挂唐卡，农科院老师的桌子上时常摆放着种子或植物标本。

比彻等还描绘了学者的"私生活"——个体学术生涯，对学者个体的学术职业起步、学术生涯的中期危机到学术职业的终结都进行了细致的描述。从学者的学术生涯一开始，学科要求的差异就是显著的。例如，在"纯"学科领域中，几乎都要求获得博士学位，但在应用型、职业型学科中要求却不尽相同。学者学术生涯的正式开端无论学科分类如何都呈现出比较一致的趋势：通常要经历博士后阶段才有通往终身教职的机会，学术职业大多始于报酬低、不固定、起点低的试用性工作，难以得到提升。但是也有差异，不同学者的第一份正式研究职位起点的不同，决定着他们后期研究生涯的发展。同时，当初的研究方向也至关重要。到了学术职业中期，面临的问题通常是，是否需要继续目前的研究方向？是否需要改变研究方向？是否需要完全放弃目前的学术研究而另择他业？当学者成功地克服了中期危机后，就步入了学术生涯末期。但是，也有许多人未能渡过中期危机。到了学术生涯末期，有的学者呈现出学术冷淡状态。如丹尼斯"关于研究成果在学术职业中后期持续"的主要论点表明，从 40 岁开始，学者的产量略有下降。60 岁以后，产量便大幅下降。但仍有许多学者保持活跃状态，使其学术生涯出现了研究的又一个高峰，有研究发现，学者的第二次研究成果繁盛期会出现在研究者五十多岁的时候。①

此外，在具体学术活动方面，不同学科的学者在不同方面也有显著的差异。如在招收新成员、发起研究活动、专业选择、博士生指导、研究效率和成果的巅峰状态、敬业精神等方面。

在 QH 大学，医学是主要的学科之一。在访谈中，医学院的老师提到，在医学领域，医德是一名合格医生的首要评价指标，医务人员的道德水平直接关系到医疗卫生事业的发展，而医患关系更是人际关系中较为常见且敏感的关系之一。医务人员肩负着维护人民健康的重要职责，同时医疗卫生机构需要医德高尚、医术过硬的专门人才。这位老师说：

> 我时常拿我们领域出现的一些道德问题给学生举例子。例如，发生在 2021 年 4 月的某肿瘤内科医生实名揭露部分三甲医院存在的肿瘤治疗乱象，说出了部分医生的无知和贪婪，以及监管的缺失。我们在教学上，如果只告诉学生国家卫健委、国家中医药管理局出台了《加强医疗卫生行风建设"九不准"》及卫健委《关于严禁向患者收取"红包"的通知》《关于纠正不正之风若干规定》《关于廉洁行医执法的若干规定及违反规定的处理办法》《中华人民共和国医务人员医德规范》、2021 年国务院出台的医疗纠纷处理新规定等相关文件，学生不会有深刻的理解。必须让他们体会现实中的医疗不道德，他们才会知道什么事情绝不能做。（190608B）

① ［英］托尼·比彻、保罗·特罗勒尔：《学术部落及其领地——知识探索与学科文化》，唐跃勤等译，北京大学出版社 2007 年版，第 156 页。

第三节 教室伦理文化环境

在院校场域，最为微观的应该是教师和学生之间形成的伦理文化环境。教师在学校中接触最多的是学生，最主要的工作对象也是学生，因此单独分析教师伦理文化环境有着独特的价值。

一 教室是教师德性的土壤

这里的教室，是一种隐喻，隐喻学生和老师相处的场所。这个教室是宏观的教室，既包括上课的地点，也包括实验室、实践基地以及一切涉及老师和学生有教育行为的场所。这里借"教室"这个空间概念来分析老师与学生交往中最集中的文化环境。

教室是学生在学校生活中温暖的"家"，是学校的重要组成部分，也是师生共同生活的地方。在现代教育教学活动中，进行教学互动的主要平台依旧是围绕教室展开的，课堂教学更加注重师生与生生的互动交流。教室的外延可以延伸到实验场所以及一些实践场所等。教室是把学生和课本联系起来的媒介，教室又是教师和学生交流交融的土壤。"每一个职业都有其主要的专业场域，课堂之于教师，好比法庭之于律师，诊室之于医生，是教师最重要的专业活动场所。绝大多数的教师实践性知识具有不可言传性，但它却会体现在课堂教学情境中，影响和决定着教师的行为和课堂教学的进程。"① 因此，对于教师而言，"教室"是教师实践性知识熟练与生成的依托之所；对于学生而言，"教室"是其获得知识的主要来源和知识增长的重要场域。教室是连接教师与学生之间关系的重要媒介，教师与学生之间的密切联系以及情感交流也是基于教室这一场所而进行的。在教学活动中，教室是教师向学生传递知识的重要场所，教室可以说是学生与学生交流十分广泛的场所之一。基于教室，教师能够引导学生主动探索，激发学生积极主动的思考。与此同时，学生也在此与教师展开积极互动。师生之间的教学互动，以及情感互动基于教室这一场所得到充分的巩固和发展，由此，师生之间产生了深厚

---

① 张立忠：《课堂教学视域下的教师实践性知识研究》，博士学位论文，东北师范大学，2011年，第 3 页。

的情谊。基于此，这里依托"教室"来分析教师与学生共同建构的伦理文化环境，试图从教师德性角色的解析、师生道德关系的建构来分析基于师生关系的高校青年教师德性养成的伦理文化环境。

二　教师的道德角色

（一）传统文化的传承者

传统文化即中华民族传统文化，是在我国五千多年历史发展中逐渐积淀下来的瑰宝，赋予中华民族独特的魅力。它不仅涵盖了我国历史上各种思想的肇始和流变，而且囊括了以仁义礼智信、温良恭俭让、忠孝廉耻勇为表征的中华传统美德，是我国一直以来根植的深厚土壤和精神家园，是中华民族不断发展进步的精神命脉，也是我国国家文化软实力的重要体现。党的十八大报告战略性地提出了"建设优秀传统文化传承体系，弘扬中华优秀传统文化"的重大任务，教师正是这一重大任务的主要承担者。

首先，教师是优秀文化传承体系的建设者。从职业定位这一维度来讲，教师这一职业承担着学生世界观、人生观以及价值观的培养任务，承担着传承中华民族优秀传统文化的重要使命。而中华优秀传统文化是培育学生树立正确三观的重要理论来源和实践支撑。"先天下之忧而忧，后天下之乐而乐""国家兴亡，匹夫有责"的爱国精神，"己所不欲，勿施于人""勿以善小而不为，勿以恶小而为之"的高尚情操，"三人行，必有我师焉""学而时习之，不亦说乎"的学习态度等，是使中华民族的学子展现出中国风采和中国特色的精神宝库。这就要求新时代教师在教学体系中不仅要做好知识性教学设计，还要构筑好传统文化的传承体系；不仅要让学生接触、了解传统文化，还要让学生自觉传承、弘扬传统文化，让中华民族优秀传统文化之花开遍中华大地、历久弥新。

其次，教师是优秀文化传承体系的受众。从教师自身发展这一维度来讲，中华民族传统文化中的传统美德是其从业的必备素养，中华民族传统文化中的文学经典是其学习的重要内容，中华民族传统文化中的教育方法和教育思想是其教学工作中重要的方法论指导。教师作为"立德树人"光辉典范，有德才能树人，教师的德便来自于其职业道德和源远流长的中华传统美德。前者是后者的具体体现，后者是前者的根基所在。只有不断将传统美德寓于职业道德之中，立德树人这一根本任务和使命才能更好地实现，才能体现出教师这一职业的光辉。

中华传统文化的要义隐含着教师应当维护学生的面子。

> 我上第一节课时，除了简单地介绍我的课程要求和课程设置之外，最终要有一个工作，就是选出一个班长。我的选择方式首先是自主自愿，就是你非常愿意承担这一份工作。刚开始时我完全凭着自觉和自愿选择，在以后的教学环境里，我完全依靠这个学生去帮我完成很多的工作。因为他们来自于不同的院系，还有我有许多的工作，需要他协助我去完成。以前，我发现有一些学生不是很适合这个岗位，我只能默默忍受。因为我不好意思跟他说，你不适合，然后我们停止工作，我觉得这样对他是很大的伤害。从我自己的角度来讲，我怕给学生造成伤害，所以到最后我只能选择忍受和忍耐，自己去做很多的工作。(170102D)

（二）人师到经师的引路人

为师之道，自古就有"经师"和"人师"之说。《后汉记·灵帝纪上》记载，所谓的经师人师，前者是研究或传授儒家经典的学者，后者则指教人如何做人的师表。在现代释义中，所谓经师，是指学有专长，态度严谨，饱读经史，能授人一技之长，不至于"误人子弟"的合格教师；人师为陶冶学生性格的导师，不但要有高深的学问，而且要有伟大的人格和高尚的修养，是高尚道德品质的先行者和示范者，也是高尚品行的塑造者。

教师，自古就承载着教化万民、培育人才的重任。经师，是为师的标准之一，也是为师的一重境界。传统意义上的经师仅是把教师这一职业当成谋生手段。作为教师，首要的就是认真地对待教学工作，学有专长，教有师法。经师作为教师职业的基本操守亦有其价值之所在，对于教学事业的认真钻研，对于基本技能的扎实掌握，毋庸置疑对教育事业有着推动作用。然而，就其使命和任务来讲，经师仍不是教师工作的最高标准，而是作为教师最起码的业务要求。

中国《礼记》有载："经师易得，人师难求。"说的就是仅为经师是不够的，人师才能称得上是真正意义上的教师。从中国传统教育观念来看，为师不仅要"传道、授业、解惑"，还要"立德、立功、立言"。因此，教师除了有经师之本外，仍需有身为人师的高尚境界。比较而言，"人师"体现的是把教师职业当成一种精神追求和享受。除此之外，教化也有两重境界，即"教"有"言教"和"身教"，"人师"注重的是以自身的人格和品行来影响和塑造学生的人格，更加注重"身教"，讲求给予学生一种潜移默化但又受益匪浅的道德感化。由此可见，人师是教师的至高境界，也是教师的终极职业目标。

教书育人，一切从育人出发，这是师道的高标准，也是经师和人师共同的出发点。虽说经师和人师有境界高低之分，但并不互相对立。在现代的教育理念中，要肯定教师掌握专业知识和技能的重要性。在此基础之上要求教师在师德方面有所提升，让教师在实现基本目标的基础上向终极目标迈进，即先成为经师，进而再成为人师。

这一部分是从教师对自我职业认同的角度来分析教室所代表的角色。职业认同感是指个体对自己所从事职业的一种肯定和积极性的评价，它的形成与这个职业在社会中的地位，个体内心的感受，职业的稳定性，工作环境和收入状态等因素密切相关。大多数教师都提到"先为人师，再为经师"的观点。

> 藏族本身将教师称为"给更"（ དགེ་རྒན ），直译的话就是干净的意思，指道德方面品行端正。还有服务的意思，就是对别人有好处，或者给别人好处的意思。对别人付出，这就是教师的含义。总结来说，就是汉语里面"学高为师，身正为范"。（190607P）

教师对学生的评价和要求，不仅仅是简单地用学分和成绩进行评价，而是从学生健康成长的角度培养他们的责任心、真善美的心灵，从而让学生成长为健康向上的人。

> 真善美是最重要的，如果一个人不善良，那可能有很多东西会影响到你的心态。第二个是阳光，如果你自己是一束阳光，你不管走到谁的身边，你都会给别人带来光亮。这个时候反过来别人也能温暖到你。所以我觉得做人最重要的是你有个积极的心态，是一个阳光的人，再加上是一个真善美的人，这样所有好的运气都会跑到你身边来。（190609L）

老师很多，真正能为人师表的人却很少，老师自己首先要有一颗不断探索的心，要持之以恒地学习、有一个良好的学习习惯。其次，要做到三观正，在大是大非面前能够从容果断地做出选择。最后，要有强大的包容心。这样才能引导和教育学生走到一个正确的道路上来。(191223T)

（三）教学相长的催化者

《礼记·学记》有言："学然后知不足，教然后知困。"对于"教学相长"，当前学界有三种不同的认识和观点。第一，把"教学相长"作为一条重要的教学原则来强调。如《中国教育通识》指出，"教学相长"这一词揭示了"教与学之间相互制约、相互渗透、相互促进的既矛盾而又统一的关系"①；也有学者指出："'教学相长'深刻揭示了教与学之间的辩证关系：两者相互依存、相互促进，'学'因'教'而日进，'教'因'学'而益深。"② 第二，将"教学相长"当作一条"教师自我提高的规律"，即教师通过教来促进自身的学。如《中国教育史》指出，"'教学相长'的本意并非指教与学双方的相互促进，而是仅指教这一方的以教为学。它说明教师本身的学习是一种学习，而他教导他人的过程更是一种学习。正是这两种不同形式的学习相互推动，使教师不断进步"③。第三，认为"《礼记·学记》中'教学相长'这一词与教师的教无关，而与学生的学有关，强调的是学习的重要性。文中'教'的意思从字源和古代用法上来讲是'效仿'的意思，在效仿贤人中，了解自己的道德缺憾，由此产生'见贤思齐'的学习效果。"④

然而，笔者认为，对"教学相长"无论做哪种释义，其体现出的正确的教育方法和道理是毋庸置疑的。无论是"教"与"学"相互促进，还是教师在教学工作中的自我提高，抑或是说明学生学习的重要性都凸显出了教师的重要地位以及所发挥的巨大作用。首先，教师在教学中通过与学生的互动来促进师生双方相互交流、相互沟通、相互启发、相互补充，不仅体现了教师在这个过程中能够获得进步，而且突出了两者之间的辩证关系；其次，教师教导他人的过程也是一种自我学习，在教的过程中得知自己的不足，进而

---

① 毛礼锐、沈灌群：《中国教育通史》（第1卷），山东教育出版社2005年版，第360页。
② 王炳照：《简明中国教育史》，北京师范大学出版社1994年版，第5页。
③ 孙培青：《中国教育史》，华东师范大学出版社2000年版，第95页。
④ 刘秀峰：《"教学相长"新解》，《教育科学研究》2013年第2期。

弥补，学生和教师的学习相互推动，使教师不断进步，更加突出了教师这一主体在教学过程中的自我认知与完善；最后，在学生自我学习的过程中，教师作为其学习和模仿的典范，发挥着重要的潜移默化的隐性影响。如果说前两种解释注重的是教师和学生知识的学习与完善，那第三种解释更加注重的便是教师和学生德性的修养。强调的是作为学生第一效仿对象的教师，自身要加强个人品德的塑造，才能在日常教学和生活中给予学生深刻的道德示范和教育。由此可见，教师在教学过程中，不仅知识技能、德性修养方面可以得到有效提升，同时还能促进学生的学习进步和品德向善向好。

> 我上班 8 年，觉得现在学生的学习状态越来越好，至少我接触到的是这样的。以前上课的时候，班里有一半的人听已经很不错了。现在带的班，学生都非常认真，有一个班能达到80%以上的人在听课，学生真的非常不一样了。可能是与我们学校这些年书教得越来越好也有关系。同时，学生越认真，对老师的要求肯定也就越高，他就会推着你往前走。我觉得学生越好，对老师所起的积极的促进作用也就越大；学生的状态越差，老师也就破罐子破摔了。这些都是相辅相成的。但是，如果学生很爱学，老师态度不端正或者说教学状态不好，那学生学着学着可能要么就跟不上了，要么就听不懂，就没兴趣了，就把学生给耽误了。（180702M）

教师与学生在教育教学的过程中互相促进，共同进步。如果教师和学生任何一方在教学环节中出现懈怠，则会影响到整个教学的成果。有访谈教师提到：

> 对学生的培养有很多无力感。就是你带着满腔的热血给他们讲课，讲道理，给他们讲现在要学什么。你会发现学生根本不在乎。学生培养这块儿比较难做，想的和最后的实际情况有差距。由于我们这边的大氛围，考试不是很难，学生如果为了应付考试而学一门课程的话很简单。对于大四的学生来说，有的学生心思就不在学习上，学校相对来说对学生比较宽容。所以学生对自己就更加放松了。（190606Z）
>
> 我在上学过程中遇到一些老师，我就想把这种精神传承下去，我觉

得做这件事情特别有意义。但是等自己真正当了老师以后，发现真的不容易。上课时，我看到我的学生玩手机打游戏，我就很崩溃。要求学生不能玩手机。但是后来发现根本没有用。刚开始还好，后面学生就自由散漫了，上着上着课就走了，出去接电话了，吃东西了，还没到下课时间就直接走了，有时候我就会有点情绪失控。每次很生气地给他们讲很多道理，也会把钟扬老师的故事讲给他们听。当你把钟扬老师这些事情讲给他们听时，他们会有触动吗？何况，在他们的那种状况下，我根本讲不出钟老师的事情。（190606Z）

（四）学生成长的关爱者

教师除了具有授予学生知识技能、塑造学生人格的基本职能之外，还有更重要的一个职能，那就是对学生学习、心理、生理上所给予的支持和关爱，这也是在人工智能发展背景下教师行业无法被代替的重要原因所在。正如雅斯贝尔斯所说："教育是关于灵魂的教育，而非理性知识和认识的堆积。"[1] 在人工智能飞速发展的今天，虽然在线资源是学生学习的重要形式，但是学生在学校场域中所受到教师教育更符合学生的成长所需，更能促进学生的全面发展。在学校场域中的教师教育，首先，能使学生掌握学习的本领，以此促使学生掌握更多的知识，激发学生学习的本能；其次，能使学生在理论和实践的双重指引下树立正确的人生观、世界观、价值观，更好地为社会服务；尤为重要的是，教师作为学生成长的重要参与者、引领者，在这个过程中能够给予学生成长所需的关爱和支持，使学生在学习的过程中能够应对心理上的重重问题，保持良好的身心健康状态。

在当今世界，信息传播速度快、渠道广，知识呈爆炸性发展。教师知识更新的速度适应不了时代发展的速度，教师与学生之间的关系也有所改变，以往是以教为主，而现在变成了教师和学生在教学和生活中互相学习。由此，学生和教师的关系更加平等，也增加了互动性，并在交往过程中推动各自的进步。这在很大程度上能够给予学生学习的自主性和自信心，改变以往教师威严、刻板的形象，增进教师与学生之间的关系，也为教师走近和关爱

---

① ［德］雅斯贝尔斯：《什么是教育》，邹进译，生活·读书·新知三联书店1991年版，第4页。

学生提供了良好的渠道。在这样一个环境中，教师能够更好地了解学生的学习状况、个性发展，为学生设计个性化的学习方法与进度。与此同时，也能促使教师了解学生的心理状况，在学生出现问题时能及时进行疏导和关心，从而提高学生的身心健康状况。有教师在访谈中提到了对学生的真心关爱（特别是藏族同学）：

> 我想我和学生之间的亲密关系源于我幼儿时期与母亲的亲密关系。现在我跟我的学生闲聊，不是聊学习成绩，而是聊家里面的情况，也有学生跟我讲他们家里面发生了很多不幸，我也会跟着他们流眼泪，是感同身受。（190318Y）

高等职业院校的教师在学生成长过程中是非常关注学生的，在学生的成长上倾注了自己的心血，真心关爱学生、照顾学生的学习和生活。虽然学生在构成上与普通高校有一些差异，但是教师对学生的关爱是一样的。有教师提到：

> 我们的学生不一样，有一部分是高考过来的，有一部分是中考过来的。在我和学生相处的过程中，中专的学生更需要获得老师对他们的认同。因为他们学习能力可能很弱。这些学生虽然底子差，但是品质是不坏的。作为老师，如果对他们倾注关爱，在学生感受到之后就会回馈你。（191202J）

班主任教师与学生接触的时间很多，相处的时间也更加长久，会更加关注学生、关爱学生。有教师提到：

> 一旦接了班主任这个工作，这件事情就是你的，所有的孩子都放在你的手里面，你就要把它做好。关键是对孩子的这一份责任。如果说我不带这个班，那我没有这个责任，但我带了，你就必须把这件事情做好。照顾好学生，不能出任何问题。（190823X）

三 师生道德关系的建构

(一) 基于交往方式的道德建构

大学教师的角色和工作性质决定了他们在引领社会道德风尚方面具有举足轻重的作用。自中世纪以来，大学教师就是知识的传播者和青年人的教育者。后来，随着威廉·冯·洪堡（Wilhelm Von Humboldt）将科学研究作为大学的主要任务，大学教师在作为教育者的同时成为创造新知识的研究者。到了 1904 年，范·海斯（Charles R. Van Hise）提出"威斯康星思想"，自此社会服务成为大学的第三大任务，大学教师随之增加了新的角色——社会服务者。由此可见，于学生而言，大学教师不仅被视为知识的传授者，还是学生的道德模范、人生导师；不仅塑造着学生的思维和智力，还对其心灵进行教化，是"教练、向导、角色模范"。于国家和社会而言，大学教师是人类知识承前启后的中介和纽带，是培养合格的社会公民的教练，是理性的典范、道德准则的楷模。苏格拉底在《申辩》中问道："该由谁来教育我们的孩子"，他并没有说是那些知识丰富、技能娴熟的人，而是那些具有人类社会美好品质的人。这些都道明了大学教师与学生的交往方式本身就具备道德性，而教师与学生的道德关系也是在交往过程中进行建构的。在访谈中，一位教公共必修课的青年教师谈到其与一位本科生建立良好师生关系的故事，听者觉得十分温暖。

回首自己的思政课教学工作经历，我与学生之间发生了许多情真意切的暖心故事。在一副副熟悉的面孔中、在一个个纯真的笑容里，蕴藏着浓浓的师生情。其中，令我印象最为深刻的是 2017 级的 H 同学，这是一位热情、活泼且非常有个性的学生，我与他的交集源于我主讲他们班的《思想道德修养与法律基础》课程。在课下他常主动与我谈心交流，分享他在生活和学习中的困惑。在与他交流的过程中，很明显地能够感觉到他很信任我。刚开始，他非常抵触他所学的专业。知道他的这些消极的想法以后，在与他交流的过程中，我通过分享自己的学习经历，慢慢引导他转变消极想法，并鼓励他通过考研重新选择自己喜欢的专业。后来，经过他自己的努力，他终于跨专业考取了北京师范大学的研究生。在生活中，他也时常与我分享自己的情感问题，把我当成了他

的知心朋友。（190607H）

在教师与学生之间的交往中，教师与学生基于交往容易形成一种良好的互相信任感，进而教师的良好师德行为会得到较好的正向反馈，同时，学生也能在教师的帮助和影响下取得较好的学习效果。尽管我们说师生之间容易建立起亲近的关系，然而，在访谈中我们也发现，教师与学生在交往时需要注意一定的界限。特别是在与学术无关的事情上，需要同学生保持一定的距离。例如，一名青年教师就说道：

> 我尽量减少和学生的非必要接触。比如他们说，老师，我们一起去朗玛厅吧？朗玛厅就类似于 KTV，有演出，喝点酒的那种。那我说我不会去。他们说，老师今天我们一起去大昭寺那边看一下，我说我不会去，因为我们在生活上都很注意和学生的界限。（190607H）

由此可见，师生的交往本身是具有道德性的，交往中应当注意一定的度。在本书研究的样本学校中，有的学校开展了有特色的"三联三进一交友"的活动。三联是联合的联，三进是进入的进，就是学生跟老师交朋友，然后进宿舍、进班级、进食堂。然后联系学生、联系家长。在样本地区，大多数学生都是从偏远牧区来的，家里人几乎都放羊放牛，都希望能培养出一个有文化的孩子。所以，学校的这个安排非常有利于在校大学生与教师建立深度联系，以促进学生的成长。

（二）以评价为载体的道德建构

在《辞海》中公正被定义为"公平正直，没有偏私"，或者"公道正派，没有私心"。从狭义上讲，"公正"与公平大体等同。在汉语当中，"公"指无私；"平"则指无偏袒，着重强调一视同仁；"正"指的是不偏不倚，着重强调恰当合适。管子强调："天公平而无私，故美恶莫不覆；地公平而无私，故小大莫不载"。荀子更是强调为上者要公正："故上者，下之本也。上宣明，则下治辨矣；上端诚，则下愿悫矣；上公正，则下易直矣。"他还说："故能处道而不贰，吐而不夺，利而不流，贵公正而贱鄙争。是士君子之辨说也。"班固认为："所以名之为公、侯者何？公者，通也，公正无私之意也。"在这里，我们所讨论的公正主要是指教学之中的教师所展现出来的公正。公正问题主要产生在学生的学业评价之中，主要涉及什么样的试题对所有学生来说都是公正的、学生的卷面得分与学生平时成绩如何权衡。教师的评价对学生的成长和发展有着重要的作用。教师对学生的评价是多方面的，主要从知识、能力、过程、方法、情感等各个方面对学生的学习进行评价。教师在教学上对学生进行多方面的评价，能使得学生在学业成绩得到保障的同时，有利于其形成良好的心理素质和学习兴趣。

> 能不能客观地评价一个学生，对学生的评价能不能对得起自己的良心。比如说，某个学生家是山西的，给我带了些土特产。我是不是就对这个学生更偏爱一点？这种现象是难免的。包括有些学生可能在工作中为你提供一些便利，或者帮了你的忙。相对于其他同学而言，你肯定对这个学生比较熟悉一点。我们学校的期末成绩是由三部分构成的，平时成绩、期中、期末。期末成绩这块儿相对可以量化。但是平时成绩这块儿完全是老师的一个主观打分。这样的话，平时和那个学生熟悉一些，或者他给我帮忙什么的，分数可能就会给高一些。我们的平时成绩占10%，期中占30%，期末占60%。（190315G）

> 我觉得在师生关系上面，教师不要过多地考虑如何搞好师生关系，如果过多地考虑这个问题的话，就可能会做出很多的妥协或者让步。以前更多的是学生讨好老师，现在有另外一种倾向，就是老师讨好学生，为了让师生关系在表面上看起来很好。我觉得老师不要说希望有多少学生来喜欢我或者多少人来感谢我，回报我，老师就应该做你该做的事情，然后付出你该付出的。（200108D）

（三）以学风反哺教学的道德建构

"学风"一词，最早源于《礼记·中庸》。学风在《现代汉语词典》中的解释是"学校的、学术界的或者一般学习方面的风气"，是指个体或者群体在学术研究和知识学习方面的精神风尚和思想态度。这里的学风指的是学生在学习中所表现出来的自主学习的意识，会对教师的教育教学产生一定的影响作用。学风建设作为学校文化建设的核心，有利于营造良好的校园文化环境，也有助于推动教育教学更好地发展。良好的学风是一种潜移默化、无形无影的精神力量，时时刻刻都对学生的精神世界产生着强烈的熏陶和感染，是激励学生奋发有为、健康成长的潜在力量。在教育教学活动中，良好的教风要求教师必须具备丰富的专业知识、先进的教育理念、高尚的师德修养以及严谨的教学态度。与此同时，教师自身的人格魅力也会对学生的学习产生一定的吸引作用。良好的教风也会引导正确的学风。当优秀的教师或者教师的高尚品质感染到他们的时候，他们会更加努力地学习。同样，学生表现出一种积极主动的学习态度或者学习状态，教师则会对学生的教学更加认真。关于学风，有访谈教师谈道：

> 这两年学风有所好转，前几年学生普遍处于一种比较懒散的被动式的学习状态。和内地的高校相比，学习的积极性、主动性比较差。大部分学生属于老师推一把，就去学，或者老师强制要求去学，才去学。这两年，学生有了一种自主学习的意识，学风有了好转。学生的学风，对于老师对教育的投入是有一定影响的。老师在上面讲课，下面的学生玩手机，没有回应，问什么都不吭声，然后全部低着头。老师叫起来提问，也什么都不知道。（190525Z）

在教师与学生平等相处的过程中，教师对学生表现出关爱、尊重学生的人格、平等地对待每一位学生，学生也会彬彬有礼、尊师尚学。

> 学校的学生比起我们上学那会儿可能基础要差一些，学生接受知识慢一些。但并不是说学生不努力，也有努力的学生，当然也有不努力的学生。但是学校的学生大多很单纯。比如他不来上课，你问他为什么不去上课，他就说老师我特别想打球，就是那种简单可爱的样子。你让他今天必须把任务完成，你怎么说他，怎么骂他，他都没有任何意见。但是我们没有刻意地说学生，是为了学生好嘛。学生比较单纯，也很刻苦努力。但是也有很调皮的学生，特别不听话的学生，想方设法地欺骗班主任的学生也有。（190609L）

（四）以民族团结为核心的道德建构

样本地区是一个多族群聚集交融的地区。在这样的环境之下，教师面对的是不同民族的学生群体，在教育教学过程中势必要考虑到更多的因素。学生个体在族群地区的文化场域中生活生长，势必带着属于族群地区特有的文化习惯和文化印记。这种文化习惯和文化印记也会被学生带到课堂上来。在这样一种情况下，教师面对的就不仅仅是学生个体，在教学过程中也会面对学生所自带的文化习惯。因而，教师必须以一种平等的心态和观念对待学生。

> 如果您注意到了的话，藏族学生都稍微有些腼腆、胆子小一点。这个共同特性的形成可能由于早期的家庭教育。一个民族、一个家庭教育的方式可能有一个共同的特点。所以，在这种家庭教育的背景下，养育出来的孩子都有一个共性就是腼腆、胆子小。我有一个一百多人的班是藏医系的，全部是藏族的孩子，没有一个是汉族。但是他们的品质是最好的，这些孩子尊重老师，学习非常认真，所有的眼睛都是看着你的，没有一个人玩手机，很淳朴。（190607P）

在与民族学生相处的过程中，受访教师表示只要做到公平公正，自然会赢得学生对自己的信任。有访谈教师提到，在与民族学生相处的过程中发现，个别的民族学生对老师的信任度识别周期会较长，会通过各种事情一直观察老师。通过跟老师相处，直到有一天老师和学生碰到某一个点上，就会产生对教师的认同和信任。但是有一点，无论处理什么事情，在学生面前都要做到公平公正。只有这样才会得到学生发自内心的尊敬和信服。同时，教师对学生要有更多的理解和宽容，拉近与学生之间的距离。有教师提到：

> 我与学生的相处之道，我觉得最明显的或者我更倾向的就是理解。因为我的学生很多都是藏族孩子，所以我觉得我们是有一种文化默契的，比如说他们表现出来的，比如说他留长头发，我是完全能接受的。之前发生过一件事情我觉得完全没有问题，但是我们的领导觉得仪容仪表有问题。还有比如说，他们很多人都说藏族孩子容易害羞。我觉得这些表现我都能够理解。另外一个呢？我觉得我比较明显地表现出来的就是宽容。一方面可能跟我自己的性格有关吧，另一方面，我觉得他们都是成人了，而且现在社会价值观是非常多元的，所以我也相信他们，都

有自己的思考、判断和理由。所以很多时候我选择了宽容，但是我觉得
需要调整的是怎么在严格和宽容之间把握好平衡，这是非常重要的。
（200108D）

第四节　小结

在这一章里我们围绕高校青年教师工作的宏观院校、中观学院、微观教
室三个场域，进行了深入细致的探究。"正是在集体活动中，个人才能感受
到一种来自集体的情感和力量，这种情感和力量与个体活动中的情感和力量
完全不同。"① 本章的研究发现的确印证了涂尔干的观点，教师的德性养成同
样是在集体中培育的。简要概述就是，在院校校园伦理文化场域，首先，我
们分析了高校组织传奇对教师带来的道德品质养成的影响，也发现教师的良
好品质又会巩固对高校组织的忠诚和信念。其次，高校整体道德氛围对于师
德师风的重视，自然会从制度和文化两个层面大力地促进教师个体良好师
德的养成。另外，精神文化和制度文化所共同形成的教学道德、科研道德等
氛围会为教师提供重要的职业道德行为支撑。中观学院场域是我们考察的重
点。一是从学院日常的同事交往所构建的伦理文化环境进行分析，研究发
现，工作环境中道德公正的体验、同事间协商互助的氛围、环境中的自监督
机制对教师道德舆论和良心存在影响；二是以学科为媒介分析学科内部的伦
理道德规训与学科人的职业道德品质也有很大的关系。在微观教室场域，是
对教师和学生相处中道德行为表现的揭示。研究发现，教师以教室为阵地向
学生传授知识和美德，同时教师的道德内驱力也来自于学生对教师的认可、
关爱和肯定。所谓教学相长，并不单单是指知识方面的相长，也指师生之间
道德品质的互相成就。

总的来说，对于教师而言，他们的德性养成虽然有职业色彩，但是依旧
遵照常规的德性养成路线。从外部条件来讲，他们所在的高校、学院、学科
和教室场域对其有着潜移默化而又深刻的影响。但从内部条件来讲，教师对

---

① ［法］涂尔干：《宗教生活的基本形式》，渠东、汲喆译，上海人民出版社1999年版，第
275—301页。

于自我身份角色的认同、兴趣爱好、价值取向等对其自身有着重要的决定作用。因而，大学青年教师在高校之中的德性养成有着明显的阶段性。[①] 基于本章的分析结论，我们尝试对高校教师德性养成的阶段性进行探究：

早期启蒙阶段，是指从个体出生到正式成为大学教师之前的阶段。这一阶段的德性养成目标主要是使个体具备一般性的德性观，获得美德的"广泛的认识能力"。一般性的德性观是指对普世美德的认识，这些美德是不存在职业分工差异的。通常而言，家庭的教养方式、学校和教师的教育风格、与社会他人交往而获得的体验以及国家文化是该阶段德性养成的主要影响因素，发挥着重要的启蒙作用。通过启蒙，个体获得了德性的种子，这些种子在他们身上生根发芽，为他们将来进入教师职业形成重要的道德观和价值取向。我们发现，在不同的国家，道德启蒙的主要场所和方式存在差异。这一阶段德性养成的具体途径以"受教育"和"模仿"为主。个体通过正式和非正式的方式接受大人关于什么是"美德"的教导，模仿他们认可的合乎道德的举止。这一阶段个体的心智尚不够成熟。因此，他们很少进行自我反思。随着年龄的增长，个体因为做出德性行为而受到大人的嘉奖，同时亲身体验了做有德之事而带来的快乐感觉。日渐丰富的道德经验会帮助他们摆脱一味地模仿和顺从，具有在对立的言行之间做出选择的价值判断能力。

> 榜样的力量往往会对品格的形成产生巨大的影响。在榜样的指引下，每个人都是无可非议的，而且在尽职尽责方面也必然使自己的品格上升到一个新的高度："他的智力上也许不是最好的，但在德性上却是最好的；他在物质上不是最富有的，但在精神方面却是最富有的；他在社会地位上可能并不高，但在荣誉上却是最崇高的；他可能不是最有权势和影响力的人，但他却是最诚实、最正直、最守信的人。"[②]

入职初期阶段，是指个体正式成为"大学教师"的前三年，真正意义上的教师德性养成是从这个阶段开始的。根据司德菲（Steffy）以及休伯曼（M. Huberman）等学者对教师职业周期阶段的划分，教师的"入职期"通常

---

① 关于教师德性养成的阶段性分析是基于作者 2014—2016 年对中国和加拿大共计 32 名"获奖"大学教师的德性观及德性养成的研究数据归纳总结而成的。

② ［美］马斯洛：《马斯洛的人本哲学》，刘烨译，内蒙古文化出版社 2008 年版，第 132 页。

为1—3年，被认为是初任教师的"求生和发现期"。这一阶段德性养成的目标主要是使教师具备初步的教授（职业）德性观，并进行教师德性实践的初体验。教师（职业）德性观是指教师在从事教育劳动过程中所形成的比较稳定的道德观念和道德品质的总和。通常而言，学术文化和国家文化是该阶段的关键要素，家庭和学校的影响逐渐淡出。根据过去的研究①，发现这一阶段主要发展理智德性。理智德性是人类理性的德性，也可以被理解为一种可靠的认识能力。因为据大多数受访教师回忆，入职初期，由于教学技能尚不娴熟，因此他们的主要精力都放在"上好课"上。他们关注的重点是如何将知识准确、高效地传递给学生。但是，他们往往会无暇顾及教育工作本身的道德性，忽视了对学生是否真正掌握知识的关注，不知道该如何与学生相处。但是，随着教师主动吸收伦理知识，提高理智德性，会逐渐形成初级的教师德性观。这一阶段德性养成的具体途径以"反思""学习榜样""制度规约"和"实践"为主。通过初步反思，教师对启蒙阶段形成的德性进行确认和调整，从而对教师道德角色有了更加清晰的认知，明确地知道大学教师的德性目录应该有哪些内容。然后，他们会不自觉地模仿心中的道德榜样，同时参照规章制度进行自我约束。通过这一阶段的历练，新教师习得了丰富的伦理经验和智慧，并且明确了教师职业将是他们为之奋斗终生的职业。但是，由于经验不足，他们难免会在陷入困境时表现出不稳定、忐忑的状态。因此，他们虽然已经具有了一些基本的教师职业美德，但是稳定的价值观和坚定的意志力还需要在下一个阶段继续养成。

青年教师的德性继续养成阶段，是指大学教师职业生涯的中后期，直至他们退出教师职业。这一阶段的德性养成目标主要是使教师达成德性的习惯化。"习惯化"是借用亚里士多德的概念，指教师已经养成了德性品质。习惯化既包括道德智慧德性的习得，还包括发自内心的德性实践行为。这样，教师便同时获得了理智德性和伦理德性，追求教师的卓越。随着入职初期阶段的学习，新手教师逐渐成长为熟手教师。熟手教师经过入职初期的历练，已经具备了驾驭课堂的能力。随着他们工作年限的增加，他们对教师职业的体悟会越来越深。这一阶段，环境的影响作用开始减弱，而教师的个人能动性作用开始增强。他们学会了在纷繁复杂的现实中做出正确的选择。这一阶

---

① 详见张磊《中加大学教师德性及养成研究》，教育科学出版社2020年版。

段德性养成的具体途径以"深度反思"和"实践"为主。深度反思是教师经常检视自己的德性，发现不足之处，而这些不足又给教师提供了学习的契机。他们通过不断学习，将外在的规范和制度真正内化，在实际工作中将做有德之事视为理所当然的行为。同时，他们在与学生、同事及他人的交往过程中，不断积累伦理经验，妥善地处理伦理困境，不断完善自我。德性实践是第三阶段最重要的德性养成方式，因为实践能够帮助教师继续维护和完善前面两个阶段已经形成的德性品质。与前面两个阶段相较，这一阶段的教师开始收获幸福感。随着一届又一届的学生毕业，桃李满天下的幸福感会包围着教师。反过来，幸福感又给教师提供了继续养德的动力和养分。尤其是到了职业发展的中后期，随着教师不断进行德性实践，体味是职业所带来的幸福感，他们逐渐接近教育教学工作的卓越状态，人生的价值得到了升华，稳定的、优秀的德性品质得以形成。

第五章 社会伦理文化环境

雅斯贝尔斯说："许多习惯就作为决定的规则、风俗的形式、行为举止而约定俗成，为人们所普遍接受。这些又成为人类的生活方式。"① 习惯与品德，也可以用社会学中的"社会互动"观点来解释。社会学家吉登斯在他的经典教材中讨论社会互动时并没有给出明确的定义，只在书后的术语汇编中做了这样的释义："个体之间任何形式的社会接触。我们大部分的生活都是由某种类型的社会互动构成的，社会互动是指人们相互谋面的正式与非正式情境。"② 麦休尼斯对社会互动的定义是："社会互动指的是人们在与他人的联系中如何采取行动并做出反应的过程。"③ 如果用这个观点来解释的话，实际上，一个社会中公民的道德品行也是互动的。星星之火，可以燎原。如果说一个人的道德品行高尚，会带动十个人，那么整个社会环境就会越来越好。

中共中央、国务院印发的《新时代公民道德建设实施纲要》指出，在国际国内形势深刻变化、我国经济社会深刻变革的大背景下，由于市场经济规则、政策法规以及社会治理还不够健全，受不良思想文化的侵蚀和网络有害信息的影响，道德领域依然存在不少问题。由此可见，社会大环境是我们分析高校青年教师德性养成的重要宏观场域。依据逐步聚焦的原则，我们将宏观场域中的社会伦理文化环境分解为新时代中国社会伦理文化、中国传统伦理文化、地域伦理文化三个维度。在这一章里，关于社会伦理文化的宏观场域，我们的写作逻辑架构是，将当下新时代中国的伦理文化环境作为分析的

---

① ［德］雅斯贝尔斯：《什么是教育》，邹进译，生活·读书·新知三联书店1991年版，第15页。

② ［英］安东尼·吉登斯：《社会学》，李康译，北京大学出版社2009年版，第837页。

③ ［美］约翰·J. 麦休尼斯：《社会学》（第11版），风笑天译，中国人民大学出版社2009年版，第129页。

起点，分析社会主义核心价值观的引领、公民基本道德规范的建设、新时代对于教师职业道德的重视以及新媒体环境因素对样本地区高校青年教师是如何产生影响的。继而分析中华传统伦理文化根基，依据习近平总书记关于中华传统文化内容，从仁爱、民本、诚信、正义、和合、大同这六个方面进行分析和把握。最后，立足样本地区现实，分析地域伦理文化环境，这一环境包括多元族群伦理文化、悠久的河湟文化、红色历史文化和绿色生态文化。因此，本章形成了"当下—根基—地域"的写作分析模式。

第一节　新时代中国社会伦理文化环境

文化是社会环境状态最集中、最鲜明的彰显。文化是一个国家、一个民族的灵魂。文化自信不同于一般的自信，它是更基础、更广泛、更深厚的自信，是一个国家、一个民族发展中更基本、更深沉、更持久的力量。习近平总书记在党的十九大报告中指出："没有高度的文化自信，没有文化的繁荣兴盛，就没有中华民族伟大复兴。"中华民族独特的文化传统、独特的历史命运、独特的基本国情，造就了今日的中国，也注定了我们必然要走适合自己特点的发展道路。中国特色社会主义的发展道路形成了中国特色的精神文明和独特的社会伦理文化环境。

当前，我们提倡践行社会主义核心价值观，是营造和谐社会环境最实际的体现。社会环境与国民品质的好坏有着直接的联系。在和谐的社会中，人们的道德品质会在良好的社会风气和道德氛围中逐渐提高，人们会端正自己的品行，成为一个富有德性的人；同时，这个社会道德也一定会因此而高尚。所以，良好的社会风尚会决定一个人的德性养成，反过来每一个人的德性水平又直接反映着一个社会的道德状况。社会风尚与个体德性是一种良性互动的关系。污浊贪婪的风气会使人们追求功名利禄、金钱财富，风清气正的社会风气则会让人们自觉地修养德性，形成高洁的人格。社会环境对一个人的影响，可以是有形的，也可以是无形的。社会环境对一个国家的国民素质状况具有普遍影响，只是强弱程度不同而已。因此，我们分析中国特色社会主义社会中具有代表性且与道德建设十分相关的四个方面：社会主义核心价值观、公民基本道德规范、新时代教师职业道德，以及新媒体下的伦理文化环境。

一　社会主义核心价值观的引领

教师应当自觉以社会主义核心价值观为引领，不断提高自己的德性修养。"……透过纷繁复杂的师德失范现象不难发现，当前我国师德建设在价值观层面普遍缺乏共识，社会转型期呈现出价值观多元化、无主导型的局面，学校的制度建设缺乏科学的价值导向，提高教师道德修养更是面临着价值认同难题。"① 社会主义核心价值观在价值多元化的背景下，是当前中国社会价值观进行凝聚整合的现实诉求。社会主义核心价值观的二十四字方针，在重视物质建设的今天，在多元价值横流的社会中，为民众营造了一个良好和谐的社会环境和一种向上向善的文化氛围。

2013年9月10日，习近平总书记在给全国广大教师的慰问信中提出"三个牢固树立"的要求，其中一个就是"希望全国广大教师牢固树立中国特色社会主义理想信念，带头践行社会主义核心价值观"②。因此，社会主义核心价值观是高校青年教师德性养成的指导思想和价值支撑。同理，高校青年教师良好的教师德性是培育和践行社会主义核心价值观的重要载体，更为重要的是，要把社会主义核心价值观融入高校教师的师德规范中去。

党的十八大正式提出的社会主义核心价值观，为中国社会提出了主导价值观念，提供了社会制度长期秉承的、相对稳定的根本价值准则，明确了中国当前社会核心价值的精髓。核心价值观是一定社会形态、社会性质的集中体现，在一个社会的思想观念体系中处于主导地位，体现着社会制度、社会运行的基本原则和社会发展的基本方向。社会主义核心价值观从层级结构上进行划分，把涉及国家、社会、公民的价值要求融为一体，社会主义核心价值观的价值要求体现了社会主义的本质要求，它的形成继承了中华优秀传统文化，吸收了世界文明有益成果，是时代精神的深切彰显，是对我们要建设什么样的国家、建设什么样的社会、培育什么样的公民等重大问题的深刻回答。同时，社会主义核心价值观中所蕴含的伦理观念是中国特色社会主义现代伦理体系的重要基础。"富强、民主、文明、和谐"揭示了当代中国在经济发展、政治文明、文化繁荣、社会进步等方面的价值目标，从国家层面标

---

① 许爱林：《以社会主义核心价值观为引领的师德建设研究》，硕士学位论文，上海师范大学，2016年，第14页。

② 习近平：《习近平向全国广大教师致慰问信》，《光明日报》2013年9月10日第1版。

注了社会主义核心价值观的时代厚度;"自由、平等、公正、法治"回答了实现国家治理体系和治理能力现代化的要求,揭示了社会主义社会发展的价值取向;"爱国、敬业、诚信、友善"从社会公德、职业道德、家庭美德、个人品德等方面对个人做出了要求,是每一个公民都应当遵守的道德规范。有了这样的价值追求,个体才能更好地处理个人与国家、社会、他人的关系,不断提升自己的人生境界。

党的十九大召开以后,我国出现了经济发展迅猛、政治稳定、文化繁荣的景象。社会主义核心价值观在社会上的普遍传扬与学习,构建了良好的社会道德氛围。虽然说一个社会不能真正成为真空的、纯净的社会,但是社会上飘扬着的具有正能量的公平、正义、友善等道德因子,定能构筑一个积极健康、向上向善的道德氛围。对高校青年教师来说,以社会主义核心价值观为主导的道德氛围,是其德性养成的良好社会环境。在这样的环境中,教师自然而然会带头践行社会主义核心价值观,尽力引导和帮助学生把握好人生方向,"点燃学生对真善美的向往",帮助青少年学生"扣好人生的第一粒扣子"。

社会主义核心价值观在本质上是一种德,既是个人私德,也是社会公德,更是国家大德。学习社会主义核心价值观,对于培养高校教师的师德素养具有非常重要的导向、规范和促进作用,能使得每一位教师把自我完善和教书育人有机统一起来。在教师中应该广泛开展社会主义核心价值观的专题教育和研讨活动,使广大教师深刻理解培育和践行社会主义核心价值观的重要意涵、科学内涵、基础要素和实践路径,帮助高校教师树立以人为本的教育理念,让他们对职业道德规范和准则产生内在的高度认同感。我们的访谈对上述观点确有印证。

> 作为一名在青藏高原的高校教师来说,我们这里民族更为多元,经济比较欠发达,我们更应该把民族教育兴衰、学生疾苦放在心中。而社会主义核心价值观为我们举旗定向。所以,我们要主动积极地认识这24个字的内在含义,并且能够把它内化在我们的心中,践行在我们的工作中。在这片热土上,承担起传道授业解惑的责任。(190605C)

高校不仅是知识的殿堂,更是道德的高地。所谓"师者,传道授业解惑也"，可见，在学校教育过程中"传道"应是居于首位的，时代潮流和社会风气、大学精神和教风校风是大学教育应该追求和培育的，要把师生道德培养作为重点，把学校建成社会的道德高地。高校要自觉成为宣扬社会主义核心价值观的主阵地，高校教师理应成为社会的道德标杆，在教学实践过程中身体力行地对受教育者进行精神的淘染，培养青年大学生成为社会主义核心价值观坚定的践行者和笃信者。"培育和践行社会主义核心价值观的过程也是教师立德树人的过程，要求教师站在国家、社会、个人三个层面提高个人道德修养，并引导学生围绕国家、社会、个人三个层面形成基本的价值判断和观念体系。"①

个体所处并与之发生相互作用的积极环境因素也有助于社会主义核心价值观的传播和培育。学校与教师在教育教学过程中面临着必然的挑战。首先，高校在培育社会主义核心价值观的过程中，必须把社会主义核心价值观所涉及的各层面、各环节全面贯穿于高校教育的全过程，致力于打造教书育人、管理育人和服务育人的全方位工作环境和良好氛围。其次，就教师而言，只有不断提升自身精神境界和道德修养，才能深刻把握教书与育人的深刻关系，明白教育过程是一个授人知识与授人德性的联合体，把教育从知识传授上升为促进人的全面发展的精神洗礼。打铁还需自身硬，这就要求高校教师不断提高教学素养、扎实理论功底、提升人格魅力，以自身过硬的本领来引领学生的信仰，以自身的品行来锻造学生的品行，以自身优良的作风为立德树人的实现注入新的能量。"作为大学生健康成长的重要引路人，青年教师只有把社会主义核心价值观作为教育引领学生健康成长的思想和行动指南，把社会主义核心价值观融入教育教学的全过程，才能引导学生树立正确的世界观、人生观、价值观，扣好人生的价值观纽扣，成为社会主义事业的合格建设者和可靠接班人，促进我国早日实现繁荣富强。"②

不论何时，高等教育的首要任务都是培育人才，以育人为先作为其定位，任何时候都不能忘记这一点。高校作为国家和社会人才培育的中流砥柱，不仅要培养具有创新精神和实践能力的高级人才，而且要立足于青年的

---

① 许爱林：《以社会主义核心价值观为引领的师德建设研究》，硕士学位论文，上海师范大学，2016年，第20页。

② 林碧丹：《社会主义核心价值观视域下高校青年教师师德建设理路》，《思想教育研究》2015年第5期。

思想建设。古人云："大学之道，在明明德。"作为思想建设的主阵地，高校必须切实贯彻落实党的教育方针，搭建积极健康、向上向善的校园文化氛围，健全各类保障机制，为教师工作和学生学习"保驾护航"。"学高为师，身正为范"，要求广大教师要始终同党和人民站在一起，自觉做社会主义核心价值观、社会主义大德与公德的信仰者和实践者，用自身的言行忠诚于党和人民的教育事业。发挥好"三尺"讲坛的效用，用自己的渊博学识、人生阅历、生活经验激发学生对真善美的向往。

"教师的劳动对象与社会主义核心价值观的培育对象是一致的。"[1] 教师的劳动对象，就普通学校而言，一般是指在家庭、学校、社会环境等因素共同影响下不断成长的青少年。教师的劳动具有复杂性、艰巨性和创造性的特点，这是由教师的劳动对象所决定的。青年的价值取向决定了未来整个社会的价值取向，教师必须引导青少年"扣好人生的第一粒扣子"。因此，在把社会主义核心价值观融入国民教育的全过程中时必须把青少年教育摆在重要位置，这与教师的劳动对象是一致的。

认同最终要落脚到道德践行。社会主义核心价值观在教师层面的要求只有通过全体高校青年教师的道德践行，才能落地生根，才能成为改变社会整体风气的强大精神动力，才能成为提高全民族道德素质和品德修养的风向标。这种践行是以道德认知、道德情感为指导，将其不断外化为具体的道德行为的过程，从而促使高校青年教师形成良好的道德品格和行为习惯，使其在道德维度上成为一名合格的高校教师和社会成员，进而实现个体道德的社会化。当教师的道德践行成为常态，自然会引领学生培养良好的思想品质，形成文明的社会风尚。

二 公民基本道德规范的规约

党的十九大报告指出："深入实施公民道德建设工程，推进社会公德、职业道德、家庭美德、个人品德建设，激励人们向上向善、孝老爱亲，忠于祖国、忠于人民。"2019 年 10 月，中共中央、国务院下发《新时代公民道德建设实施纲要》。该纲要是对新时代中国道德基本规范的高度概括，同时

---

① 许爱林：《以社会主义核心价值观为引领的师德建设研究》，硕士学位论文，上海师范大学，2016 年，第 26 页。

也是对于道德的法律保障和政策支持的论述，是新时代中国特色社会主义的美德规范。该纲要从七个方面就如何推动全民道德素质和社会文明程度做出了具体要求：

> 坚持马克思主义道德观、社会主义道德观，倡导共产主义道德，以为人民服务为核心，以集体主义为原则，以爱祖国、爱人民、爱劳动、爱科学、爱社会主义为基本要求，始终保持公民道德建设的社会主义方向；坚持以社会主义核心价值观为引领，将国家、社会、个人层面的价值要求贯穿到道德建设各方面，以主流价值建构道德规范、强化道德认同、指引道德实践，引导人们明大德、守公德、严私德；坚持在继承传统中创新发展，自觉传承中华传统美德，继承我们党领导人民在长期实践中形成的优良传统和革命道德，适应新时代改革开放和社会主义市场经济发展要求，积极推动创造性转化、创新性发展，不断增强道德建设的时代性实效性；坚持提升道德认知与推动道德实践相结合，尊重人民群众的主体地位，激发人们形成善良的道德意愿、道德情感，培育正确的道德判断和道德责任，提高道德实践能力尤其是自觉实践能力，引导人们向往和追求讲道德、尊道德、守道德的生活；坚持发挥社会主义法治的促进和保障作用，以法治承载道德理念、鲜明道德导向、弘扬美德义行，把社会主义道德要求体现到立法、执法、司法、守法之中，以法治的力量引导人们向上向善；坚持积极倡导与有效治理并举，遵循道德建设规律，把先进性要求与广泛性要求结合起来，坚持重在建设、立破并举，发挥榜样示范引领作用，加大突出问题整治力度，树立新风正气、祛除歪风邪气。

公民道德建设不仅是事关个人全面发展的方面，而且是关乎整个国家和民族繁荣昌盛的事业，需要优秀的榜样人物来引领，而高校青年教师应当成为这项崇高事业的主力军。《新时代公民道德建设实施纲要》指出："学校是公民道德建设的重要阵地。要全面贯彻党的教育方针，坚持社会主义办学方向，坚持育人为本、德育为先，把思想品德作为学生核心素养、纳入学业质量标准，构建德智体美劳全面培养的教育体系。"据此，高校是公民道德建设的重要阵地，因而高校必须坚持育人为本，德育为先。高校绝大部分群体是青年，包括青年学生和青年教师。青年是国家的希望，民族的未来，随着时代的不断发展，对青年的要求越来越高。与此相适应，高校青年教师也应不断提高自身能力、德性、品位，做到德艺双馨。用积极健康、向上向善的理念来引导广大青年学生和身边的人们不断修身立德，树立良好的道德根基。

关于《新时代公民道德建设实施纲要》对高校青年教师养成职业道德的影响，我们专门访谈了不同学科的教师，让他们谈谈他们在教学工作中是如何认识这个问题的。

一位理工科教师说：

大学生是未来的社会公民。因此，作为老师，我们应该首先主动地学习《新时代公民道德建设实施纲要》，从自己做起，给学生做一个好的示范，让他们树立社会公德、职业道德、家庭美德以及个人品德。（190502S）

一位思政课教师说：

我是一名思政课的教师，自从国家颁布这一纲要开始，我们就把这些内容融入教学中，大学生的道德教育是重中之重，我们必须利用好思政课堂，基于学生对人生的青春之问，让他们明白如何培育道德，如何处理个人与社会、国家之间的关系，怎样把理想信念融入伟大的事业中去。同时还基于这一纲要中所提到的，把中华传统美德厚植于大学生公民道德的意识根基中，激发学生向善学善的道德情感。（200104Z）

"给别人一碗水，自己要有一桶水"。《新时代公民道德建设实施纲要》指出要深化道德教育的引导，把立德树人贯穿于学校教育的全过程，这就要求教师自身首先要有高尚的德性修养和渊博的德育知识，才能把教书的过程切实转变为育人的过程。教育是一个双向耦合的过程，教师在引导学生明德的过程中提升了自己的德性品质，再者，必先自明才能育之于人，这也是教师自身德性不断发展的过程。

三　新时代教师职业道德建设

教师职业道德的发展与教育的发展是一脉相承的。早在春秋以前，师德就存在于政治道德之中。春秋时期，万圣之师孔子就做出了许多关于教师职业道德的论述，并以《论语》为集中表述。而后百家争鸣时期的孟子、荀子、墨子以及汉代董仲舒，唐代韩愈，明末清初王夫之等都对教师的道德品质，即师德，做出过重要的著述。新时代不但对公民道德素质提出了新的要求，教师职业道德素质的提升也面临着巨大的挑战和更高的要求，教师角色的重要性日益凸显。教师的职业道德素养不但与青年的健康发展息息相关，也关系到新时代中国特色社会主义教育事业的蓬勃发展，更关系到中华民族伟大复兴中国梦的实现。

（一）国家陆续颁布相关政策文件

近年来，国家高度重视师德建设，并陆续颁布了相关的政策文件进行规约。同时也在社会上形成了重视教育、尊重教师、立德树人的风尚。针对高校教师，国家也出台了一系列文件和要求。下面，我们就以《新时代高校教师职业行为十项准则》为例进行解读。

《新时代高校教师职业行为十项准则》指出，教师是人类灵魂的工程师，是人类文明的传承者。新时代对广大教师落实立德树人根本任务提出了新的更高要求，进一步增强了教师的责任感、使命感、荣誉感，规范了教师职业行为，明确了师德底线，引导广大教师努力成为有理想信念、有道德情操、有扎实学识、有仁爱之心的好教师，着力培养德智体美劳全面发展的社会主义建设者和接班人。《新时代高校教师职业行为十项准则》具体提出了十条规定：

其一，坚定政治方向。坚持以习近平新时代中国特色社会主义思想为指导，拥护中国共产党的领导，贯彻党的教育方针；不得在教育教学活动中及其他场合有损害党中央权威、违背党的路线方针政策的言行。

其二，自觉爱国守法。忠于祖国，忠于人民，恪守宪法原则，遵守法律法规，依法履行教师职责；不得损害国家利益、社会公共利益，或违背社会公序良俗。

其三，传播优秀文化。带头践行社会主义核心价值观，弘扬真善美，传递正能量；不得通过课堂、论坛、讲座、信息网络及其他渠道发表、转发错误观点，或编造散布虚假信息、不良信息。

其四，潜心教书育人。落实立德树人根本任务，遵循教育规律和学生成长规律，因材施教，教学相长；不得违反教学纪律，敷衍教学，或擅自从事影响教育教学本职工作的兼职赚薪行为。

其五，关心爱护学生。严慈相济，诲人不倦，真心关爱学生，严格要求学生，做学生良师益友；不得要求学生从事与教学、科研、社会服务无关的事宜。

其六，坚持言行雅正。为人师表，以身作则，举止文明，作风正派，自重自爱；不得与学生发生任何不正当关系，严禁任何形式的猥亵、性骚扰行为。

其七，遵守学术规范。严谨治学，力戒浮躁，潜心问道，勇于探索，坚守学术良知，反对学术不端；不得抄袭剽窃、篡改侵吞他人学术成果，或滥用学术资源和学术影响。

其八，秉持公平诚信。坚持原则，处世公道，光明磊落，为人正直；不得在招生、考试、推优、保研、就业及绩效考核、岗位聘用、职称评聘、评优评奖等工作中徇私舞弊、弄虚作假。

其九，坚守廉洁自律。严于律己，清廉从教；不得索要、收受学生及家长财物，不得参加由学生及家长付费的宴请、旅游、娱乐休闲等活动，或利用家长资源牟取私利。

其十，积极奉献社会。履行社会责任，贡献聪明才智，树立正确义利观；不得假公济私，擅自利用学校名义或校名、校徽、专利、场所等资源谋取个人利益。

通过文本分析，我们解读出党和国家首先希望高校教师有正确的政治方向。无论讲授什么课程，都必须有坚定的政治立场，对所讲的内容必须以马克思主义理论为指导。弄清楚为谁培养人、培养什么人、怎样培养人这三个问题，才能为党和国家培养出可靠的新时代人才。

其次，提出广大教师自觉爱国守法的基本要求，这是教师作为一名中国人最基本的要求和坚守。这是要求教师严格遵守政治纪律、教学纪律和社会纪律。要做到课上课下一致、网上网下一致，在课上遵守讲授纪律，在课下遵守公民道德，要把祖国和人民时刻放在心中，担起国家交给我们的重任，珍惜社会对我们的信任。

然后，传播优秀传统文化是高校教师的职能之一。作为传道、授业、解惑者，不仅要给学生教授本专业的知识，还应该教授给学生中华优秀传统文化。中华文化博大精深，不仅在哲学、文学、建筑方面，还在科技发明方面有着极大的成就，所以几乎各个学科都可以在讲授中传播中华优秀传统文化。同时，社会主义核心价值观作为中华优秀传统文化的集中体现，教师首先应该主动学习、遵守并弘扬，在课堂上、讲座上、论坛上以及利用各种渠道去弘扬社会主义的正能量，而不能够随意发表错误的观点，造成不良的社会影响。

最后，潜心育人、爱护学生、遵守学术规范、公平诚信、廉洁自律，以及服务社会等，这些都是高校教师工作的基本德性要求。高校教师要秉承潜心教书、真情育人的基本操守，拥有堂堂正正的人格，用高尚的人格来感染学生，赢得学生的尊重，吸引他们自主地加入学习中来，成为学生为人为学的表率，成为他们真正喜爱的人。

由此可见，国家颁布的相关政策文件，不仅对高校教师自身来说能够起到一个很好的规约、指引和倡导作用，还能在整个社会上形成对教师职业的共同认识，从而共同监督教师工作，并且呼吁全社会尊重教师职业。

（二）"立德树人"重要教育思想的要求

2012 年 11 月，党的十八大报告提出："把立德树人作为教育的根本任务，培养德智体美全面发展的社会主义建设者和接班人。" 2017 年 10 月，习近平总书记在党的十九大报告中指出："要全面贯彻党的教育方针，落实立德树人根本任务，发展素质教育，推进教育公平，培养德智体美全面发展的社会主义建设者和接班人。" 2018 年 9 月，习近平总书记在全国教育大会上的讲话中再次强调，要把立德树人作为根本任务。在第三十六个教师节到来之际，习近平总书记强调："希望广大教师不忘立德树人初心，牢记为党育人、为国育才使命，积极探索新时代教育教学方法，不断提升教书育人本领，为培养德智体美劳全面发展的社会主义建设者和接班人作出新的更大贡献。"① 习近平总书记关于立德树人的一系列讲话，深刻诠释了"立什么德""树什么人"的基本问题。做好新时代立德树人的工作，就是要以习近平总

---

① 《在教师节到来之际习近平向全国广大教师和教育工作者致以节日祝贺和诚挚慰问 强调不忘立德树人初心 牢记为党育人为国育才使命 不断作出新的更大贡献》，《中国民族教育》2020 年第 10 期。

书记的重要论述为遵循，深入贯彻落实"立德树人"思想，不断推进新时代"立德树人"工作。

"立德树人关乎党的事业后继有人，关乎国家前途命运。"① 这就要求教育事业、教师工作要始终牢记初心和使命，即"为国育才、为党育人"，以德为本，践行社会主义的公德，培育德智体美劳全面发展的社会主义新人。

首先，教育是立德树人的事业。对广大教师队伍提出了更高的要求和发起了挑战，不但要立学生之德，而且首要的是崇德修身。"人才培养一定是育人和育才相统一的过程，而育人是本。人无德不立，育人的根本在于立德。这是人才培养的辩证法。"② 青年教师如果没有崇高的理想信念和良好的德性品行，即使拥有再多的知识也无法承担起"立德树人"的大任，也无法成为优秀的人才。一个人只有自身具有明晰的大德、严格的私德、严守的公德才能感化、淘染学生，不断浸润学生，才能使学生成为有用的人才。再者，遵循习近平总书记的指示"要把立德树人的成效作为检验学校一切工作的根本标准"，要求高校以立德树人为中心，制定标准，建立健全育人体系。

受访教师是这样理解的：

> 转眼间我踏上讲台，身为人师，也已经有九个年头了，一路走来有泪水、有欢笑、有汗水，也有收获。而欢笑和收获主要是由学生带给我的。过去，我还没有明确地理解培育学生德性的重要性，但是随着立德树人的强调，我体会到了这份职业的深远意义。我们不但要教给学生知识，还要教他们品德，使他们有积极进取、健康向上的态度。我们要积极地正面教育学生，激励学生，要主动和学生分享我们自己的快乐，也要学会关注他们的快乐和他们内心世界，塑造真正健康的学生。（190502S）

其次，广大师生要自觉做社会主义核心价值观的笃定信仰者、践履传播者和规范的践行者。要加强广大师生的理想信念教育，激励广大师生坚定信仰，坚守社会主义核心价值观，树立崇高的人生目标。正如习近平总书记所说："要坚持不懈培育和弘扬社会主义核心价值观，引导广大师生做社会主

---

① 本书编写组：《习近平总书记教育重要论述讲义》，高等教育出版社 2020 年版，第 44 页。
② 2018 年 5 月 2 日习近平总书记在北京大学师生座谈会上的讲话。

义核心价值观的坚定信仰者、积极传播者和模范践行者。"① 古人讲："善为师者，既美其道，又慎其行。"王夫之曰："欲明人者必须先自明。"这也就要求教师欲育人必先锤炼自身，自己首先要熟知和真知，并且要真信真做，然后才能育人，才能成为学生言行举止的标杆。古人讲"以镜为鉴"，只有教师以完满的言行予以映照，才能成为学生做人的镜鉴，继而给广大学生树立榜样。

> 我个人觉得近些年来对立德树人的强调是非常有价值的，以前大学教师上完课离开讲台之后可能很难找得到，但是现在我觉得为了积极立德树人，我会主动多与学生沟通。以课堂为主渠道，在全面深化课程新理念的同时，也会把社会主义核心价值观以及一些我们国家主流的事件和热点事件，融入自己的课程教学中。(200108D)

最后，新时代我国高等教育的根本目标是要培养德智体美劳全面发展、五育并举的社会主义建设者和接班人。以德为首就彰显了德育工作的重要性，也足以见出德之于人全面发展的重要性。培养什么人和怎么培养人问题的明确，也为落实立德树人的根本要求提供了遵循。"我们培养的人，必须树立共产主义远大理想和中国特色社会主义共同理想；必须具有爱国情怀，时刻不忘自己是中国人；必须坚持立德为先、修身为本；必须具有丰富学识、真知灼见、世界眼光；必须树立高远志向具有勇于奋斗精神；必须具备德智体美劳综合素质，全面发展。"② 在六个下功夫里面，习近平总书记明确讲到"要在加强品德修养上下功夫"，使学生弘扬社会主义核心价值观，踏实努力修好自身品德，从中华民族优秀传统文化中汲取精神营养，既要"立意高远"，又要"立足平时"。

新时代立德树人教育思想，从根本上回答了新时代中国特色社会主义教育事业的目的和任务。习近平总书记在全国高校思想政治工作会议上强调："高校思想政治工作关系高校培养什么人、如何培养人以及为谁培养人这个根本问题。要坚持把立德树人作为中心环节，把思想政治工作贯穿教育教学

---

① 《习近平谈治国理政》（第 2 卷），外文出版社 2017 年版，第 377 页。
② 本书编写组：《习近平总书记教育重要论述讲义》，高等教育出版社 2020 年版，第 60 页。

全过程，实现全程育人、全方位育人，努力开创我国高等教育事业发展新局面。"家庭、学校、社会、个人四方要综合发力，形成四位一体的多方位立体格局，力求形成最大化的教育合力。树人育人不是一个短暂的、阶段性的过程，"十年树木，百年树人"体现了育人工作的全面性和长期性。"全过程育人不仅要求立德树人贯穿学生成长的全过程，也要求课程体系、教学体系、教材体系、评价体系、管理体系协同发挥育人作用。"① 立德树人的主要途径就是课程育人，它对育人的质量有着最直接的影响，但它不是育人的唯一方式，否则就容易成为单纯的理论灌输。"立德树人是一项系统工程，是学校、家庭、社会和个人共同承担的重大任务，需要凝聚各种教育力量，形成强大的教育合力；建立德智体美劳全面培养的教育体系，把立德树人融入教育教学的全过程，促使课程、教材、教学、管理、文化等一切育人途径有机结合起来，全面营造立德树人新格局。"②

> 我们做的好多工作都是围绕立德树人这个大框架开展的。包括课堂教学、思政进课堂、学生管理、教学管理，就是在细节上，在日常的生活当中，在教学过程当中融入这些理念。在育人方面，我们还尝试开展一个"思政种子"活动，就是"走出去进行红色教育"，在学生去延安学习回来之后，让他们向新生宣讲，这个效果反而比老师讲得更好。我们在班里头编排了一个以时代为时间轴的情景剧，昨天刚演的，特别棒。（191202J）

习近平总书记关于立德树人重要教育思想的深刻论述，阐明了教育本质、明晰了教育使命、为人才培养指明了方向，开辟学校教育在德育方面的新局面，对教师的责任和使命提出了更高的要求。教师不但要自身立德，还要帮助学生，在其人生的"拔节孕穗期"对他们进行精心引导，明德树人，培育一批德智体美劳全面发展的新青年，也彰显了以德为首的重要涵育。

（三）社会普遍形成的尊师重道文化

自古以来，教师都被人们赋予了崇高的敬意，尊师也向来被誉为美德。

---

① 王嘉毅、张晋：《立德树人的科学内涵与现实要求》，《中国电化教育》2020 年第 8 期。
② 王嘉毅、张晋：《立德树人的科学内涵与现实要求》，《中国电化教育》2020 年第 8 期。

教育学家夸美纽斯谈到"教师是太阳底下再优越不过的职业了"。苏联教育学家米加里宁将教师誉为"人类灵魂的工程师"。

尊师重道是一个国家、一个民族文明的标志。我国自古以来就有"尊师重道"的优良传统。追溯中国"尊师重教"的出处,《礼记·学记》曰:"凡学之道,严师为难。师严然后道尊,道尊然后民知敬学。是故君之所以不臣于其臣者二:当其为尸,则弗臣也;当其为师,则弗臣也。大学之礼,虽诏于天子无北面,所以尊师也。"大意为:"大凡求学时存在的问题,尊敬老师是难能可贵的。尊师才能重道。重道才能使人敬重学业。所以君王不以对待臣子的态度对待老师,有两种情况:当他在祭祀中作为祭主时,则不以臣子相待。当他作为君主老师时,则不以臣子相待。根据大学礼制,给天子授课,授课的臣下无须北面而居臣位,这就是为了表示尊师重道的缘故。"《学记》中将尊师重道与国家制度相并论,从中可以看出,从天子到庶民对教师、知识的尊崇,从那时起教师就有着至高无上的地位。而后,荀子有曰:"君子隆师而亲友。"《吕氏春秋·劝学》载:"尊师则不论其贵贱贫富矣。"韩愈在《师说》一文中也谈到"古之学者必有师"。他们都将尊师之道称为君子之美德,肯定了师者的崇高地位,为后世广为流传。

传统之所以谓之传统,是因为历史沿传、世代相传,对人们的社会行为有无形的影响和控制作用。尊师重道文化,随着时间的推移在后世也有一个很好地继承和发扬。有"一日为师,终身为父"(清代罗振玉《鸣沙石室佚书·太公家教》)的深厚情谊,也有"疾学在于尊师"(《吕氏春秋》劝学)的谆谆教诲,有杨时、游酢程门立雪的尊师佳话,也有岳飞一月两祭其师的情深义重。习近平总书记也谈道:"尊师重教是中华民族的传统美德,正如毛主席对徐特立老人所说的那样:您过去是我的老师,现在仍是我的老师,将来还是我的老师。老师的恩情我是永远不会忘记的。"

习近平总书记说,"让广大教师安心从教、热心从教、舒心从教、静心从教,让广大教师在岗位上有幸福感、事业上有成就感、社会上有荣誉感,让教师成为让人羡慕的职业。"在2018年召开的全国教育工作会议上,时任教育部长陈宝生指出:"要在全社会倡导尊师重教,重提师道尊严,厚植尊师文化,弘扬尊师传统,营造尊师氛围。"全国教育大会提出"全党全社会要弘扬尊师重道的社会风尚,让广大教师享有应有的社会声望"。

一位受访教师激动地说道：

> 今年是我入职的第5年，我明显地感到这个社会对教师工作越来越尊敬，比如说我们都很爱吃的一家袁记串串香，就在今年教师节期间，整个青海区域的袁记串串香都写着向人类灵魂工程师教师致以崇高的敬意，教师人员凭有效证件，可在青海区域的所有门店享菜品5折优惠。还有我们常去的商场国芳百货也是这样，在教师节期间向教师提供价值599元的大礼包，我去领了，里面都是各种各样的食物，还有水杯，让我觉得特别温暖。其实教师这个职业真的是付出很多，收获比较少的，但是能在社会上得到大家的认可，更能够让我对自己的职业有认知度，而且会促使我更加努力做一个有职业道德的老师。（180712C）

教育是推动人和社会发展进步的重要动力，教师在这个过程中发挥着至关重要的作用，是立教之本、兴教之源。"国将兴，必贵师而重傅"（《荀子·大略》）。党的十八大以来，习近平总书记围绕尊师重道多次发表重要论述，强调努力让教师成为社会上最受尊敬、最令人向往的职业。在致全国教师的慰问信中，习近平总书记指出："全社会要大力弘扬尊师重教的良好风尚，使教师成为最受社会欢迎的职业。努力提高教师政治地位、社会地位、职业地位，让广大的教师享有应有的社会声望，在教书育人岗位上为党和人民的事业作出新的更大的贡献。"一个国家想要有良好的学习风气，形成优秀的教育文化，首先教师就要得到应有的尊敬，只有教师被世人尊崇，教师所传授的道理和知识才能得到尊重，全社会也才能形成崇尚学习的风气。

四　新媒体环境的影响

"新媒体是继各类传统媒体以后发展起来的以数字媒体为核心的'第五媒体'，具有鲜明的时代性特征与趋近于无限的包容性。它'已经或正在颠覆着现实生活中人们的思想观念、价值标准乃至生活方式'。"①随着社会的发展，科技的进步，越来越多的媒介出现在人们的日常生活中。这些

---

① 王学俭、李婷：《新媒体条件下道德教育的审思》，《湖北社会科学》2017年第8期。

电视、电影、报纸、书刊、广播、网络等以技术性特征为标志的传播介质所隐含的信息输入与输出，对于社会主体有着控制、诱导、激发等作用，因其具有高效、快捷、覆盖面广的特性，所以带有很强的文化影响力和舆论批判性。

新媒体迅猛发展，在人们的生产、生活领域都产生了极大的变革。在新媒体时代，继续秉持高尚的师德师风是一项极具挑战性的全新课题，对于教师德性的养成是机遇与挑战并存的。首先，新媒体时代信息纷繁复杂，知识的传播更加多元和开放，各类优良素材层出不穷，这对于师德养成的机遇就在于教师德性养成的方式更加多元化、与时俱进化，也使得教师个人的思想更加开放，视野更加开阔。例如，青海省举办"榜样的力量"表彰晚会，并通过媒体全程直播，对带动各行各业的敬业精神，净化社会道德氛围有着重要的作用。

其次，新媒体具有挑战性，主要是因为信息的大量传播和生产导致教师获取到的信息渐趋碎片化、娱乐化，对于教师如何坚定立场，提升自身能力以避免网络多元化所带来的价值观冲击，从而提升自身的德性有着一定的挑战。在实际教学工作中，在新的时代背景下青年教师充分发挥主观能动性，牢牢把握新媒体带给高校教学的机遇，转变单一化的教学模式。这种转变本身就需要较高的职业道德的支撑。因为我们知道，作为教师来说，转变教学模式、改进教学方法需要耗费大量的时间和精力。例如，一位青年教师向我们这样描述道：

> 我们教研室有些年龄比较大的老师在刚开始时对于线上教学是比较抵触的，害怕因为新媒体教学技能不足而遇到一些问题，但是随着新冠肺炎疫情的蔓延，教育部提出停课不停学的倡议，新老教师齐上阵，年轻教师帮助老教师掌握基本的线上教学技能，对他们就一些教学技术进行培训。现在，我们实现了线上教学全覆盖，而且教师喜欢上了线上教学方式，他们认为，这样效率会很高，而且能够给学生更多的选择权。（190607Y）

教师凭着自己的职业道德，适应新媒体环境的变化，这本身就体现了新的伦理文化环境对教师德性养成的影响。教师通过转变教学观念、学习教学技能，努力形成多元现代化的教育思维，优化教育教学效果。在新冠肺炎疫情笼罩之时，新媒体在教育中的作用恰逢其时地显现出来。2020 年，中国成为全世界线上教育规模最大的国家。针对新冠肺炎疫情对高校正常开学和课堂教学所造成的影响，教育部印发《关于在疫情防控期间做好普通高等学校在线教学组织与管理工作的指导意见》，要求各高校应充分利用慕课和省、校两级优质在线课程教学资源，在慕课平台和实验资源平台服务的支持带动下，依托各级各类在线课程平台、校内网络学习空间等，积极开展线下授课和线上学习等在线教学活动，保证疫情防控期间的教学进度和教学质量。各高校充分利用在线课程教学资源，并依托各级各类在线课程平台、校内网络学习空间等，积极开展线下授课和线上学习等在线教学活动，使得疫情防控期间教学进度和教学质量得到了保证。

> 我读到了清华大学沈阳教授的研究文章，他认为，疫情让公众对新媒体有着前所未有的依赖，这个观点我是赞同的，从我们教师职业出发来看，在疫情期间，也前所未有地将在线教学作为一种主要的方式。我们也过了一把"直播"的瘾。在新媒体时代，新闻、短视频也成为我们在教学中经常关注和使用的点。（191202J）

新媒体的发展在给教师工作带来极大变化的同时，我们还应该警惕网络环境的不确定性所导致的各种信息鱼龙混杂的问题。在新媒体时代，其他国家的文化、价值以及评论可以通过网络传递给我国青年教师，并影响其正确的"三观"的建立。网络世界中法律观念和道德观念约束相对淡化，青年教师的思想容易受到一些网络言论和观点的影响。由此，新媒体环境是一把双刃剑，一方面给青年教师带来了信息和教学便利，另一方面，从他们德性养成的角度来看，的确要注意提高其信息鉴别能力，使其自觉抵御外来思想的入侵。

> 我偶尔也会接到一些号码特别奇怪的电话或者收到一些邮件，其中一些内容不是很符合主流价值观。明显就是对高层次人才进行渗透。我都是用非常谨慎的态度去对待这些消息。不回应！不理睬！我们没那么容易被动摇。（181220J）

针对受访教师所提到的现象，我们在调研中发现，加强对青年教师的意识形态培养是挺有必要的。《新时代公民道德建设实施纲要》指出，要发挥各类阵地的道德教育作用，以先进模范引领道德风尚，通过利用教育基地和公共文化设施以及先进的典型案例事迹的宣扬，对于提升加强青年教师的意识定力是极为可靠、有效的。例如，青海省人才办公室对所有入选青海省"昆仑英才"及"千人计划"的高层次人才进行集中红色研修和培训。让入选人才到原子城理想信念教育基地体验功勋科学家不畏严寒的冬季，潜心研制原子弹的场景。如此独具特色地开展道德教育，用浓厚的道德氛围来淘染青年教师，以加强思想政治引领和道德修养。

第二节　中华优秀传统伦理文化营造的环境

纵观人类文明的历史长河，中华文化熠熠生辉。时至今日，中华民族之所以能拥有足够的自信，究其根本就是因为中国人民所创造的源远流长、博大精深的优秀传统文化，为中华民族生生不息发展、繁荣壮大提供了强大的精神力量。蕴含于中华优秀传统文化之中的丰富哲学思想、伦理道德规范、人文精神和价值理念等，蕴藏着解决当代人类所面临的难题的重要启示，能够为人们认识和改造世界提供精神的指引，可以为治国理政提供有益启示，也可以为人民的道德建设提供有益启迪。

中华民族源远流长的历史、光辉灿烂的文化等，反映了中国浓厚的道德文化底蕴，青年教师的德性养成离不开优秀传统文化的滋养。我们的民族之所以能经历沧桑在万邦之林中屹立不倒，就是因为我们有着优秀传统的文化的精神和价值支撑。中华民族优秀传统文化中的道德要素已经成为支撑时代文明的支柱和伦理纲纪，并滋养着青年教师的德性伦理。

余洪波、刘余莉在《中华伦理文化与当代道德教育》中明确指出，改革开放三十多年来，我国也出现了一些影响社会和谐与健康发展的问题。这些问题需要从道德层面着手去思考，必须大力加强道德教育和精神文明建设。在加强道德建设的过程中，很多学者把目光投向西方，认为西方民主政治制度是解决中国问题的钥匙。然而，我们却只看到了制度的作用，却忽视了对人的道德教育。正如美国伦理学家麦金泰尔所认为的，无论道德规范是多么的具体和完美，一旦缺失了人的道德品格或美德，这些原则都不会按照他预想的那样去实现道德规约的作用。因此他们发现中国的道德建设之所以没有取得预期的效果，是因为我们没有虚心地从中国传统文化中吸取伦理道德教育的经验。要充分从中国的传统文化思想中借鉴道德教育的精髓。

中华民族有着非常丰富的传统美德，历代思想家都对美德思想进行过深刻的论述，这些论述组成了我国传统文化的各个部分。例如，泛爱众而亲仁的仁爱思想，以及克己为人的博爱思想，还有见义不为无勇这种助人为乐的思想。可见，中华传统美德包容万千。实际上，传统美德不仅在历史上有多方面的积极作用，而且在现代化的建设中，也依旧有其积极的意义，所以中华传统美德是我们民族赖以形成和发展的强大精神支柱，是中国传统文化之魂，更是全人类的瑰宝。基于习近平总书记的重要论述——"深入挖掘和阐发中华优秀传统文化讲仁爱、重民本、守诚信、崇正义、尚和合、求大同的时代价值，使中华优秀传统文化成为涵养社会主义核心价值观的重要源泉"，我们从六个方面分析中华传统文化对样本地区高校青年教师的影响。

一 仁爱与民本

仁爱与民本是中华文化的核心力量。中国人崇奉以儒家仁爱思想为核心的道德规范体系，讲求和谐有序，倡导仁义礼智信，追求修身齐家治国平天下的全面道德修养和人生境界。在中华文化的价值追求中民本是中国古代政治思想的基本理念。本书的诸多内容都论证了仁爱与民本对青年教师德性养成的影响作用。

（一）仁爱塑造有爱之师

仁爱思想崇尚"己所不欲，勿施于人""己欲立而立人，己欲达而达人"的仁爱原则。《说文解字》对于"仁"有如此解释："亲也。从人从二。"到了宋代解释为"仁者兼爱，故从二"。清代段玉裁《说文解字注》（清代陈昌治刻本）曰"亲也""亲者、密至也"。孟子曰："仁也者、人也。谓能行仁恩者人也。又曰：仁、人心也。谓仁乃是人之所以为心也。"对"爱"字《康熙字典》中这样解释道："仁之发也。从心无声。又亲也，恩也，惠也，怜也，宠也，好乐也，吝惜也，慕也，隐也。"① "仁

---

① （清）张玉书原撰，马涛主编：《康熙字典》（第 3 册），九州图书出版社 1998 年版，第2216 页。

爱"一词从一开始就表现为对人友善、亲近的意思，到后来演变为一种广泛的道德范畴，如儒家所提倡的"仁爱""仁政"等。事实上，"仁爱"一词出自《淮南子·修务训》："尧立孝慈仁爱，使民如子弟。"表达一种宽容、慈爱、爱护、同情的感情。仁爱是上对下的一种爱，可以是母亲对孩子，也可以是君王对臣子、人民、国家的一种情怀。对高校教师来说，"仁者爱人"是指克己为人的利他行为，是严于律己宽以待人，是为学生服务的精神。这是一种由此及彼、由表及里，从教师个体到他人（包括同事和学生）的扩散式的过程。在研究中我们发现，很多青年教师都能做到仁者爱人，对学生"仁爱"。

> 有一个刚入学的大一新生，他父母知道我是他班主任以后，执意要请我吃饭。但是我感觉要是自己去的话，就觉得像在贿赂我这个班主任一样。不去的话，他父母又是从河南那么远的地方送他到大学来。后来，他父母执意要请我吃饭。没有办法，为了让他父母安心，我就答应了。但是，告诉他们吃饭地点我来选，我就先过去把所有的账结了。他父母来了之后，妈妈穿着朴素，父亲衣着也略显寒酸，可以看出家庭经济并不是十分富裕。当时在我心里，不管是出于我个人的因素或者说出于其他什么因素，就觉得我买单这件事做得是对的。在吃饭的过程中，我和他爸妈说你放心把他交给我，我来培养。说完以后，他妈妈就抓住我的手，给我一种信任感。后来在平时跟他的交流过程当中，我跟他也是亦师亦友。（191104H）

上面这位青年教师用自己的行为诠释了对学生的真切关爱，不仅在学习上表现出高度的责任心，在生活上也关心学生的家庭情况，充分了解学生，再施以师爱，很好地体现了对学生心灵的爱护。孔子认为："'学为人'，即为'学为仁'，人应当学会关爱、包容他人。"[①] 对于青年教师来讲，"仁爱"是一种自我追求和人生态度，追求更高的道德品德和个人修养。在与学生和同事交往的过程中，教师身上的仁爱品质通过对"道"的传授来体现。

---

① 王嫚：《浅析孔子"仁学"思想及其折射出的生命情调》，《佳木斯职业学院学报》2021年第2期。

"道"可以理解为君子之道、为师之道、为仁之道，是构成君子人格的核心。

（二）民本乃是以学生为本

孟子曰："民为贵，社稷次之，君为轻。"中华优秀传统文化中仁民爱物的仁爱精神，以民为本的人本精神，以及深厚绵长的家国情怀等集中体现了中华优秀传统文化的人民性，反映了广大人民群众的基本价值追求。"民"字在古代泛指平民、百姓，古者四民：有士民，有农民，有工民，有商民，由此所衍生出来的民本思想是我国传统上的一种观念。相对于君本或官本而言，其原意是指中国古代的明君、贤臣为维护和巩固其统治而提出的一种以人民为本的统治观念。民本的基本思想放到教师群体中，主要表现为尊重学生、以学生为中心的思想。

国家推进新课程改革以来，高校青年教师也逐步呈现出以学生为本的道德表现，突出强调学生是发展的人、是独特的人、是独立的人，这一论述将学生放在主体地位，接受过培训的广大青年教师也正是按照这一准则实行教学的。这一学生观对于指导教师以人为本进行教育教学、正确处理师生关系、培育时代人才的意义深远。

> 虽然学业是他们最主要的部分，但是我们希望不仅仅培养只会学习的工具，我们希望他们在学习之外的各个范围之内都发挥其特长，这种特长是他们的个性的体现，但又不是无约束个性的体现。因为毕竟他们要到社会中去工作，所以希望他们能兼顾到各个方面，然后尽可能地发挥他们的性格特点和其他的特点。（180702M）

QHAS学院的一位老师在工作中完全体现了以学生为中心的"民本"观。她谈到的做班主任工作的细节，的确让我们非常敬佩：

> 我的手机里有一个学生的电话存了4—5个，包括他爸的，他妈的，他姐姐的，甚至他女朋友的。如果这位学生不来上课，我甚至会跑到他的宿舍里面去把他拖到教室里。但是让我比较感动的是，他毕业好多年后，突然有一天，一个电话打过来："老师，您还好吗？"因为我手机里学生的电话都没删，所以我立马就能知道他是谁。学生很好奇地问我为啥能叫出他的名字，我说你家长的所有信息我全存着呢，还在呢，学生

在电话那头感动地直流眼泪。当然，做工作虽然又细又累，但是却很幸福！（191012C）

通过受访教师的言辞可以看出，教师要遵循以学生为本的道德观念，就是要尊重学生，尊重其独立的人格、独特的个性，认识到独特性是个性的特质，不要打压学生的个性。要利用好学生的独特性，将其培养成为具有独特个性的人，而不是读死书的人；要因材施教，使每个学生在原有基础上都得到完全、自由、全面地发展。

二 诚信与正义

诚信既是个人的立身之本，也是一个民族一个国家的生存之基。正义是中华文化的伦理原则。正义是人立身处世的根本，体现了社会的整体利益与个人的人格尊严。诚信和正义都是教师职业道德最基本的要求。

（一）诚信是师德的底线

言必信，行必果，是历代中国人待人处世的人生哲理，表现在高校青年教师身上，就是以诚实守信、正心笃志、崇德弘毅作为他们待人接物的基本德性。诚者信也，信者诚也，"诚信"一词在《说文解字》中的解释大抵相同。《中庸》曰：诚者，天之道也。诚之者，人之道也。所谓诚，也就是真实不妄言的意思。"诚"，是儒家为人之道的中心思想，立身处世，当以诚信为本。宋代理学家朱熹认为：诚者，真实无妄之谓。"诚"是一种美德。《名人名言》曰："诚即天道，天道酬诚"。言行须循天道，说真话，做实事，反对虚伪，意思为诚实。中国古代传统文化中诚信占据着非常重要的地位，"诚，五常之本，百行之源也。"（周敦颐《周子全书·通书·诚下》）"夫信者，人之大宝也。国保于民，民保于信。非信无以使民，非民无以守国。是故古之王者不欺四海，霸者不欺四邻。善为国者，不欺其民；善为家者，不欺其亲。"（司马光《资治通鉴》卷二）由此不难发现，诚信在儒家道德体系中是何等的重要，在一个国家的治理中是何等的重要。中国古代先哲就如何践行"诚信"也提出了解决之法："戒欺""过而能改""诚信待人""言行一致"。

高校青年教师认为，中国传统的"信"文化，是要求人们说话诚实可靠，切忌大话、空话、假话，而且要求做事诚实可靠。表现在具体工作中，就是信守诺言、言行一致、诚实不欺。诚信是师德的基本要求，也是师德精华之所在，表现为对学生要如实告知课程讲授的内容安排、成绩评定的分值标准，以及课程内容的重难点，不徇私舞弊，假公济私，要公正评价，平等待人；对同事要谦虚谨慎，关心工作集体，相互学习，相互帮助促进，不封锁信息资料，不压制诋毁同事，维护其他教师在学生中的威信，不诓骗同事，最重要的是要做到学术上的诚信，严格要求自己；对领导不谄媚、不欺瞒、不造假、实事求是。一位受访教师这样说道：

> 千百年来，诚信被中华民族视为自身的行为规范和道德修养，在基本字义的基础上形成了其独具特色并具有丰富内涵的诚信观。所以我常对学生说，你在没有社会大众监督的时候，是否能够很优雅地保持着你自己良好的教养？对这种道德的修养，咱们的老祖宗说是慎独，我觉得也是一种对社会公众的诚信。（170102D）

慎独是诚信的至高境界，不但是自我提升道德修养的方法，而且是自我做到诚实守信的要求之所在。"诚"与"信"作为伦理规范和道德标准，在起初是分开使用的。孟子说："诚者，天之道也，诚之者，人之道也。"《中庸》也说："诚者天之道，诚之者人之道。"信的基本含义是指遵守承诺，言行一致，真实可信。最先将"诚"与"信"连在一起使用的是在《逸周书》中："父子之间观其孝慈，兄弟之间观其友和，君臣之间观其忠愚，乡党之间观其信诚。"这里的"信诚"实际上表达的就是"诚信"的意思。

> 艰苦奋斗，尊老爱幼，再就是做人要有诚信，我觉得这对道德观养成是比较重要的，除此之外，做事要守时、守规矩、讲规矩，这些在道德观形成方面，对我影响较大。（180712C）

教师诚信是学生诚信的源头活水，教师诚信是指教师在教学的过程中对学生、同事、领导诚信，最重要的是对自己诚信，以身作则、为人师表、无愧于心。"教师的心理、生理发展相对成熟，且社会对其人格期望较高，应当在诚信校园建设中发挥主导作用，用实际行动成为诚信校园建设的倡导者和引领者。"① 教师的身教效力大于言教，要求教师要自觉地做诚信表率，从点滴小事做起，树立良好的道德形象，同时这也是不断提升自身道德修养的过程，打造一个风清气正的校园文化，需要教师和学生协同努力。

（二）正义是师德基准

公平正义历来是人类孜孜以求的社会理想。中华民族是崇尚公平与道义的民族。孔子在 2000 多年前就抒发了"朝闻道，夕死可矣"的壮烈感慨和精神追求。"正义"一词，在中国最早见于《荀子》："不学问，无正义，以富利为隆，是俗人者也。"其意为："没有学问和道德的人，总以私利为前提的人，都是失败者啊！"在古代，"正"与"直""中"等的意思相近。如《忠经》提到："'正'就是去于邪""邪则不中，中则必正"。《典故纪闻》卷十四所载的"有正大不阿，不行私谒者，便以为不贤"是词语"刚正不阿"的出处，意思是刚强正直，不阿谀逢迎，无偏私，此为正。"义"（義）始见于商代甲骨文，上部是"羊"，下部是"我"。古人把"羊"作为和善的象征。"我"本来是指一只有棱有角，具有锯齿状的刀刃兵器，后假借作第一人称的代词，指自己。因而有的学者认为，由"羊"和"我"构成的"义"的意思是像羊一样与人为善，一切好事、善事皆应从"我"做起。于是把一个人对另一个人做好事、肯牺牲的精神称为"义"。董子曰："仁者，人也；义者，我也。谓仁必及人，义必由中断制也。从羊者，与善美同意。"《孟子·告子上》曰："生，亦我所欲也，义，亦我所欲也。二者不可得兼，舍生而取义者也。"这是成语"舍生取义"的出处，其意为：为了正义事业不怕牺牲。这为历代儒家所推崇。

在古汉语中，"正"与"义"被赋予了相通的含义，正如墨子所言："义者正也"，孟子则曰："义，认知正路也"，也就是以义为正。"正义"一词在现代汉语中意为公正的、正当的道理，正确的行为，公道正直。"正义"作为中华民族的传统美德同样也是判断教师德性的重要标尺，在三尺讲台上和日常相处中面对无数学生能否保持公正、平等的态度、秉持正义是教师德性优良的重要体现，也是教师个人魅力的加分项。如下述案例中所提的那样，在面对学生以及处理日常事务时能够刚正不阿、公道正直，就是"正义"的体现。

① 张君博、李波：《基于高校师生诚信心理特征的诚信校园建设研究》，《江苏高教》2019 年第 8 期。

公正是不能对学生厚此薄彼，每个人都有长处、有短处。当我面对这些学生时，不管他们是出自于富裕家庭还是贫困家庭，是成绩好还是成绩差，都要一视同仁。每个学生都有自己的优点，数理化不好的，或许是文艺社团的尖子，或者是体育健将。要用多把尺子来衡量人才，所以我们对待学生首先应该是公正的。不能用主观意识来衡量，看这孩子亲，那孩子不亲，这孩子调皮捣蛋我就不喜欢他，不应该是这样的。对于每一个孩子，我们都应该公平公正地对待，一视同仁地帮助他们，这是教师首要的职责。（191102J）

在中国，"正义"是君子应有的美德，是处理人与人、人与社会、人与国家之间关系的基本准则，也是儒家恪守的"五常"之一，它在中华民族数千年的延续中被传承与丰富。从古至今，有无数追求"正义"的仁人志士的芳名流传千古，有大公无私、刚正不阿的包拯；有正义化身的关公、海瑞和狄仁杰；有舍生取义的文天祥、戊戌六君子、董存瑞、刘胡兰、雷锋、徐洪刚。他们的故事被写进书里，刻进人们的心里，成为中华民族重要的精神财富和鲜活的教育题材，滋养着一代又一代中华儿女实现其人生的价值。高校教师作为立德树人的关键、社会德性修养的典范，应该继承和发扬"正义"之道，让学生都能够在一个真正公正、平等的环境中学习成长，这也有利于学生个人以教师为榜样完善自身道德人格的形塑。

三 和合与大同

"和合"是中华民族最重要的优秀品质、最崇高的民族精神和最真挚的民族情感。大同思想所强调的人的平等、与人为善、集体主义观念等，不仅是对美好社会的向往，同样也是教师美德的重要体现。

（一）和合是民族教育指向

"'和合'一以贯之于天人合一的宇宙观、协和万邦的天下观、和而不同的国家观、琴瑟和谐的家庭观、人心和善的道德观，从方方面面影响着每一个中国人，以及中国社会制度的建构及其社会治理。"[①] 中华民族自古以来就是一个爱好和平的民族，讲求天人合一、与邻为善、以和为贵，讲求社会

---

① 范玉刚：《"和合"文化基因助推社会善治》，《人民论坛》2018年第10期。

和谐、家庭和睦。"和""合"二字仿佛蕴含着中华民族五千多年全部的历史与追求。中国的"和"文化源远流长。"和合"体现出了中国文化的首要价值、中国文化的重要精髓，是中华民族智慧的结晶。"和"始见于战国金文，"和"本义是指和谐、和平、祥和；"合"始见于甲骨文，"合"的本义是指结合、合作、融合。"和合"指和睦同心、调和、混合、汇合、顺当、吉利。"和合"出自《墨子·尚同中》："内之父子兄弟作怨雠，皆有离散之心，不能相和合。"中国传统文化中贵和持中的和合意识表现在两方面：其一是"天人合一"的宇宙观，指的是人与自然中万事万物关系的和谐；其二是"中庸"的道德观，是处理人际关系的准则，讲求人与人、人与社会关系的和谐。

中华文化崇尚和谐，中国"和"文化源远流长，蕴涵着天人合一的宇宙观、协和万邦的国际观、和而不同的社会观、人心和善的道德观。在五千多年的文明发展中，中华民族一直追求和传承着和平、和睦、和谐的坚定理念。以和为贵，与人为善，己所不欲、勿施于人等理念在中国代代相传，深深植根于中国人的精神中，深深体现在中国人的行为上。①

在青藏高原多族群融合地区，人与人之间由于价值观念和文化传统的差异，在相处中会有一些矛盾，"和合"的道德观能够为处理日常人际关系提供价值引领。青藏高原青年教师这一群体在教书育人中不能选择自己的学生，更不能区别对待自己的学生。因而，在教学工作中将"和合"的道德观纳入自身德性体系中更显迫切。

我们学校很多老师听到自己带的是藏族学生班就会感到比较头疼，因为他们觉得藏族学生很难管。但是，我不这么觉得，我跟他们相处有自己的心得。第一，就是要鼓励他们，要给予充分的信任；第二，我知道他们的问题出在哪里，我也有办法去处理，我很自信。每次我都会尽

① 习近平：《在中国国际友好大会暨中国人民对外友好协会成立60周年纪念活动上的讲话》，2014年5月15日。

力教好他们，在教的过程中我也很开心。（190318Y）

虽然我是藏族，但是我总想了解儒家文化、了解孔子、了解我们所谓的"仁人"。在上学的过程当中我们受到了这一文化的浸润，我们儒家文化的核心就是仁、义、礼、智、信。这其实也体现了藏族和汉族文化的交融，因为仁、义、礼、智、信里很多内容与藏族文化是有交融与共通之处的。（190609L）

上述案例中教师的事迹凸显了"和合"的美德，体现了青藏高原多族群融合地区各族群间的团结与融合。"和合"是中华文化的独特品质，爱国主义的民族深情，团结统一的价值取向，贵和尚中的思维模式，厚德载物的博大胸怀等都是中华民族精神的基本内容，彰显了中华优秀传统文化的特质。习近平总书记曾指出：

古往今来，中华民族之所以在世界有地位、有影响，不是靠穷兵黩武，不是靠对外扩张，而是靠中华文化的强大感召力和吸引力。我们的先人早就认识到"远人不服，则修文德以来之"的道理。阐释中华民族禀赋、中华民族特点、中华民族精神，以德服人、以文化人是其中很重要的一个方面。

青藏高原上的青年教师在教书育人过程中不仅自己要将"和合"的美德体现在对待学生和与同事相处的点点滴滴之中，也要将"和合"之道在课堂和日常生活中以理论和实践的双重形式传授给学生，增进多元民族学生之间的感情，同时，也有利于加深样本地区的族群团结与融合。

（二）大同是民族教育蓝图

"大同"一词出自《礼记·礼运·大同》："大道之行也，天下为公，选贤与能，讲信修睦，故人不独亲其亲，不独子其子，使老有所终，壮有所用，幼有所长，鳏寡孤独废疾者皆有所养；男有分，女有归，货恶其弃于地也不必藏于己，力恶其不出于身也不必为己，是故谋闭而不兴，盗窃乱贼而不作，故外户而不闭，是谓大同。"① "大道之行也，天下为公"展现了人们

---

① 陈戌国：《礼记校注·礼运》，岳麓书社 2004 年版，第 154 页。

对大同社会的美好愿景。

大同社会是中华民族历来追求的社会蓝图，历史和现实的不断发展赋予其新的精神内核。中国传统文化中的大同思想虽有很大的历史局限性，但是中华传统文化中包含的全人类平等、自由与民主的大同理念，集结了中华民族对于人类和社会全面发展的智慧，也体现出人类社会发展的必然归宿，是中华民族传统文化中一颗绚丽的瑰宝，迄今散发着耀眼的光芒，值得我们继承与弘扬。正如习近平总书记在中国共产党与世界政党高层对话会上的主旨讲话中谈到的："中华民族历来讲求'天下一家'，主张民胞物与、协和万邦、天下大同，憧憬'大道之行，天下为公'的美好世界。我们认为，世界各国尽管有这样那样的分歧矛盾，也免不了产生这样那样的磕磕碰碰，但世界各国人民都生活在同一片蓝天下、拥有同一个家园，应该是一家人。"

我们常说高校就是一个小社会，是学生塑造三观、学会基本的与人相处之道的关键场域。在这个小社会中，环境氛围和教师的一言一行是学生学习的重要范本，在一个追求公正平等、充满集体主义精神的氛围中，学生就会形成一种追求积极向上、尽善尽美的人格品质；同时，教师在日常工作中平等地对待学生，关心、关爱学生，与同事友好相处，秉持集体主义精神，以学生、学院、学校为重等方面也能深刻诠释教师良好的德性修养。由此可见，大同思想同样是样本地区青年教师德性养成中重要的文化涵养。

中华民族的传统美德标志着中华民族的"形"与"魂"，不仅是中华文化的赓续，也是抵制西方文化浸润、保持中华儿女本色的坚固城墙。根植于传统文化和美德的道德建设是构建和谐社会的有力抓手，也是国家安定、民族团结的重要精神基石。一个社会能否和谐，一个国家能否长治久安，在很大程度上取决于全体社会成员的思想道德素质，是社会主义和谐社会的重要标志。"价值观念和文化传统是社会环境的深层影响因素，它们与社会制度、意识形态一起发生作用，形成社会风气，因而社会风气不单纯是社会价值取向的体现。"[1] 中国的古代文艺作品，音乐、歌舞、戏曲、诗词都是以宣扬道德，弘扬正气为主要内容的。在社会教育中有三纲五常、父子有亲、君臣有义、夫妇有别、长幼有序、朋友有信，遵循孝悌忠信、礼义廉耻的道德原则。我们则始终坚持善有善报、恶有恶报、因果轮回，这样的理念取得了朴

---

① 江畅：《德性论》，人民出版社 2011 年版，第 576 页。

实向善的民风和社会安定和谐的效果。

> 我觉得真善美这个东西不仅仅在藏族老师身上体现得鲜明，作为中华民族的一种传统美德，对于它我个人更多的理解应该是纯真。（190609L）
>
> 我于 2017 年被学校公派去英国访学半年，到了那里我发现，英国的老师和学生在行为举止，或者说对道德的理解上与中国有很大的差异。我们在国内习惯了集体主义的价值理念，但是英国的老师和学生都更加看重个人主义，更在乎他们个人的得失和感受。这与我们是不一样的。尽管如此，英国教授身上表现出来的敬业、工作和负责任等品质，是与咱们中国老师所崇尚的一致的，或者这就是我们说的普世美德吧。（170102D）

综上所述，中华民族的美德已经成为一种基因，深深地熔铸到每一个人的心中。作为一种普世的美德，它已被广为接纳，蕴含于其中的深刻哲理，已经成为当前德育工作取之不尽、用之不竭的源头活水。"中华民族传统伦理的文化凝练是中华各民族伦理文化的观念整合与道德彰显，构成了中华民族现代伦理发展的文化基础，揭示着中国特色社会主义现代伦理发展方向应以传统道德文化优秀品质的现代弘扬为引领。"① 中华民族的美德精华也使得大家心驰神往，孜孜不倦地追寻和探秘。我们会发现，中华传统伦理道德对国民道德水平的发展是有着潜移默化的影响的，而且是不容忽视的。《学记》说："建国君民，教学为先。"古人治国，道德教育是首要的一个部分。回到新时代的建设中，回到新时代的教师队伍发展问题上来，我们同样要把道德建设、把精神文明建设放在新时代高校教师队伍道德建设的质量和高度上来重视。

第三节　地域伦理文化营造的环境

本章前两节分别分析了新时代中国特色社会伦理文化环境和中华传统伦

---

① 黄超、冯振萍、李宪伦：《传统民族伦理的文化凝练与中国特色社会主义——现代伦理体系构建的文化彰显》，《学术论坛》2013 年第 2 期。

理文化环境对高校青年教师德性养成的影响。在本节中我们将紧扣样本地区的地域伦理文化，分析高校青年教师德性养成过程中与所在地域伦理文化环境的互动。首先，从理论上阐释地域伦理文化的概念，进而挖掘样本地区的地域伦理文化核心包括多元族群伦理文化、悠久的河湟文化、红色的历史文化和绿色的生态文化及其在高校青年教师德性养成中的表现。

一 地域伦理文化理论

"文化是有地域性的，地域文化是人们生活在特定的地理环境和历史条件下，世代耕耘经营、创造、演变的结果。一方水土养一方人，哺育并形成了独具特色的地域文化。"[①] 想要清晰地勾勒出样本地区地域伦理文化的形态，必须清楚地域伦理文化的概念。然而，在梳理文献的过程中发现，学者对地域伦理文化的专门研究比较少见。所以，我们从地域文化入手，着重关注伦理的成分，进而提炼出地域伦理文化的概念。

当前，学者从不同角度对地域文化的概念与内涵进行了界定。李秀金指出："地域文化是一定区域内人的精神活动的总和，它是由区域地理环境、社会生产方式、区域传统文化等因素综合作用的结果。"[②] 刘新有等将地域文化视为"某一特定地域的人类群体在长期实践中形成的对其周围自然环境、社会环境、人类自身环境，以及与本地域联系较为密切的地域的适应性体系，是反映人与自然、人与社会以及人与人之间关系的总和。"[③] 张玮认为："地域文化是指生活在特定区域的人群在从事物质生产、精神生产和社会生活中所形成的具有浓厚的地域特色的价值观念、思维方式、人文心态、民族艺术、风俗习惯、道德规范等的总和，它是由特定区域的地理环境、人们的经济生产方式和社会生活方式以及历史文化传统所决定的一种地域性文化。"[④] 朱存军认为："地域文化是文化的空间分类，是指在一定区域范围内形成和发展起来的具有自己明显特征的一种文化形态，也是一个国家或者一

---

① 郭希彦：《地域文化在景观设计中的应用研究》，硕士学位论文，福建师范大学，2008 年，第 10 页。

② 李秀金：《试谈区域文化的区域经济效果》，《求实》2006 年第 2 期。

③ 刘新有、史正涛、唐永红：《地域文化演进机制与发展趋势研究》，《广西社会科学》2007 年第 11 期。

④ 张玮：《区域文化对区域经济的影响分析》，《特区经济》2006 年第 2 期。

个民族传统文化中的主体文化的组成部分，它受地理、历史、语言、传统和宗教等因素影响，是一个地区科技、知识、信息、人的综合素质等元素的集合体。"[①] 殷晓峰认为："地域文化是指一个特定地域内的特定的文化体系，是生活在这个特定区域内的人们在长期从事的物质生产、精神生产和社会生活过程中所形成的具有浓厚的地域特色的价值观念、思维方式、人文心态、民族艺术、风俗习惯、道德规范等的总和。"[②]

根据上述学者对地域文化的定义，我们可以得出这样一些结论：第一，地域文化具有连续性和传承性，由该地域经过漫长的发生、发展、演化过程而形成。地域文化中对价值观念、道德规范以及精神生产的继承，凸显了地域文化中浓厚的伦理道德成分。人类道德的发展是在继承和弘扬优秀道德传统的基础上不断发展和进步的。传统是滔滔江水，又是生命之流，它是族群世代积累下来的相对稳定的历史经验。每一个地区所呈现出的道德是该地域长期生活的人们在行为方式、风俗习惯、价值观念和文化心理方面的一种集中体现，更是对该地域人们道德实践经验的总结提炼和概括。因此，地域文化的传承性和连续性完全印证在道德层面。第二，地域文化具有多元性。首先，地域文化种类繁多，不同的国家或地区都有不同的地域文化类型。其次，其表现形式多种多样，语言、民俗、艺术等都是地域文化的表现方式。如果将上述学者关于地域文化的内容进行划分，地域文化可以被分为物质文化、制度文化、精神文化三个层次，而伦理道德则属于精神文化的范畴。以生产生活文化为核心的物质文化为精神文化提供了现实基础，以规则文化为核心的制度文化为精神文化提供了行动方向，而以伦理文化为核心的精神文化则是地域文化的升华和集中体现。

综上所述，我们尝试将地域伦理文化定义为在一定地域的人们经历漫长的历史过程，通过脑力和体力劳动对自然界进行改造，不断积淀、发展和升华的价值观念、信仰、文化修养、艺术水平、社会风俗、生活方式、社会行为准则等文化形态，从而产生的社会舆论、传统习俗和内心信念等能够为人们提供善恶评价的标准导向。这些评价标准深深地镌刻于人们的意识形态当

---

① 朱存军：《区域经济发展中的文化因素分析——以内蒙古中西部地区为例》，硕士学位论文，内蒙古师范大学，2008年，第10—11页。

② 殷晓峰：《地域文化对区域经济发展的作用机理与效应评价——以东北地区为例》，博士学位论文，东北师范大学，2011年，第30页。

中，表现在该地域人们独特的生活方式、行为习俗、思维模式、价值取向之中。例如，在本书中，根据样本地区的自然风貌、世居族群和历史演进，我们从多元族群伦理文化、红色的历史文化和绿色的生态文化来分析该地区的地域伦理文化。

二　多元族群伦理文化环境

实际上，在考察多元族群伦理文化的时候，往往很难找到抓手，但是伦理性的实体，即家庭、民族社会和国家的合理性只有在伦理性的实体生活之中，才能得到正确的解释。于是，我们通过研究样本地区不同区域的伦理文化，以及该地区世居各族群及其精神的合理性，进而剖析其对样本地区高校青年教师德性养成的影响。如果说离开了民族和精神的合理性，那么精神就会失去其道德的正当性。正如黑格尔所说："作为现实的实体，这种精神是一个民族，作为现实的意识，它是民族的公民。这种意识，其本质是在单纯的精神中，其自我确定性，是在这种精神的现实中亦即在整个民族中；而且其真理性也直接就在这里，所以它的真理性不在某种没有现实性的东西里，而在一种实际存在着的和有效准的精神中。"① 我们理解的精神便是民族伦理精神作为民族凝聚力的体现，这是一个民族存在的基础和根本。民族伦理精神的核心在于"德性精神"，即某一高校青年教师所在民族的德性精神是什么？又将会对其个人产生什么样的影响？体现在他们的工作实践中，这种民族伦理精神又是如何发挥具体作用的？

"中华民族之美在于多样的美，不同的民族道德生活是与其生存的土地、山川、气候、风物、传统等浑然一体的，是各民族历代先祖集体智慧的结晶。在民族内部，无论是文盲还是知识精英，无论是普通人还是首脑人物，其行为都具有鲜明的民族烙印。"② 这种鲜明的民族烙印集中体现在族群道德文化之中。样本地区是多族群的世居之地，从而呈现出多元的地域族群文化。族群道德文化是各族群文化中的道德习俗和道德文化，历经了经济社会制度的变迁与发展，大多数已经作为族群传统和族群伦理规范留存至今。大多数族群道德文化的现代发展价值与社会主义核心价值观的

---

① ［德］黑格尔：《精神现象学》（下卷），贺麟、王玖兴译，商务印书馆 1974 年版，第 7 页。
② 陈文江、李晓蓓：《德性叙事：民族道德生活研究的展开视域》，《西北民族研究》2019 年第 1 期。

价值指向是一体的。

"人们所普遍欲求的，而且是值得欲求的道德，即'德性'，是在特定民族'共同体'伦理生活及其道德教化实践中所形成的。"① 按照民族精神在宏观和微观两个层面的研究内容，在宏观上可以分析特定民族及其神话、语言和艺术等外部构成形式。相反，在微观层面上的研究，可以比较有效地分析出某个特定民族及其精神的内涵。同时，在宏观层面上某个特定民族及其精神性的东西，还表现在这个特定民族对其所赖以生存的自然环境的态度上，也就是说，地理因素很重要，因为它与我们常说的神话、语言和艺术的形式息息相关。

诚然，对世居族群的道德习俗和文化形成的研究是无法与宗教割裂的。在对族群道德的研究中，我们坚持秉承习近平总书记 2016 年出席全国宗教工作会议时发表的重要讲话精神：

> 要用社会主义核心价值观来引领和教育宗教界人士和信教群众，弘扬中华民族优良传统，用团结进步、和平宽容等观念引导广大信教群众，支持各宗教在保持基本信仰、核心教义、礼仪制度的同时，深入挖掘教义教规中有利于社会和谐、时代进步、健康文明的内容，对教规教义作出符合当代中国发展进步要求、符合中华优秀传统文化的阐释。

蒙古族道德研究者萨巴特尔指出：

> 民族道德是民族文化的核心要素，民族的道德价值决定着民族文化的特质和发展方向。在这个意义上，民族道德就是民族文化的灵魂。要全面认识和把握一个民族的文化，必须深入民族的道德生活，通过追寻其道德生活发展的历史脉络把握民族的道德特性，进而才能真正理解民族的发展历史、现实生活状态和未来的发展方向。②

因此，接下来我们在不同的区域选取其中的主流民族伦理文化作为主要

---

① 陈文江、李晓蓓：《德性叙事：民族道德生活研究的展开视域》，《西北民族研究》2019 年第 1 期。

② 萨巴特尔：《蒙古秘史的德性与教化思想研究》，华夏出版社 2016 年版，第 38 页。

抓手，深入分析他们的族群道德生活对高校青年教师德性养成的影响。

（一）青海省西宁四区三县族群伦理文化环境

西宁作为青海省的省会城市，是典型的移民城市，多民族在这里聚集并存，是青藏高原人口超过百万的中心城市，仅移民人口就高达100万人之多。西宁市也经常用"四区三县"来划分。西宁四区三县中的四区是指：城中区（含城南新区）、城东区、城西区（含海湖新区）、城北区，三县是指湟源县、湟中县、大通回族土族自治县。西宁地处青藏高原河湟谷地南北两山对峙之间，黄河支流湟水河贯穿而过，再加上大通河，三河之间的辽阔区域孕育出了灿烂的河湟文化。"河湟，亦称作'河隍'，是黄河与湟水的并称。在地理范围上，也指称河湟两水之间的区域。"① 这一地区自古以来就有很多民族聚居，并在此繁衍生息、畜牧耕种。"宋元时期是河湟地区多民族、多元文化汇聚的重要时期。这一时期，一些阿拉伯、波斯等地的商人、使者以及中原内地的商贾不断来到河湟，并有部分人定居于此。随之，他们也将各自的民族文化带到了河湟。久而久之，在河湟地区便形成了藏文化、汉文化、伊斯兰文化等并存共荣的多元文化格局。"② 多元文化汇聚而成的河湟文化彰显着一些积极向上的道德"公约"，而这也无声地淘染着样本地区教师的德性品行。

悠久的史前文化培植了样本地区教师的自信之德。"河湟地区是黄河流域人类活动较早的地区之一，早在新石器时代，河湟地区就出现了马家窑文化、宗日文化、齐家文化、辛店文化、卡约文化等较为发达的原始文明。"③ 经历了上千年的发展，多个民族的文化结晶在这里汇聚、共生，形成了独具特色的、辉煌灿烂的河湟文化，也孕育出了一批优秀的传统艺术文化，如民间手工艺、别具一格的建筑艺术、戏曲文艺和绘画雕塑，并流传至今，足以见其文化特色。基于如此厚重的文化底蕴，不仅是对于河湟文化的自信，而且对于中华文化的自信，都在样本地区青年教师的身上体现出来，久而久之自信这种美德便根植于该地区教师心中。此外，多元的宗教文化淘染了样本地区教师的和美之德。宗教多元化，是河湟地区的一大特征。河湟地区是中

① 王默：《多元信仰文化与族际互动》，博士学位论文，兰州大学，2017年，第33页。
② 王立恒、狮艾力、杨斌：《河湟地区多民族文化互动性研究》，《资治文摘》（管理版）2009年第2期。
③ 周存云：《黄河文明中的河湟史前文化》，《青海党的生活》2020年第10期。

国宗教相对集中的区域，世界五大宗教都在此存在和发展，伊斯兰教和藏传佛教的发展最为鼎盛。多元宗教文化在这里互融、共生，集中体现了文化的包容特性和民族共同体理念，构成了一幅和谐的画卷，成为河湟地区民族、宗教和合共生的一大文化特色。多元化的宗教在这里汇聚共生，宗教文化和谐同美的局面促使样本地区青年教师养成了求和、尚美的美德。

鲜明的红色文化养育了样本地区教师的奉献、大局意识。河湟文化的繁衍壮大诞生了独具特色和繁多的河湟红色文化。如党的精神谱系在青海地区的弘扬和延续形成了独具特色的青海精神谱系，很多爱国主义教育基地蕴含着丰富的如奉献、大局等美德。如"两弹一星"精神，其中上至政策的制定者、功勋科学家，下至普通牧民，都为了祖国的核事业，舍弃小我、无私忘我，普通牧民举家搬迁。还有尕布龙的赤子精神，作为一名牧民省长，他两袖清风，为群众办实事，时刻不忘自己是百姓的好公仆、好长者。鲜明的红色故事和文化成为补足青年精神之钙的重要元素，对于样本地区的青年教师而言，培植了其奉献、顾大局的美好品德。

多样的民族文化造就样本地区教师的包容之德。民族多元性是河湟地区的首要特征。"河湟地区是我国典型的多民族聚居区，至清代，主要居住着汉族、回族、藏族、蒙古族、土族、东乡族和撒拉族。"① 各个民族之间的交往方式、文化理念、价值观念等存在差异，由于长期的交融、共和、共生，河湟地区形成了一种融汇共通的民族文化机制。"河湟地区是中国文化多元一体格局的缩影，在其文化显性结构上是多元一体共生的民族文化——有汉、藏、回、蒙古、撒拉、东乡、土、保安、裕固等民族，在其文化隐性结构上是经纬交织在多元民族文化中的多元宗教文化佛教（汉传、藏传）、道教、伊斯兰教、基督教以及丰富多彩的民间信仰。"② 中国文化自古就有很强的包容性，这正是中华文化的独特性所在。纵观历史上，别国文化在被后者入侵之后几乎都灭绝了，只有中华文化，在不断兼收并蓄后却因此形成了灿烂的中华文化，各民族相处异常和谐与融洽。样本地区是一个典型的多民族地区，这里的诸多民族也呈现出了很强的包容特性，正是这一优良美德，在该地区的青年教师心内根植了包容的种子。

① 魏梓秋：《共创与共享：清代河湟地区的民族节庆》，《中国民族博览》2020年第8期。
② 杨文炯、樊莹：《多元宗教文化的涵化与和合共生——以河湟地区的道教文化为视点》，《兰州大学学报》（社会科学版）2013年第6期。

习近平总书记强调要保护、传承、弘扬黄河文化。而黄河文化所孕育的河湟文化，是中华民族优秀传统文化的结晶，历经千年的沉淀，如今依然熠熠生辉。在新的历史条件下，传承、发展和创新河湟文化有着重要的意义。河湟地区的宗教文化、民族文化、古遗址文化、民俗文化、自然景观和历史名人文化都成为这个地区独特的文化底蕴。文化是一个国家和民族发展壮大的标识。在新时代，要实现中华民族伟大复兴的中国梦就必须弘扬优秀的传统文化，让文化成为在"推动国家和民族发展中的更基本、更深沉、更持久的力量"。美德大多包含在良好的习惯之中，样本地区的青年教师长期处于这种文化的浸润之下，如求和、尚美、开发、包容、自信诸多美好的品德在其学习生活之中都能逐渐显露出来。

（二）西藏、青海玉树果洛地区族群伦理文化环境

作为中华文化的有机组成部分，藏族文化给中华文化这个庞大的体系增添了很多色彩。藏族文化是藏族人民在长期生活中创造形成的历史遗产且其内容极为丰富多彩。藏族是青海省少数民族人口较多、分布较为广泛的民族，在青海省就有五个藏族自治州（玉树、果洛、海南、海北、黄南藏族自治州），西藏是中国藏民族自治区。在以藏族为主流民族的区域探讨藏民族的伦理文化，深入挖掘其中优秀的伦理道德因素，对于样本地区的教师良好德性的养成无疑具有积极的促进作用。无论是藏族的医学、传统天文历算，还是诗歌、格言、民间故事和藏传佛教教义，大多蕴含着劝人精进向上、从善戒恶、团结互助等伦理道德的因子。众所周知，藏族是一个崇尚道德的民族。在长期的社会历史发展中，在处理人与人、人与社会的关系中，藏民族逐步形成了具有鲜明民族特色的伦理思想、道德观念及行为准则。

藏族文学中蕴含着丰富的伦理文化思想。在青海海西地区和西藏拉萨调研时，我们所获知的格萨尔赛马称王传说、阿尼玛卿雪山神话传说、年宝玉则雪山神话、风磨的故事、朵项苏的传说、却藏寺的传说等以及海西藏族民间谚语、藏族拉伊等皆体现了藏族群众对崇拜英雄、蔑视懦夫的伦理德性的重视。其中，被世人称为东方《伊利亚特》的《格萨尔王传》具体呈现了一个家庭中父亲、母亲以及孩子各自的角色任务以及职责，以及对君王头领、对臣民百姓、对神佛、对朋友的伦理准则和对战俘的伦理准则。其中的思想观念、伦理道德、文化生活都是藏族人民智慧的结晶，更是表明了藏族人民诸多的伦理道德规范。从总体上看，《格萨尔王传》塑造了藏族人民善

战尚武、能言善辩、酷爱唱歌跳舞、爱护集体、热爱生活、相信报应、遵纪守法等性格特征。笔者在 XZ 大学调研时，一位研究藏语言文学的教师告诉我们，《格萨尔王》这一民间文学是通过艺人口述翻译成文的，向普通民众讲述了藏族英雄的故事。他认为，概括来说，其所表达的藏族美德在于"真——求真""善——善良""美——审美"三点。这里的"真""善""美"与中华传统文化的核心美德观点是完全相通的。

"藏族人在重大节日，特别是在藏历节日，都要举办歌舞、赛马、赛牦牛、射箭、打炮石等文体活动。举办活动的目的，一是娱乐，二是教人做人的道理。"① 许多藏族传统节日，例如玉树赛马会、玉树天葬、青海卓伦藏族婚礼、华热藏族婚礼、藏历新年、六月欢乐节、热贡年俗、尖扎达顿宴、热贡获康祭祀活动、热贡年俗、保安社火、汪什代海藏族婚俗也充分体现了藏族人民的伦理道德观念。藏族文化是以宗教为主体的文化，宗教对藏族人民的伦理道德和价值塑造有着深厚的影响。有的藏族文化学者认为，藏族宗教文化的伦理观包括虔诚、执着、坚韧、约己、轻物质、重信仰这些品格。藏族游牧文化也体现着藏族的民族伦理文化。

> 藏族游牧文化不仅是指在青藏高原进行游牧生活的藏族牧民的生产经营和生计方式，也指游牧者的社会构造、思想文化信仰等内容。游牧文化是人和牲畜随着水草而迁移的一种生存方式，也是生活在气候干旱地区进行牧业生产的游牧部落、游牧民族或游牧氏族共同构建的一种文化体系。游牧文化的内容十分丰富，不仅包括游牧族群精神文化层面的信仰、思想观念、风俗习惯和文学艺术等，还包括物质形态层面的生产方式和生活方式，这也是藏族游牧文化的重要组成部分。②

藏族的伦理文化对样本地区高校青年的德性养成有什么影响呢？我们可以从两个群体进行分析。一是本土藏族青年教师；二是外来其他民族的青年教师。首先，对本土藏族青年教师来说，藏族伦理文化就是他们从小被滋养的道德土壤。在调研中，我们了解到藏族家庭教育侧重于道德品质教育，非

---

① 白佩君：《藏族社会生活与习惯法中的传统伦理道德教育》，《学术交流》2013 年第 5 期。
② 扎西加：《藏族游牧文化特征研究——以和日四部六州部落为例》，硕士学位论文，中央民族大学，2016 年，第 62 页。

常注重对孩子的品德教育。在访谈中，一位土生土长的藏族教师这样说道：

> 我从小在草原上长大，我的爸爸妈妈虽然没有太多的文化，可是要我们不能说假话，不能拿其他家里的东西。当家族有重大庆典的时候，我们都要积极地参加，这就是对我们进行的一种民族文化的熏陶和认同。（190318Y）

还有一位教授藏语言文学的教师这样分析藏族文化历史对学生道德养成的影响：

> 我是教授藏语言文学的老师，我们这个学科会给学生讲授藏族文化历史，让他们学会掌握语言、文学的基础理论。在教学中，我的确发现学生的道德发展和专业成长是并行的，因为我们用的一本教材就是关于教人如何在家庭或者社会中学会为人处世的。那本书本身内容不多，最多五六章就结束了，并且是以诗歌的形式去写的，用词就是我们平常的那些口头禅，所以要理解的话稍微容易。那里面的道德教育讲得也不很深奥，讲述了作为一个母亲要怎么教育她的小孩。比如，在小孩小的阶段，母亲便依从他的天性和心情，小孩想干什么母亲就依从他，他想要什么母亲就给他，等到他长大的时候，母亲就管教不住他了。（190607P）

由此我们可见，藏族本土教师从小受到了良好的家庭道德教育，这对他们从事高等教育工作，对待自己的工作、学生、同事的态度和品质有较好的启蒙作用。那么，外来其他民族的青年教师又是如何看待藏族伦理文化对他们的影响的呢？

> 刚来的时候我觉得藏族的一些特别深厚的历史文化，比如说他们的格萨尔王、藏戏等演出，我觉得很生动、很打动我，他们的很多故事以及藏戏，足以显示出他们的文化底蕴真的很深。以前每周五晚上下课后，老校区和新校区的那个大操场上会放音乐，然后跳锅庄。藏族人汉族人一起跳，手拉着手围圈圈跳。像藏族同学的话，他们的那种艺术细胞感觉好像很强大。他们载歌载舞，然后一起坐在草地上面聚餐、野

炊，类似于放着音乐带着你一起围成圈圈跳锅庄，我觉得这些都是可以增进民族感情的。（190607Y）

从总体上看，藏族文化强调重情淡财、施舍济贫，反对损人利己、弱肉强食；强调知足常乐、安分守己，反对斤斤计较、相互竞争；强调人与人之间要建立一种友爱、仁慈、信任、宽容、谦让的情感关系；反对人与人之间形成憎恨、无情、猜疑、刻薄、斗争的利益关系。无论对于本土藏族青年教师还是外来其他民族的青年教师，都有着一定的道德价值取向影响。

（三）青海两化地区族群伦理文化环境

青海省两化地区是指化隆回族自治县和循化撒拉族自治县，可见两化地区主流的民族就是回族和撒拉族。除此之外，回族还有一些如门源、民和、大通回族自治县为其聚集地。在西宁，回族主要分布在城东。回族是青海省人口较多的少数民族，撒拉族人口相对较少，除去其聚居的地方之外，这两个民族的人口还散居于青海省各地。由于样本地区教师的民族构成也如同这一地方的文化一样灿烂和多元，因此挖掘区域主流民族的优秀伦理文化结晶，有助于帮助该地区的教师群体吸收其长处，自觉敦促自我，不断提升自身德性修养。

回族在中国的发展史也可谓源远流长，是在中国土地上土生土长的固有民族，作为中华民族大家庭中的重要成员之一，回族是人口较多、分布较广的一个少数民族。由于其源远流长的历史，回族的文化之中也沉淀着许多优秀的传统文化，深挖其文化，处处可见伦理道德的影子。回族优秀传统文化涵盖社会生活的各个方面，经过历代回族思想家的阐释和发扬形成了独特的回族伦理文化，闪耀着理性和智慧的光辉，深深植根于回族穆斯林的心灵深处，是当前回族伦理道德建设的源泉。本书研究发现，影响样本地区回族教师德性养成的伦理文化有如下几点：

第一，"德知并重"的家庭道德教育观念。回族家庭比较重视幼儿的知识学习，同时也看重道德品质的培养与发展。用道德教育的内容、符合民族习俗的教育方式、基于民族榜样精神促进幼儿道德成长。同时，回族的民俗生活中本身就蕴含着大量的道德教育思想，使得儿童在生活细节中自然而然就开展了道德实践。回族家长在教育幼儿时，往往喜欢借用一些《古兰经》或《圣训》里面的名人典故或是回族学者的历史事件来加深幼儿最初对道德的认知和理解。来自这些经典书籍中的一些小故事和小典故，蕴含着深厚的道德伦理知识，回族家长往往会选择极富深意的、幼儿喜闻乐见的故事进行道德教育。

第二，"看重德教"的传统习俗。透过回族的节日习俗，可以窥见其宗教道德的规范性要求。如回族的三大传统节日：开斋节、古尔邦节和圣纪节。例如，回族的"闭斋"，即每逢伊斯兰教教历九月，成年的穆斯林要斋戒一个月，要求每个人在天亮之前吃饱饭食，白天则不允许进食，直到斋月结束后才能恢复正常，而这一月被称为"斋月"，其主要目的就在于使人们反省自身。斋月期满这一天，便是开斋节，在这一天，回族的穆斯林要沐浴、盛装打扮，成年男女要去清真寺参加节日会礼、团拜等活动。各家要炸"油香"（传统的油炸面饼，表示纪念和庆贺之意）、做馓子，热情地招待客人。因为这一节日的非凡意义，还有青年男女特地选定在这个佳节办婚事。根据回族习俗，每逢过节或是遇到有人有困难需要帮助，回族穆斯林就会在清真寺的统一组织下，根据自己的经济能力，对经济贫困或者遇到困难的回民给予资助、捐赠或救济。回族人把资助财物的行为称为"散乜贴"或"出散"。受访教师说，他从小就跟着父母去清真寺参加出散活动，有时候父母也会让他亲手把财物拿到寺内交给记录的长辈，寺里的阿訇看到他手拿救济物资，就会称赞他的行为。这使得他从内心里感受到"助人为乐"的喜悦。

第三，丰富的文学作品蕴含着深厚的道德意涵。在回族的诸多文学作品中也存在着许多使人向上向善的伦理道德教化精神。如《阿里和他的白鸽子》《天鹅和猎人》《白鸽子姑娘》这类故事，通过一人一事的故事情节的展开，赞扬了人间的真、善、美，以此来教化人们，批判世上的假、丑、恶现象，规范人们的言行，将积极向上的伦理道德通过讲故事的方式表达出来，使人们耳濡目染，久而久之就会自觉效仿，以达到使人向善向美的目的。还有如《两兄弟》《越来越大的花》《川草花和马莲花》《变猪的媳妇》等脍炙人口的故事，通过无情鞭挞见利忘义的哥嫂、伤天害理的爹娘、丧尽天良的后娘及不孝敬公婆的儿媳，又以受害者化险为夷、大难不死的结局为反转，赞扬了人们友爱仁义、尊老爱幼的高尚道德品质，将道德的褒扬意味和人性的闪光点融入故事情节中，通过有"味道"的故事来打动人，更好地达到教化育人的效果。

第四，回族人民有着热情好客的品质。中华民族历经时间的积淀，各民族的优秀传统也成为其中的结晶所在，回族作为中华民族大家庭中的一员，热情好客是其鲜明的特点，回族也是一个有着自己独特生活习惯的民族，所谓入乡随俗，只有尊重人家的风俗习惯，才能体验到回族人民的热情好客。有客人到门前，主人会走出大门外去迎接，并立马迎上去拿过他们手里的东西并问好。如客人骑自行车，就会立即把车子接过来推上，对有行李、包的客人要把行李接过来提上。在客人进屋时，要主动给客人掀开门帘，让客人先进屋。在客人入座后，就马上沏茶、备饭，而不会问你"吃了没"之类的话。不论什么时候来，主人都会先搬来炕桌，沏上茶，摆上干果，请客人品茶用点。不大一会儿，主人就会端上烫面饼，称之为便饭。在客人用"便饭"垫肚时，主人便张罗着做饭。在吃饭时，要让客人先动筷子。如是贵客或新婚亲戚第一次到家，都要宰鸡。无论如何，主人都要凑上九个菜，称"九碗"。鸡肉要放到最后吃，鸡大腿非客人莫属。再者，回族人民普遍喜好饮茶，其饮茶历史悠久，茶是回族生活中必不可少的传统饮料。这与其喜食牛羊肉的饮食习惯相关。其中最具特色的要数西北地区的盖碗茶，回族饮茶的方式多种多样，其中最负盛名的要数八宝盖碗茶，俗称"刮碗子"。回族在喝茶时有许多讲究，用左手拿起托盘，右手拿盖碗，刮一下喝一口，不能取掉上面的盖子直接饮用，也不可以用嘴吹漂在水面上的茶叶，而是要拿起盖子轻轻"刮"几下，慢品。回族喝盖碗茶的程序，反映了回族人民"轻、稳、静、洁"的饮茶礼节。

我们一行四人来到一户回族朋友家调研。刚走到门口，就被热情地迎了进去。家里的儿媳赶紧站起来让座泡茶、拿来瓜子和馓子，我们特别不好意思，明明是来做调研的，给人家添了麻烦，反倒被当作上宾照顾。男主人在一个寺庙做阿訇，他说道："来者是客……"回族人民热情的举动，着实给我们留下了深刻的印象。从总体上看，回族传统伦理道德文化可以归纳为顺从真主的意志，坚强忍耐的品德和做事有毅力，对物质生活既不纵欲、也不禁欲的守中处世原则，周济穷人的关切美德，孝敬父母的"厚养薄葬"道德原则，爱清洁讲卫生的社会公德，恩不求报、德不沽名的团结互助品质。

撒拉族和回族都信仰伊斯兰教，但是这两个民族却有很大的不同，主要表现在撒拉族和回族接触伊斯兰教的来源不同上。回族人信仰的伊斯兰教是由阿拉伯人传进来的，但是撒拉族是他们的祖先还远在土库曼斯坦的时候，就已经接受了伊斯兰教作为自己的宗教。因此，一个是带着宗教来到中国，一个是在中国而后接受了传入的宗教。因此，撒拉族受到伊斯兰教的影响更深。此外，这两个民族的语言不一样，撒拉族的语言属于突厥语系，而回族是有自己的语言的。

在撒拉族还有许多传承而来的神话、故事、谚语和传说等，如神话《阿腾其根·麻僧保》就讲述了一位为民除害的青年猎手的勇敢事迹，故事《阿姑尕拉吉》《阿娜云红姬》《桃花姑娘》《采赛尔》《鸽子姑娘》《青蛙给农夫当狮子》《公道县长》等都是以人民对于美好生活的向往和追求为主题的。还有叙事诗《河州事变歌》和《韩二个》，童话和寓言《狐狸和兔子》《兔和狼》《贪心狼》等，都阐发了撒拉族人对于积极正向美好品德的赞扬和对自私狭隘等不良行径的斥责。从文化习俗上讲，撒拉族婚礼、撒拉族服饰、开斋节、古尔邦节、圣纪节、拜拉特夜节、法蒂玛节、盖德尔节、撒拉族葬礼等都很有文化特色。QH 大学一位撒拉族教师分析的民族文化对其的影响，也印证了我们的研究结果：

> 就在两周前，我父亲跟我说，我和妹妹现在都工作了，父母从来都没有向你们要过钱，但是从现在开始，你们每年要给我 1000 元，这 1000 元是做也帖用的。在我们的民族里"也帖"就是做施舍，我问父亲为何？他说你们俩现在一切都这么顺利，也很幸福，你们要懂得感恩。他说完这句话以后我突然就觉得，以前我是很懂得感恩的，但是最近不知道忙啥，感恩好像被什么东西替代了，现在一下子又被提起来了，父亲总是帮助我的内心完善。父亲是一个伟大的人，对我影响还是蛮大的。(191202H)

（四）青海海东地区族群伦理文化环境

海东是青海省辖地级市，因位于青海湖以东而得名。海东下辖 2 个区、4 个自治县。2 个区包括乐都区、平安区，4 个县包括：民和回族土族自治县、互助土族自治县、化隆回族自治县、循化撒拉族自治县。土族，是中国人口比较少的少数民族之一，土族语言属阿尔泰语系蒙古语族，1979 年，我国为土族人民创制了以拉丁字母为基础、以汉语拼音字母为字母形式的土语文字。在样本地区，土族主要聚居在青海海东地区，如青海互助土族自治县，青海的民和、大通两县。除此之外，甘肃的天祝藏族自治县土族人也比较集中，其余的则散居在青海的乐都、门源、都兰、乌兰、贵德、共和、西宁和甘肃的卓尼、永登、肃南等地。土族有着悠久的历史，由于没有系统的文字记载，民间传说在各部土族中有歧义，族源问题至今尚无定论。归纳学术界的说法，大致有蒙古人说、吐谷浑（霍儿人）说、蒙古人与霍儿人融合说、阴山白鞑靼说、沙陀突厥说、多源混合说等。土族基本上是全民信仰藏传佛教。在元末明初，藏传佛教传入土族地区并得到迅速发展，特别是藏传佛教格鲁派的发展尤为迅速，土族地区出现了许多格鲁派寺院，主要有互助的佑宁寺、华严寺、金刚寺、馒头寺，大通的广惠寺、平安寺，乐都的金角寺等，计有 40 余座，其中以佑宁寺为最大，号称湟北诸寺之母。土族群众在信仰藏传佛教的同时，还有许多民间信仰。首先是萨满教。土族对萨满教的信仰由来已久，但随着历史的变迁，特别是藏传佛教格鲁派的强力渗透，土族的萨满教信仰发生了很大的变化。其次是苯教。苯教俗称"黑教"，是西藏古代盛行的一种原始宗教，在土族形成的早期，受到土族人民的信奉。最后是道教，道教约在元明时期传入土族地区，其后不断发展，而且具有新的特点，即道中有佛，道佛合璧，甚至某些萨满教内容也被掺杂其中。此外，土族还有祖先崇拜的传统。民和地区的很多土族村子都有一个家族庙，庙内除供有佛像、道教神像外，还供奉一位祖先的木牌位，上写"供奉某门三代宗亲之灵位"。家族庙有时请喇嘛念经，有时请阴阳师做道场。在春节时，各家去家族庙祭祖；在清明节时，同一家族一起去祭奠祖坟。

在土族人民口口相传的故事传说，以及歌谣小曲等载体中，都透露着土族人朴素的道德观念。如土族人民盛传《拉仁布与吉门索》《祁家延西》《布柔哟》《登登玛秀》《垦荒歌》《唐德格玛》《太平歌》《霍尼之歌》《七塔尔的传说》《莎兰姑和达拉》《五十卓科观音庙的传说》《花牛犊的故事》《阿咪多藏山的传说》等，以及互助修养谚语（社交类、事理类、时政类）、土族服饰、五月十九转山活动、土族婚礼、土族丧俗、土族梆梆会、宣麻饼制作、烧圣水祭祀活动、老魔登法会等，这些作品大多生动地反映了现实生活，热情地歌颂了劳动人民的勤劳、智慧以及与恶势力搏斗的勇敢精神，一些习俗规约也反映着人与自然和谐相处，爱护保护自然、勤俭节约、严于律己的朴素道德观念。其中《拉仁布与吉门索》流传最为广泛，是土族人民最重要的一首叙事长诗，人们称之为叙事长诗中的明珠。全诗长达 300 多行，通过对一个爱情悲剧故事的生动细腻描写，展示出了土族人民对自由美好生活的孜孜追求，是一部现实主义和浪漫主义相结合的典型作品。它不仅显示了土族人民丰富的想象力，而且表达了他们对新生活的无限向往，讴歌了自由、执着、顽强的道德品质。

还有诸多传说故事也反映着土族人民积极进取的道德观念，如《气杀狗地主》《红水沟》《黑马张三哥》《莽古斯》《花牛犊》《懒人必受穷》等，反映土族人民以自己的勇敢和智慧同残害人民的邪恶势力做斗争，表现着青年男女追求自由幸福生活，无情鞭挞了封建地主鱼肉百姓的罪行，赞扬了青年人对自由的追求，也褒扬了勤劳、善良、慈爱的美好品行。无论是神话故事还是口头相传的脍炙人口的小短文，抑或是谚语俗语，都是土族人民在长期的社会实践中积累下来的经验总结，成为人们身体力行的格言。

在样本地区的教师中也有许多是土族的，源自于本土文化之中的道德观念和道德行为必然会影响这些教师的道德养成。再者受到伦理文化长期的浸润和熏染，土族人民自身已经将这种本民族的伦理道德文化内化于心，所以样本地区的青年教师都会受到这类文化的影响，从而影响其道德品质的养成。

（五）青海海西地区族群伦理文化环境

样本地区除了藏族、回族、撒拉族、土族外，还有蒙古族世代在这片热土上居住。在青海省有一个蒙古族藏族自治州（海西蒙古族藏族自治州），还有一个河南蒙古族自治县。蒙古族是一个有着悠久历史和灿烂文化的民族。在青海省主要聚居于黄南藏族自治州河南蒙古族自治县和海西蒙古族藏族自治州的乌兰、都兰、德令哈、格尔木。在海北藏族自治州海晏县的托勒乡、哈勒景乡，刚察县的哈尔盖乡，祁连县的默勒乡、多隆乡、野牛沟，门源回族自治县的苏吉乡，海南藏族自治州共和县的倒淌河乡，也有小片分布。

青海省河南县是唯一的蒙古族自治县，是蒙、藏民族融合文化留存的典型地区。青海蒙古族是青海世居少数民族之一，又称"德都蒙古"。约在13世纪20年代进入青海。青海境内的蒙古族信奉藏传佛教，住传统的蒙古包，也有的受藏族的影响，住牛毛帐篷。1723年，清政府把散居在青海的蒙古部族划为29旗，察罕丹津一族牧居于青海黄河南端，因"牧场优良，较河北各旗富"，清政府将其定为河南首旗，并封察罕丹津为"青海蒙古和硕特黄河南首旗亲王"。他们生活的地域被称为河南蒙旗。在此前500年或400多年前，蒙古族便在青海高原的柴达木、青海湖、祁连山和黄河南北生活下来，并且随着其聚居地海拔增高，他们的藏化程度也越高。

"那达慕"节是蒙古族最隆重的节日，主要内容是赛马，透过马在蒙古人民心中的地位不难发现，蒙古人民的马文化中有深厚的伦理文化观念。蒙古族对于马的喜爱也表现出了他们淳朴的伦理文化观念，因为马是动物界比较有灵性和聪明的动物，它的某些"伦理观"和人类有着较多的相似处，这是蒙古族崇信马匹的重要因素之一。蒙古马特别重视亲情、伦理，它们离别"故乡"多年后乃至到死都能准确地认出父马、母马与兄妹马并保持亲密的家族关系，有的马在离群多年后再回到马群中以互闻、咬鬃来表示问候。蒙古马的"思乡情结"非常重，不管走多远，它都会清楚地认得"回家"的路，处身千里之外也能逃脱归乡。马的这种"伦理观"与"思乡情结"和人类非常相似。蒙古人在同马长期相互依存的过程中，马的习性和禀赋也在不同程度上影响了蒙古民族勇往直前个性的形成，这就是蒙古民族的精神，也可以说是一种"骏马精神"，蒙古马从自然的马到神马，最终成为马背民族的一种象征，一种图腾文化的重要因素。

蒙古族在科学文化事业上比较发达，而且音乐、舞蹈也在艺术上居于相对显赫的地位。《蒙古秘史》《蒙古黄金史》《蒙古源流》被称为蒙古族的三大历史巨著，其中《蒙古秘史》被联合国教科文组织确定为世界著名文化遗产。其英雄史诗《江格尔》是中国的三大史诗之一。这类著作多以口头语言，真实而生动地描绘了当时社会上的趣闻轶事，绘制出一幅幅反映人情风俗的画面。其中有不少作品暴露出统治阶级的愚昧无知，赞扬人们的反抗斗争，体现了人民的愿望，也表现出了蒙古族人对美好生活的追求和向往的淳朴伦理文化。

多民族聚居呈现了影响样本地区青年教师德性养成的多元民族伦理文化。樊浩在《道德形而上学体系的精神哲学基础》一书中提到："民族是伦理的实体，伦理是民族的精神。"萨巴特尔这样总结道："民族伦理精神，如若民族有什么伦理精神的话，那么，这种精神的核心在于其民族的'德性精神'。民族的德性精神，如若民族有什么德性精神的话，那么这种精神是人们从他们祖先那里传承下来的，而且是由已经成为他们生活或实践活动的主导德性及其精神所决定的。"[1] "某些概念化的，或理念化的精神性元素，通

---

① 萨巴特尔：《蒙古秘史的德性与教化思想研究》，华夏出版社2016年版，第13页。

过民族共同体的道德教化活动，最终在个体生活领域逐渐获得其纯要素性的道德运气。"① 德性不是理论的，而是实践的，从这个意义上讲，德性的传统首先属于实践的传统。因为只有通过共同体的道德教化活动，最终才能决定个体现实生活及其行为形式有效的力量，因此，德性首先作为民族人民的践行元素，其次才能够成为民族精神的具化活动及其有效的现实力量。

　　少数民族文化乃至文化信仰和民族伦理文化，是一定历史时期和时代观念的产物，认不认同、赞不赞赏是不以个人的主观意志为转移的。特别是民族道德和民俗民风一经上升为文化现象，是历史文化观念的产物的事实存在和民族伦理文化观念的存在，则应加以现代文化观念正确评价和尊重。这就揭示并解释了在中华民族道德和文化的教育实践中，在对少数民族文化习俗和文化道德观念做出现象评价时，一定要站在历史唯物主义视角加以理性对待。因此，在加强马克思主义现代民族理论教育中，引申民族伦理文化教育，要加强中华民族由 56 个民族构成的整体教育和中华各民族共融、和谐教育，加强尊重少数民族道德和文化观的教育，加强民族文化统一观的教育，反对歧视少数民族及其传统习俗的言行，使尊重少数民族文化及其伦理规范成为社会价值共识。②

有一位在内地上完大学，然后到英国攻读硕士学位，而后回到拉萨工作的大学教师谈道：

　　我觉得同事之间人际关系很纯，跟我年龄差不多的有五六个，不夸张地说除了上厕所外我们都在一起。和上大学那会儿相比，虽然我们宿舍的人关系都特别好，但是毕竟有民族文化的差异。回到自己的家乡工作，从民族归依感来讲，让我感到更加舒服。（190609L）

从总体上看，尽管该地域的民族文化在很大程度上呈现出多元性，但是我们从近代以来强调的事实就是中华民族形塑的大一统。对于我们这样一个

---

① 萨巴特尔：《蒙古秘史的德性与教化思想研究》，第 13 页。
② 黄超、冯振萍、李宪伦：《传统民族伦理的文化凝练与中国特色社会主义——现代伦理体系构建的文化彰显》，《学术论坛》2013 年第 2 期。

由多民族组成的国家而言，政治上必然要求一体化，因而文化的多元是我们需要理解、承认、包容的。费孝通关于中华民族多元一体格局就指出，中华民族是政治一体的，但是呈现出文化的多元性。正如，"实际上，每个民族都有自己相应的民族伦理，并没有优劣之分，它的客观存在使得世界呈现出一种文化多样性样态。"① 在访谈中我们发现，汉族受访教师和其同办公室的其他民族教师相处得很和谐，甚至可以说亲密。他们的交流特别顺畅，相处得也非常好，根本不存在什么民族隔阂。民族团结是建立在真正的沟通基础上的，虽然不同民族在生活习惯和价值理念上有一些差异，但是经过深入沟通都能很好地融入。我们在研究中得知在一些学科上藏族教师是很受尊敬的。

> 我们觉得咱们学校民族科学研究院（民科院）的藏族老师挺有优越感的。他们到中央民大或者中国社科院参加会议的时候，别人一听说是QHM 大学的民科院，都觉得很有名头。因此民科院的老师们走出去都非常地有自信，他们是咱们大学的宝贝教授。（190318Y）

尽管各民族文化呈现出多元态势，但是我们依旧可以提炼出"诚信""敬业""友善"等社会主义核心价值观的要素。可见，社会主义核心价值观是具有最大公约数的，是全民族的价值引领。同时，铸牢中华民族共同体意识也是样本地区特别加强的价值引领。正如，"在民族内部，无论是文盲还是知识精英，无论是普通人还是首脑人物，其行为都具有鲜明的民族烙印"②。

三　红色历史文化环境

红色文化是由中国共产党人、先进积极分子和广大的人民群众共同创造的具有中国特色的先进优秀文化，它是一种优秀的文化资源，是丰富革命精神和悠久历史文化内涵的结晶。中国人对于红色的热爱可以说是与生俱来

---

① 田海平、张铁瑶：《"伦理"的异域与世界主义的民族伦理观》，《社会科学辑刊》2014 年第2 期。
② 陈文江、李晓蓓：《德性叙事：民族道德生活研究的展开视域》，《西北民族研究》2019 年第 1 期。

的，它深深地印刻在了民族血脉和基因里。犹记得华为孟晚舟女士历经万难回到祖国的那一刻深情地说的话："如果信念有颜色，那一定是中国红。"经历了时间的沉淀，中国形成了许许多多的优秀红色精神成果，如井冈山精神、延安精神、五四精神、红船精神、北大荒精神、长征精神、抗美援朝精神、抗日精神等，还有新时代最鲜明的抗疫精神等。

在青藏高原，中国共产党在这片热土上带领一代代青海各族人民进行革命、建设和改革，铸就了红色基因和精神族谱，这些精神激励着一代代人攻坚克难、奋勇前进。例如，青藏高原孕育出伟大的"两弹一星"精神。1958年从全国各地调集的专家、学者、科研技术工程人员汇集到了青海最负盛名的草原——金银滩，我国在这里建成了第一个核武器研制基地，发射了我国第一颗原子弹和第一颗氢弹，来自五湖四海的中华儿女隐姓埋名、默默无闻地投身到了原子城建设的科研事业中，把最美好的青春年华奉献给了这片土地。这群民族脊梁所体现出的奋斗精神和科学精神，凝聚成为镌刻中华民族历史的宝贵精神财富——"两弹一星"精神！

红色精神谱系在青海的传承和弘扬，形成了青海的红色文化。蕴含在红色文化中的精神财富，为样本地区青年教师德性培养提供了实践的土壤和丰富的精神养料。如西路军精神、玉树抗震救灾精神、开路精神、"两弹一星"精神、柴达木精神、青藏高原精神、尕布龙赤子精神和新青海精神。

在青海省还有很多爱国主义教育基地，同样对样本地区青年教师美德的培育发挥着重要的作用。如中国工农红军西路军纪念馆、青海原子城（中国第一个核武器研制基地）、青海乐都柳湾彩陶博物馆、青海藏医药文化博物馆、果洛藏族自治州班玛县红军沟革命遗址、青藏公路建设指挥部旧址（将军楼）、青藏铁路、玉树抗震救灾纪念馆。其中，中国红军长征唯一经过青海果洛班玛的地方——红军沟现在已经成为爱国主义教育的基地，在那里我们可以体会到薪火相传的长征精神，以及军民鱼水情式的情谊。昂拉千户府体现了藏族统领归顺政府，和平解放，民族团结的好榜样。在青海格尔木还有开拓戈壁荒滩，建造美丽花园的慕生忠将军，他被称为是青藏公路之父。这一代又一代的青海人开荒破土，建设美丽家园的实践壮举，涵育着样本地区青年教师的美好德性。

某一位高校新进教师在访谈中提到，他们在参加新进入职教师职业培训的时候，被培训方安排带到了西路军纪念馆。在参观完之后，他深有感触：

原来西路军在长征以后西渡黄河的目的是打通苏联国际援助通道。可是在那特殊历史背景下的中国，在内忧外患的时期，打通一条道路并不是那么简单的，红军长征结束，三大主力会师。而处于和平时期生活富裕的我们，尽管不需要像战争时期那样艰苦奋斗、生死奋战，但是我们仍不能固步自封，满足当前的现状。处于安定时期的我们，应该居安思危，努力学习革命战士英勇的、顽强不屈的革命精神，并将其赋予新的时代性，在工作中严格要求自己，争做合格优秀的新青年，为中华民族培养时代新人贡献出自己应尽的一份责任。（190608Q）

样本地区高校讲政治的文化氛围是非常浓厚的，受地域影响而形成的学校文化都是非常重视政治的方向正确。在 XZ 大学调研时，在校园中随处都可看到关于"四讲四爱""大家都说标准普通话""民族团结一家亲"的标语。对此，XZ 大学的教师说道：

对于青藏高原上的高校，尤其是在 XZ，我们首先一点是要讲政治。在民族地区，必须保持政治方向正确。所以，我们 XZ 大学定位的学生培养目标，就是要培养政治正确、反分裂斗争的专业人才。（190605C）

在青藏高原这片热土上，红色文化是主流的文化色彩。中国共产党用 100 年的时间和实践，克服重重困难，奋斗不息，艰苦卓绝地创造出的一系列精神财富，使得中华人民共和国成为今日之强国。在新时代，这种精神已经成为推动当今中国大踏步飞跃的动力和源泉。青藏高原各族儿女应该努力传承伟大的建党精神，明确政治站位，坚守政治正确，把国家的安全、荣誉和利益放在高于一切的地位，身体力行，始终做到爱国的深厚情感、理性认识和实际行动相一致。

四　绿色生态文化环境

青藏高原作为中华民族的水源涵养地、国家重要的生态安全屏障，也是北半球气候敏感启动区、全球生态系统调节稳定器和高寒生物自然物种资源库。生态地位特殊而重要，生态责任重大而艰巨，肩负着全面筑牢国家生态安全根基、持续改善生态环境质量、推动高质量发展的重大任务。习近平总书记在 2016 年 8 月考察青海时指出："青海最大的价值在生态、最大的责任在生态、最大的潜力也在生态。"2021 年 6 月 7 日至 9 日在考察青海时又谈到："生态是我们的宝贵资源和财富。要落实好国家生态战略，总结三江源等国家公园体制试点经验，加快构建起以国家公园为主体、自然保护区为基础、各类自然公园为补充的自然保护地体系，守护好自然生态，保育好自然资源，维护好生物多样性。"还提出了"把青藏高原打造成为全国乃至国际生态文明高地"的重大要求。

青藏高原这片热土在世居民族对自然的崇敬和长久以来生态建设的双重影响下，形成了独一无二的高原绿色生态文化。尤其是近年来国家公园建设，对于青藏高原生态环境的修复、生态文化的延续产生了显著的促进作用。研究样本地区绿色生态文化的原因在于，多个民族居住在这个区域，他们与环境之间是相互依赖的。不同的山、水、树和自然，对于人的生活方式和文化是有形塑作用的。他们在从环境获取资源的同时，也在建设、改变其至破坏他们所处的生态环境。当然在样本地区，由于民族构成的多样化，可能会在价值观念、道德理念以及社会制度和意识形态方面，有一些不同的理解和差异，但是，从大体上讲，主流的文化或者说主流的道德品质观，都是正向的。因此，尽管地区民族构成多样化，但是社会的稳定程度和主导价值观还是一致的。事实上，地域文化是如何通过地方语言、饮食习惯、气候、居住方式、生活习性等影响青年教师，特别是从外地来样本地区工作的教师的，值得进一步挖掘。

绿色生态文化凝聚了一个国家、一个民族对自然、对生命的敬重。绿色生态文化也是一种价值观，具有高度的人文性和先进性，它倡导人与自然和谐相处的价值观念，是人类根据人与自然生态关系的需要和可能，最优化地解决人与自然关系问题所反映出来的思想、观念、意识的总和。因而，处于样本地区的教师应该接受这一价值观的熏陶，在青藏高原重生态的理念以及独特生态文化的浸润下，逐渐形成高度的生态环保意识和生态道德素养，能够主动将热爱自然、保护自然的价值观纳入自己的价值体系，从而在日常生活和教学工作中对此进行实践，既在自己注重生态保护的同时，给学生传播生态道德理念并让其加以继承和延续。

　　我觉得在青海这样一个特殊的地方，对环境负责任也是有道德的一种体现，青海省现在提倡的是"一优两高"，这个优首先就是要优先发展生态，我想，我们是被这片广袤的草原滋养大的，我们自然应该更加热爱它，保护它，所以心中充满着对生态的热爱和对生态的保护意识，我想，这也是我们作为老师有道德的一种体现吧，因为我们需要把这种对环境负责任的态度教给我们的学生，让我们的学生长大以后无论从事什么样的职业，都能够做到对环境敬畏，保护环境。（181209W）

　　青藏高原如三江源、可可西里这些地方，都如柳宗元诗"千山鸟飞绝，万径人踪灭"所描绘的景象一般，青藏高原上很多地方都是地广人稀的，既是自然条件所限，又有它的合理性。这个地方并不适宜人类生存。但千百年来，藏族在这样的环境中生息繁衍，并且创造了他们厚重而独特的文化。藏族文化还有一个重要特点，就是农、牧之间相互依存、相互结合。

　　藏文化里对人和自然关系的看法，蕴含着对青藏高原地理及生态环境的一种独特理解和认识，凝聚着这个文化高超的智慧。改革开放以来，内地的经济大潮不断波及青藏高原地区，特别是开矿引发一些风波，当地老百姓说那是神山，不能动。开矿给青藏高原生态环境带来的破坏，特别是牧区，一是造成草原上地下水位下降，二是草皮一旦毁掉就无法再生长。可喜的是，十八大以来中央已采取果断措施，制止了在藏区随意开矿破坏生态环境的做法。①

　　藏族人民用他们的文化智慧和信仰把这些东西很好地保护下来。例如，藏族关于阿尼玛卿雪山的神话，将山人格化，使其以英雄的形象出现，为民造福、除恶行善。阿尼玛卿山神作为黄河流域的大山神，有着庞大的神灵王国，强大的军事集团，如同世俗的统治者一样，阿尼玛卿山神是这个王国的最高首脑，被称为大王、大首领，他还有王妃、公主、公子及大臣、将军和

---

① 石硕：《如何认识藏族及其文化》，《西南民族大学学报》（人文社会科学版）2015年第12期。

难以数计的千万兵卒。他主司青藏高原东北部人民的生死福祸和统辖高原东北部的所有山神和妖魔鬼怪，保护着人们的安全。据传，阿尼玛卿山神头戴红缨帽，身披银甲，乘玉龙白马，右手持矛，左手掌旗，腰悬宝剑，佩弓挂箭。日间巡视虚空和人间，行云布雨，施放雷电，或降吉祥，或降灾祸，奖惩人神，监视敌人。在藏民心目中，阿尼玛卿雪山是雪域藏区二十一座神圣雪山中的一座，是世界九尊神山之一（九位开天辟地造化神之一），也是观音菩萨的魂山，是雪域藏区的护法神和格萨尔大王的寄魂神。总而言之，这些神山传说沉淀着深厚的生态伦理文化底蕴。

再例如，回族也存在着生态伦理思想。其中，尤其有很多对动物、植物、水等自然资源的保护思想。比如《古兰经》就要求人们珍惜和爱护动物，不要无故宰杀牲畜、砍伐幼苗，对待动物也应该有一颗仁爱之心，在斋月期间不允许打猎。伊斯兰教要求穆斯林珍惜大地上的一草一木，穆罕默德曾强调，不要丢弃土地使其自行破坏、毁灭。他说："谁要有一块地方，就要去耕种它，如果他不耕种，就让他的兄弟种植。"又说："当复生日来临，在你们手中还有一棵幼苗时，如果它不能做别的，只能种植的话，就种植上它吧。"从中可见，对于水资源的保护，是回族生态伦理的重要内容。回族对水资源的保护也反映着其特有的民族文化，回族在水的使用方面尤其强调节约、爱护，因为回族不管是每次礼拜前，还是大净小净都不开水，并且是干净的水，在《古兰经》中也有关于节约用水的言词："你们吃、你们饮，但不要浪费。"在回族家庭里面，如果小孩浪费水都会受到大人的训斥，因此，回族人民都有爱水、惜水的意识，并养成了良好的用水习惯。

第四节　小结

萨特说："人是自己造就的；他不是做现成；他通过自己的道德选择造就自己，而且他不能不作出一种道德选择，这就是环境对他的压力。"[①] 良好的社会风俗有利于社会的和谐发展与稳定，良好的社会风俗体现着德性价值

---

① ［法］萨特：《存在主义是一种人道主义》，万俊人主编：《20 世纪西方伦理学经典》（Ⅱ），中国人民大学出版社 2004 年版，第 348 页。

本身所包含的行为标准，它告诉人们哪些是应当做的，哪些是不应当做的。在本章里，我们详细分析了影响样本地区高校青年教师德性养成的宏观社会伦理文化环境。依据"当下—根基—地域"的分析思路层层解析，得出了一些结论。

首先，青年教师个体离不开社会大群体的道德关系之网。法国著名社会学家涂尔干指出：

> 个体必须了解这些社会利益，也唯有个体才能隐隐约约地察觉到这些社会利益：有时候，个体根本不能感受到它们，因为它们不仅外在于个体，而且它们作为某种利益的东西也不同于个体。个体无法像完全关注自身利益那样，不断意识到社会利益的存在，有一种体系似乎必然会把这些社会利益带给个体的心灵，迫使个体尊重它们，这种体系就是道德纪律。因为所有道德纪律都是为个体制定的规则，个体必须循此而行，不得损害集体利益，只有这样，才不会破坏他本人也参与构成的社会。[①]

由此，一个国家和社会应该把"促使个人以一种道德的方式生活"作为基本义务，因为道德理由是公民道德所遵循的唯一基础。道德是社会的产物，它们能够从外部渗透进入个人，并在某些方面损害个人的物质本性和自然秉性，我们就会更好地理解为何教师个体的德性养成离不开社会组织中的道德文化影响。

其次，新时代中国特色社会主义伦理文化环境中充盈着当下社会道德领域重要的价值引领和制度要求。新时代中国特色社会主义伦理文化环境的核心要素包括社会主义核心价值观、《新时代公民道德建设实施纲要》、新时代"立德树人"的要求以及新媒体引起的道德环境的变化。社会主义核心价值观对高校教师道德养成的确具有示范引领作用；新时代公民道德建设实施纲要为学校道德建设和高校教师师德发展指明了育人为本、德育为先的方向；新时代教师职业道德在党的十八大后得到日益重视，"立德树人"成为教师

---

① ［法］爱弥尔·涂尔干：《职业伦理与公民道德》，渠东等译，上海人民出版社 2001 年版，第 13 页。

立身之本,为高校青年教师师德养成提供了重要的价值依据;在新媒体时代,随着技术的变革,教师主动适应变革,积极转变教学观念,回应以学生为主体的要求,都是新时代高校青年教师德性养成的新条件。

然后,中华优秀传统伦理文化中优秀道德文化底蕴是高校青年教师德性养成的土壤。习近平总书记指出,中华优秀传统文化的核心是讲仁爱、重民本、守诚信、崇正义、尚和合、求大同六个方面,据此分别阐述了高校青年教师在这六大传统价值观的影响下,在个人教学、科研、社会服务、对外交流和文化传承方面所受到的影响。在"仁爱"的影响下,青年教师做到了仁者爱人,对学生"仁爱",施以师爱,很好地体现了对学生心灵的爱护。在"民本"文化的影响下,教师群体主要表现为尊重学生、以学生为中心,使学生自由而全面的发展。"诚信"文化影响了高校青年教师对待学生、同事、领导的方式,主要表现为不妄言、不诓骗、不假公济私等,以及对待学术的高度诚信要求。"正义"的文化浸润使得青年教师在面对学生以及处理日常事务时刚正不阿、公道正直。"和合"的优秀文化使得青年教师能够以和为美,并自觉求和来处理日常人际关系,包括与同事以及与学生的相处。在"大同"这一传统价值观的影响下,青年教师在人际交往的追求方面受到了影响,表现为人的平等、与人为善、集体主义观念的显露。

最后,从样本地区地域现状出发,首先对地域伦理文化的概念进行了分析阐释,继而分析了以藏族、回族、撒拉族和土族为代表的多元民主伦理文化对各族教师的道德养成影响,以及悠久厚重的河湟文化给高校青年教师德信养成所带来的多元价值影响,让他们具有道德的包容性。红色历史文化坚定了高校青年教师的理想信念,使得他们明确在不同的历史时期,在不同的岗位上,其最终目的都是以爱岗敬业为实践,努力实现中华民族的伟大复兴。最后研究样本地区绿色生态文化,分析高校青年教师环保和爱护环境的生态伦理责任是具有强烈的地域特征的。

良好的社会习俗对社会生活有着非常重要的作用,对社会和谐也起到了积极的促进作用,带来了稳定和文明,包括政治文明和物质文明,促进经济的发展和全社会道德水平的提高。

社会文化活动包蕴着社会价值精神并表达了特定社会价值关系及其要求,具有伦理性。任何一种社会文化活动,无论是高度抽象的哲学创造，还是轻松愉快的娱乐休闲，都以某种特殊方式包含着某种社会价值精神，告诉人们什么是真、善、美，应当如何认识与对待宇宙自然、生活世界、人的生命、社会历史，如何认识与处理和社会其他成员、群体、种族的关系。①

社会伦理文化的形式多种多样，它既传承着人类社会的文明精华，对于社会的主流价值又具有一定的引导作用，这种引导作用标示了文化活动主体的精神世界和道德观，以及价值取向等内容。社会伦理文化中的真善美内容，对于提升人性和文化活动主体的道德精神起着一定的积极促进作用，因此必须重视社会伦理文化的实用价值，呈现出社会道德的正向发展和道德意识的提高。

---

① 朱贻庭：《伦理学大辞典》，上海辞书出版社 2010 年版。

第六章　研究总结与建议

　　本书旨在探讨样本地区高校青年教师良好德性养成的伦理文化环境。基于"人的道德活动，是人与环境互动而产生的结果"的观点，着重分析高校青年教师从出生到工作的多重环境，包括原生家庭环境、高校工作环境、新时代社会环境、中华优秀传统文化环境、样本地区地域环境中的伦理道德文化因素，以及这些因素是如何与高校青年教师互动的。互动的重点在于考察这些环境中的伦理文化要素，对高校教师在教书育人、科学研究、社会服务、文化传承、对外交流中的道德行为和职业道德的影响。道德本身就是一个涵盖面非常广泛的概念，因此研究所涉及的要素纷繁、领域广泛。即使如此，在历经三余年的研究后，课题组对样本地区高校青年教师德性养成的伦理文化环境问题也有了一些初步的发现，本章将对此进行总的概括和呈现。

　　本章的写作思路首先是用宏观视角概括和整体思路梳理的逻辑来分析潜藏在样本地区伦理文化环境中高校青年教师德性养成的积极因素和消极因素。对这些因素的梳理，主要目的在于让积极因素继续发挥良好的作用，让消极因素得以改良。其次对高校青年教师个体的状况进行分析，以期了解这一群体的需求和特点，以便他们更好地认识自身在道德方面可能面临的困境并寻求解决之道，从而更好地提升自我德性。再次从理论层面分析伦理文化环境和高校青年教师之间的互动。对质性研究而言，任何理论的指导作用都是有限的，因为在质性研究中会有许多新的发现反过来论证、说明或者指正现有理论，所以，研究环境和青年教师的互动是极有必要的，同时也是本书做出的些许理论贡献。最后，对所涉高校青年教师德性养成的各种环境给予相关的意见和建议，以期形成一个具有良好道德风尚的伦理文化环境。

第一节　总结：研究发现

一　影响高校青年教师德性养成的因素分析

"环境既是德性的平台和空间，也是德性的土壤和源泉。一个人有更好的道德环境，那被看作一种运气，即所谓'道德运气'。"[①] 有的高校青年教师出生在有着较好道德环境的家庭里，他们被视为有着良好"道德运气"的群体。我们可以做出推断，良好的道德环境赋予高校青年教师以"道德运气"，而"道德运气"又会在时间的推移中转化为"道德习惯"。道德习惯具有两种可能性：一是道德习惯作为基础服务于我们，其内容随时会被我们所把握；同时，道德习惯的内涵是我们从"道德运气"环境中获得的。二是道德习惯巩固了道德传统，即良好的"道德运气"环境，而传统中积淀下来的道德习惯又继续沉潜于环境之中。因此，有必要提炼影响样本地区高校青年教师德性养成的积极和消极伦理文化因素，让积极的"习惯"继续延续下去，并巩固该地区已有的传统；让消极的"习惯"被逐渐消除，减少个体毫无意识地逐步沦陷。

（一）积极影响因素

1. 淳朴的原生家庭环境文化

根据上述分析我们发现，家庭环境的好与坏与个体德性的养成有着极大的关系。有的家庭家风家教极为严谨，家庭风尚积极健康、向上向善，非常有利于个体成长为有德之人，而有的家庭环境规矩宽松、风气混乱，极不利于个体的道德成长，甚至还会将不道德的种子或行为在个体孩童时期就深埋于其心。因此，一个家庭的道德氛围，对于青年教师德性的养成十分重要。可喜的是，在调查中我们发现，许多青年教师的原生家庭就是德性化的，因为其是以德性为基础组织、靠德性来维系的，自然以一种德性之家的风气影响着孩子，因此，生长在德性之家的青年教师，天生就有着良好的德性熏染。我们了解到样本地区高校大多数青年教师的原生家庭都有以下特点：第一，家庭完整。一个完整的家庭意味着有父亲和母亲陪伴身边，这是孩子产生安全感、依赖感和认同感最基本的条件，在这样的家庭中长大的孩子从小

①　江畅：《德性论》，人民出版社2011年版，第539页。

心理比较健全，也会受到更为健康、良好的家庭教育。第二，家庭大多和睦。家庭成员之间其乐融融、融洽共处、互帮互助、相亲相爱，生长在这样的家庭中的青年教师，他们的德性有着良好的养成环境，他们生活在一种和谐的环境，而非令人惧怕的环境里。同时，家庭成员的交往方式，以及长辈的个人道德修养，能够促进他们自身德性的养成和完善。第三，大多数青年教师家庭的价值取向是健康的。他们的家庭都追求正向的道德品质，损公肥私、损人利己、贪图财物这样的行为，都是被这些家庭所不齿的。同时，家庭成员扬善抑恶的行为，会被当成正面的品质加以着重培养，而一些不好的行为和判断标准，在家庭中会受到明显的排斥。在这样的家庭背景之下，趋善避恶的家庭伦理道德因子就成为青年教师德性养成的非常重要的源泉。

> 我跟学生之间的亲密关系，有很大程度上是受到父母影响的，他们对待我的态度被延伸到了我对学生的态度上。在幼儿时期受到与母亲亲密关系的影响，现在我跟我的学生不仅聊学习成绩，而且会聊家里面的情况，有很多学生跟我讲他们家里面发生的不幸的事情，我自己也会有所触动，会流泪，所以我觉得这是受到母亲的影响。父亲对我影响比较大的一方面是他的严格。作为教师，就算自己信心不足，但是对学生还是要信心十足的，时常要给他们打鸡血，鼓励他们，并且进行严格要求。（180413M）

家风对于青少年的价值观影响是直接而又突出的。良好的家风引导人的道德观念呈积极向上的状态，影响人的生活方式趋向朴实健康，会赋予个体高尚的价值追求和精神情趣，并引导青少年形成健康积极的人生态度，形成正确的人生观、世界观和价值观。

2. 以杰出的善梦者为职业榜样

杰出的善梦者主要是指在教师职业中道德践行程度较高的教师。[1] 我们发现这些杰出的善梦者都有着较高的道德内驱力。

---

[1]　笔者在调研中发现了钟扬教授对口支援西藏大学的感人事迹。出于本书篇幅的考虑，未在正文中呈现其具体事例，可参见附录二。

　　道德内驱力或者说自律，是一种可观察的行为。自律行为的背后有着不同的致因。红灯亮时主动（而不是由于警察或栏杆拦截）止步或停车是值得称道的自律行为。这种行为可能是一种下意识的反应，也可能出于自觉的守法意识、责任感或公德，还可能出于对处罚的畏惧，或者可能是多种力量共同作用的结果。不同的致因反映出自律行为的层次性。第一层次的自律已经成为行为主体的人格，使他超越于一切监督而达到自为的境界；第二层次的自律是舆论监督和道德规范约束的结果；第三层次的自律则是法律约束和权威监督的结果。①

　　道德践行是主体道德观念和思想品德养成、丰富和发展的关键环节，是一定社会道德规范、道德准则内化为个人道德品质的必然途径。所谓道德规范或道德准则，只有通过各种对应的实践活动，使受教育者从中获得道德实践经验和实践感悟，才有可能转化为他们自身的道德信念和道德品质，从而在持续地道德践行过程中养成良好的行为习惯。简单来讲，道德践行就是要求受教育者在各种活动和日常生活中，履行道德规范或道德准则，不断练习，从内化到外显，形成一定的良好的道德品质和行为习惯的过程。

　　主体思想品德的社会意义，只有经过相应的道德行为才能表现出来。道德行为的日常表现是主体思想品德评价最重要的标准，是主体思想品行的标志。中国古代教育家、哲学家历来重视道德践行。孔子特别重视"躬行"，主张"听其言而观其行"。墨子也十分注重力行，有言道："士虽有学，而行为本焉。"（《墨子·修身》）这句话说明作为一个"士"，只有学识是远远不够的，更要身体力行。他还强调说："务言而缓行，虽辩必不听。"（《墨子·修身》）意为光说而行动跟不上，说得再动听也是没人理睬。朱熹主张自小练习"洒扫、应对、进退之节"，实践"爱亲、敬长、隆师、亲友之道"，是"修身、齐家、治国、平天下之本"（朱熹《小学》）。2013年，习近平总书记到曲阜视察时指出："国无德不兴，人无德不立。必须加强全社会的思想道德建设，激发人们形成善良的道德意愿、道德情感，培育正确的道德判断和道德责任，提高道德实践能力尤其是自觉践行能力，引导人们向

---

　　① 周志忍、陈庆云：《道德驱动的自律与制度化自律——希望工程公共责任和监督机制研究》，《中国行政管理》2001年第3期。

往和追求讲道德、尊道德、守道德的生活，形成向上的力量、向善的力量"。只有这样，才能真正提高公民个人和社会整体的道德素养，让社会朝着更加文明的维度发展。

张岱年曾在《中国伦理思想研究》中明确指出：道德问题不仅是认识问题而且是行动问题。古代思想家关于伦理问题言行相符的论述更是十分多，孔子说："君子耻其言而过其行"（《论语·宪问》），"君子欲讷于言而敏于行"（《论语·里仁》），"古者言之不出，耻躬之不逮也"（《论语·里仁》），这些都是在讲言行一致的重要性，说明孔子深切地认识到道德的修养必须体现在实践中。

孟子说："君子所性，仁义礼智根于心。其生色也，睟然见于面，盎于背，施于四体，四体不言而喻。"（《孟子·尽心上》）荀子云："君子之学也，入乎耳，著乎心，布乎四体，形乎动静。"（《荀子·劝学》）这些也是在说伦理道德的思想必须见诸生活、行动，在身体力行中表现出来。所以躬行实践就是将道德原则在生活中体现出来，而实践这一词在明代理论著作中已经屡屡出现。可见，在古代文化中，就十分强调实际行动的重要性。由此来说，处于健康的伦理环境中，大家不仅注重口头道德的授受，而且更注重在实际生活中对道德的践行，那么这个环境中的年轻个体就会自然而然把前人的作为变成自己今日行为的准则和标杆。结合研究实际我们发现，在样本地区高校里，其实有着大量的大学教师，他们在用实际行动表现他们的道德品质。有的人可能不是十分擅长字面表达，但是却十分擅长实践，例如，扎根西藏的钟扬老师。可以结合这些优秀的榜样案例，把他们放到道德实践的理论层面进行阐释。还有一位扎根西藏的老师这样说道：

> 我在医学院工作，是教基础学科的。一直以来，科研方面有点欠缺，在下乡的时候，西藏当地很多的医生基础素质各方面都不是很扎实。然而，在那里，我能竭尽全力把我的这份学科知识给大家讲透彻了，或许我的努力会对西藏的卫生事业尽一点微薄之力，我就觉得这是我工作的一点获得感。来拉萨工作，由于各方面的限制，我可能在科研方面不如我在内地工作的同学，自己也只是对西藏地区医疗卫生事业没有起多大作用的螺丝钉而已，但是，我深入西藏地区，为地区事业培养人才，把理念灌输下去，起到让当地民众信仰科学的作用，让他们不只

相信迷信治病方法，这不但对藏族同胞的健康有益，也为维持地区稳定、民族团结助力了。（190608B）

奉献精神是教师职业道德的要求之一。教育是一项奉献型的事业，拥有奉献精神就意味着教师要全身心地投入教育事业中，要有为了学生的福祉和发展而不懈追求的信念、态度和决心，最大限度地履行其教书育人的职责，将自己的全部精力奉献给学生、奉献给教育事业。奉献精神是一种起于平凡的不平凡精神，没有惊天动地的业绩，但却可以对每件事尽心尽力；奉献精神是一种水滴石穿的坚韧精神，没有惊世骇俗的举动，但在日复一日的坚守中，平凡的人也能放射出耀眼的光彩；劳模精神是一种热爱大于算计的献身精神，没有"光环"的预期，更多的是对职业的热爱，对学生的热爱。

教师从事的是"天底下最光辉的事业"，其职业的特殊性就决定了他们必然要追求"半根粉笔写春秋，两袖清风书华章"的崇高境界。教师不仅要有脚踏实地、乐于奉献的工作态度，而且要有淡泊名利、甘为人梯的奉献精神。正是在这种奉献精神的驱动下，大批青年教师为了国家教育事业的发展，在青藏高原的土地上默默耕耘着，在艰苦清贫的条件下恪尽职守，把自己的全部知识无怨无悔地传授给学生，充分体现了人民教师甘于奉献的崇高精神。正如陶行知所说："在教育活动中我们确实感受到教育者所得的机会，纯系服务的机会，贡献的机会，而无丝毫名利、尊荣之可言。"①

3. 对口支援政策的制度优势

"1979年7月31日，中共中央发布52号文件，对口支援政策在国家层面正式确立，同时宣布我国对口支援工作进入了正规化的起步阶段。"② 至今已经走过了40余年的历程。对口支援的政策充分体现着中国智慧，在缩小区域发展差距、促进西部地区少数民族的经济和社会发展以及实现区域平衡发展方面发挥了极其重要的作用。

"对口支援是基于财政平衡视角下的一种政府行为。在中国特色背景下，经济发达地区基于完成政治任务的情形在人力、财力、物力方面对欠发达地

① 陶行知：《新教育评论》（第3卷），北京，1926年。
② 花中东：《省级援助灾区的经济效应——以对口支援四川灾区为例》，北京理工大学出版社2014年版，第8页。

区或民族地区给予帮助和救济。"① 所谓"授人以鱼不如授人以渔",在对口支援的过程中,对于西部地区的教育支援成为重中之重。2001 年 6 月 13 日,教育部启动对口支援西部地区高等学校的工作,有 13 对东西部高校建立了对口支援关系,其中清华大学对口支援 QH 大学,它撒在 QH 大学的种子,经过 20 年的悉心栽培早已成长为茁壮的大树。高校对口支援工作让 QH 大学的变化可谓日新月异,更是让西北地区的莘莘学子感受到国家发展西部高等教育的投入和决心。

以清华大学为首的支援高校的校领导高度重视对口支援 QH 大学的工作,清华大学明确提出了"对口支援 QH 大学不是权宜之计,是清华大学一项长期工作,是无私的、全方位的、实打实的"帮扶的理念。在清华大学的提议、协调和支持下,QH 大学工、农、医、管四大学科都受到相关高校的支援和帮扶,形成了在清华大学对口支援的总框架下,五所高校共同对口支援 QH 大学发展的模式。20 余年间,清华大学先后选派 5 位知名学者出任 QH 大学校长,QH 大学在清华大学的对口支援下已从一所名不见经传的西部普通高校发展成为国家"一流学科建设""211 工程"重点建设大学和"中西部高校综合实力提升工程"入选高校,实现了跨越式的发展。对口支援高校的领导和教师把先进的工作经验和博大的知识播撒在了 QH 大学的土地上,他们严谨、踏实、求真的工作精神为 QH 大学和青海地区的广大师生树立了标杆典范,"清华精神"在青海这片土壤上落地,在 QH 大学生根发芽、开花结果。

在西藏调研时,一位受访教师真切地谈到了自己的经历:

在我的工作中,接触到的援藏干部是很令我们感动的。吴明富老师支援我们医学院的发展,是医学院的学科代表人。用我们老师的话来说,他积极作为,不是来混日子的,也不是来镀金的。因为在这之前很多援藏干部都是来镀金的,拿到资历回去以后就可以在职位上有所提升。吴老师是知名专家,他的主要专业是妇科肿瘤。他来后的第一件事情就是主动要求给本科生上课,且不取报酬。除此之外,他一来就到教

---

① 伍文中:《从对口支援到横向财政转移支付:文献综述及未来研究趋势》,《财经论丛》2012 年第 1 期。

务科说想给学生做一些论文指导和学术研讨，教务处的老师说，从学校的经费来看，是没有办法支付报酬的，他说没关系，只要你能组织，我就免费给他们上课。他们学院的老师反映说，他虽然在学院里面有很多会议，但是他办事效率很高，上面交代什么事情他马上就办好了，而且很认真很仔细。拉萨市人民医院是我们学校的附属医院，因为他是学临床专业的，因此，他在援藏一年半时间里就做了 110 多例手术，而且都是我们院的医生攻克不了的手术，而他基本上每隔几天就有一台手术要做。拉萨市人民医院当时还专场汇报这件事情，每个学院的老师都很受触动，因为他真是来干事的。他不仅仅自己动手，还带着妇产科的两名老师一起做，两名医生都被他带起来了，填补了西藏有关这方面手术的空白。所以他在我们学校和医院里的口碑是非常高的，医院副院长强烈建议要把这件事情挖掘出来进行宣传。（190607H）

（二）消极影响因素

1. 家庭中功利化教育依旧存在

个体成长中所接受的教育是由家庭教育、学校教育以及社会教育共同承担的。其中家庭教育相较于学校教育和社会教育，具有启蒙性、渗透性和长久性，对人的成长和发展起着举足轻重的作用。因为家庭教育是个体人生观、世界观、价值观形成的基础，是道德品行养成的第一规范力量，也是情感体验和生活技能学习的重要方式，奠定了个体成长与发展的基调。"孩子们从咿呀学语起就开始接受家教，有什么样的家教，就有什么样的人。家庭教育涉及很多方面，但最重要的是品德教育，是如何做人的教育。"[1]习近平总书记对于家庭教育有着高度的肯定，同时也给予家庭教育"品德教育"第一的定位，继承和发扬了中国"蒙养以正、德教为先"的传统美德。然而，随着改革开放和各种社会思潮的泛起，功利主义之风盛行，也殃及了家庭教育这块以德育为先的净土。"教育在我们身上所要实现的人，并不是本性使然的那种人，而是社会希望他成为的那种人。"[2] 正因为如此，在当前经济转型和社会发展的巨大洪流

---

① 习近平：《注重家庭、注重家教、注重家风，习近平总书记这样说》（2017-2-10）[2020-12-18]，http://www.china.com.cn/legal/2017-02/10/content_40259773.htm.

② ［西］费尔南多·萨瓦特尔：《教育的价值》，李丽、孙颖屏译，北京大学出版社 2012 年版，第 111 页。

中，培育"有利于社会发展的人"成为教育的第一目标。

家庭教育育人目的和观念变更表现在多方面。首先，在教育方式上重智育轻德育，比起孩子德性的培养，当前许多家长更注重孩子学习成绩的提高，希望孩子能以优异的成绩考上更好的大学，从而成为一名社会所需要的合格"人才"，而对于孩子人格、性情、品质等方面的培养却毫不关心。其次，在教育的内容上重书本知识轻实践能力，孩子的闲暇时间总是被这样或那样的辅导班填满，孩子学业负担过重，心理发展失衡、出现精神问题等，是当下社会普遍存在的一种现象。父母只注重孩子知识性技能的培养，对于孩子德、体、美、劳的发展却往往忽视了，注重子女才艺和特长技能的培养，对子女心理健康等方面的教养却不曾重视。最后，在教育目标上，家庭教育重结果轻过程，"望子成龙""望女成凤""金榜题名""功成名就"是中国式父母对于子女的期望，然而，这之中所蕴含的功利主义思想正是家庭教育的弊端所在。由于父母对子女寄予很高的期盼，在子女发展的过程中父母往往将一切都安排好，希望子女能够按照自己的想法学习和生活，甚至"拔苗助长"来实现其最终愿望。然而，这样的教育方式忽略了子女的个体情感需求，使得孩子承受了巨大的压力，产生逆反和厌学等心理问题，严重阻碍孩子身心的健康发展。此外，在当前的家庭教育育人观念当中还掺杂着攀比心理、竞争机制下父母争强好胜等不理性的情感因素，父母将孩子的学习成绩、文艺才能作为一种家庭教育和子女学习成果的展现；在功利主义的影响之下，父母对于孩子成绩进步过分的外在奖励和溺爱，也对孩子的学习观产生严重的扭曲。

一位受访教师在访谈中回忆自己的原生家庭环境时，提到他的父母特别注重学习成绩，会不会干家务并不是最要紧的，唯有学习成绩的竞争力是父母所关心的。这使得他在少年时期就缺乏精神担当，不懂得关心别人，对于社会中的一些现象也保持着漠视的态度。后来，当他进入大学之后才发现，学习成绩好并不代表一切，他的冷漠、不善表达、不会与别人打交道，这些都被视为"不合群"，让他在大学中的发展带来了阻碍。一方面，受访教师感谢父母对他学习的鞭策，使他能够以优异的成绩考进名牌大学，毕业之后才有机会成为大学教师。但是，另一方面他又觉得自己的家庭几乎没有教过他如何敬畏社会、注重礼仪等。现在工作了，他在某些方面表现得很幼稚，甚至都不算是一个"成人"。因此，他还有太多方面需要修炼。这位教师的原生家庭成长经历，可以说在家庭教育方面存在着某些缺失。当然，这并不是个别现象，在当下中国，家庭功利化教育的目标是普遍存在的，父母的角色逐渐缩减为"学习的监督者"，对于孩子的道德教育、劳动教育、情感教育、审美教育都是缺失的。这样教育出来的孩子缺乏胸襟抱负，缺乏社会责任感，只是一味追求学习成绩，追求自己知识能力的提升。

2. 族群文化的不同导致教师对学生理解的不同

影响教师与学生之间理解沟通的因素有很多，民族文化的不同，在一定程度上会对教师与学生之间的理解沟通造成影响。良好的师生互动关系是教学目标实现的前提，而沟通和交流则是形成良好师生互动关系的基础。良性的师生互动关系对于教学、学术研究、立德树人等目标都有不同程度的促进作用。"高等教育教学的目标是在师生互动中实现的，师生互动过程不仅仅是知识传授的过程，同时也是师生间感情交流、价值沟通的过程，而教育教学目标的实现也需要以师生间的信任、依赖的深度关系为基础。"[①] 在教学的过程中，教师与学生之间不是主客体、"改造"和"被改造"的工具性关系，完成教学目标的过程更多的是教师与学生之间的良性互动，需要建立在教师与学生之间有效沟通的基础之上，而有效的沟通需要师生间的互相理解和包容。在青藏高原地区，由于多民族聚居、族群文化不同，不同民族的教师和学生之间对待问题的态度和思维方式有所差异，因此师生之间沟通和理解都受到了些许影响。

文化人类学家本尼迪克特曾说："每一个人，从他诞生的那刻起，他所面临的那些习俗便塑造了他的经验和行为，到小孩子能说话的时候，他已成了他所从属的那种文化的小小造物了，而当他长大成人并能参与这种文化的活动时，其文化的习惯就是他的习惯，其文化的信仰就是他的信仰，其文化的不可能性就是他的不可能性。"[②] 从这段话中我们可以看出，人类个体都会受到文化的影响，不同地域、不同民族的文化在长期的发展过程中自然而然会形成许多具有鲜明地域特色和民族特色的地域文化，从

---

① 邵娜：《工具性、存在感与情境性：高校师生互动关系的多重维度及改进策略》，《科教导刊》2021 年第 21 期。

② ［美］露丝·本尼迪克特：《文化模式》，张燕、傅铿译，浙江人民出版社 1987 年版，第 239 页。

而形成特定的文化传统。这种文化传统影响的固有性，总是左右着每个人的行为，形成他们既有共性又有个性的"文化"特征。文化的个性或区域性表现在教育领域中就是多元文化地区的教师和学生由于其拥有不同的文化背景，属于不同的文化群体，各自的文化观和批判性思维能力不同，学生在与教师交流沟通的过程中可能会呈现出文化差异，甚至是冲突。但这并不意味着这种差异和冲突是不可调和的，在不同民族文化背景下，教师应该尊重文化差异，敞开心扉，将学生当作平等的主体，彼此相互尊重、相互依赖，在双向的交流与对话中形成一种和谐、平等的师生关系。因为"教育不是知者随便带动无知者，而是使师生共同追求真理，师生之间应当互相帮助、共同促进"[①]。

> 小时候老师都是汉族，他们对于少数民族不是说故意有偏见，是因为在学校当中和家里的文化，对学生人格的要求是不一样的。比如说家里面爸爸妈妈、爷爷奶奶都不主张你去争那个东西，都会说，你怎么能这样，要把你放到最后。另外一个近义词就是比较松散，不要太专注，或者说不要太紧张，就是很松懈的感觉。但是到了学校，这种品质就被视作懒散，你怎么不爱竞争这样的印象，所以这就是差异。实际上，由于藏族对孩子的教育会更看重个人品行的发展，人的品行发展一旦出现问题，父母在第一时间就会像现在城市里的父母着急小孩的学习成绩一样着急。（190318Y）

3. 多重工作压力，致使青年教师身体状况不良

社会的快速发展与变革，使得人们的生活环境和生活方式发生了变化，不健康的生活方式和缺乏体育锻炼等因素对人们的身体健康造成了一些不良影响。在高校里面，随着高等教育改革的全面深入，高校教师承担起"立德树人"的教育任务，高校中的人才培养及科研任务更加繁重。同时教师队伍中的青年教师日益成为教学、科研的重要力量，这给青年教师带来了巨大的发展机会，同时也带来了巨大的压力。教学、科研、管理、生活等各方面因

---

① ［德］雅斯贝尔斯：《什么是教育》，邹进译，生活・读书・新知三联书店1991年版，第11页。

素，不仅造成一些青年教师的心理健康问题，而且影响了青年教师的身体健康，致使青年教师身体状况不良。

> 就像我还没有小孩，我觉得工作都把我榨干了。其实我也想要个孩子，去医院检查，医生告诉我说因为身体太虚弱了，压力太大、太累，需要休息一段时间来调理，才能要孩子。所以，我一想，咱们青年老师，都是这样的状态了，更何况有孩子的中年老师了，好像一切才刚刚开始就失去资本了。（190318Y）

上述这位教师的陈述，使我们为之动容。还有一位教师说出了工作的复杂性：

> 我所在的专业是小学教育全科，我的研究方向是少数民族教育。在高校工作，不知道其他老师有没有这样的感受，我感觉现在我的工作有四部分事情。第一个是教学，第二个是科研，第三个是学院会给你布置一些临时性的工作，比如说写文件、报告，第四就是常规性的一些事务。我现在的感觉就是，我非常想把教学和科研做好，但有很多时间恰恰被这个行政性的事务和常规性的事务给填满了，又恰恰因为高校老师时间是弹性化的，这种碎片化的时间，使得你没有专门的时间和专门的场所去做一些专门的事情。然后就导致我现在感觉很多事情没有做到预想得那么好，但是你又显得非常的忙碌，很多时候，当家里面需要我帮忙时，我都没有出现，或者我还没有完成手头的工作，回想起来就会有一点遗憾。（200108D）

基于上述研究案例，笔者认为，有必要分析导致青年教师压力的原因。

第一，教学方面的压力。教师的本职工作是教书育人，高校教师承担着教学的重要职责。当高校日益扩大招生规模时，教师面临着更加繁重的教学任务，教学质量的提高和教学时长的增加，大大增加了青年教师的工作压力。高校教师不仅需要传授知识，还需要"立德树人"，不断提高自身的职业素养和道德素养。青年教师与学生年龄差距不大，可以成为大学生的朋友，及时准确地解决学生的学习和生活问题，引导大学生树立起正确的人生观、世界观、价值观。在信息时代高校青年教师只有具备终生学习的态度，才能跟上时代的步伐，用最新的知识教育学生，在快速发展的社会中保持竞争优势。紧张的教学工作导致青年教师缺乏时间和精力进行身体锻炼，影响其身体健康状况。

第二，科研方面的压力。高校是科研的重要场所，青年教师作为科研人员，还承担着一定的科研工作。高校一般用论文数量、发表期刊档次、课时数量等来评价教师的工作，这不仅与教师的薪资待遇密切相关，而且影响着教师的职称晋级。青年教师富有理想和热情，在完成教学工作之余，还要积极参与科研工作，发表学术论文。所以他们的休息和锻炼时间更加不足。

第三，社会和生活方面的压力。社会上的人们认为，教师是一个高尚的职业，所以对于高校青年教师抱有很高的期望，经常用"春蚕到死丝方尽，蜡炬成灰泪始干"这样的诗句来赞美教师，但是作为一个正常人，高校青年教师也有自己的多元需求。当需求不能满足时，就会造成教师的心理不平衡。高校教师的薪资水平整体来看是逐渐增加的，但是社会发展所造成的社会消费水平的提高，教师的薪资处于社会的中下水平。同时高校青年教师进入高校时间短，也处于成家立业的关键时期，需要满足家庭日常开销，所以需要更加努力工作挣取更多的酬劳。这将耗费青年教师更多的时间和精力，使其感到身心疲惫并会产生身体健康问题。

高校青年教师是一个特殊的群体，其身体健康状况关系到高校教学和整个教育事业的发展。社会、政府相关部门、高校需要更多地关注高校青年教师的健康状况，科学合理地改善校内制度以缓解高校教师的压力，采取措施提供更多的休息和锻炼时间。青年教师自己要养成良好的生活作息习惯，合理规划自己的饮食习惯，通过这些来保障青年教师的身心健康。

4. 院系领导人风格在一定程度上决定伦理文化环境

领导风格是领导者个体在领导实践中表现出来的一种比较稳定的行为模式，不同的领导风格对于员工的发展有着多元的影响。伯恩斯指出："领袖与追随者的关系的实质，是具有不同动机和权力（技能）的人们之间互相影响以寻求一个共同的目标。"[①] 领导与追随者之间是互相影响的，但在领导活

---

① ［美］伯恩斯：《领袖论》，刘李胜等译，中国社会科学出版社1996年版，第21页。

动进行的过程中矛盾的主要方面在于领导者，领导者的不同处世风格会对员工的发展和业务的进展产生不同影响。20世纪30年代，美国心理学家勒温提出，在具体的领导实践中，领导者的领导风格有三种不同类型：民主型、专制型和放任型。民主型领导者注重集体和团队精神，善于营造民主与平等的工作氛围，重视对员工的鼓励和帮助。同时，员工在工作中享有较大的自主权，处在这种民主、轻松的氛围中有利于员工对个人德性的培养。除此之外，领导者个人的能力、德性和魅力影响着员工，有助于员工和领导双方追求尽善尽美的道德品质。专制型领导者高度集权，不听取意见，喜欢独断专行，只注重工作目标和任务的达成，缺乏对员工的关心与体贴，不顾及员工的多元需求。在这样一种领导风格之下，员工对领导者有所戒备，领导者与员工之间不够亲近、存在隔阂，从而导致员工在工作中容易产生挫败感和逆反情绪，工作上也不够积极上进，更不利于员工良好道德品质的形成。放任型领导风格，顾名思义就是将管理权力转移到员工手里，领导者几乎不会参与日常决策。领导者对于任务的完成程度和员工的多元需求采取放任和忽视的态度。在这样一种领导环境中，员工所受到的领导者的影响力较弱；对员工道德品质的形成没有起到明显的作用。实践证明，不同的领导风格对组织整体会产生不同的影响：民主型领导风格以及这一风格的践行者，其个人魅力和德性品质都会对员工的德性养成产生重要的促进作用。对于个体道德品质养成有积极影响的领导者，我们可以将其称作"德性领导"。所谓"德性领导"是指领导者个人必须具备高度的个人修养或德性操守，唯有如此，才能赢得下属的认可和尊敬，其行为才能在成员之间传播开来，领导者个人必须把公私分明、以身作则放在首位。再者，具有高尚德性的领导会积极践行这些要求，在工作中以及与下属的互动中体现出来。显然，"德性领导"的表现具有一定的积极效用。

> 开学第一天，我们与老师都是第一次见面，我们见到都特别开心，特别亲切，因为好久没见了。一旦回到各自的工位上，开一次会之后，所有人都是垂头丧气的。那种会议会隐性地给予人一种暗示，让人在很大的压力之下焦虑地等待着。年长的老师会关心你，会跟你交流家里的情况。但是一旦开会，所有老师出来，都不想再说第二句话，就想乘电梯赶紧走。（190502S）

可以看出，不同的领导风格，会对个人的情绪和工作态度产生不同的影响。在专制、紧张、施压的领导环境之下，教师感受到的更多的是精神上的抗拒和身体上的疲惫，负面情绪带来的内耗，使得教师没有精力对自身道德进行要求和完善。长期如此，对于教师身心发展都会产生不利的影响。因而，教师德性的养成需要在民主领导风格下形成的公正的、积极的道德伦理文化环境，使青年教师精神和身体都处在一个比较轻松愉快的氛围里，有利于青年教师产生积极向上的情绪和工作态度；德性领导的处世方式和个人品质所产生的榜样作用，也有利于教师对个人品德的追求和完善。

5. "孔雀东南飞"现象带来的消极影响

目前，人口流动问题不仅是中国经济发展中的重要议题，也是全球经济发展的重要讨论内容。由于社会主义市场经济的大力发展，东南沿海地区成为中国经济的发达地区，许多中西部地区人才纷纷向这一地区迁徙，而这一现象被形象地称为"孔雀东南飞"。"孔雀东南飞"现象是中国经济欠发达地区发展缓慢、疲软的关键原因，甚至已成为阻碍这些地区发展的重要因素。青藏高原地处中国西南部，地理位置偏远，平均海拔4000米左右，素有"世界屋脊"之称。常年空气稀薄、气候寒冷、物资匮乏，多数地区不适宜人类居住，也不适合对气候、物流、质量等要求严格的产业发展，经济较内地欠发达。因而，是"孔雀东南飞"现象的高发地。许多人才因为青藏高原恶劣的环境和欠发达的经济发展水平，不得不选择离开，去往待遇和生活环境更优越的内地。为了应对人才外流所导致的中西部和东北地区与经济发达地区差距不断拉大的问题，中共中央办公厅、国务院办公厅2019年6月发布文件，对这一现象进行了调控，明确要求发达地区不得片面通过高薪酬、高待遇竞价抢挖人才，尤其是从中西部地区、东北地区挖人才。但是这仍然不能从根本上解决这一现象的发生。具体来说，这一现象导致的消极影响主要有以下几个方面：

第一，对样本地区社会经济的发展产生了一定的影响。人才是社会经济发展的基本动力和源泉，高层次人才对于当地的社会经济文化的发展有巨大的推动作用。同样，高层次人才的流失也会给样本地区社会经济文化的发展带来严重影响。在当地经济社会发展的过程中，地方高校发挥着培养人才、科技创新以及政策咨询等功能，高层次人才的多少关系到该地区发展的后劲大小。与西南部地区相比而言，缺乏高层次人才的支撑，其经济建设发展则难以取得较大的成功。以中小企业的发展为例。人才流动的对象主要是一些核心技术人员、销售人员等对企业发展比较重要且社会需求量大的人员，这些人员的流失，势必会给企业的发展带来一定的损失。而企业的不良自然也势必会对当地的经济发展带来消极影响，进而拉大样本地区与东部发达地区的差距，同时这些差距也导致样本地区引进人才比较困难。这种现象如不加以遏制就会形成一种恶性循环。

第二，人才流失也会对样本地区高校建设产生消极影响。"据统计，西部高校流失的核心人才，主要集中于某些应用型学科，大量年轻的具有专业技能的高素质人才的流失必然造成人才梯队的断层、师资队伍结构的失衡，整体素质的下降。"① 近年来，"双一流"高校建设拉开帷幕。"双一流"高校建设发展，高层次人才是重点。因此，中西部地区成为人才抢夺的"重灾区"。于整个社会发展而言，人才的流动能够促进知识的流动以及技术的扩散，从而产生经济效益。但是，对于高校的建设发展而言，高层次人才的流动会对其造成重大的损失，不利于高校的稳定发展。可见，"孔雀东南飞"现象对于样本地区不管是经济发展还是教育方面人才流失的损害或消极影响都是极大的。

（三）值得讨论的问题

青藏高原独有的地貌、文化和政策，使得高校青年教师德性养成的伦理文化环境充斥着独特的因素。不论这些影响因素是积极的还是消极的，都与社会大环境以及青年教师个人是分不开的。如果说大学是一座有"围墙"的象牙塔，那么接下来我们拟从大学外部、大学内部和青年教师个人三个维度来做进一步分析。

1. 大学外部伦理文化环境因素分析

社会的负面影响，特别是多元价值文化的冲击，对于高校青年教师德性的养成具有很大的冲击力。一方面教师作为圣人，被社会赋予高标准，而另一方面个别高校教师的不良行为，容易受到特别的关注，使得教师群体被道德绑架，个别教师的师德失范问题被无限放大。青年教师在这样的环境中容易失去良好的引导。

---

① 衷小菊：《西部高校核心人才流失问题研究》，硕士学位论文，江西农业大学，2012年，第22页。

（1）市场经济的影响

当前，对于大学青年教师思想政治状况产生不良外部影响的因素有许多，其中市场经济的影响是居于首位的。由于市场经济以经济效益最大化为目的，高校面临着空前的办学压力，功利化和目标短期化等市场经济的负面因素极易导致高校运行的无序性，进一步动摇大学的独立地位，考虑到生源市场、引入市场的资金等越来越多的市场行为进入大学校园，而这些市场行为又缺乏制度法律等的制约、引导和干预，因而难以保障教育质量和公平，也无法遏制学术腐败等市场化的无序性所带来的问题。市场的逐利性使得一些大学的办学活动充满着商业利益，其在教学、研究、经营、管理等方面都变得短视。利益的驱使更是分散了大学教师教学科研的精力，加上大学本身管理评价体制的不完善，更容易导致某些学术权威领导等利用权力谋取商业利益，这些必然会给青年教师带来极为不良的影响。

市场化竞争的垄断特点在影响高校资源分配的同时，进一步强化了官本位的思想、急功近利的氛围，因而使得青年教师在学术研究和教书育人方面存在诸多问题。当然，我们必须承认市场经济给中国带来了生机，带来了活力，同时也产生了拜金主义、实用主义等一些消极思想，导致人文精神和科学精神缺失和功利主义泛滥，而大学教育客观上的经济功能也被市场经济放大了，试图通过高等教育产业化来追求市场经济的最大化，从而削弱了大学的文化教育功能。比较容易判断的是，无论在家庭还是学校中，青年教师都受到市场经济功利性、竞争性和一定程度无序性的影响。"大学中在一定程度上蔓延着商业主义的气息，而大学特有的精神品质却日渐衰微"[1]，这种特有精神品质的衰微，对高校青年教师的影响无形中是巨大的。

（2）高校与政府的关系

除外部市场经济的影响外，从大学外部关系来分析，政府行政本位的无所不在、无所不能，使得大学应有的学术属性也受到了挤压和冲击。由于政府已习惯将大学作为一种附属机构加以控制，因此政府管得太多，管得太死，大学缺乏自主权的问题，比大学在拥有自主权后缺乏自律的问题严重得多。政府对高校干预过多，行政官员担任校领导的现象明显增多，行政化格局越发明显，削弱了教师和学术的主体地位，不仅使大学按照教育科学规律

---

[1]　王军：《中国大学精神缺失原因多维分析》，《社会观察》2008 年第 3 期。

自主办学和管理的创新空间越来越小，而且使真正追求教育工作和学术创新的青年教师，在大学中不断被边缘化。因此，我国缺乏对学术研究的科学合理的评价机制，以及完善的科研监督体系，这使得量化、急功近利的管理和评价对教师产生负面的导向作用，薄弱的监督使得学术腐败、学术不端的行为得不到有效的约束和惩处。因而，大学青年教师极容易表现出急功近利，为了职业发展和养家糊口，不得不按照现有体制的要求和规定行事，根本无暇顾及个人思想政治的健康发展以及个人内心的需求。

2. 大学内部伦理文化环境因素分析

（1）高校管理评价制度问题

学校管理评价制度中缺乏人文关怀，在很大程度上，大学教师仅被关注其知识性，而没有关注他们的德性。也就是说，高校教师的学术能力和教学能力是受到关注的，而对于学生的真切关怀和他们对于职业的信仰是被忽视的。在这样的状态下，学校会把教育视为一种模式化的过程，而教师也迫于评比、管理、职称评聘等制度，难以做到皈依内心对教育的真爱。因此很多教师坦言，他们宁愿多写论文，也不愿意钻研教研方法，不愿意研究学生群体。因为后两者不能为职称评聘带来直接的收益。

造成高校青年教师思想政治状况的大学内部因素，实际上是在外部环境和制度影响下的人为因素，这是一个比较主要的原因。面对社会环境中种种不利于青年教师师德发展的客观因素，作为青年教师自身，不仅不应该随波逐流、丧失自我，还应该严格自律。因此，青年教师师德问题，主要是由大学内部的大学人文精神衰微所导致的，正如王冀生所指出的，当前在世界范围内和我国正在出现的大学精神衰微的主要根源，还是要从大学自身来找。

（2）中国高等教育发展的阶段性问题

高等教育发展到大众化阶段，或者说自费教育阶段，大学在这个大众化的潮流中迷失了自我，不自觉地丢失了自己的初心和本心，有的学校把工作的重心降低成现代化管理的标准，根本没有理论联系实际地关注高等教育改革的实质问题。因此，很多高校转而关心教育系统内部的事情，可是，学校中运行着的官、产、学、商各不相同的机制，逐步忽视了教育本身的运行规律，那么，这样制定出来的政策以及规划的不合理的学校格局，就会导致人文精神和科学教育的脱位，从而使得大学青年教师无从适应。他们不知道应该怎么做，或者跟着谁做是正确的。对大学定位理解的偏差也使得青年教师出现与自己的发展不相匹配、定位不准、急功近利的矛盾，久而久之，大学青年教师的思想政治状况就很容易出现问题。

（3）大学内部行政化问题

从大学内部关系来看，大学内部权力分配逐渐失衡、行政权力泛化导致大学中很多学术事务被行政权力所替代。在这样的状况下，青年教师会出现官本位思想，从而使得大学机构臃肿、人浮于事，个别青年教师往往不太适应行政人员成为支配学校的核心，教师个人归于行政机构管控这一状况。这也容易导致青年教师的价值系统出现错乱，个体行为的价值不取决于教育价值、学术价值、社会价值和文化价值，而是取决于他对行政权力的顺应度。最后，就是在教育资源的分配上，由于行政化过于严重，一些非教学科研的行政核准、行政行为分配浪费了过多的教育资源，导致青年教师不能处身于很好的发展环境中。

（4）大学本身精神的衰微

所谓大学者，非有大楼之谓也，乃大师之谓也。这是什么意思呢？就是说，大学精神的衰微，最重要的是大学精神领袖的缺失，青年教师在大学中无论是教学、科研、做事还是做人，都需要有一些精神水准很高的教师作为他们的典范、作为他们的引路人。但是，在当前外部环境的影响下，很多教师先天人文素质不足，后天又存在价值错位，并没有达到师者的风范。因此，许多青年教师很难找到适合自己的学习对象。与之相反，他们常见的都是与其价值观念和实践相背离、人文素质缺乏的共事对象。

大学的自然和人文环境是由大学成员共同营造的，良好的道德风尚、充满人文气息的文化氛围，能够潜移默化地影响和熏陶大学中的每一个成员，培育出大学师生应有的文化教养和人文气质。如果校园人文氛围不够浓厚，青年教师就较容易受到社会不良因素的干扰，从而逐渐脱离校园本色和教育的正轨。而今，许多大学的校园人文氛围不浓厚，其中功利思想、享乐主义、学术浮躁盛行，缺乏人文精神的文化载体，难以形成文化磁场，从而难以培育出具有良好思想道德素养的青年教师。在物质校园文化方面，一些大学在改扩建过程中好大喜功，追求亭台楼阁的建设和使用设备的增值，而忽视了精神文化的指导作用，使得高校尽管高楼林立、道路宽广、设备齐全，洋溢着现代气息，却感受不到浓郁的文化气氛和厚重的历史感，置身其中也难以得到精神上的陶冶。因此，大学本身的精神问题也使得青年教师凸显出上述思想政治问题。

3. 高校青年教师个人因素

马克思主义辩证法认为，事物的发展变化是由内外因共同引起的。其中，外因只是条件，而内因才是关键性决定因素。外部环境是影响高校青年教师思想政治状况的宏观环境，而学校是影响他们的微观环境，实则个人意识欠缺却是重要的内因。因此，除了大学内部和外部环境所存在的问题之外，我们还应当从教师个人身上找问题。

（1）政治思想意识亟待加强

政治思想意识是指社会成员在政治思考中所形成的政治观点、政治想法和政治见解的总称，是人们对社会生活中各种政治活动、政治现象以及隐藏在其背后的各种政治关系以及矛盾运动的自觉和系统的反应，决定着社会成员的政治态度和政治信仰。由于互联网新媒体技术的飞速发展，国内外社会政治思潮在传播的过程中对于教师行为处世总是有一定的影响，再加之高校教师自身成长经历等方面的因素，使得部分教师表现出政治意识不强、薄弱、淡薄的现象。例如，对马克思主义理论学习的自觉性和强度不高，尤其是部分非马克思主义理论专业的教师认为，他们在高校主要的工作就是业务发展，做好分内之事，也就是从事教学和科学研究就够了。因为他们认为，只有业务的发展是实在的、有用的、能看得到的，而政治学习是虚无的、形式主义的，是解决不了任何实际问题的。这种错误的思想导致他们对思想政治教育学习的重要性认识不到位，政策导向不明显，教师不能正确处理政治学习和业务发展之间的关系。因此，教师对马克思主义理论的学习缺乏自觉性，不能正确理解马克思主义理论的丰富内涵及精髓对国家壮大、社会发展以及对个人成长的重要性。表现在青年教师群里就是对理论没有做到真信、真懂、真学、真用。长此以往，如果有不健康的、不正确的、反动的错误思想乘虚而入，高校青年教师就会表现出认识模糊、信心动摇、难辨是非和理想信念不坚定等问题。

再者，高校教师由于其大多都有出国留学的经历，以及大多为独生子女，这种成长环境和国外学习经历使得教师容易养成以个人为中心、自信张扬的个性。再加之高校教师学术自由的工作特点，个别教师往往喜欢一肩挑，单打独斗，团队合作意识不强，这类教师在工作中往往以个人为中心，以自我需求为其行动的出发点，这就容易造成教师个人把自己不完整、不全面的观点以点带面、以偏概全。缺乏长远、辩证的眼光，不能辩证地看待我国在改革发展中所存在的一些社会问题，也不能正确地处理好国家、学校和个人的关系，对这三者之间的关系认识不清晰，导致集体主义精神不高。更有甚者，有的教师在课堂上发牢骚表达自己对学校和社会的不满，这些都是影响极其恶劣的现象。同时，有的教师因为在国外受教育，深受国外不良社会思潮的影响，特别是他们不加筛选地全面接受网络信息，这些所谓的西方民主言论会对学生的思想和行为产生消极的影响。

（2）功利主义思想亟须摒弃

随着我国社会主义市场经济的建立和发展，经济社会的发展一日千里，这使得部分教师被经济利益所吸引，渐渐丢失了教书育人的初心和使命，高校教师的功利主义思想不断加深。一方面，他们受到功利主义的影响，将大量的精力用于对他们有用的事情，例如评奖、职称评审、津贴发放；但是在他们自认为没有用的政治理论学习上，大多敷衍了事，甚至根本不学。另一方面，他们还受到拜金主义的影响，产生了一切价值都服从于金钱价值的思想观念和行为。因此，很多教师专注于自己的第二职业，对本职工作却马虎应对，甚至还有教师犯下了钱权交易和钱分交易的错误。除此以外，在个人本位的影响下，高校部分教师干事过于功利，把利己看作自己合理的天性所需，将个人利益看作高于一切的生活态度和行为准则，总是从极端自私的个人目的出发，无所不用其极地追求名利地位。这种浮躁的心态在教师工作中表现为：个别教师甚至在课题申报和职称评审等严格正规的活动中使用不正当手段，以此来满足自己的私欲。

> 你说毫无私心地做某件事情，可能没有，但是在他身上这种比重占多少？我觉得在我们学校还是占85%以上，或90%以上，功利型的这种人还是少数，我们多数人还都是为了这份职业、为了这种理想，从开始当学生到进入学校任教现在已经有30年了，从前辈到现在的年轻人身上我看到，总是有传承好的地方。那时候学校地方小、办学面积狭窄，只要有机会老师会倾全校之力来做一件事情，而且每次都能成，所以我觉得这在近几年的发展当中也是非常激励我们青年教师的，我应该算中年教师，但是还可以参加青年教师比赛，还是挺激励我们的、挺令人振奋的，所以我觉得对于青年教师来说，学校整体氛围对他个人的成长和

追求是有直接关系的。(191202J)

(3) 个人道德修养重视程度有待提升

个人修养从本质上讲是内省、自察，是个人在心灵深处进行的自我认识、剖析和教育以及提高，是不付诸外力的内在驱动力，是个人认识、情感、意志、信念、言行和习惯的综合表现。在中西方的伦理学研究中，个人修养也被称为德性，指一个人较为稳定的、能够帮助其取得事业和生活上优越状态的心理品质。德性的涵养能够使个体自觉地遵守所处社会道德体系的要求，这是最为基础的，继而更好地履行个人社会义务，不断提高个人的人生境界、修养，努力养成更加完满的道德人格。因此，如果部分教师放松了对个人修养的要求，对自己的德性没有任何追求，自然，他们的思想政治素质也不会高，他们在学生中就会产生不好的影响。

钱穆认为："物质人生，即在求生命之存在。食求饱，衣求暖，饱暖再避饥寒，求生存。"[1] 高校青年教师作为一个人，求生存是本能。对于调查中所发现的"功利化""物质取向"等问题，并非不可谈及的话题。但是，如果说有关部门能够给予高校青年教师以基本生活所需的物质条件，作为高级知识分子、作为有理想信念的他们自然不会对物质生活过于苛求。

综上所述，样本地区积极的伦理文化环境因素有：淳朴的原生家庭文化、杰出的善梦者榜样的力量、对口支援政策的制度优势；消极的伦理文化环境因素有：家庭中功利化教育成分的存在、民族文化不同导致教师对学生的理解不同，多重工作压力致使青年教师的身体状况不良，院系领导人风格所决定的不利于教师德性发展的伦理文化环境以及"孔雀东南飞"现象。除此之外，我们还探讨了高校校外、校内以及青年教师自身三个维度所存在的消极因素，从校外的伦理文化环境来看，市场经济以及高校和政府之间现存的、不适应高校进一步发展的关系是影响教师德性养成最大的外部因素；高校管理评价制度问题，中国高等教育发展阶段性问题，大学内部行政化以及大学本身的精神衰微是影响样本地区青年教师德性养成的校内因素；从青年教师自身来看，政治思想意识还有待加强，功利化思想需要进一步摒弃，对个人的道德修养的重视程度还要进一步提高。良好的、进步的伦理文化环境

---

① 钱穆：《文化学大义》（新校本），九州出版社 2012 年版，第 12 页。

促进和加速了高校青年教师德性的养成，不良的、落后的伦理文化环境阻碍和延缓了高校青年教师的德性发展，这就是我们区别样本地区伦理文化环境积极因素和消极因素的根本标志。当然，积极因素和消极因素并没有绝对的一面，而是应该相对地看待之，应准确把握伦理文化环境的本质，发扬和坚持良好的、进步的积极因素，规避和改正不良的、落后的消极因素。

二　家庭和学校构建受教育场域伦理文化环境

家庭和学校是个体接受伦理文化熏陶和教化的早期场域，两者对于个体德性养成的影响是较为基础和持久的。同时，家庭与学校伦理文化环境之间也存在着密切的联系，家庭中形成的初步道德认知，对孩子进入学校环境后进行道德判断并做出正确的道德行为有着重要的指向作用；学校中良好的道德氛围和人际关系也会正向促进和规范孩子的道德行为。

（一）家庭伦理文化环境对教师德性的初步养成作用

家庭场域是个体德性萌生、发芽、受滋养，进而完善壮大最基本的场域。原生家庭赋予人在幼年时期所在社会基本的道德观念和价值指向，新生家庭滋养和充实着人在青壮年时期的道德取向并将其进一步完善。自家庭伦理文化环境分析起，笔者从中国的家庭伦理文化注重对道德价值的追寻、重视对个体美德的塑造并看重人性美德的实践三个方面阐释了中国家庭伦理文化的尚德本质。根据家庭伦理文化环境对个体德性在成员以及影响方式上所发生的转换，将其分为原生家庭和新生家庭两个在时间上有继起性、内容上有交叉性，且密不可分的伦理文化环境场域。原生家庭伦理文化环境对于样本地区青年教师德性影响的因素和途径有很多，根据访谈我们将其分为家庭道德教育、优良家风传承、家庭道德榜样三个具体的方面来分析和描述。结果表明，原生家庭对个体德性的影响大体上经历了一个由强到弱且被动接受的过程，然而，这一过程对于个体的影响是基础性、持久性的，会伴随着个体的一生。新生家庭的伦理文化环境主要是从夫妻品德双向建构作用、家庭作为平息情绪的港湾对夫妻双方德性发展的重要影响以及对于样本地区青年教师而言，家庭是其扎根艰苦地区的凭借，本书从这三个具有重大影响的方面进行了剖析，论述了新生家庭在一个人道德修养和品质完善方面所起到的修正和强化作用。

（二）受教育场域伦理文化环境对教师德性的进一步完善作用

学校是个体脱离家庭后进入的第一个专门的社会化机构，也是人的道德教育养成的有效途径之一。在早年时期，学校是除家庭之外，个体停留时间最长、接触范围最广、受影响程度最深的环境。就学校教育的最终目标而言，是培养全面发展的社会有用之才，从古至今，中西方学校在德育远大于智育这一点上都达成了一致。学校教育不仅通过显性课程教给学生知识，而且重要的是，通过隐性课程教给学生价值观和道德观。学校的道德教育，从纵向上看呈现出幼儿园环境、小学环境、初中环境、高中或职高环境、大学环境等一系列不同学段的阶段性影响；从横向来看，主要是通过学校整体道德氛围、密切接触的教师和同辈之间的交往以及媒体传播来体现和展开的。学校道德氛围作为学校、教师、同辈群体、媒体传播四者的一个整合体，对于个体的道德发展会产生潜移默化的隐性作用，且具有持久而稳定的特征。通过访谈可以发现，当前样本地区的道德氛围表现在宽松的早期教育环境、集体化的早期教育机构以及积极努力学习三个方面，为样本地区青年教师德性养成提供了独特且影响深远的受教育场域伦理文化环境。研究还发现，学校的道德氛围除积极正向的部分之外，还存在着负面的道德氛围，如违背教育规律和学生成长规律的填鸭式教育、个别教师素质不佳以及同辈群体中校园欺凌等问题都对青少年身心发展产生了不良影响。因而，学校道德氛围提升还是当前需要关注的问题，各部门应对学校道德氛围中有待提升的地方和空间予以关注，使其转化为促进个体道德品质趋于完善的重要力量。

三 院校和学科构建工作的伦理文化环境

就高校青年教师而言，其工作的主要场域就是学校，呈现出三级阶梯式状况的"院校伦理文化环境"也是与其最密切相关的。由于学校组织架构的分布情况，从学校宏观到学院中观，再到教室微观的不同层面，含于其中的伦理文化也具有差异性。本书研究发现，每个具体层面都蕴涵着提升高校教师德性养成的积极因素。

（一）校园层面的宏观伦理文化环境对教师德性的陶冶

校园伦理文化对于教师德性养成所提供的宏观环境可以从四个方面探讨。首先，根据"组织传奇"理论，组织中的独特文化，处于最核心的信仰有助于奉献，勤劳等道德品质影响着教师的品德。高校组织所形成的忠诚和信念对于教师的意识形态起着无声的感染作用，使其能够相互信任，彼此团结，高度的集体主义精神对于教师德性来讲，也是一种积极的促进，这一点在受访者的谈话中也能够体现出来。其次，高校的整体道德氛围对教师个人道德品质的发展产生着影响，从制度层面上讲，如果一所学校具有完备的师德师风机制体制，对于加强师德师风建设高度重视，那么毋庸置疑，教师个人的道德发展必然有一定的提升。就高校而言，如果对新教师加强师德要求和考核，提升准入门槛，对师德失范现象进行严厉打击的话，就会对教师个人德性修养产生一种驱动力。再者，高校的精神文化追求体现着深刻的伦理道德意蕴，也会直接影响青年教师的追求。不管是以科研为导向还是以教学为导向，学校都应该两手抓，既重视教学的道德性，也重视科研的道德性，才能为教师德性的培养创设一个良好的大环境。最后，学校的制度文化也有助于教师在外驱力的影响下规范其言行，并使之不断趋同，从而形成一种良好的伦理文化环境，以此来培育教师的良好德性。在烦琐的行政制度下，教师容易对工作不专注，不易于师德的养成；反之，在健全的师德制度下，外驱力的作用体现得更为明显有益于教师德性的养成。

（二）学院层面的中观伦理文化环境对教师德性的侵染

学院环境是构成教育环境的重要部分，是教师群体共同构成的伦理文化环境，主要依托于他们日常生活的学院施加影响。在这个环境中，青年教师群体之间产生交流合作甚至冲突对教师德性的养成和教师个人的发展都具有至关重要的作用。通常来讲，在一个学院工作的教师都处于同一个学科体系中，在这个环境中，教师在教育教学、科学研究、社会服务以及学科内的交流和磨合中相互影响，从学院所形成的道德氛围、教研室中的道德关系以及以学科为媒介的道德关系三个方面构建了青年教师的学院伦理文化环境。学院形成的道德氛围对于青年教师德性的影响主要包含三个重要层面：第一，道德公正体验带来的影响，即对构建和谐学院、改善学院的精神面貌以及塑造教师主体良好的道德品质所产生的正面促进作用。第二，工作环境中形成的协作互助氛围，这种协作互助、互相支持的道德氛围，展现在教学环境中则有利于教学和科研的共同发展。第三，环境中的自我监督机制，教师群体中存在的舆论和良心，使得教师群体自主生成了道德自监督机制，道德的自监督使得教师形成在没有人用道德来要求时，依旧能够做职业道德规约范围内的事情的良好品质。教研室伦理文化环境是师德影响环境同心圆中的关键。教研组作为教师从事教育活动的主要场地对于良好师德的形成及树立的影响是最为直接的。首先，教研室中新教师的道德适应，即教师之间形成的新人际交往关系，对教师的发展产生着一定的影响，且教师之间不同的道德修养也会在彼此交流中产生影响。其次，教研室中形成的和谐融洽的氛围，有利于教师在教学和科研工作之间形成一种团结协作的关系，更有助于教师自身的进步以及整个群体的发展。最后，学院中的榜样人物所起到的道德风尚引领作用，不仅会形成一种积极向上的学院文化氛围，还能促进整个教师群体的成长和发展。以学科为媒介的道德关系构建基于学院中所形成的学科伦理文化环境，其中学科规训、学科制度等都对教师专业技能的提升和道德素质的完善具有一定的正向激发作用。

（三）教室层面的微观伦理文化环境对教师德性的感染

在学校中，最后一层就是教师与学生相处的微观场域，在这层关系中，教室的道德土壤效应，教师角色的道德内驱力以及师生交往过程中所建构的道德对教师的德性发展有着促进作用。首先，教师以教室为阵地传授学生知识和道德，在教学相长的过程中促进教师不断提高自身的知识储备和道德品行。随着"教室"的不断拓展，一些实践基地、展览馆等都可以扮演教室的角色，由于教师研修，教学实践的不断丰富，这种类型的教室对于教师的德性来讲也具有一定的感染性。其次，在这一层关系中教师角色的道德内驱力促使教师不断提升自己的道德修养境界，教师不仅要传道、授业、解惑，而且要关爱学生成长，在传授传统文化的过程中，中华优秀传统文化中的道德典范，以及一些教育理念，如教学相长，就势必会促使教师不断提高自身境界，做好学生的榜样。在这种内驱力的推动下，教师德性养成会逐渐自觉、自发、内化。最后，师生交往方式也体现着一定的道德性，在教师与学生的交往中，教师与学生基于交往容易形成一种良好的互相信任感，进而教师良好的师德行为就会得到较好的正向反馈，对于教师而言，也会将这种信任长期保持下去。公平公正的评价载体也体现着积极的道德因素，对所有学生都公正、公平，就会使这种公正、仁爱的道德品质得到深刻践行，于教师而言也是在潜移默化中使这种道德品质牢固地树立起来。在学风与教风相辅的过程中，教师与学生平等相处，教师会对学生表现出关爱、尊重学生的人格、平等地对待每一位学生。在处理与民族学生的关系时，加强以民族团结为核心的教育，对学生公正，赢得学生的尊敬和信服。这些都是教室层面的微观伦理文化环境对教师德性的感染，并不断促使教师提升其德性修养。

四 传统文化、社会和地域构建宏观浸润的伦理文化环境

社会宏观的伦理文化环境就是指在既定的社会形态下已经形成并能影响个体发展的大环境，如价值观念、主流思想、风俗习惯、道德规范等被视为社会宏观伦理文化的具体表现。本书研究发现，蕴含于中华优秀传统文化之中的道德结晶，新时代对于德性发展，尤其是师德养成的极大重视，以及独具特色的地域伦理文化环境中所潜藏的道德因子，三者共同组成了宏观的伦理文化环境，对教师德性养成极具益处。

（一）根植于中华优秀传统文化之中的美德典范

崇德向善、明德惟馨。只有美德才能发出芳香，中国自古就重视德性的修养，并且认为德性是人类幸福的基础。中华传统优秀文化之中的美德要求人们讲仁爱、重民本、守诚信、崇正义、尚和合、求大同，这也是中华传统美德的精神所在。在悠久的中华传统美德的熏染之下，这些精华部分对于青年教师立德树人，养成良好的美德品质颇有裨益，仁爱就是要求教师爱学生，有助于教师成长为有爱之师；民本要求教师以学生为本、为主，尊重学生；诚信要求教师严于律己，对学生、同事、领导都要诚实无欺；正义要求教师公平公正、刚直不阿；和合要求教师有一颗包容之心，理解差异，促成团结；大同要求教师在工作生活之中秉持集体主义精神，有大德。党的十八大以来，习近平总书记围绕弘扬中华优秀传统文化、传承中华传统美德作出一系列重要论述，把中华优秀传统文化的时代价值概括为"讲仁爱、重民本、守诚信、崇正义、尚和合、求大同"六个方面，可见潜藏于中华优秀传统文化之中的美德典范和要求对教师德性养成的功用。

（二）彰显于新时代社会环境之中的价值引领

教师是教育工作发展的重要基石，而教育工作的成效是事关国家未来发展的重要资源。师德师风建设始终是党和国家高度重视的工作，新时代对于师德建设工作尤为重视。首先，社会主义核心价值观从总体设计的高度对公民的三观提出了规范约束。其次，《新时代公民道德建设实施纲要》的颁布，对于加强公民道德建设、提高全社会道德水平，从宏观层面予以保障，对于

教师德性的规约，党和国家一直放在重要位置上，颁布了如《国务院关于加强教师队伍建设的意见》《教师教育振兴行动计划（2018—2022 年)》等意见、准则、纲要，从顶层设计出发制定规章制度，发布文件，从宏观把控出发为培养教师的良好德性保驾护航，在全社会形成了一种修德性的风尚。自习近平总书记明确提出把"立德树人"作为教育的根本任务以来，对于德性修养的重视在社会上蔚然成风，再加上普遍的尊师重道风气的影响，修德、养德的风气对于教师德性的养成也有助益。最后，由于经济社会的快速发展，新媒体领域也得到蓬勃发展，这在无形之中为青年教师师德的培育营造了一个良好的隐性环境，现在，网络中对于正能量、积极向上的东西传播得更快更广，也更易于被青年教师所吸收。可见，彰显于新时代社会环境下的价值引领对于教师德性的养成起着宏观浸润作用。

（三）潜藏于样本地区的地域伦理道德因子

由于具体的国家或民族生活地理位置、地域环境的不同，因此其所产生的生活文化也具有地域性和地域特色。俗语云："一方水土养一方人。"由于样本地区独特的地理位置，以及众多民族在这里繁衍生息，也造就了其独特的地域伦理文化，挖掘其中的伦理道德因子对于样本地区青年教师德性的培育则更易、更有效。首先，悠久的史前河湟文化，由于其包容性和文化本身的深沉厚重性，这一地区的人民普遍有一种光荣感、自信感，而这有益于培植样本地区教师的自信之德。多元的宗教文化在这里和谐共生、百花齐放也淘染着样本地区教师的和美之德。随着一批批爱国主义教育基地的确立，以及党的精神谱系在这一地区的弘扬和挖掘，鲜明的红色文化也养育着该地区教师讲奉献、识大局之德。在样本地区有六大主要的民族居住，多样的民族文化造就了该地区教师的包容之德。藏族、回族、撒拉族、土族和其他民族日常生活中的伦理文化，通过文学、谚语、故事、传说、打油诗等形式表达出来，其中积极的道德因子也在无形之中影响着样本地区教师的德性。其次，青藏高原极高的生态定位，要求该地区的青年教师必须具备高度的生态环保意识和生态道德素养，并将之纳入自己的价值体系中，形成一种内化于心，并且能够外化于行、足履实地，从而在日常生活和教学工作中进行实践，在自己注重生态保护的同时，也能够向学生传播生态道德理念并让其继承和延续下去。

第二节　提炼：环境与教师互动理论

　　理论体系、观点或概念等对于教育质性研究"可为"体现在：它对质性研究具有启发和指导的作用，它可以深化质性研究对所研究问题的认识、理解，有利于质性研究者能更好地寻找合适的切入点去开展研究，也有利于质性研究者能更深入、更有效率地开展研究；但它对教育质性研究却"可不为"：教育质性研究可借助理论，但并非一定要创设理论，因为这与研究者本身所具备的理论素养以及教育现象的复杂性有很大关系。教育质性研究如要达到创设某一理论观点或概念，就要坚持自下而上的理论建构思路，运用持续比较的资料搜集和分析逻辑，不断修正、反思理论形成过程，从教育实地调研的一手资料出发，构建出符合中国情境和特色的教育理论内容。①

　　在本书中笔者特别注意"理论和数据"的关系，一方面在大量阅读的基础上，充分发挥理论对研究的指导作用。另一方面作为质性研究，虽然不敢贸然说提出了新的理论观点，但至少要基于研究发现和数据，"自下而上"地对已有理论作出回应和产生互动。理论和数据的互动主要体现在伦理文化环境相关理论与高校青年教师德性养成的现状方面。

　　首先，伦理文化环境与高校青年教师德性养成之间是互动的。基于本书前期开展的诸多研究和提炼的结论，我们确信伦理文化环境和高校青年教师之间是存在互动关系的。其次，伦理文化环境与高校青年教师德性养成之间的互动是有层次的。就人存在的环境而言，可以分为自然环境和社会环境，自然环境是供给人们生产生活资料的场所。社会环境则是人类在自然环境的基础上，通过长期有意识的社会劳动，对自然物质进行改造加工而创造的物质生产体系，是人类生存和活动范围内的社会物质精神条件的总和。基于这一分类，我们把伦理文化环境简化为"环境"，把高校青年教师简化为"教

---

　　① 钟景迅、王青华：《可为与可不为：理论在教育质性研究中的作用及意义探讨》，《全球教育展望》2018年第27期。

师"，从"环境"和"教师"的关系上进行理论层面的分析，然后再将"青藏高原""高校青年教师"等地域性和定义性概念融入其中，进行合理的互动阐释。对"环境"与"教师"互动关系的分析，也将从样本地区自然环境和社会环境两个维度进行。

一 自然环境和高校青年教师的互动

在样本地区，由于其地理位置有着非常重要的生态价值，它所提供的自然资源不仅供该地区的人们生活生产所需，而且关系到整个中华民族的生存和发展。因此生活在这一地区的青年教师一方面享受着自然地貌的馈赠，另一方面又要肩负起环境保护的责任。这里需要补充说明的是，通常我们在分析伦理文化环境时，都默认其指的是人类社会环境中的道德环境。但是在样本地区，环境道德或环境美德伦理是我们研究不可回避的问题。这里主要指高校青年教师对于环境的道德责任，主要是从德性伦理视角研究人和自然的道德关系。即研究环境对人类生存的影响以及人类尊重自然，爱护自然，感激自然，强调人类美德与自然环境保护之间的重大关联。自然环境与青年教师的互动体现在两个方面：

一是广袤的自然赋予人以宽广的胸襟。从西宁开车出去不到一小时就进入了草原，这是其他地区所不具有的亲近自然的优势。所有的焦躁不安情绪都会随着青青的草原、黄黄的油菜花、蓝蓝的青海湖而得以释放。人与自然和谐共生是永恒的话题。中国传统文化提倡天人合一，这就是以自然之道养自然之身，保持身心和谐。自然是心情放松最好的环境，自然的诗意赋予生活以活力，面对磅礴的大山和奔腾的江河，人自然也会被塑造出大气的品格。

二是我们要深刻认识到生态文明建设、保护环境是新时代的大政治。站在青藏高原上，必须重新审视这一区域的生态地位和功能。当前，科学家的研究结果（特别是第二次青藏科考）发现，青藏高原隆升引起的冷干化正向气候变化引起了暖湿化发展，《中国工程院战略研究报告》（2014 年）指出，青海地区将维持从 20 世纪 80 年代末开始的变暖变湿的趋势，据预测，这一趋势将延续到 2050 年。同时，许多高校的教师学科专业都能够为破解样本地区环境保护和发展困局的提供专业支持。同时，他们自身不仅需要良好的环境道德，还应该作为良好的道德示范者，把对环境的尊重、关爱、保护传播到大学生中间，传播到广泛的社会民众中去。引导样本地区的学生和民众认识到该地区重要的生态地位和功能。例如，认识中华水塔——三江源和中国湿岛——祁连山的重要作用、青藏高原的国家生态安全屏障作用，甚至是全球气候变化的驱动机。"牢固树立绿水青山就是金山银山的理念，把生态文明建设放在最突出的位置，守护好草原的生灵，草木万水千山。"①

二　社会环境和高校青年教师的互动

社会环境是由经济、政治、教育、法律、伦理道德、文化等要素共同构成的复杂系统，这些要素都是社会环境系统的一部分，构成了社会的经济环境、政治环境、教育环境、文化环境和伦理道德环境。其中，道德作为一种社会意识形态，是人在特定的环境中通过自己的行为、态度、舆论而构建形成的道德气氛和道德价值判断指向，从而形成了社会道德环境。在本书中，对样本地区社会环境的分析集中体现在对道德环境的探讨上。当前学界对于道德环境没有特别一致的界定。这里我们使用朱巧香在《环境道德研究》中的概念：

> 所谓道德环境是影响制约道德发展变迁的社会因素的总和。它是人们进行道德活动的基础、氛围和条件。道德环境是和主体活动紧密相关的范畴。它是道德主体进行道德活动时影响和制约道德发展变迁的社会政治、经济、文化状况以及社会风气习俗氛围等人文条件。道德环境是道德活动的舞台，也是影响和制约道德活动的各种因素的综合，它是人们进行道德活动的基础，其主要因素包括政治、经济、文化、科技及社会风俗、习俗氛围、社会舆论、传统、习惯、教育，等等。②

由此，样本地区的伦理文化环境同样通过政治、经济、文化状况以及社会风气习俗氛围等，为高校青年教师营造了德性养成的条件。反过来，高校青年教师也通过他们良好的道德品质、正确的价值观进一步巩固伦理文化环境。

---

① 习近平：《全面贯彻新时代党的治藏方略 建设团结富裕文明和谐美丽的社会主义现代化新西藏》，新华社，2020-8-29，https://www.chinacourt.org/article/detail/2020/08/id/5429699.shtml。
② 朱巧香：《环境道德研究》，武汉大学出版社2015年版，第29页。

（一）伦理文化环境对高校青年教师的影响力

第一，伦理文化环境为高校青年教师提供了道德判断标准。高校青年教师身处的伦理文化环境，就像是教师生活的大气层，无影无踪，却无所不在。青年教师在高校里甚至在社会中，总会接触或看到一些道德失范、拜金主义、享乐主义和个人主义的行为和做派，还有一些对党和国家的事业漠不关心，钱权交易、假公济私的腐败行为，还有一些社会成员甚至连最起码的道德感都没有。当高校青年教师面对这些现象时，他们在道德评价上很有可能就会出现偏差和迷茫，把一些原本优秀的品质丢掉，却对一些与社会发展的道德标准相左的行为进行盲目推崇。教师自古以来就是一份以清贫为常态的职业，当他们面对象牙塔外各种纸醉金迷的生活时，是否能够用自己的职业道德作为指引，再三思量，从而抵制这些外来的强力冲击波。这时候，通过政治、经济、文化领域表现出来的良好的、健康的道德观念、道德行为就能够为青年教师提供抵制不良价值观的判断标准、行动指南和衡量价值的指导，使其将良心、品格、理想、信念、家国情怀置于物质得失之上。

第二，伦理文化环境为高校青年教师提供新时代的道德指引。道德作为社会的上层建筑，是在社会需要和主体意识相互作用下产生的。往往在社会的经济形态、政治体制发生改变时，伦理文化环境也将随之发生不同程度的改变。例如，在我国从自然经济向商品经济、计划经济向市场经济、传统社会向现代社会进行转型的阶段，社会生活的各个方面都会出现十分复杂的情况，特别是表现在道德领域，伦理文化环境也发生了相应的变化。例如，信息技术成为传播道德的重要手段等。不同的时代有不同的道德引领，当我们大步迈进新时代时，伦理文化环境也发生了很大的改变。在党中央自我净化行动的引领下，全社会形成了良好的社会风气。从主流道德引领来看，社会主义核心价值观、公民道德建设标准、中华民族伟大复兴的宏伟目标等都为高校青年教师提供了重要的道德建设指引。从道德行为的感染力来看，在极端气候变化、新冠肺炎疫情暴发、边境冲突等方面涌现出来的抗疫天使、抗洪英雄、护国勇士等英雄形象，用无声的语言和坚定的行动，为高校青年教师提供了最佳职业道德的实践榜样。

第三，伦理文化环境赋予高校青年教师道德行为以意义。对待一份工作，可以有很多种态度和表现。就如同受访教师所说，上一节课，花了90

分钟的时间。但是，一个教师在准备这 90 分钟课所付出的时间和精力上却不尽相同。因此，我们很难用可量化的数字来表征教师的职业道德。但是，高校青年教师的道德行为在行业道德环境中会得到肯定和彰显。"行业道德环境，就是因某一职业或工作的联系所结成的群体，他们的道德意识、道德行为方式所依赖的政治、文化状况和社会风气、习俗氛围等，如企业、机关等群体各有其特定的道德环境。"① 当教师置身于行业道德环境中时，他们长期秉持的敬业乐群的职业态度，会逐渐被身边的同事所看到和感受到，从而得到同事的肯定和赞扬；当他们站在讲台上，洋洋洒洒、逻辑清晰、妙语连珠地向学生讲授他们精心准备的教学内容时，就会让学生通透地理解知识，从而得到学生的高度肯定和发自内心的尊重，这就是伦理文化环境所赋予他们的道德行为的意义。

第四，伦理文化环境促使高校青年教师德性养成。"立德树人"是高校教师的基本职责。教师德性的养成不同于盖房子，用砖瓦搭建成形即可，而是在复杂的心理过程中养成学生良好的品质。在伦理学中，德性的知、情、意三者也被称为德性结构。在我国，儒家德性思想以《易》《书》《诗》为理论基础，"《书》为政事史，由意志方面，陈述道德之理想者也；《易》为宇宙论，由知识方面，本天道以定人事之范围；《诗》为抒情体，由感情方面，揭教训之趣旨者也。三者皆考察伦理之资也"②。在西方，亚里士多德的德性观强调"人的理性和知识、选择和意愿、快乐和幸福三个方面"③。在近代伦理学中，蔡元培明确提出德性结构是由知、情、意三者构成，"德者，良心作用之成绩。良心作用，既赅智、情、意三者而有之，则以德之原质，为有其一而遗其二者，谬矣"④。在现代德性伦理学中，高国希认为，"实践智慧、情感、理智能力是德性的重要组成"⑤。王海明和孙英认为，"认识、感情、意志是德性的重要结构"⑥。李兰芬⑦和王国银⑧认为"德性由认知、

① 朱巧香：《环境道德研究》，武汉大学出版社 2015 年版，第 42 页。
② 蔡元培：《中国伦理学史》，广西师范大学出版社 2010 年版，第 1 页。
③ ［古希腊］亚里士多德：《尼各马可伦理学》，商务印书馆 2003 年版。
④ 高平叔编：《蔡元培全集（第二卷）1910—1916》，中华书局 1984 年版，第 253 页。
⑤ 高国希：《德性的结构》，《道德与文明》2008 年第 3 期。
⑥ 王海明、孙英：《美德伦理学》，北京大学出版社 2011 年版，第 236 页。
⑦ 李兰芬：《善政与善的社会——德治的定位研究》，《江苏社会科学》2006 年第 2 期。
⑧ 王国银：《德性伦理研究》，吉林人民出版社 2006 年版，第 22 页。

情感、意志、信念和行为共同构成"。在我们的环境中，总有一些人或一些事所产生的影响力，会影响青年教师的道德认知、道德情感和道德意志。从小范围来讲，有父母和长辈的示范、师长的示范、同事的示范；从大范围来讲，有社会上一些官吏的示范、明星的示范、典型人物的示范，这些都会对教师的道德结构产生影响，使教师对社会上的行为产生正确的认知，进而激发他们的道德情感体验，最终巩固他们坚持道德行为实践的意志力。

（二）高校青年教师德性塑造的良好的伦理文化环境

进入新时代，我国社会在政治、经济、文化等各个方面都进入了高速发展阶段。为了更好地满足人民不断增长的物质文化生活需要，使全体人民不仅过上富裕的物质生活，还要使其拥有健康充实的精神生活。在实现这一目标的过程中，需要社会各个方面协调配合、形成合力。高校青年教师作为知识分子，作为社会中青少年的引路人，作为社会青年精英的代表群体，理应从培育自我德性开始，积极营造良好的道德环境，努力提高全社会人民群众的道德水平，进而促进样本地区的社会主义道德建设。

第一，高校青年教师道德信仰强化了伦理文化环境的良好道德气氛。人和环境是一个互动体，人的行为是个体和环境交互作用的结果。人作为道德的主体，其言行都具有一定的主观能动性，因此要从道德主体活动的内在要求出发敦促道德主体形成良好的道德环境。因此，有必要强调榜样示范所发挥的环境影响功能。高校青年教师在高校中就可以成为明显的榜样，他们对新入职的青年教师有着无法替代的吸引力。他们的良好品德和言行可以成为环境中的先进道德主体榜样，进而为新入职教师营造一个良好的伦理文化环境。同时，样本地区的民族伦理文化潜沉在社会意识形态中，新入职的教师往往不太熟知与其他民族教师的相处之道，他们往往通过默默地观摩身边的教师如何交往，从而学会与回族、藏族、蒙古族等各民族的教师交流、了解他们的生活禁忌、学会尊重他们的民族习俗。在这种潜移默化的过程中，形成样本地区教师特有的民族社会心理，基于该地区深厚的文化心理积淀，塑造道德品质、影响道德行为，进而形成该地区更加良好的社会伦理文化环境。因而，不论是从理论推导还是从前面各个章节的研究中，我们都可以推断出高校青年教师道德信仰强化伦理文化环境的良好道德气氛。

第二，高校青年教师道德信仰改良了伦理文化环境的不良道德气氛。人是环境的主体，人的道德素质是构成道德环境的重要软件。自然，高校青年教师道德素质的高低直接关系着道德环境的好坏。当下，在高校外部环境中价值多元化、功利化、个人主义盛行的状况下，高校青年教师也容易受到外界各种思潮的干扰。但是，一旦他们明白道德的重要性、理解道德的价值、践行道德的规范，其他外界的影响或污染就不会侵蚀他们的灵魂。在研究中我们的确看到了许许多多不畏自然环境艰难，依旧坚守青藏高原高等教育，秉承职业道德，坚持做有德之师的好教师。从他们的言谈中可以得知他们已深深地认识到教师这一职业对于该地区的学生、对于每一个家庭、对于整个地域发展的重要职责所在。因此，即便有着种种不良因素的影响，他们依旧是社会中的一股清流，起到了良好的道德带头作用，营造了很好的舆论氛围，让一些不好的行为自惭形秽。除了对社会中不良道德气氛的匡正外，高校教师还可以用他们的职业道德改变学校规章制度中的不完善之处。规章制度一方面是用来制约教师的，可是，从另外一个层面来看也会因为教师的行为而得以改变。比如，有的高校行政管理制度过于烦琐，对师德评价体系不够完善或者不尽科学，这些问题都会由于教师职业道德养成的需求而得到解决。这就说明，学校规章制度为教师提供了价值和行为选择的参照系，反过来教师的行为和群体价值取向又会为这个参照系拟订核心价值导向。故而，高校青年教师道德信仰可以改正伦理文化环境的不良道德气氛，使环境中重新弥漫着一种良好的、清新的、持续潜移默化的道德因子。

第三，教师良好的道德品质影响着学校的内部评价机制。这种评价机制一方面体现在对学生的评价上。在高校，各科分数对于大学生来说至关重要，对他们推优、保研、找工作都是非常重要的参考。所以，很多学生就会尝试让老师尽可能给他们高分。然而，大多数德性良好的教师都会秉着公平公正的原则给予学生客观的评价，断了学生动歪脑筋的念头。这充分证明了教师良好德性对于一个高校学风养成的重要性。教师以身作则，以他们良好的道德品质，促进学生的思想修养和道德品性的提升，让学生在这所大学里学会以公平公正的方式对人。将来，他们走到社会上，也会把这种良好的风气加以传承和弘扬。另一个方面的表现主要集中在对高校教师的评价上。许多高校在对教师进行评价时，都会采用学校同事之间互相评价的方式。这涉及对教学效果的评价、评优、推奖和职称评聘。同事之间如果保持着就事论事、积极向上、客观公正的价值氛围，就会让在学校工作多年以及新入职的教师充分感受到他们的工作得到了公平的肯定。大家对学校就会产生更为强烈的归属感，而这种正向的能量就会在校园环境内形成一股积极的精神氛围。教师对于高校内部评价机制的影响，会形成良好的德性伦理文化环境。虽然养成这种环境的时间很长，养成的过程也很复杂，但终究会成为锤炼每个学校成员道德品质的熔炉。

第三节　反思：合力营造高校青年教师良好德性的建议

德性的养成从本质上来讲是一种品德建构，是单个品德组成的集合，而品德作为个体一种稳定的心理特征，不具有先天性，是在后天的生活以及学习中被建构的，一个人最基本的品德，如友爱、善良等，是在家庭中孕育而成的，而一个人更高层次的品德，如团结、遵纪守法、集体主义的观念和意识等，必须通过学校来培养。再者，进入社会，在工作岗位上则又会形成这一阶段的道德品质。可见，一个人品德的养成总是在与别人的互动过程中循序形成的，或由于个体的内驱力或由于某种外驱力。有研究显示，"一般人在日常生活中，有 2/3 的时间都是在与别人接触的活动中度过的，并且青少年与成年人平均每天与别人相处的时间分别在 74.1% 和 70% 之间"[①]。由此可见，人的德性也是在人际关系中自发养成、完善的。檀传宝在《论教师的良心》一文中指出："一个对教师在物质、精神和政治方面都给予恰当的尊重，一个人人恪尽职守的社会氛围，显然有利于教师形成较高水平的职业良心。"因此，基于对样本地区高校青年教师长达 3 年的研究，基于该地区的现状，我们分别围绕青年教师成长的不同伦理文化环境给予相关的建议，以期使得该地区高校青年教师的德性养成有一个更好的道德环境。

一　对家庭教育的建议

中华民族历来重视家庭和家庭教育，习近平总书记说："不论时代发生多大变化，不论生活格局发生多大变化，我们都要重视家庭建设，注重家庭、注重家教、注重家风，紧密结合培育和弘扬社会主义核心价值观，发扬

[①]　张春兴：《现代心理学：现代人研究自身问题的科学》，上海人民出版社 2009 年版，第 438 页。

光大中华民族传统家庭美德。"① 家庭教育是个体成长发展的基石，良好的家庭教育有助于个体德性的养成，也有助于个体顺利融入社会。《新时代公民道德建设实施纲要》指出：

> 用良好家教家风涵育道德品行。要弘扬中华民族传统家庭美德，倡导现代家庭文明观念，推动形成爱国爱家、相亲相爱、向上向善、共建共享的社会主义家庭文明新风尚，让美德在家庭中生根、在亲情中升华。通过多种方式，引导广大家庭重言传、重身教，教知识、育品德，以身作则、耳濡目染，用正确道德观念塑造孩子美好心灵；自觉传承中华孝道，感念父母养育之恩、感念长辈关爱之情，养成孝敬父母、尊敬长辈的良好品质；倡导忠诚、责任、亲情、学习、公益的理念，让家庭成员相互影响、共同提高，在为家庭谋幸福、为他人送温暖、为社会作贡献过程中提高精神境界、培育文明风尚。

传统美德和良好家风、家训的传承和弘扬是家庭教育的厚重底色，其中蕴含着深刻的个体品德修养之道，是涵濡一个家庭的文化土壤，也是一个家庭是否有德的重要标志。家庭教育的重要承载因素和媒介是家庭环境，家庭环境对孩子的德性养成有着潜移默化的浸润作用。因而，通过打造有德之家、树立良好的道德榜样、注重家庭教育来营造良好家庭环境显得十分重要。除此以外，还要客观地看待家庭伦理文化环境建设的静态和动态，从而最大限度发挥家庭教育的重要作用。

第一，打造有德之家。家庭，无论是原生家庭还是新生家庭，在家庭成员德性的形成上，都有着无可替代的重要作用。然而，有德之家的形成是需要几代人精心浇筑的，是需要发挥家庭成员的主观能动性来共同经营的。有德之家的核心在于家庭成员中良好道德品质以家风、家训的形式和理念一代代地传承。所以，对家庭核心成员特别是父母来讲，肩负着重要的家风传承和家庭建设的责任。坚持社会主义核心价值观、传承传统美德和良好家风，并融入现代文明家庭理念，协力打造新时代有德之家、营造良好的家庭德性氛围是家庭成员的重要责任。

---

① 习近平：《2015 年春节团拜会上的讲话》，《人民日报》2015 年 2 月 18 日第 2 版。

第二，注重良好的德性示范。习近平总书记指出："家长特别是父母对子女的影响很大，往往可以影响一个人的一生。"① 父母是孩子的第一任老师，是孩子学习和模仿的第一对象。"家庭教育是一个互动过程，不单是指父母对孩子的要求、指挥，而是通过语言、行为、文化、环境等因素对儿童进行设计，有目的的教育过程。"② 因而，父母首先要注重个人的言行品德，重视言传身教的家庭教育形式。无论是作为家庭的核心成员父辈而言，还是作为学校中的教师而言，他们都是孩子品行的楷模，而他们的行为对孩子有着直接而深刻的影响。因此，无论是父母还是其他家庭成员，都应该在德性方面做好示范，要努力使自己成为有德之人。只有长辈做到言行一致、表里如一，才能够起到表率作用，引导孩子学习和践行良好的品质。

第三，注重家庭中的道德教育。习近平总书记强调："家庭教育涉及很多方面，但最重要的是品德教育，是如何做人。"③ 在家庭教育中，除了注重父母对子女的言传身教的示范作用之外，还要重视对孩子个人品德的教导启发和言行的偏差纠正。孩子是家庭的影子，一个孩子的言行举止可以明确反映出家庭风气和父母的品性及德育水平的高低。家庭是社会的细胞，代表着整个社会的风貌。因此，作为孩子第一教育的家庭教育首先要进行良好的道德教育。同时，家庭教育是一个人教育的原点，也是教育的关键场所。因而，如果家庭教育能够发挥良好的德性教育、道德智慧教育和道德情感教育作用的话，那么一个孩子就会明白，究竟什么是德性，什么是好恶，以及怎样养成良好的德性。强调道德教育同样是学校教育的重点，但是却在功利化的社会思潮中受到忽视。学校只看重学生成绩，忽视对其品性的培养。例如，有的孩子学习成绩非常好，但是品质却差强人意，受人指摘。这对于孩子长久的发展，或者对于社会的发展都是不利的。所以在学校教育过程中，也要特别注重纠正孩子的品质偏差，及时与家长沟通，做到家校共育，双向育德。

第四，客观地看待家庭伦理文化环境建设的静态和动态。静态的家庭伦理文化环境建设，包括由家里的陈设、字画、书本熏陶出来的一种文化感，是由于文明美德的渗透性、感染性而形成的影响力，它对人的教育不靠主观

---

① 习近平：《习近平谈治国理政》（第 2 卷），外文出版社 2017 年版，第 354 页。
② 余凤红：《浅谈家庭教育对青少年心理健康的作用》，《教育探索》2010 年第 9 期。
③ 习近平：《习近平谈治国理政》（第 2 卷），外文出版社 2017 年版，第 354 页。

的灌输和外在的压力，而是通过一种氛围的营造，促使教育者以此为方向形成向上进取的积极情感。环境有着重要的文化涵养作用，它能够净化人的心灵，激发人的情感，陶冶人的情操。这是以环境作为教育载体来赋予处身其中的人以人文性，从而形成静态环境文化，达到熏陶和教育个体的作用。动态的家庭伦理文化环境建设，包括父母的养育方式、对于育人规律的认知，以及带孩子参加的各种活动，包括家庭活动、学校活动和各类社会活动。动态的家庭环境具有开放性、生成性和自主性，能够引导孩子在实践中学习，在实践中玩耍，从而锻炼他们的创造力、持久力、自控力、自信心等积极的品质，培养他们爱和被爱的能力，在动态的家庭活动中构建起良好的亲子关系，正如杜威所说的教育及生活、教育及生长。动态育人亦是家庭教育的一个方面。

二　对学校教育的建议

要使一所学校成为人们德性养成的摇篮，建议构建文明圣洁和谐的校园文化环境。学校可谓社会文明的源头，承担着传播现代文明、传承传统文化的重要责任，也是受教育的重要场所。在当前以应试教育为主导方向的时代，很多学校都在一定程度上忽视了对学生德性的培养和教育，不注重学校德育环境的营造。因而，学校建设的重点是营造一个既能传播知识，又能传播文明的校园环境。

第一，建议在学校教育中强调道德教育的重要性。从广义上讲，教育不仅是教给人知识，还应该修养人们的身心。因为只有一个具备德性的人，他的知识和能力才能够被正确地运用。因此，学校教育的首位应该是道德教育，即德育为先。首先，学校应该系统理清道德教育的建设思路，确定道德教育的内容、方法，并指定优秀的教师来开展道德教育课程。其次，在教学方法的运用上，显性教育要与隐性教育相统一，在开展课程道德教育的过程中，还要通过校园文化来营造良好的道德氛围。

第二，建议学校建立教师考核机制和准入制度，因为教师群体是与学生道德教育最息息相关的群体。在学校中教师是德性展示的标本，所以为人师表是对每一位教师最基本的要求，因为他们既肩负着对学生道德教育的职责，同时又是学生言行最直接的表率和示范。因此，学校应建立健全教师考核和准入机制，从而在外在规范上对教师德性进行严格的约束。

第三，要注意引导学校的舆论方向，一方面，表现在学生群体上，应该营造一种互相帮助、团结友爱的氛围，这是帮助学生建立良好德性的前提条件。另外，在学校中还要形成一种追求善念的道德舆论风向。从心理学的角度来讲，从众在学生中是非常普遍的现象，特别是在青少年处于身心不成熟的状况下。如果学校形成了扬善抑恶的良好氛围，一方面，可以及时纠正学生所产生的行为偏差，另一方面，也可以帮助学生辨明舆论走向，树立辨识善恶的意识，养成善恶观念。

三 对院校工作环境的建议

高校是样本地区高校青年教师接触最为密切的环境场域，校园文化、高校中的道德氛围、对师德重视程度以及教师自身的素质等都对青年教师的德性养成有着至关重要的影响。当前功利化思潮和重技不重德的思想在高校中大肆盛行，高校德育并没有作为教育的核心被放在高校办学目标的首位，在很大程度上造成了高校教师对德性的忽视以及教师个人德性的缺失。教师作为"立德树人"的主导者，如若其本身道德发展缺乏引导和纠偏，没有德性养成和巩固的良好环境，长此以往，将会动摇社会稳定、和谐发展的根基，不利于"四有新人"的培育，更不利于社会和国家的长远发展。因而，高校应该从外部规制到内部自省双管齐下，重新拾起重视道德修养的优良传统，为高校教师的德性养成营造良好的道德文化氛围，为维护社会稳定发展，为现代化国家的建设提供道德臻于至善的生力军。

第一，建议高校不断完善教师管理机制体制。

制度与道德有着天然的联系，制度是人们需要共同遵守的行为规范、准则或办事章程。制度是道德养成的他律因素，制度在一定程度上可以约束并引导人们的行动与行为选择。先进合理、人本的制度也为道德的养成提供了重要的外在力量，主要通过建立并完善学校监督、同行监督、学生监督三位一体的师德监督体系来实施。这一监督体系需要将显性和隐性方式相结合，包括领导和教师听课，教师互评，教研室评议，学生评议，聘请有经验的教师、离退休老同志和管理人员担任师德巡视督导员以及设立师德建设举报箱和举报电话，进行不定期的问卷调查，建立师德监督网站等途径，及时把握每位教师师德规范遵守和教书育人的最新情况，以此为高校教师提供一个公平、公正的科研与教学环境，让高校教师在这一风气的浸润下，不断加强自己的学术能力和道德修养。

此外，还应加强师德督查，对师德考评不合格的教师，或在年度考评中退步的教师，视具体情况分别给予批评教育、调整工作、行政处分，直至撤销教师资格或解聘等相应的处理和处罚，对触犯法律的，依法追究有关当事人的法律责任。通过对教师师德加以示范和警戒，营造师德建设的良好氛围，形成崇尚道德的工作环境，以此激励教师加强自我修养，严格自律。

最后，应当制定科学有效的激励机制。学校应根据教师的具体情况制定一系列相互联系的反馈机制，当教师表现出适切的行为时予以一定的奖励。处于良好的约束机制和反馈机制的双重作用中的教师群体，一旦在这种机制中浸润的时间足够长，其自控能力所发挥的作用就会越大，时间愈久教师自我德性的修养则愈会由他律变成自律。

第二，高校应努力营造良好的教育科研氛围。

高校教育科研氛围是处于院校场域中的教师群体人文精神的体现，为了使教育者群体拒绝浮躁，打造潜心教学和静心科研的良好风尚，高校应当关注教育科研氛围的重要性，不断营造良好环境帮助教师与学校共同发展。

首先，学校应当树立正确的教育科研观念。杜绝科研功利主义思想以及一些恐惧和摆烂思想，激发教师参与教育科研行为的自觉性，让教师认识到一名新时代的合格教师不仅是书本知识的"搬运工"，而且是勤于思考、善于创新的合格教育者；使教师认识到教育科研的本质所在，不是因为外在压力的强迫或个人功利的追逐行为，而是出于一种职业内在需求的主动自觉行为，学校要积极鼓励广大教师参与其中，调动教师积极性，鼓励教师分享自己的教学思想和教学成果，使学校的教育科研氛围呈现出百花齐放、欣欣向荣的繁荣景象。

其次，学校还应该举办丰富多彩的教育科研活动。通过学术会议、学术研讨会、经验交流会、论坛分享以及成果展示会等，促进学校与学校之间，学校内部教师的交流和学习，让教师在活动中开阔自己的眼界，接受熏陶，不断提高自己的能力。对于教师个人而言，在参与各类教育科研活动的过程中也会发现自己的不足之处以及其他学者的优点，有益于教师个人养成谦逊、虚心、求教、自谦、踏实、努力的美好德性。

第三，高校应切实打造和谐的内部人际关系。

和谐不仅是社会主义核心价值观的重要内容，构建和谐社会更是中国特色社会主义事业的战略任务。和谐社会首先表征为人际关系的和谐，同理，和谐校园首先也应当致力于打造和谐的内部人际关系。就学校发展层面而言，其教育的效力和成败是与校园人际关系的和谐度紧密相关的。中国人普遍奉行"家和万事兴"的理念，体现在校园文化中就是"校和万事兴"。就教师发展的层面讲，浸润于"和"文化中的教师群体，在其德性修养上也会更多地表现为宽容、包容、大度、和蔼等美好的道德品质。

首先，学校要注重和谐校园文化的打造。学校应当从校园环境入手，不断优化学校师生生活学习的环境，增强师生的荣誉感、认同感和归属感；还应当从校园活动入手，用真善美的高雅文化进行熏陶，提高师生的审美旨趣，在师生之间、生生之间、干群之间、教师之间营造社会主义核心价值观所倡导的文明作风，致力于打造协同、合作、共荣、促进、共生的良性人际关系。

其次，要注重对教师进行德性伦理养成的培训。在高校中，教师不仅是教育者，在更多的时候教师也作为受教育者而存在，高校需要结合时代发展的需求对高校青年教师进行师德养成方面的培训，这对于形成良好的高校德性伦理文化起着重要的作用，可作为教师后天德性养成的重要教育因素与环境。在培训中，可以结合一些优秀的师德范例，对高校青年教师实施师德教育。这样的教育会使青年教师感到"身临其境"，强烈的感染力会引起教师良心上的触动和震撼，有利于教师产生直接的、感性的道德认识，表现为教师产生自我德性提升的意识，在日后的实践中逐渐上升为理性的道德知识，实现从他律到自律，解决好单个人的问题，这样才能构建良好的校园人际网络关系。

第四，高校应切实关注教师发展的需求待遇。

首先，高校应当关注到教师个人生活的需求，建议高校设立学术休假制度。这一制度可以让教师的科研工作得到时间和精力上的保障；还可以通过聘请科研助理，让青年教师从繁重的科研报账、试剂采购等事务性工作中解脱出来。高校要在工作和生活上关心关爱青年教师，做到明确教师职责岗位要求，在青年教师个人职业发展方面为其清晰地规划路线，并区分行政职务与教学、科研职务，让青年教师从行政、教学双面跑繁忙的日常工作中解脱出来。对于青年教师而言，他们不但要面临初入职场的工作压力，还要面临初建家庭的生活压力。高校如果能够通过学术休假、聘请科研助力、明确职务等制度设计层面为青年教师减轻工作和生活压力，不仅能够显示出高校不凡的人文关怀，对青年教师的身心发展也大有裨益，总而言之，是善待人才的良举。

> 我时常感觉有压力，尤其是来自家庭的压力。我在内地的时候有家里人在身边，他们可以帮忙带孩子，做家务什么的。在这里的话海拔太高，父母不能过来与我同住，我就要靠自己。孩子需要我们自己辅导，自己带，家务也要自己做，所以就造成了一些来自家庭的压力。（190608B）

其次，高校应当适度提高高校青年教师的待遇。"仓廪实而知礼节，衣食足则知荣辱"。管子充分肯定了物质生活是精神生活的基础。在中国历史上，韩非和王冲也谈到过物质生活对于精神生活的重要性。在这里我们并不是认为好的物质生活就一定能带给人丰富的精神生活。马斯洛的需求理论认为，只有满足了人最基本的需求之后，才可能产生更高层次的发展需求，同时，赫茨伯格的双因素理论也认为，保健的因素虽然不能直接塑造人，但却可以帮助人保持一种积极的、良好的工作状态。对于处于青年时期的教师来说，经济收入和生活条件是他们面临的非常现实的因素，所以如果能相应地提高青年教师的收入待遇，能够使他们对于学校和工作的满意度得到大幅提高，那么他们自然就没有了生活的后顾之忧，在市场经济条件下也会更加投入自己的工作。

我们调研发现，在市场经济环境下，西部教师向东部的职业流动，在很大的情况下一是出于职业发展，二是由于个人价值实现的需要，也就是劳动所获得的待遇的匹配程度。现在很容易看到，东部很多高校在应聘条件上动辄就有几十万元的安家费，而在西部大多数高校相对来说会低一些，并且在入职之后的收入待遇也会差很多，所以一些优秀的人便会离开西部。人才的流失对高等教育，或者对大学的发展来说是很不利的。青年教师是西部高等教育发展的希望，如何把优秀的青年才俊留在西部高校，是高校管理者必须认真考虑的一个问题。

> 青年教师在工作以后，很大一部分人面临着结婚生子，甚至买房和各种各样的一种压力。像我有些在北上广当老师的同学，一毕业马上就

背上房贷，房贷会逼的你不得不去搞科研，因为对他们来讲，搞科研反而成为一种赚外快的方式。所以我觉得提高待遇对青年老师来说，能缓解一部分生活压力，常言道，安居才能乐业嘛，你只有家庭好，自己的生活才能好，而后你才能安心地投入工作。（180712C）

大学教师最本职的工作应该是围绕学校的工作来开展的，包括教好课、做好研究，然而，当现实中个人的利益得不到满足的时候，的确有一些教授会通过为政府和工业界做咨询工作来增加自己的收入。这时候，重大的道德冲突可能就出现了。因为假定大学教师是一个学术机构的专职雇员的话，那么他们如何用其有限的时间和精力去兼顾两个不同的职业，而不耽误学院交给他们的本职工作呢？在中国的现实中，在市场经济的推动下，难免有许多学者会通过在外授课、给相关企业做咨询甚至做一些横向课题来增加个人收入。在访谈中就有老师谈到这个问题。

说真的，像我们这些学文科的人，出去做横向课题的几乎很少，除了工资以外我们最重要的收入就是来自于外出讲课的费用。当然，对我个人来说还有一个来源就是写书，因为我们学校非常明确地规定了教学的课时量，每节课多少钱有着明确的数额，对于科研奖励和著述也有明确的规定。相较而言，后者的收入会远远大于前者的收入。所以但凡有时间和精力的教授，他们都会在教学工作之外搞科研写文章。但是谁又能保证，教授不会为了科研和写作而挤占自己的备课时间呢？甚至我还听说有的老师逼迫自己的学生购买他自己写的书，而且作为必读材料，人人都需要购买。这也是一种给自己谋私利非常典型的案例。（181220J）

事实上，政府的文件是鼓励大学教师创业并且为相关机构提供智力支持的，但是在这种行为之下，一方面是对于社会服务的追求，另一方面是对个人额外收入的渴求。这两个不同的目的，自然会形成相互矛盾的道德问题。

我们需要深度剖析如何看待大学教师的经济收入问题。这可以从两个视角来看：第一，对处于人生而立之年的青年教师来说，他们的确面对着购房、买车、养育孩子、赡养老人等现实问题，所以他们对于经济条件的要求相对来说是很高的。如果大学不能为他们解决这些经济方面的后顾之忧，青年教师的确非常容易选择能够为他们带来更多经济收入的工作。如果我们从人的需求理论来分析，这样的选择是无可厚非的。第二，当高校能够满足青年教师在社会平均收入中达到中上等水平的需求后，也就是说，给予他们这么多年苦学以相应的物质回报以后，我们需要思考的是，高校青年教师是否有必要追逐额外的财富。工匠与教师的根本差异在于，前者是为了得到经济收入而工作，而后者却是把经济收入放在第二位的。因为高校教师的工作价值除了能够带来经济收入之外，还能为教师带来自我满足。在大众的眼中，教师被称为一种高尚的职业，这种头衔和工作能够使教师的人生得以完美。因此，有一些教师确实是为了工资而工作，但是也有相当一部分教师是在实现了生活基本需求之外，希望能够从事学术活动而实现个人的价值。

四　对社会大环境的建议

（一）样本地区良好德性养成文化环境的建构

第一，建议学校或者政府机构重视对教师职业道德的培养。近年来，党和国家关于师德师风建设制定了非常多的政策，高校应当切实将这些政策贯彻落实，加强教师师德培训，把教师德性的培养放在首位狠抓、狠管，明确规范规则，严格形成有效应对的机制，防患于未然。虽然说人的德性养成是一个长期的持续的系统工程，需要各个方面协同作用，但是，对于一个教师职业道德的养成，最重要的阶段还是在其工作单位。所以如果大学和政府能够重视教师德性的养成，对于那些具备良好心理的教师予以肯定和表彰，那么相信这样对德性环境的营造是非常有效的。在学校起用人才的时候，通常来讲，如果能做到德才兼备，以德为先的话，那么就是对教师职业道德的肯定，同时也增强了他们对职业道德的追求和引导作用。

第二，建议加大力度弘扬以社会主义核心价值观为内核的社会主义核心价值体系。人类社会有个非常重要的特点，就是价值取向会对这个社会的构建运行和发展起到决定性的作用，也会对这个社会的成员起到一定的启示作用。中国是一个以集体主义为价值取向的国家，集体主义是一种摒弃私利，将国家利益置于首要地位的一种思想理论，它更是一种精神。习近平总书记在党的十九大报告中也指出，要加强集体主义教育，加强思想道德建设。要通过社会大环境来浸染教师德性，就要使全社会形成一种"我为人人，人人为我"的无私社会风气，加强社会主义核心价值观的宣传和实践。核心价值观对于个人而言不仅是行动的指南，亦是精神支柱，更是一个人把握自己、振奋精神、自强自信的原动力。要大力弘扬和加强马克思主义指导思想、中国特色社会主义共同理想、以爱国主义为核心的民族精神和以改革创新为核心的时代精神、社会主义荣辱观的弘扬和传播，让社会主义核心价值在全社会蔚然成风。

第三，建议社会各界提高对道德教育的重视程度。将道德教育置于五育之首，凸显德之于个人发展的重要性。德育的目的就在于陶冶受教者道德思想和理想，进而促进其积极践行道德实践。不管是道德活动还是道德教育，首先是为促进和提高人们的道德程度；其次，也是为了传承一定的文化道德观念。这两者的共同目的就在于，不仅要提高个人的道德发展水平，还要提高整个民族的道德素质，从而推进社会主义精神文明建设，这些目的的实现与伦理传统文化的传承有着密切的关联。在当代社会生活中，道德见之于人们观念、关系、行为之中，道德活动和道德教育在社会生活的各个领域也是随处可见、无处不在的。所以，在当代中国社会里，无论是正规教育，还是来自互联网的道德教育，都秉持一个核心观念，就是要用社会主义的道德观念做指导，都必须要继承和弘扬中华民族优秀的伦理文化和民族精神。传承传统伦理文化最重要的方式就在于教育，尤其是道德教育，随着我国现代化进程的加快和市场经济的迅速发展，原有的道德规范和要求已经不能满足解决各类层出不穷的社会问题的需要，再加之新的道德体系建设与实施又不是一蹴而就的，有一定的挑战性，面对我国公民的思想和行为方面出现的种种道德失范现象，必须借助于一定的道德活动和道德教育来传承道德原则和行为规范，并不断健全、完善和发展道德行为规范的体制要求。

（二）传承和保护中国传统伦理文化和地域伦理文化结构

"市场经济是一种自成系统而又无法为传统伦理文化兼纳的社会运行方式。推行市场经济的伦理文化结果，就是伦理道德固有结构的崩溃和开放的、世界的、现代的伦理道德新结构的诞生。"[①] 这句话充分表明传统伦理文化必须接受时代的洗礼，在看到市场经济带来的冲击的同时，也要洞察市场经济为现代伦理文化的生长提供了新的生态环境。

---

① 任剑涛：《传统伦理与现代社会——论中国传统伦理文化的当代处境》，《中州学刊》1995年第2期。

　　传承良好家风。家风是我国优秀传统文化的重要组成部分，它的内涵是丰富的、博大的、精深的，又深刻地体现了中华民族源远流长的文化底蕴，所以我们要以家风文化为基础传承家庭道德教育。素来以礼仪之邦著称的中华民族重视家风家教的传播和传承，为后世称颂的优良家风有很多，如岳母刺字、精忠报国、孟母三迁等都是浓缩了千年来中华优秀传统道德观和价值观的精华。自古以来，颜氏家训、曾国藩家训以及一些口耳相传的家规家训，为后世树立了优良家风的良好榜样，使得一代代人能够传承美德，知礼节，懂谦让。家风的内容不同，形式不同，但是各家各族的精神文化传承作为一种现象是相同的，这种一代传一代、由一代接替一代的传递和延续方式，经过了岁月的洗礼和浸染，已经形成相对稳定的习惯风俗和传统，并且在家风家训传播的过程中中国的传统美德也一代一代地传承了下来。在当前这个物欲横流、人心浮躁的现代化社会里，面对快速的生活节奏和繁华都市的忙碌工作，人们对原有的乡土亲缘、情缘理念以及家族的家风家教的重视程度已经逐渐淡化。但是家风家教在对人的道德教育中所承担的潜移默化的作用不可忽视，确实警醒着我们必须重提传统家风，不可使其遗失，家风家训对于人德性的重要作用要引起社会各界的广泛重视，将良好家风代代相传下去，切实发挥为社会除灰去尘的作用，端正社会风气，并提高人们的道德修养，提高人们的德性。

　　作为一个重要的突破口，从家庭道德熏陶的角度来看，良好家风的养成对于整个社会道德水平的发展和提升有着至关重要的作用，在当前多元文化思想激荡，生活方式日趋多样化的大环境下，家风的传承极易受到功利主义、拜金主义、享乐主义以及一些网络思潮的影响，诸如此类的因素极易对家风传承造成冲击，进而影响到个体乃至整个社会道德品质的养成。习近平总书记曾在不同场合多次强调，中华优秀民族传统文化是根和魂，优良的家风，几千年的传承，不论是以书信的方式传播还是以口口相传的方式传承，无不反映出伟大的中华民族的精神追求已经成为中华传统优秀文化的核心组成部分，并滋养着中华民族生生不息，繁衍壮大。因此对于家风的传承，不仅是道德教育的传承，也是对中华民族的生活价值和精神面貌的传承。这一传承与每个中国人的成长是息息相关的，也必将影响中华民族在新时代的价值观走向。

五 对教师自身的建议

营造良好的伦理文化环境的重要着力点还在于教师所追求的"幸福"。通常我们说，幸福分为物质性的快乐——"俗福"和精神性的快乐——"雅福"。教师处于良好的伦理文化环境中，久而久之，对于"雅福"会有更多的追求。"教师的幸福就是教师在自己的教育工作中自由实现自己的职业理想的一种教育主体生存状态。"[①]

第一，高校青年教师应当重视德性对教师个体的价值。汉代许慎对"德"的解释是："德，得也，从直从心，外得于人，内得于己。"可见，德性的养成是具有个体价值的。高校青年教师养成教师德性的过程，实质上就是德性锻造人格主体自身的价值的过程。具体来说，其一，德性养成可以使得教师人格得到完善，其二，有助于师生交往目标的达成，其三，能够促成教师自我价值的实现。

第二，高校青年教师应当正确理解环境对个体的影响。加拿大哲学家查尔斯·泰勒指出："一个人只有在其他自我之中才是自我。在不参照他周围的那些人的情况下，自我是无法得到描述的。"[②] 实际上，德性的养成并非自我封闭的过程，而是在其生存的伦理文化环境中与他人共存、共处、交往生成的。个人在交往的过程中扩大和加深了对自身生活世界的认知，逐渐认识到合乎伦理文化环境的德性行为才是能够适应这个社会的行为。麦金泰尔同样指出德性与共同体之间的关系，社会成员在共同体之中存在，共同体公约或共享的善有助于提升共同体成员的德性。人是具有群体性、历史性和共同性特点的存在，所以人的道德发展也必然要符合自己所处环境对道德的要求。

第三，建议高校青年教师加强工作中的德性实践。实践是人或人类与对象世界之间所进行的一种物质的或精神的交流和活动。这种交流可以体现为物质性或制度性的对对象世界的改造、变革，也可体现为人与人之间物质的或精神的交流，还可以呈现为精神性的对象的体验感受。德性实践一直以来都被学界公认为德性养成的最重要的途径。早在苏格拉底时期，就有过对实践的探讨。而在我国，孔子在《论语》开篇就指出"学而时习

---

① 檀传宝：《论教师的幸福》，《教育科学》2002 年第 1 期。
② 王国银：《德性伦理研究》，吉林人民出版社 2006 年版，第 230 页。

之"。在麦金泰尔那里，实践是"通过任何一种连贯的、复杂的、有着社会稳定性的人类协作活动方式，在力图达到那些卓越的标准的过程中，这种活动方式的内在利益就可获得，其结果是，与这种活动和追求不可分离的，为实现卓越的人的力量，以及人的目的和利益观念都系统地扩展了"[①]。他的实践观不同于我们通常意义上所谓的实践，实践是人类的协作活动方式，是一种获得内在利益的方式。综上可见道德实践对于道德养成的重大作用，因此高校青年教师应当加深扩大德性实践，将美德知识践履笃行，收获最大的内在利益。

对于任何内容的知识来讲，如果脱离了实践，将理论束之高阁，那么知识本身就是一潭死水，对大学教师而言也是同理。如果不将书本中的知识践行到具体生活之中，那么知识便只是知识，不会对个体的发展起到任何作用，尤其是对于个体内在德性的完满发展而言。因此，教师必须融于环境，在教师自身已有品质和所处环境的共同作用下，亲自进行德性实践，处理好在工作中必须面对的知识探究、教学研讨和人才培养等问题，才能获得真正意义上的成长。在实践过程中，教师的认知、情感和意志通过德性行动得到表现与反馈，指导认知的不足之处，如此循环往复，进而实现德性品质的养成。大学教师的德性实践活动具有极强的个体性，尽管很多时候有实践准则的存在，但是个体的实践理论和专长常常发挥着更大的作用，即每个人的德性实践是难以完全复制的。实践是成长的土壤，教师的良心会在实践中被滋养，在实践中获得的真知、思想和德性，会促使教师更好地发展。

第四，高校青年教师应当主动成为伦理文化氛围营造的主体。环境并非固定的、一成不变的，它是由每一个个体构成的，反之，个体同样影响着环境。当看到生活中、社会中的不道德现象时，如果每一个青年教师个体都能够站出来指正，并加以框正建构，那么这个群体中的德性文化将会得以扭转和重新塑造。如果面对恶势力采取的是纵容，甚至是跟从，那么这个伦理文化环境将会愈加恶劣，更不利于下一批青年教师进入这个环境之后的德性塑造。

[①] ［美］麦金泰尔：《德性之后》，龚群、戴扬毅等译，中国社会科学出版社 1995 年版，第236—237 页。

结　　语

历史的车轮滚滚向前，时代的脚步永不停歇。从西周到新时代，跨越数千年的距离，但对美好德性的追求却从未停止，寻觅美德一直是中华民族道德进步的动力。西方世界亦是如此，从古希腊到现代西方，德性养成亦是挽救道德碎片化的一剂良药。古往今来，学界对德性养成的眷顾颇多，但对德性养成的伦理文化环境却鲜有观照。2016 年，笔者以中加大学教师德性养成比较研究为主题完成了博士学位论文，并被教育科学出版社列入其教育博士文库获得免费出版。然之后思绪良多，仍觉教师德性养成有更广袤的探索空间。2017 年，在申报国家社科基金项目时，笔者敏锐地觉察到从德性养成研究逐步聚焦到德性养成伦理文化环境的必要性和价值。感谢国家社会科学基金项目的立项支持，给予笔者宝贵的机会，踏上深入探索之旅。自此，立足样本地区研究高校青年教师德性发展，便成为笔者长达 4 年的探究内容。落笔至此，关于样本地区高校青年德性养成的伦理文化环境研究暂告一段落，然伦理文化环境作为一个无垠的话题，远不是本书篇幅所能阐述清晰、分析透彻的，加之笔者绵力薄材、力有不逮，本书研究权当是投石问路，亦期待可以抛砖引玉。

著名美德伦理学家罗莎林德·赫斯特豪斯在《美德伦理学》中谈到，尽管美德不能保证一定给人以财富、健康或是幸福，但美德可以使拥有者活得更加舒心、坦然和真实。对教师来说，教书育人是天职，是神圣的使命，是需要良好的个人品德做支撑方可胜任的职业。教师拥有美德，不会体现在身外之物譬如工资、职称或者职位上，但是会体现在学生的记挂、学校的认可、社会的尊重和精神的给养之上。这就是我们所谓的教育幸福感，是可以通过教师修养德性而获得的，而伦理文化环境作为一种精神氛围，是德性品质养成的十分重要的影响因子。毫不夸张地说，伦理文化环境无时无刻、无处不在地影响着一个人。我们期待作为社会动力站和象牙塔的大学有着健康高尚的大学精神、敬业乐群的大学教师、团结和谐的同事关系、求实好学的大学生、科学有效的制度运行、回归本真的教学初心、尊重事实的科研态度、诚心为民的社会服务等，这些美好的期待都离不开在良好的伦理文化环境滋养下具有高尚德性的教师群体。

终末，笔者还想谈一谈艰苦地区高校青年教师这个群体。本书一方面着重揭示了艰苦地区高校青年教师德性养成的伦理文化环境问题，另一方面又让我们看到了他们在青藏高原上真实的生存样态。在调查中发现，样本地区高校的大部分青年教师均来自其他省份，这一点在西藏体现得尤为明显。作为研究者，我时常思考是什么力量让他们甘愿年复一年地坚守在这里？有的教师初来青藏高原时，不免有为了对象、大城市难就业，或者工作压力相对较小等原因，但是当他们扎根后，很多人都能踏实勤恳地工作，这其中不排除有一部分"孔雀东南飞"了，但那毕竟是个别现象。在研究过程中，有的青年教师说因为青藏高原海拔高，他们的父母在这里会出现高原反应，所以他们要么自己带孩子，要么把孩子送回老家，常年无法见面；有的教师长期待在高原，身体出现状况，在接受访谈时说话都有点喘。但是我们问他为什么不离开时，他说，一是不舍，二是都这个岁数了再择业也很难。在种种缘由之下，他们依旧选择坚守。

不只是坚守，亦有奉献。有的教师自己工资待遇不算高，可他们一直坚持资助藏区农村牧区的孩子，因为他们深知顺利完成学业是这些孩子走出草原、走出大山唯一的路；有的教师已是教授了，还坚持在深山野岭、冰川冻土一待就是数月；还有的教师明知自己身体不适，但依旧舍不下自己的学生，因为他知道，那帮藏族孩子只信服他。

东方既白，执笔于此。感谢课题组成员的辛苦付出，也感谢我的研究生王积甜、何金霞、李佩洁、胡建华在课题研究过程中的支持和帮助。书稿撰写暂告一段落，但继续探索研究的脚步却不会止。研究这群有爱、坚毅、善良的青藏高原的高校青年教师，让我们收获了数据和结果，亦收获了许多感动，坚定了在新时代培养有理想信念、有道德情操、有扎实学识、有仁爱之心的"四有"好教师的信心，更加鞭策着我们时刻铭记教育事业的初心，时刻回望自己选择教育这份工作的本心，不忘心中汹涌奔腾的理想，不忘曾经立下的铮铮誓言，用我将无我、不负莘莘学子的意志坚守初心，踽步踏歌！

参考文献

一 专著类

(一) 论著类

[德] 马克思、恩格斯:《共产党宣言》,人民出版社 2014 年版。

[德] 马克斯·韦伯:《新教伦理与资本主义精神》,钱永祥译,生活·读书·新知三联书店 1981 年版。

[古希腊] 亚里士多德:《尼各马可伦理学》,人民出版社 2010 年版。

[美] 理查德·格里格、菲利普·津巴多:《心理学与生活》,王垒等译,人民邮电出版社 2003 年版。

[美] 麦金泰尔:《德性之后》,龚群译,中国社会科学出版社 1995 年版。

[美] 麦金泰尔:《伦理学简史》,龚群译,商务印书馆 2003 年版。

[美] 施塔、卡拉特:《情绪心理学》,中国轻工业出版社 2015 年版。

[美] 约翰·S. 布鲁贝克:《高等教育哲学》,郑继伟等译,浙江教育出版社 2001 年版。

[英] 托尼·比彻、保罗·特罗勒尔:《学术部落及其领地——知识探索与学科文化》,唐跃勤等译,北京大学出版社 2007 年版。

[英] 休谟:《人性论》,商务印书馆 1980 年版。

《康熙字典》(第 3 册),九州图书出版社 1998 年版。

《马卡连柯全集》(第 3 卷),人民教育出版社 1959 年版。

《马克思恩格斯全集》(第 3 卷),人民出版社 1960 年版。

《马克思恩格斯全集》(第 40 卷),人民出版社 1982 年版。

《马克思恩格斯选集》(第 1 卷),人民出版社 1995 年版。

《习近平谈治国理政》(第 2 卷),外文出版社 2017 年版。

《小原国芳教育论著选》,人民教育出版社 1993 年版。

班固撰,颜师古译:《汉书》,中华书局 2012 年版。

本书编写组：《习近平总书记教育重要论述讲义》，高等教育出版社 2020
　　年版。

编写组：《思想道德与法治》，高等教育出版社 2021 年版。

蔡元培：《中国伦理学史》，广西师范大学出版社 2010 年版。

陈德第、李轴、库桂生主编：《国防经济大辞典》，军事科学出版社 2001
　　年版。

陈根法：《德性论》，上海人民出版社 2004 年版。

陈向明：《质的研究方法与社会科学研究》，教育科学出版社 2000 年版。

陈向明：《质性研究：反思与评论》，重庆大学出版社 2008 年版。

陈戍国：《礼记校注·礼运》，岳麓书社 2004 年版。

陈元晖：《老解放区教育简史》，教育科学出版社 1982 年版。

樊浩：《伦理精神的价值结构》，中国社会科学出版社 2001 年版。

方红：《知识德性审美》，中国社会科学出版社 2013 年版。

傅玄：《太子少傅箴》。

高凤敏：《马克思恩格斯道德教育思想研究》，山东人民出版社 2016 年版。

高平叔编：《蔡元培全集（1910—1916）》（第 2 卷），中华书局 1984 年版。

韩晓燕、朱晨海：《人类行为与社会环境》，格致出版社、上海人民出版社
　　2009 年版。

韩兆琦：《史记评注》，岳麓书社 2011 年版。

何东昌：《中华人民共和国教育史》（上），海南出版社 2007 年版。

何东昌：《中华人民共和国重要教育文献（1949—1975）》，海南出版社 1998
　　年版。

贺金瑞：《民族伦理学通论》，中央民族大学出版社 2007 年版。

花中东：《省级援助灾区的经济效应——以对口支援四川灾区为例》，北京理
　　工大学出版社 2014 年版。

江畅：《德性论》，人民出版社 2011 年版。

教育部课题组：《深入学习习近平总书记关于教育的重要论述》，人民出版社
　　2019 年版。

孔润年：《伦理文化的人格透视》，中国社会科学出版社 2010 年版。

老舍著，傅光明选编：《抬头见喜——老舍散文》，浙江文艺出版社 2007
　　年版。

李德顺：《价值学大辞典"价值取向"条目》，中国人民大学出版社 1995
　　年版。

梁漱溟：《中国文化要义》，上海人民出版社 2011 年版。

廖申白：《伦理学概论》，北京师范大学出版社 2009 年版。

林崇德：《心理学大辞典》，上海教育出版社 2003 年版。

刘芳：《论德性养成》，中央编译出版社 2016 年版。

马存芳：《文化和谐与青藏高原民族高等教育发展的问题研究》，青藏民族出
　　版社 2013 年版。

毛礼锐、沈灌群：《中国教育通史》（第 1 卷），山东教育出版社 2005 年版。

苗力田：《亚里士多德选集》（伦理学卷），中国人民大学出版社 1999 年版。

缪建新：《课改背景下的德育新论》，北京大学出版社 2004 年版。

钱穆：《化学大义》（新校本），九州出版社 2012 年版。

乔德福主编：《家庭道德新论》，中国社会出版社 2008 年版。

秦越存：《追寻美德之路：麦金泰尔对现代西方伦理危机的反思》，中央编译
　　出版社 2008 年版。

萨巴特尔：《蒙古秘史的德性与教化思想研究》，华夏出版社 2016 年。

鄯爱红：《品德论》，同心出版社 1999 年版。

宋希仁：《西方伦理学思想史》，湖南教育出版社 2006 年版。

孙培青：《中国教育史》，华东师范大学出版社 2000 年版。

檀传宝：《教师伦理学专题：教育伦理范畴研究》，北京师范大学出版社
　　2010 年版。

檀传宝：《教师伦理学专题》，北京师范大学出版社 2010 年版。

檀传宝：《浪漫：自由与责任》，东北师范大学出版社 2012 年版。

檀传宝等：《走向新师德：师德现状与教师专业道德建设研究》，北京师范大
　　学出版社 2009 年版。

万俊人：《现代性的伦理话语》，黑龙江人民出版社 2002 年版。

王炳照：《简明中国教育史》，北京师范大学出版社 1994 年版。

王国银：《德性伦理研究》，吉林人民出版社 2006 年版。

王海明、孙英：《美德伦理学》，北京大学出版社 2011 年版。

王继华：《家庭文化学》，人民出版社 2010 年版。

王冀生：《大学文化哲学——大学既是一种存在更是一种信仰》，中山大学出

版社 2012 年版。

萧兵：《中庸的文化省察——一个字的思想史》，湖北人民出版社 1997 年版。

杨安：《家风》，中国财富出版社 2014 年版。

叶澜、白益民等：《教师角色与教师发展新探》，科学教育出版社 2001 年版。

易小明：《民族伦理文化研究》，湖南大学出版社 2013 年版。

余纪元：《德性之镜：孔子与亚里士多德的伦理学》，中国人民大学出版社 2009 年版。

张春兴：《现代心理学：现代人研究自身问题的科学》，上海人民出版社 2009 年版。

张岱年：《中国伦理思想研究》，江苏教育出版社 2005 年版。

张积家：《普通心理学》，广东高等教育出版社 2015 年版。

赵忠心：《家风正子孙兴》，北京理工大学出版社 2015 年版。

郑度、杨勤业、刘燕华：《中国的青藏高原》，北京科学出版社 1985 年版。

郑玄注，孔颖达正义：《礼记正义》，吕友仁整理，上海古籍出版社 2008 年版。

郑英杰：《中国少数民族伦理文化通论》，中国文史出版社 2002 年版。

周光礼：《大学变革与院校研究》，北京大学出版社 2017 年版。

朱巧香：《环境道德研究》，武汉大学出版社 2015 年版。

朱熹：《大学章句》，《四书章句集注》，中华书局 2016 年版。

朱小蔓：《情感德育论》，人民教育出版社 2002 年版。

朱贻庭：《伦理学大辞典》，上海辞书出版社 2010 年版。

（二）译著类

［德］雅斯贝尔斯：《什么是教育》，邹进译，生活·读书·新知三联书店 1991 年版。

［法］埃米尔·涂尔干：《道德教育》，陈光金、沈杰、朱谐汉等译，上海人民出版社 2006 年版。

［法］爱弥尔·涂尔干：《职业伦理与公民道德》，渠东等译，上海人民出版社 2001 年版。

［法］安东尼·吉登斯：《社会学》，李康译，北京大学出版社 2009 年版。

［法］黑格尔：《精神现象学》（下卷），贺麟、王玖兴译，商务印书馆 1974 年版。

［法］萨特：《存在主义是一种人道主义》，万俊人主编：《20 世纪西方伦理学经典》（II），中国人民大学出版社 2004 年版。

［法］涂尔干：《宗教生活的基本形式》，渠东、汲喆译，上海人民出版社1999 年版。

［美］伯顿·克拉克：《高等教育系统：学术组织的跨国研究》，王承绪译，杭州大学出版社 1994 年版。

［美］伯顿·克拉克：《高等教育新论：多学科的研究》，王承绪译，浙江教育出版社 2000 年版。

［美］伯恩斯：《领袖论》，刘李胜等译，中国社会科学出版社 1996 年版。

［美］霍尔·戴维斯：《道德教育的理论与实践》，陆有铨、魏贤超译，浙江教育出版社 2003 年版。

［美］理查德·谢弗：《社会学与生活》（插图本），刘鹤群、房智慧译，赵旭东译校，世界图书出版公司 2009 年版。

［美］露丝·本尼迪克特：《文化模式》，张燕、傅铿译，浙江人民出版社1987 年版。

［美］罗伯特·霍尔、约翰·戴维斯：《道德教育的理论与实践》，陆有铨，魏贤超译，浙江教育出版社 2003 年版。

［美］马斯洛：《马斯洛的人本哲学》，刘烨译，内蒙古文化出版社 2008 年版。

［美］麦金泰尔：《德性之后》，龚群、戴扬毅等译，中国社会科学出版社1995 年版。

［美］约翰·J. 麦休尼斯：《社会学》（第 11 版），风笑天译，中国人民大学出版社 2009 年版。

［西］费尔南多·萨瓦特尔：《教育的价值》，李丽、孙颖屏译，北京大学出版社 2012 年版。

［英］爱德华·泰勒：《原始文化》，连树声译，上海文艺出版社 1992 年版。

［英］弗·培根：《培根论说文集》，水同天译，商务印书馆 1983 年版。

二 论文类

（一）期刊论文

《在教师节到来之际习近平向全国广大教师和教育工作者致以节日祝贺和诚挚慰问 强调不忘立德树人初心牢记为党育人为国育才使命 不断作出新的

更大贡献》，《中国民族教育》2020 年第 10 期。

白佩君：《藏族社会生活与习惯法中的传统伦理道德教育》，《学术交流》
2013 年第 5 期。

才让措：《论青海民族地区教师的专业发展》，《青海师范大学学报》（哲学
社会科学版）2006 年第 2 期。

蔡红燕：《关于文化环境概念的再辨析》，《保山学院学报》2019 年第 6 期。

陈法宝：《教师职业伦理失范的归因分析与对策》，《河北师范大学学报》
（教育科学版）2012 年第 14 期。

陈倩雯、假拉、肖天贵：《近 50 年青藏高原冷暖冬气候特征研究》，《成都信
息工程大学报》2016 年第 6 期。

陈庆英：《简论青藏高原文化》，《青海社会科学》1998 年第 4 期。

陈文江、李晓蓓：《德性叙事：民族道德生活研究的展开视域》，《西北民族
研究》2019 年第 1 期。

邓林园、丽琼、方晓义：《夫妻价值观相似性、沟通模式与婚姻质量的关
系》，《心理与行为研究》2014 年第 2 期。

丁德润：《论教师德性的核心构成及其养成》，《生活教育》2009 年第 10 期。

丁芳盛：《大学生道德认同现状分析及其培育策略》，《浙江海洋学院学报》
2014 年第 2 期。

段曹钢、张中新：《民办高校"工会+师德建设"路径探析》，《山东工会论
坛》2019 年第 6 期。

范友悦：《西藏青年教师教学能力存在的问题及其影响因素分析》，《佳木斯
职业学院学报》2018 年第 4 期。

范玉刚：《"和合"文化基因助推社会善治》，《人民论坛》2018 年第 10 期。

冯乃超：《新人张天翼的作品》，《北斗》1931 年创刊号。

付长海、王少华：《高校道德氛围的营造与优化》，《中国青年研究》2002 年
第 4 期。

高国希：《德性的结构》，《道德与文明》2008 年第 3 期。

高凯：《浅析道德形成规律》，《新西部》（理论版）2015 年第 2 期。

高鸣、施进华：《高校青年教师师德建设刍议》，《学校党建与思想教育》
2006 年第 8 期。

高占海、刘永恒、赵爱学：《学生评价教师过程中的六大消极心理》，《广西

青年干部学院学报》2005 年第 3 期。

格桑尼玛：《浅谈加强西藏大学师德建设的几点思考》，《西藏大学学报》
（社会科学版）2008 年第 1 期。

龚群：《当代西方伦理学的发展趋势》，《教学与研究》2003 年第 9 期。

国艳华：《浅析影响家庭文化的几个因素》，《大众文艺》2011 年第 10 期。

韩艳玲：《青海高校教师思想政治状况调查研究》，《高校后勤研究》2020 年
第 1 期。

贺迎春、熊旭：《习近平首次点评"95 后"大学生》，《人民日报》2017 年 1
月 3 日第 2 版。

胡娇、王晓平：《高校青年教师教学能力阻抗因素与提升策略》，《黑龙江教
育（高教研究与评估）》2015 年第 1 期。

胡言午：《家风仍是传承社会道德规范的重要载体》，《中国社会科学报》
2014 年 3 月 17 日。

胡中俊：《高校"青椒"的成长困境和出路》，《当代青年研究》2015 年第
6 期。

黄超、冯振萍、李宪伦：《传统民族伦理的文化凝练与中国特色社会主
义——现代伦理体系构建的文化彰显》，《学术论坛》2013 年第 2 期。

霍军亮：《多元文化视域下高校青年教师师德建设探究》，《湖北社会科学》
2014 年第 7 期。

蒋文昭：《教师德性的制度文化困境及超越》，《教育学术月刊》2009 年第
3 期。

焦国成：《论伦理——伦理概念与伦理学》，《江西师范大学学报》（哲学社
会科学版）2011 年第 1 期。

金昕、王丹彤：《高校师德制度建设的问题与出路》，《思想理论教育导刊》
2016 年第 3 期。

孔凡胜：《高校青年教师群体特征的多维解读》，《中国青年研究》2011 年第
8 期。

黎琼锋：《论教师德性与教育幸福的共生关系》，《中国德育》2008 年第
2 期。

李菲、杨惠茹：《中国共产党高校师德建设的百年历程与演进趋向》，《当代
教师教育》2021 年第 2 期。

李桂梅：《中国传统家庭伦理文化的特点》，《湖湘论坛》2002 年第 2 期。

李建华：《伦理与道德的互释及其侧向》，《武汉大学学报》2020 年第 3 期。

李金奇、冯向东：《学科规训与大学学科发展》，《高等教育研究》2005 年第 9 期。

李兰芬：《善政与善的社会——德治的定位研究》，《江苏社会科学》2006 年第 2 期。

李清雁：《教师德性：结构、动因与养成》，《社会科学战线》2018 年第 10 期。

李为虎：《西藏高校师德建设研究》，《西藏教育》2012 年第 7 期。

李伟强、郭本禹、郑剑锋、王伟伟：《学校道德氛围知觉对道德发展影响的教育干预实验》，《心理科学》2013 年第 36 期。

李秀金：《试谈区域文化的区域经济效果》，《求实》2006 年第 2 期。

李燕秋：《校园欺凌研究综述》，《教育科学论坛》2016 年第 14 期。

李宜江：《关于大学青年教师身份与年龄界定的探究》，《辽宁教育行政学院学报》2013 年第 2 期。

李友俊、邵强、孙菲、王艳秋、王怡：《高校教师退出机制实施难的原因及对策》，《学理论》2013 年第 35 期。

李兆晶、钟芳芳：《高校教师党支部在青年教师师德建设中的作用探究》，《教育观察》2019 年第 40 期。

李灼华、李戬、时博、张发廷、王金辉：《基于综合型人才培养的高校工科青年教师工程实践能力提升模式探索》，《教育教学论坛》2019 年第 35 期。

林碧丹：《社会主义核心价值观视域下高校青年教师师德建设理路》，《思想教育研究》2015 年第 5 期。

林坚：《关于"文化"概念的梳理和解读》，《文化学刊》2013 年第 5 期。

刘春雪：《同辈群体对青少年道德社会化影响的心理机制研究》，《湖北社会科学》2008 年第 9 期。

刘新有、史正涛、唐永红：《地域文化演进机制与发展趋势研究》，《广西社会科学》2007 年第 11 期。

刘秀峰：《"教学相长"新解》，《教育科学研究》2013 年第 2 期。

刘振敏：《家庭教养方式研究综述》，《中外交流》2019 年第 45 期。

刘子真：《学科规训的原指与现代意蕴》，《长春工业大学学报》（高教研究版）2008 年第 2 期。

刘宗南：《论教师专业发展的德性之维》，《教育研究与实验》2010 年第 6 期。

陆根书：《关于大学文化的几点思考》，《西安交通大学学报》（社会科学版） 2009 年第 5 期。

吕建中：《培养青年教师解决断层问题》，《青海民族研究》1992 年第 4 期。

马书文：《新时期优化高校青年教师师德师风建设环境研究》，《教育探索》 2010 年第 4 期。

潘伟：《习近平关于师德师风重要论述的基本内涵和实践向度》，《西藏发展 论坛》2021 年第 5 期。

任剑涛：《传统伦理与现代社会——论中国传统伦理文化的当代处境》，《中 州学刊》1995 年第 2 期。

邵娜：《工具性、存在感与情境性：高校师生互动关系的多重维度及改进策 略》，《科教导刊》2021 年第 21 期。

石硕：《如何认识藏族及其文化》，《西南民族大学学报》（人文社会科学版） 2015 年第 12 期。

宋晔：《教师德性的理性思考》，《教育研究》2005 年第 8 期。

覃青必：《论道德公正及其维护》，《中州学刊》2018 年第 9 期。

檀传宝：《论教师的幸福》，《教育科学》2002 年第 1 期。

檀传宝：《提升教师德性配享教育幸福》，《中小学德育》2013 年第 1 期。

檀传宝：《做一个配享幸福的教育家》，《人民教育》2014 年第 17 期。

唐斌：《以制度均衡利益：社会转型期高校教师师德重建的根本路向》，《当 代教育科学》2015 年第 17 期。

唐代兴：《资格与利益：从分配公正到实践公正》，《西南民族大学学报》 （人文社会科学版）2006 年第 12 期。

田海平、张轶瑶：《"伦理"的异域与世界主义的民族伦理观》，《社会科学 辑刊》2014 年第 2 期。

佟书华、郑晗：《新时期加强高校青年教师师德师风建设的思考——以武汉 大学为例》，《学校党建与思想教育》2013 年第 25 期。

王宝国：《环境·责任·素养——当代中国大学教师的责任伦理生成路径》， 《山西财经大学学报》2012 年第 5 期。

王恩华:《学术自由与科学伦理——兼论大学学术自由的有限性》,《科学学与科学技术管理》2003 年第 7 期。

王嘉毅、张晋:《立德树人的科学内涵与现实要求》,《中国电化教育》2020 年第 8 期。

王建梁、帅晓静:《"德性"与"智性"文化下的教师形象——孟子与亚里士多德教师观之比较》,《当代教师教育》2011 年第 2 期。

王军:《中国大学精神缺失原因多维分析》,《社会观察》2008 年第 3 期。

王立恒、狮艾力、杨斌:《河湟地区多民族文化互动性研究》,《资治文摘》(管理版) 2009 年第 2 期。

王巧:《西藏高校思政专业青年教师教学能力评价体系构建研究》,《教书育人(高教论坛)》2018 年第 18 期。

王姝雯:《学校氛围的研究综述》,《当代教育实践与教学研究》2020 年第 7 期。

王小凤、沈丹、李思婷、罗伏生:《学校道德氛围感知与大学生道德提升感的关系:人格的调节作用》,《中国健康心理学杂志》2021 年第 29 期。

王小凤、沈丹、李思婷、罗伏生:《学校道德氛围感知与大学生道德提升感的关系:人格的调节作用》,《中国健康心理学杂志》2021 年第 3 期。

王晓丽:《大数据时代的道德监督功能》,《伦理学研究》2019 年第 3 期。

王学俭、李婷:《新媒体条件下道德教育的审思》,《湖北社会科学》2017 年第 8 期。

王嬱:《浅析孔子"仁学"思想及其折射出的生命情调》,《佳木斯职业学院学报》2021 年第 2 期。

魏梓秋:《共创与共享:清代河湟地区的民族节庆》,《中国民族博览》2020 年第 8 期。

吴安春:《从"知识本位"到"德性本位"——教师创造教育观的整体性与根本性转型》,《教育研究》2004 年第 24 期。

吴捷:《关于教师德性及其意义的思考》,《徐州工程学院学报》(自然科学版) 2007 年第 22 期。

吴庆:《新时期共青团组织服务青年的理论思考》,《中国青年政治学院学报》2009 年第 2 期。

吴元发:《教师德育力从何而来》,《中国教育学刊》2020 年第 6 期。

伍文中：《从对口支援到横向财政转移支付：文献综述及未来研究趋势》，《财经论丛》2012 年第 1 期。

肖前国：《不同情绪与不同道德自我唤醒对高中生道德判断影响的调查研究》，《广西教育学院学报》2008 年第 5 期。

肖群忠：《家风家规与立德树人》，《中国德育》2014 年第 10 期。

徐廷福：《论我国教师专业伦理的建构》，《教育研究》2006 年第 7 期。

薛昉：《建立健全师德制度以提高高校青年教师师德水平》，《福建师大福清分校学报》2016 年第 3 期。

杨文炯、樊莹：《多元宗教文化的涵化与和合共生——以河湟地区的道教文化为视点》，《兰州大学学报》（社会科学版）2013 年第 6 期。

余凤红：《浅谈家庭教育对青少年心理健康的作用》，《教育探索》2010 年第 9 期。

宇文利、杨席宇：《马克思恩格斯"人与环境"关系论及其思想政治教育应用》，《思想教育研究》2016 年第 5 期。

曾绍军：《主体性视域下高校青年教师师德建设探究》，《江苏高教》2015 年第 4 期。

张国钧：《伦理文化与民族精神》，《云南民族学院学报》（哲学社会科学版）1993 年第 1 期。

张会庆、刘凯、张传庆：《新时期加强西藏高校青年教师师德评价的思考》，《中国高校师资研究》2013 年第 6 期。

张菊玲：《试论新形势下高校青年教师师德建设》，《学校党建与思想教育》2013 年第 21 期。

张君博、李波：《基于高校师生诚信心理特征的诚信校园建设研究》，《江苏高教》2019 年第 8 期。

张磊：《青海省高校青年教师思想政治状况的调查与思考》，《民族高等教育研究》2018 年第 4 期。

张磊、查强：《从大学教师的"学术属性"到"道德属性"——一项以加拿大 14 位大学获奖教师为例的质性研究》，《清华大学教育研究》2015 年第 6 期。

张涛、王国新：《论西藏高校师德建设的特殊内涵及途径》，《西藏教育》2012 年第 2 期。

张玮：《区域文化对区域经济的影响分析》，《特区经济》2006 年第 2 期。

张行生：《高校青年教师成长的外部环境支持问题探析》，《黑龙江高教研究》2015 年第 12 期。

张泳、张焱：《试论高校青年教师的师德建设》，《教育探索》2012 年第 6 期。

赵金瑞、李大伟：《高校青年教师师德建设探究》，《思想教育研究》2012 年第 5 期。

郑运佳：《传统家风的内涵与现代意义》，《山东农业工程学院学报》2014 年第 5 期。

钟爱华：《浅谈教师德性的养成》，《佳木斯教育学院学报》2012 年第 2 期。

钟景迅、王青华：《可为与可不为：理论在教育质性研究中的作用及意义探讨》，《全球教育展望》2018 年第 27 期。

周存云：《黄河文明中的河湟史前文化》，《青海党的生活》2020 年第 10 期。

周敏、周守红：《高校青年教师师德规范构建刍议》，《中国青年研究》2008 年第 5 期。

周先进、于丹：《高校青年教师师德建设：内涵、表现与路径》，《高等农业教育》2014 年第 9 期。

周志忍、陈庆云：《道德驱动的自律与制度化自律——希望工程公共责任和监督机制研究》，《中国行政管理》2001 年第 3 期。

朱培霞：《青少年同辈群体道德影响机制探论》，《学校党建与思想教育》2012 年第 29 期。

（二）硕博学位论文

曹文文：《教育生态学视角下小学教师师德的环境研究》，硕士学位论文，内蒙古师范大学，2020 年。

樊红芳：《青藏高原现代气候特征及大地形气候效应》，博士学位论文，兰州大学，2008 年。

郭红：《梁启超家庭道德教育思想研究》，硕士学位论文，湖南师范大学，2020 年。

郭希彦：《地域文化在景观设计中的应用研究》，硕士学位论文，福建师范大学，2008 年。

何良安：《为了幸福——亚里士多德德性伦理研究》，博士学位论文，复旦大学，2007 年。

金明艳：《论亚里士多德的德性观》，硕士学位论文，河北师范大学，2009 年。

李桂秋：《伦理文化与科技发展》，硕士学位论文，辽宁师范大学，2008 年。

李伟强：《学校道德氛围心理学研究》，博士学位论文，上海师范大学，2007 年。

廖良：《高校青年教师师德现状及建设研究》，硕士学位论文，华中师范大学，2014 年。

林歌：《中小学教师德性养成研究》，硕士学位论文，河南大学，2018 年。

刘芳：《论德性养成》，博士学位论文，东北师范大学，2013 年。

仝晓晶：《学校道德氛围感知与高中生亲社会行为的关系研究》，硕士学位论文，山西大学，2019 年。

王竞晗：《公民道德建设的德性伦理学基础》，博士学位论文，复旦大学，2011 年。

王默：《多元信仰文化与族际互动》，博士学位论文，兰州大学，2017 年。

王荣：《论教师德性及其养成》，硕士学位论文，曲阜师范大学，2018 年。

王珊：《德性养成向度下大学生廉洁教育研究》，硕士学位论文，西南财经大学，2018 年。

肖彤：《高校青年教师师德建设研究》，硕士学位论文，西南大学，2017 年。

许爱林：《以社会主义核心价值观为引领的师德建设研究》，硕士学位论文，上海师范大学，2016 年。

薛超：《现代性视域下的师德构建研究》，硕士学位论文，广西师范大学，2016 年。

杨林国：《追寻教师美德》，博士学位论文，南京师范大学，2006 年。

殷晓峰：《地域文化对区域经济发展的作用机理与效应评价——以东北地区为例》，博士学位论文，东北师范大学，2011 年。

扎西加：《藏族游牧文化特征研究——以和日四部六州部落为例》，硕士学位论文，中央民族大学，2016 年。

张继承：《基于 RS/GIS 的青藏高原生态环境综合评价研究》，博士学位论文，吉林大学，2008 年。

张家瑞：《教师德性困境与培育的制度路径》，硕士学位论文，信阳师范学院，2020 年。

张磊：《中加大学教师德性及养成比较研究》，博士学位论文，清华大学，2016 年。

张立忠：《课堂教学视域下的教师实践性知识研究》，博士学位论文，东北师范大学，2011 年。

张楠楠：《教师公正德性的养成与实现》，硕士学位论文，山西大学，2012 年。

赵郝锐：《大学生心理适应：原生家庭的影响》，博士学位论文，苏州大学，2017 年。

钟爱华：《教师德性的缺失与重塑研究》，硕士学位论文，渤海大学，2014 年。

衷小菊：《西部高校核心人才流失问题的研究》，硕士学位论文，江西农业大学，2012 年。

朱存军：《区域经济发展中的文化因素分析——以内蒙古中西部地区为例》，硕士学位论文，内蒙古师范大学，2008 年。

三　英文著作与论文类

Banner, J. M., & Cannon, H. C. *The Elements of Teaching*. Yale University Press, 1999.

Campbell, E. *The Ethical Teacher*. Maidenhead, UK：Open University Press McGraw-Hill, 2003.

Carr, D., Bondi, L., Clark, C., & Clegg, C. *Towards Professional Wisdom：Practical Deliberation in the People Professions*. Ashgate Publishing, Ltd., 2011.

Clark, B. R. *The Academic Profession：National, Disciplinary, and Institutional Settings*. University of California Press, 1987.

Driver, J. *Uneasy Virtue*. Cambridge University Press, 2006.

Fenstermacher, G. D. "Philosophy of Research on Teaching：Three Aspects." in M. C.

Goodlad, J. I. *Teachers for Our Nation's Schools*. Jossey-Bass Inc., Publishers, 350 Sansome St., San Francisco, 1990.

Hare, W. *What Makes a Good Teacher?* The Althouse Press, 1993.

Hursthouse, R. *On Virtue Ethics.* Oxford University Press, 1999, pp. 22-30.

Koeppen, K. E and Davison-Jenkins, J. *Teacher Dispositions: Envisioning Their Role in Education.* Washington DC.: Rowman & Littlefield Education, 2007.

Noddings, N. Caring. *A Feminine Approach to Ethics and Moral Education.* Berkeley: University of California Press, 1984.

Sockett, H. *Knowledge and Virtue in Teaching and Learning: The Primacy of Dispositions.* New York: Routledge, 2012.

Sockett, H. "The Moral Aspects of the Curriculum." In P. W. Jackson (Ed.). *Handbook of Research on Curriculum.* New York: Macmillan, 1992, pp. 543-569.

Stanley Hauerwas., *The Peaceable Kingdom.* University of Norte Dame Press, 1983, p. 117.

Tom, A. R. *Teaching as a Moral Craft.* New York: Longman, 1984.

Urcan, J. D. "Relationship of Family of Origin Qualities and Forgiveness to Marital Satisfaction." (Unpublished doctorial dissertation) Hofstra University, 2011.

Van Maanen, J. "Doing New Things in Old Ways: The Chains of Socialization." *in College and University Organization: Insights from the Behavioral Sciences,* edited by J. L. Bess, New York: New York University Press, 1983.

Wittrock (Ed.). *Handbook of Research on Teaching.* New York: Macmilla, 1986, pp. 40-41.

（二）英文论文

Ann M. Begley. "Facilitating the Development of Moral Insight in Practice: Teaching Ethics and Teaching Virtue." *Nursing Philosophy*, Vol. 7, No. 4, 2006, pp. 257-265.

Brugman, D. "Perception of Moral Atmosphere in School and Norm Transgressive Behavior in Adolescents: Anintervention Study. *International Journal of Behavioral Development*, Vol. 27 No. 4, 2003, pp. 289-300.

Burton R. Clark. "The Organizational Saga in Higher Education." *Administrative Science Quarterly*, 1972, p. 183.

Campbell, E. "The Ethics of Teaching as a Moral Profession." *Curriculum In-*

quiry, Vol. 38, No. 4, 2008, pp. 367-385.

Carr, D. "Professional and Personal Values and Virtues in Education and Teaching." *Oxford Review of Education*, Vol. 32, No. 2, 2006, pp. 171-183.

Clark, B. R. "Belief and Loyalty in College Organization." *The Journal of Higher Education*, 1971, pp. 499-515.

Cooke, S., Carr, D. "Virtue, Practical Wisdom and Character in Teaching." *British Journal of Educational Studies*, Vol. 62, No. 2, 2014, pp. 91-110.

Corcoran, M. and Clark, S. M. "Professional Socialization and Contemporary Career Attitudes of Three Faculty Generations." *Research in Higher Education*, Vol. 20, No. 2, 1984, pp. 131-153.

Fallona, C. "Manner in Teaching: A Study in Observing and Interpreting Teachers' Moral Virtues." *Teaching & Teacher Education*, Vol. 16, No. 7, 2000, pp. 681-695.

Gunnel Colnerud. "Teacher Ethics as a Research Problem: Syntheses Achieved and New Issues." *Teachers & Teaching*, Vol. 12, No. 12, 2006, pp. 365-385.

Host K. Brugman, D. Tavecchio, L. Beem. "Students' Perception of the Moral Atmosphere in Secondary School and the Relationship Between Moral Competence and Moral Atmosphere." *Journal of Moral Education*, Vol. 27, No. 1, 1998, pp. 47-70.

Jürgen Habermas. "Erluterungen zur Diskursethik." Frankfurt: Suhrkamp Verlag GmbHund Co. KG, 1991, p. 185.

Kashima, Y. "Conceptions of Culture and Person for Psychology." *Journal of Cross-Cultural Psychology*, Vol. 31, No. 1, 2000, pp. 14-32.

Osguthorpe. R. D. "On the Reasons We Want Teachers of Good Disposition and Moral Character." *Journal of Teacher Education*, Vol. 59, No. 4, 2008, pp. 288-299.

Tierney, William G. and Rhoads, Robert A. "Enhancing Promotion Tenure and Beyond: Faculty Socialization as a Cultural Process." *ASHE-ERIC Higher Education Reports*, No. 6, 1993, p. 21.

Tierney, W. G. "Academic Work and Institutional Culture: Constructing Knowledge." *Review of Higher Education*, Vol. 14, No. 2, 1991, pp. 199-216.

Tierney, W. G. "Organizational Socialization in Higher Education." *Journal of Higher Education*, Vol. 68, No. 1, 1997, pp. 1-16.

Turnbull, S. "Social Construction Research and Theory Building." *Advances in Develping Human Resources*, Vol. 4, No. 3, 2002.

四 网页类

何敏、马燕:《我省三项举措推动落实高校办学自主权》,《青海日报》2021年5月14日, http://sft. qinghai. gov. cn/pub/sfxzw/sfxzyw/zhdt/202105/t20210514_ 61851. html, 2021年10月1日。

习近平:《注重家庭、注重家教、注重家风,习近平总书记这样说》(2017-2-10)[2020-12-18], http://www. china. com. cn / legal /2017-02 /10 / content_ 40259773. htm。

五 报纸类

习近平:《2015年春节团拜会上的讲话》,《人民日报》2015年2月18日第2版。

习近平:《2019年春节团拜会上的讲话》,《人民日报》2019年2月4日第1版。

习近平:《从小积极培育和践行社会主义核心价值观——在北京市海淀区民族小学主持召开座谈会时的讲话》,《人民日报》2014年5月31日。

习近平:《国无德不兴,人无德不立》,《人民日报》2018年12月11日第1版。

习近平:《会见第一届全国文明家庭代表时的讲话》,《人民日报》2016年12月16日第2版。

习近平:《习近平向全国广大教师致慰问信》,《光明日报》2013年9月10日第1版。

习近平:《在北京大学师生座谈会上的讲话》,《人民日报》2018年5月3日第1版。

习近平:《在中国国际友好大会暨中国人民对外友好协会成立60周年纪念活动上的讲话》,《人民日报》2014年5月15日。

附录一 QH 大学师德失范负面清单及处理办法

第一章　总则

第一条　为深入贯彻落实中共中央、国务院全面深化新时代教师队伍建设改革的部署要求，加强师德师风监管力度，规范教职员工教书育人行为，全面、多维推进我校师德师风建设工作，根据《中共中央国务院关于全面深化新时代教师队伍建设改革的意见》《新时代高校教师职业行为十项准则》《教育部关于高校教师师德失范行为处理的指导意见》的要求，特制订本办法。

第二条　本办法围绕加强师德师风建设和提高教书育人能力，明确把师德师风作为教师素质评价的第一标准，规定教师师德红线，着力解决师德失范、学术不端等问题。同时与《QH 大学关于建立健全师德建设长效机制的实施细则》《QH 大学学术规范制度（试行）》等制度有效衔接，多措并举营造优良校风教风。

第二章　适用范围

第三条　本办法适用于全体教职员工，包括事业编制人员、非事业编制人员、临聘人员及荣誉名誉教职人员。

第三章　师德失范负面清单

第四条　思想与政治方面

（一）在网络、公众场合散布、宣传违背党的路线方针政策，违反政治纪律、妄议国家大政方针，损害党的权威和集中统一领导，煽动影响社会稳定和谐等行为。

（二）违反保密工作纪律，保密期限内公开或擅自扩大接触范围，不遵守科学技术保密规定的行为。

（三）涉外活动中损害党和国家的尊严、利益的行为。

（四）对师生有地域歧视、民族歧视、缺陷歧视等，伤害民族感情，破坏民族团结的行为。

（五）在校园里传播宗教教义、发展宗教教徒、成立宗教团体、组织宗教活动的行为。

（六）宣传、组织、参与封建迷信活动、邪教活动，参加非法组织、参与黄赌毒及传销活动的行为。

（七）未履行审批程序，擅自邀请校外人员组织讲座、论坛，触犯政治纪律，产生不良舆论影响的行为。

（八）互联网群组（群聊）建立者、管理者不履行群组管理责任，造成群组内的信息发布和言论违反法律法规、用户协议和平台公约的行为。

（九）以非法方式表达诉求，串联煽动闹事，组织参与非法集会、违法上访的行为。

第五条　教学与科研方面

（一）在教学科研活动中遭遇突发事件，无视学生安全，擅离职守、逃避职责的行为。

（二）在学生实验实习、各类活动中玩忽职守，造成学生人身安全或财产受到损害的行为。

（三）讽刺、歧视、侮辱，体罚或变相体罚学生，对学生身心发展造成不良影响的行为。

（四）不遵循教育规律和学生成长规律，随意剥夺学生学习的权利，或因个人情绪影响正常课堂教学的行为。

（五）在课堂、讲座、网络等发表、转发错误观点，编造虚假信息、不良信息，传播负能量的行为。

（六）不履行课堂教学主体责任，对课堂出勤纪律漠不关心，对课业辅导考评敷衍应付，对课堂讲授内容照本宣科，学生反映强烈，造成不良影响的行为。

（七）在学生考试、推优、保研、就业等工作中徇私舞弊、弄虚作假，违反公平公正的行为。

（八）违背学生意愿，为私人事务服务，要求学生从事与教学、科研、社会服务无关事宜的行为。

（九）擅自利用学校名义或校名、校徽等资源谋取个人利益，以及违反教学纪律从事影响教育教学本职工作的兼职兼薪的行为。

（十）在申报课题、成果、奖励和职务评审评定中，伪造学历、学位、资历、成果的行为。

（十一）违规使用科研经费、滥用学术资源和学术影响的行为。

（十二）违反《QH大学本科教学事故认定及处理办法》《QH大学学术规范制度（试行）》《QH大学学术不端行为处理办法》的行为。

第六条 自律与廉洁方面

（一）与学生发生任何不正当关系，及任何形式的猥亵、性骚扰的行为。

（二）无中生有、捏造事实、提供虚假信息、恶意诋毁他人的行为。

（三）在公众场合教师之间谩骂、肢体冲突，造成不良影响的行为。

（四）组织、参与针对学生的强制性经营活动，向学生及家长推销、推介商品或未经学校审定的教材、教辅资料的行为。

（五）收受学生及家长礼品礼金、有价证券、支付凭证等财物；参加由学生或家长支付费用的宴请、旅游、健身等休闲娱乐活动，或利用家长资源谋取私利的行为。

（六）擅自向学生设立收费项目或提高收费标准的行为。

（七）利用身份、职务之便谋取不正当利益的其他行为。

第七条 其他违背社会公序良俗，违反教师职业道德，损害学生和学校合法权益的行为。

第四章 举报调查审议

第八条 单位或个人均可向党委教师工作部举报教师师德失范行为，或经学生评教、网络舆情等途径发现师德失范行为。

第九条 举报应以实名书面形式提出，并写明举报人电话、电子邮件以及联系地址，写明被举报人师德失范行为发生的时间、地点、基本事实，并提供相关证据材料。

第十条 党委教师工作部接到举报，可视事件情节适时启动调查程序，对涉事情节严重或危害范围广的举报，在启动调查程序后，被举报人要终止一切教学活动。

第十一条 针对需要进行调查的教师师德失范行为，学校成立专门调查组开展调查。调查组一般由学校党委副书记、纪委、相关职能部门负责人、相关院系负责人等组成。调查组成员不少于三人。调查工作一般在30个工作日内完成，对特别复杂的事件可适当延长调查时限。

第十二条　在调查过程中，举报人和被举报人均应积极配合调查工作，如实全面提供有关证据材料。举报人和被举报人、其他知情人、调查人员和记录人应当在相关材料上签字确认，同时当事各方均不应公开调查的有关内容。调查组应听取被举报人的陈述和申辩，并对其所提出的事实、理由和证据进行复核，记录在案。

第十三条　调查组在调查结束后5个工作日内提交正式调查报告。正式调查报告应概括举报材料涉及的师德失范行为要点、调查内容、调查经过、主要事实、主要证据等，并附调查过程的完整记录和其他证明材料。正式调查报告经调查组全体成员签字后提交党委教师工作部。

第十四条　党委教师工作部审核调查报告并提出处理建议，同时出具预处理通知单，送达被举报人、举报人和相关单位。各方无异议后，提请学校党委常委会审议做出处理决定。

第十五条　处理建议应以事实清楚、证据充分、定性准确、量度恰当、程序完备为原则。处理决定由学校党委常委表决通过为有效。

第十六条　调查组成员存在下列情形之一的，事件处理的全过程应当自行回避：

（一）与举报人或被举报人有夫妻关系、直系血亲、三代以内旁系血亲或者近姻亲关系的；

（二）与被调查的事件存在利害关系的；

（三）与举报人、被举报人有其他关系，可能影响事件公正处理的。

举报人或被举报人有权提出其他人员应回避的申请，经党委教师工作部批准生效。

第十七条　经调查，对于无中生有、恶意诽谤者，学生依据《QH大学学生违纪处分条例》，教师依据本《办法》第"第六条第23款"认定处理。

第五章　师德失范行为的处理

第十八条　对教师师德失范行为实行"一票否决"。教师出现违反师德行为的，根据情节轻重，给予相应处理或处分。

（一）教师出现师德失范行为，情节较轻的，给予批评教育、诫勉谈话、责令检查、通报批评，以及取消其在评奖评优、职务晋升、职称评定、岗位聘用、工资晋级、干部选任、申报人才计划、申报科研项目等方面的资格。

担任研究生导师的，限制招生名额、停止招生资格直至取消导师资格的处理。以上取消相关资格处理的执行期限不得少于 24 个月。

（二）教师出现师德失范行为，情节较重应当给予处分的，除适用本条 1 款规定外，还应根据《事业单位工作人员处分暂行规定》（人社部规〔2017〕11 号）给予行政处分，包括警告、记过、降低岗位等级或撤职、开除，需要解除聘用合同的，按照《事业单位人事管理条例》（国务院令第 652 号）相关规定进行处理。

（三）教师出现师德失范行为，情节严重、影响恶劣的，除适用本条 1 款和 2 款外，还应依据《中华人民共和国教师资格条例》（国务院令第 188 号）报请主管教育部门撤销其教师资格。是中共党员的，同时给予党纪处分。涉嫌违法犯罪的，及时移送司法机关依法处理。

第十九条　处理决定需及时送达被举报人、举报人和相关单位，并存入个人人事档案和师德档案（单独建档）。

第二十条　处理决定应当包括下列内容：

（一）受处理教师的姓名、工作单位、原所聘岗位（所任职务）名称及等级等基本情况；

（二）经查证的师德失范行为事实；

（三）受处理的种类、受处理的时间和依据；

（四）处理决定机关的名称、印章和作出决定的日期。

第二十一条　被举报人有下列情形之一的，可以从轻处理：

（一）主动承认错误并积极配合调查的；

（二）主动消除或者减轻不良影响的。

第二十二条　被举报人有下列情形之一的，应当从重处理：

（一）藏匿、伪造或销毁证据等拒不配合、干扰妨碍调查工作的；

（二）打击、报复举报人或调查人员的；

（三）涉及多种师德失范行为或在受处理期间又出现师德失范行为的。

第二十三条　对在我校开展教育教学、学习进修等非本校人员，学校与其解除聘任关系或取消相应资格，并将事件认定情况通知其人事关系所在单位，由其所在单位进行处理。

第二十四条　违反《QH 大学本科教学事故认定及处理办法》《QH 大学学术规范制度（试行）》《QH 大学学术不端行为处理办法》，按相关规定处理，并计入教师个人师德档案。

第六章　师德失范行为处理的解除

第二十五条　教师受处理期满，在受处理期间没有再出现师德失范行为，根据悔改表现予以自然解除处理或延期。

第二十六条　教师在受处理期间有悔改表现，没有新的师德失范行为，并且有优异的师德表现，处理期未满，经申请批准，可以提前解除处理。

第二十七条　对于取消研究生导师资格的，解除处理后，相应导师资格不得自动恢复，必须根据情况重新申报、认定或者评选。对给予降级、撤职处理的，不得因解除处理而自动恢复或者要求恢复原职务或者级别。

第二十八条　处理的提前解除或处理的延期，按照以下程序办理：

（一）相关单位对受处理教师在受处理期间的表现情况，进行全面了解，形成书面报，提交党委教师工作部。

（二）按照处理决定权限，提请相关会议作出提前解除处理决定或延期处理决定，并印发；

（三）将提前解除处理决定或延期处理决定以书面形式通知本人，并在原宣布处理决定的范围内宣布；

（四）将提前解除处理决定或延期处理决定存入个人人事档案和师德档案。提前解除处理决定、延期处理决定自作出之日起生效。

第七章　师德失范行为处理的复核和申诉

第二十九条　在收到预处理通知单后，受处理教师、举报人、所在单位对处理决定不服的，可以自送达处理决定之日起 10 日内向党委教师工作部申请复核。党委教师工作部根据处理决定权限，提请相关会议复核决定。复核决定应当在接到复核申请后的 30 日内作出，事件情节复杂的，可以适当延长。

第三十条有下列情形之一的，应当撤销或变更处理决定：

（一）处理所依据的事实不清、证据不足的；

（二）违反规定程序，影响公正处理的；

（三）对师德失范行为的情节认定有误的；

（四）其他处理不当情形。

第八章　师德失范行为主体责任

第三十一条　师德师风建设坚持权责对等、分级负责、失责必问、问责必严的原则。各二级单位党委（总支）、行政是师德师风建设的主体责任单位，单位主要党政负责人是第一责任人，负责本单位教师师德师风教育和考核督查。学校将师德师风建设列为二级单位工作考核和绩效考核的核心内容。

第三十二条　对相关单位和责任人不履行或不正确履行职责，有下列情形之一的，根据职责权限和责任划分进行问责：

（一）师德师风制度建设、日常教育监督、舆论宣传、预防工作不到位；

（二）师德师风失范问题排查发现不及时；

（三）对已发现的师德师风失范行为处置不力、方式不当；

（四）已作出的师德师风失范行为处理决定落实不到位、失范行为整改不彻底；

（五）多次出现师德师风失范问题或因师德师风失范行为引起不良社会影响；

（六）其他应当问责的失职失责情形。

第三十三条　教师出现师德失范问题，实行年终考核一票否决制，所在院（系）行政主要负责人和党组织主要负责人需向校党委分别做出检讨，由学校依据有关规定视情节轻重采取约谈、诚勉谈话、通报批评、纪律处分和组织处理等方式进行问责。

第九章　附则

第三十四条　本规定由党委教师工作部负责解释。

第三十五条　本规定自发布之日起施行。

附录二 青藏高原高校教师 杰出道德楷模案例

以钟扬为代表的优秀的同行，是青藏高原高校青年教师的杰出楷模。

钟扬（1964年5月—2017年9月25日），男，汉族，湖南邵阳人，1991年6月加入中国共产党。生前系复旦大学党委委员、研究生院院长、生命科学学院教授、博士生导师，中央组织部第六、七、八批援藏干部，教育部长江学者特聘教授，国家杰出青年科学基金获得者，从事植物学、生物信息学科学研究和教学工作30多年，勤奋钻研，锐意进取，在生物信息学、进化生物学等生命科学前沿领域有较长期的积累和独创性成果。钟扬教授在交叉学科领域教书育人、因材施教，培育了许多学科专业人才，多次获国家和上海市嘉奖；情系社会生态，坚持生物多样性的保护和利用，把科学研究的种子播撒在雪域高原和上海海滨，为国家与社会的生态文明和绿色发展作出巨大贡献。

2017年9月25日，钟扬同志在去内蒙古城川民族干部学院为民族地区干部讲课的出差途中遭遇车祸，不幸逝世，年仅53岁。2018年3月29日，中央宣传部追授钟扬"时代楷模"称号。6月，获得"全国优秀共产党员"称号。12月，入选感动中国2018候选人物。2019年2月18日，获得"感动中国2018年度人物"荣誉。

有一种爱叫无私奉献；有一种态度叫平易近人；有一种付出叫无怨无悔，这便是钟扬老师一生最真实的写照。2000年，已经在中科院武汉植物研究所任常务副所长的钟扬先生毅然选择来到复旦大学成为一名普通教授，将自己的一生奉献给了教育事业。钟老师特别喜欢和学生打成一片，对学生和蔼可亲，经常主动关心学生。在他身上诸多的闪光点中，最重要的一点是对学生展现的亲和力。他的研究生赵宁回忆说："第一次见钟老师是在一个讲座上，当时因为听讲座的人很多，所以离得很远。但是影响深刻的是钟老师戴着一副眼镜，感觉就是一个学者。后来我的一个同学听说我要读硕士，就介绍我给钟老师，刚好当时钟老师有一个采集种子的项目，需要学生出野外。就说刚好带着一起。见到钟老师的时候，钟老师竟然知道我的名字，而且自己在收拾东西。后来在车上，钟老师转过身来和我们说说笑笑，偶尔提几个问题让我们思考，后面以一种幽默的方式给我们讲出来。"

正是因为钟老师这种平易近人的态度，学生们也乐在其中。使得学生乐于吐露自己的心声，对老师的印象不仅仅是敬畏，而更像自己的家人。学生学会了自主思考，主动探索自己感兴趣的领域。

扎根在西藏这片土地上，为西藏的发展奉献自己的一分力量；盘清青藏高原植物物种资源的家底，为人类留下宝贵财富；为西藏培养更多高层次的人才，弥合东西部巨大的人才鸿沟是钟老师穷尽一生的梦想。西藏是植物多样性最丰富的地方，为了研究种植资源，钟老师在复旦大学征集选派援藏干部的时候冲在前面。众所周知，西藏地处青藏高原，环境条件恶劣，师资力量相对于东部地区也较薄弱。钟老师身为南方人在西藏高原反应强烈，但是他却没有退缩，克服了所有困难。在援藏的十多年间，钟老师这种甘于奉献的精神被自己的学生传承发扬，继续扎根在西藏这片土地上。钟老师的研究生赵宁回忆说："受到钟老师的影响，让我愿意在西藏工作，奉献自己的一分力量。本科毕业后，报考研究生，父母觉得西藏气候不好，不同意我报考西藏大学的研究生。但是我对父母说，钟老师在藏大，人特别好、特别厉害，想跟着钟老师学一些东西。钟老师和我父亲年龄差不多，我觉得像他这个年龄的人都可以在西藏做这么多事情，我还这么年轻有什么不行呢？硕士毕业后，我有机会回到我的家乡工作。但是因为钟老师在这边，还想跟着钟老师做一些事情。"正是这种无怨无悔的付出，吸引着许多的年轻人也主动扎根在西藏这片美丽的土地上，为西藏培养更多的优秀人才。

他淡泊名利，严谨治学，刻苦钻研。在他的心中，科研和教学是最重要的，钟老师是真正来西藏做实事的人，很多人因为受不了西藏恶劣的环境，在早拿到职称后就离开了，但是钟老师没有。其实对于钟老师来说，来不来西藏对他的学术没有任何影响，但是他却为了西藏的发展，放弃了自己原本舒适的生活，来到西藏，支援西藏，自己身体力行做榜样。对于藏大的老师来说，只要完成自己的教学就可以了，大家都不太注重科研。但是在钟老师的影响下，藏大老师积极投身于科研。16 年来，在钟老师的帮助下，西藏大学创造了一个又一个"第一"：申请到了西藏第一个理学博士点，为藏族培养了第一个植物学博士，带出了西藏第一个生物学教育部创新团队，带领西藏大学生态学科入选国家"双一流"学科建设名单，为西藏生态学的未来发展奠定了坚实基础。钟扬老师的事迹就像一面旗帜，引领着一代又一代人扎根在自己专注的领域，无私地奉献自己的力量。

附录三 访谈提纲

受访教师基本信息（请填写）：

学校及学院：＿＿＿＿＿＿＿＿＿ 职 称：

性 别：＿＿＿＿＿＿＿＿＿＿＿ 年 龄：

民 族：＿＿＿＿＿＿＿＿＿＿＿ 是否获荣誉称号：

尊敬的老师：

您好！我们是国家社会科学基金项目"高校青年教师德性养成的伦理文化环境研究"课题组，感谢您同意接受访谈。此次访谈主要想向您了解，大学青年教师职业道德形成的伦理文化大环境的现状如何。请您在相应的问题下面填写您真实的想法。本次调查纯属匿名，您的所有反馈都将以代号的（匿名）形式出现在研究报告中。

十分感谢您的支持和配合！

1. 请描述您幼年家庭教育的风格？并用一个您觉得最贴切的词汇来概括。

＿＿＿＿＿＿＿＿＿＿＿＿＿＿＿＿＿＿＿＿＿＿＿＿＿＿＿＿＿＿

＿＿＿＿＿＿＿＿＿＿＿＿＿＿＿＿＿＿＿＿＿＿＿＿＿＿＿＿＿＿

＿＿＿＿＿＿＿＿＿＿＿＿＿＿＿＿＿＿＿＿＿＿＿＿＿＿＿＿＿＿

2. 请描述您现有家庭的氛围？并用一个您觉得最贴切的词汇来概括。

＿＿＿＿＿＿＿＿＿＿＿＿＿＿＿＿＿＿＿＿＿＿＿＿＿＿＿＿＿＿

＿＿＿＿＿＿＿＿＿＿＿＿＿＿＿＿＿＿＿＿＿＿＿＿＿＿＿＿＿＿

＿＿＿＿＿＿＿＿＿＿＿＿＿＿＿＿＿＿＿＿＿＿＿＿＿＿＿＿＿＿

3. 请描述您早期学校教育的风格？并用一个您觉得最贴切的词汇来概括。

_____

_____

_____

4. 请描述您所在学校的整体精神风貌？并用一个您觉得最贴切的词汇来概括。

_____

_____

_____

5. 请描述您所在院系的整体精神风貌？并用一个您觉得最贴切的词汇来概括。

_____

_____

_____

6. 请描述您所从事学科的文化？并用一个您觉得最贴切的词汇来概括。

_____

_____

_____

7. 请描述您所在学校学生的学习状态？并用一个您认为最贴切的词汇来概括。

_____

_____

_____

8. 您所在的学校制定了专门的师德师风规范吗？如果没有专门制定，学校是否组织教师们学习过教育部有关师德师风的文件或条例？如果学习过，您感觉对您本人有何影响？

_____

_____

_____

9. 如果您是少数民族教师，请描述您所在民族的整体文化特征？谈谈民族文化中的德性精神对您教师德性形成的具体影响，请举例。

_____

_____

_____

10. 请描述您所在城市的整体精神风貌？您认为社会主义核心价值观对您的德性养成有何引导作用？

_____

_____

_____

11. 在青藏高原工作，您感受到哪些中国传统文化的存在？这些文化对您个人的职业道德养成有什么积极或者消极的影响？

_____

_____

_____

12. 在青年教师成长方面，您认为所在省或自治区有哪些举措（计划、政策、环境等）有效促进了青年教师的成长？哪些方面需要进一步改进和提升？

_____

_____

_____

13. 您听说过《新时代公民道德建设实施纲要》吗？您所在学校组织教师们学习过吗？如果学习过，请谈谈您的学习感想。

14. 从您个人的角度（例如职称晋升、课题申报、待遇高低、住房条件、人生伴侣、子女教育等），您认为在现处地区工作，哪些方面能够促进青年教师的成长？哪些方面需要进一步改进和提升？

15. 关于青年教师师德养成的支撑环境这一话题，您可以畅所欲言，谈谈上述问题没有涉及的内容。感谢分享您的感受、想法和建议！

附录四 访谈同意书

一、本人同意参与研究访谈，将与研究者进行一到两次，共约 1—2 小时的访谈，分享个人的经验与想法。

二、访谈过程中我同意接受全程录音，且知道录音资料将转换为文字稿，以利研究者整理分析。

三、在研究进行中，研究者将妥善保管录音内容，并避免外流；这份录音文件仅作为论文之用，并在论文完成后，销毁档案，不再作为他用。

四、关于我个人的身份资料，研究者将予以绝对保密；而在过程中的部分对话，在经我确认的情况下可允许研究者摘录部分片段使研究结果能更真实呈现。

五、我同意与研究者一同检核分析内容与我个人经验的符合度，并于研究完成后得到研究成果作为回馈。

研究参与者：

研　究　者：

日　　　期：